本书获得河北师范大学马克思主义学院学术著作出版基金资助

东南亚国家能力建设研究

DONGNANYAGUOJIANENGLI
JIANSHEYANJIU

赵海英◎著

中国政法大学出版社

2025·北京

声　　明　　1. 版权所有，侵权必究。
　　　　　　2. 如有缺页、倒装问题，由出版社负责退换。

图书在版编目（CIP）数据

东南亚国家能力建设研究 / 赵海英著. -- 北京：中国政法大学出版社, 2025. 4. -- ISBN 978-7-5764-2058-6

Ⅰ. D733

中国国家版本馆 CIP 数据核字第 2025KJ5821 号

出 版 者	中国政法大学出版社
地　　址	北京市海淀区西土城路 25 号
邮寄地址	北京 100088 信箱 8034 分箱　邮编 100088
网　　址	http://www.cuplpress.com（网络实名：中国政法大学出版社）
电　　话	010-58908586(编辑部) 58908334(邮购部)
编辑邮箱	zhengfadch@126.com
承　　印	固安华明印业有限公司
开　　本	720mm×960mm　1/16
印　　张	17.75
字　　数	300 千字
版　　次	2025 年 4 月第 1 版
印　　次	2025 年 4 月第 1 次印刷
定　　价	78.00 元

目　录

导　论 ……………………………………………………………… 001
　一、问题的提出 ………………………………………………… 001
　二、国内外相关学术史梳理及研究动态 ……………………… 004
　三、研究对象、主要观点、基本框架与研究方法 …………… 044
　四、研究价值、重点难点与创新之处 ………………………… 052

第一章　国家能力、公共权威与族际整合的理论解析 ………… 055
　一、公共权威与族际整合的理论连接 ………………………… 055
　二、公共权威与国家能力的理论连接 ………………………… 076
　三、国家能力建设是促进族际整合的实现条件 ……………… 092

第二章　东南亚国家政治发展中国家能力建设的基础与历程 … 120
　一、政治发展中国家能力建设的基础 ………………………… 120
　二、政治发展中国家能力建设的历程 ………………………… 140

第三章　东南亚国家政治发展中政治吸纳能力与族际整合 …… 164
　一、威权政治时期的政治吸纳能力与族际整合 ……………… 164
　二、民主转型中的政治吸纳能力与族际整合 ………………… 178
　三、政治发展中政治吸纳能力与族际整合的比较分析 ……… 194

第四章　东南亚国家政治发展中政权有效性水平与族际整合 … 203
　一、威权政治时期政权有效性水平与族际整合 ……………… 204

二、民主转型中政权有效性水平与族际整合 ……………… 218

三、政治发展中政权有效性水平与族际整合的比较分析 …………… 228

第五章　东南亚国家政治发展中政治意识形态功能与族际整合 ……… 234

一、威权政治时期的政治意识形态功能与族际整合 ……………… 238

二、民主转型中的政治意识形态功能与族际整合 ………………… 247

三、政治发展中政治意识形态功能与族际整合的比较分析………… 256

结　语　在国家能力建设的视野里探求族际整合的合理路径 ………… 259

参考文献 …………………………………………………………………… 264

导 论

一、问题的提出

处于政治发展进程中的东南亚国家（以新加坡、马来西亚、泰国、印度尼西亚、菲律宾五国为典型代表）的族际整合问题，是比较政治学研究领域面临的一个重大问题。族际整合之所以对东南亚国家的政治发展至关重要，是因为在这些东南亚国家政治发展中存在着以族群和宗教为载体的多元"原生"情感，社会结构属于多元性、异质性程度较高的模式，而现代政治发展目标则是一种从国家认同延伸至政治认同的共识文化，必须建立在一体化程度较高和可规格化的社会结构模式之上。但是，在二战后很长时间内东南亚国家没有强大的经济纽带促进族群之间的互动与联系，加之民族独立运动前高度异质性的传统社会文化结构模式和殖民主义"分而治之"的殖民统治政策，因此二战后相当长时间内东南亚地区国家的社会异质性程度仍然较高。20 世纪 60、70 年代以后威权主义族际整合的要点是突出统一性原则，通过运用国家权力对多元族群社会进行强有力的干预，强调国家认同高于族群认同（如新加坡的"一个国家，一个民族、一个新加坡"，马来西亚的"国家原则"，印度尼西亚的"建国五基"等族群文化政策），推进经济一体化、现代化，并以强有力的一党制加以保障。虽然威权政治时期这些措施有利于缩小东南亚社会的多元异质性程度，但是 20 世纪 80 年代后期即民主化转型初期东南亚社会的多元异质性程度仍然较高，以族群和宗教为载体的多元文化社会冲突依旧严重。在东南亚国家威权政治的民主化转型中，总体而言，政治转型有利于化解族际冲突，体现了民主手段在缓解族际冲突中的价值所在。然而，在不同的东南亚国家，族际整合效果又显现出较为鲜明的个体差异。族际整合效果上的差异取决于一体化的国家建设是否成功，族际整合相对成功的国家如新加坡、马来西亚，在文化、社会、制度等方面继续提升社会一体化程度的同时,以民主机制表达多元族群利益诉求,以容纳民主化产生的分化力量,力求在国家(一体)和民族(多元)之间达成协调统一的状态。族际整合不太成功的国家如泰国、印度尼西亚、菲律宾,由于过快过猛的民主化转型产生了以"少数派政府"和"联合政府"为主要形式的"弱国家",在这些国家,一方面,过度强调多元表达,这不利于国家认同与共识文化的形成,另一方面,当每一个政党几乎代表一个单一族群、族群裂痕被政党分野加深时,这样的"软政府""弱国家"不能把族群冲突和社会、动荡有效控制在最低限度的社会秩序内,也就是说,国家权力的弱化导致了这些国家族际整合能力的下降。

这里需要说明的是,必要的权力是获取现代公共权威和实现族际整合的途径,但是权力过大或过小两者都会损害公共权威力量进而阻碍族际整合的实现。政治发展实践表明,"在第二次世界大战结束后,亚洲国家,特别是东亚国家及地区在实现工业化的进程中,都建立了一种保障民众权利与集中国家权力的政治与社会体制,即实行开放'权利'与关闭'权力'的对冲体制。一方面,在经济社会领域,一定程度上开放经济社会权利,扩大社会自由,通过保障人民的权利,建立起普遍的发展预期,以刺激全社会的生产积极性、主动性,为国家的工业化和经济发展提供巨大动力;另一方面,在政治领域,集中权力于政治精英阶层,强化国家政权,依靠政权力量推动国家工业化的战略性发展"。[1]这充分说明,国家权力的"适度"运用是获得强大公共权威力量和决定族际整合成效的关键性因素。在战后东南亚国家政治发展和政治现代化过程中,既存在着"大而弱"的国家,也存在着"小而弱"的国家。国家相对于社会权力的强度即公共权威建构方式的选择有赖于它所处的社会生态环境。在东南亚国家的政治发展中,如果一国国家权力的运用强度不能与社会生态环境相符合,公共权威建构和族际整合推进就不可能获取良好的结果。公共权威建构的核心内容包括政治体制构建和规则机制建设,属于政治上层建筑建构,它必须与社会经济基础即现代化发展水平相符合。与较低现代化发展水平相符合的是强化国家权力的公共权威建构方式;随着现代化程度的不断加深,强化国家权力的公共权威建构方式逐渐向弱化

---

[1] 周方治等:《东亚五国政治发展的权力集团研究》,中国社会科学出版社 2016 年版,第 6 页。

国家权力的公共权威建构方式变化。当然，这只是一个应然状态的总体判断。具体对不同东南亚国家或同一国家的不同发展阶段而言，一国国家权力运用适度与否的判断尺度依赖于与之相适应的社会生态环境。毋庸置疑，从规范意义上讲，这将会是一个循序渐进的发展历程。

从政治发展特征上看，民主化转型期族际整合相对成功的东南亚国家往往采纳的是渐进转型方式，而不是采取苏联和东欧国家式的激进转型方式，政治发展的渐进性可以使现代化进程中国家有时间和空间来不断调整政治体制以适应不断变化中的复杂政治社会生态环境。渐进性民主转型有助于促进东南亚国家族际整合实现的直接原因是，一个平稳、渐进的民主化转型往往使得国家能够通过"适度"运用政治权力推进公共权威建构，这有利于达成国家利益与族群利益、国家认同与族群认同的协调统一。渐进性民主转型促进东南亚国家族际整合的实现路径则是，通过"适度"运用国家权力把握好对多元族群国家进行现代化整合的"度"，既不过多强调国家权力一体化和同质性的方面，也避免过多关注多元族群权利和多元文化价值，从而有助于从政治、社会、文化等诸多层面缓解或减轻族群冲突，维护多民族国家社会的和谐与稳定。渐进性民主转型有助于东南亚国家族际整合成功的深层次原因是，民主转型的渐进性有利于现代性原则与这些国家传统社会资源逐步融合，使政治发展中民主政体的建构方式兼具传统性和现代性的双重特征，使其某种程度上成为传统的继续与现代的展开，这有利于随着现代化发展的深入对传统性与现代性矛盾关系进行不断地调整，有利于寻求传统性与现代性的平衡。

相比而言，民主化转型期的东南亚某些国家由于转型过快过猛，导致国家权力弱化、族际整合能力降低，这些国家在民主化转型中扩大政治参与的同时，还需要继续通过"适度"集中国家和政府权力、发挥国家作为公共权威载体的功能，继续推进现代化进程中国家所需要的共识文化目标。这一目标在东南亚国家政治现代化进程中的族际整合上，具体表现为化解在（国家）一体与（民族）多元多个层面上存在的紧张关系，即在政治层面上政治调控和政治参与之间的紧张关系，在经济社会层面上经济发展与族际平衡之间的紧张关系，在文化层面上核心政治价值体系与族群文化多样性之间的紧张关系。

东南亚国家只有成功化解以上这些层面的张力与冲突，才能在族际整合问题上实现长久的善治，既保证族际整合中统一性的方面，同时又确定差异的合理存在，在国家与族群、族群与族群之间达成协调与统一，即在文化层面上既培养国家认同又尊重原生情感，在社会层面上既注重起点平等又注重实质平等，在制度层面上既推进政治发展又维护政治秩序。这些发展任务在先发展国家是在自生自发中逐一出现的，从文化角度而言，美国在20世纪60年代（即"熔炉时代"）以前基本上不存在国家认同与族群认同的紧张关系，这一紧张关系是随着20世纪70年代多元文化主义民族政策的产生而出现；从社会角度而言，英国在顺利完成两百多年资本原始积累之后才关注结果平等，进入密尔新自由主义的发展阶段；从制度角度而言，美国早在18世纪末制宪会议上即显现出政治秩序优先于民主政治发展的国家建构序列。相比而言，在东南亚等后发展多民族国家的族际整合中，以上各种发展任务是叠加的，因而，必须通过国家权力"适度"干预社会发展、运用公共权威力量才能同时完成多重发展任务。进一步讲，在实质意义上，国家权力的"适度"运用所建立起来的公共权威力量，既是完成东南亚等后发展多民族国家族际整合中各种具有紧张关系发展任务的手段，又同时是这类国家族际整合所追求的终极目标。需要指出的是，在很大程度上，东南亚等后发展多民族国家的公共权威建构能否顺利进行，族际整合能否顺利推进，取决于这类国家的国家能力建设是否成功。

二、国内外相关学术史梳理及研究动态

涉及本书研究的国内外相关学术史，笔者从以下三个角度进行分析：第一，关于东南亚等后发展国家政治发展中国家建设理论与实践的研究；第二，关于政治发展中多民族国家族群问题理论与实践的研究；第三，关于国内外研究现状的简评。

（一）对东南亚等后发展国家政治发展中国家建设理论与实践的研究

1. 国外学者的研究

第二次世界大战后，随着殖民体系的瓦解，世界上出现了一大批新独立的后发展国家，一系列的政治、经济和社会问题也随之出现。自20世纪50、60年代以来，这些新独立的后发展国家如何实现从传统社会向现代社会转型，成为各门学科共同关注的重大理论和现实问题，以满足更好地认识一种被认

为属于转型社会各种深刻的变迁要求。政治学学科对于后发展国家转型问题的不断探索也取得了丰富的研究成果，这些成果以研究后发展国家的政治发展问题为主题，主要涉及后发展国家民主化转型、实现政治稳定、化解政治危机等核心问题，而对"国家"的功能与作用问题的研究则在政治发展理论的发展中逐渐展开和不断深化。

比较政治学意义上政治发展理论的形成和发展是为了满足更好地认识一种被认为属于转型社会各种深刻的政治变迁要求。总体而言，从政治发展理论对于后发展国家转型问题不断探索所取得的丰富研究成果看，比较政治学意蕴上的政治发展理论认为，对于从传统向现代转型的后发展国家来说，政治发展和政治现代化的终极目标是获取政治秩序、防止政治衰败，加强国家建设是获取政治秩序、防止政治衰败的核心手段。政治发展理论研究认为："古典的政治理论探讨了政治体系的各种不同形式，但却很少涉及建立国家的理论以及新国家里现在正在发生着的政治发展现象。可是对新概念和经验研究的迫切需要业已提出，它将成为政治学中一个新的课题。比较政治学和政治理论已有的领域大体上已经认识到了政治发展这一新课题的重要性了。"[1]这里"建立国家的理论"的指向正是国家建设的问题。由于后发展国家传统政治结构盘根错节，因此缺乏大规模推进具有政治现代性形式的政体变革的社会生态环境。在现代化这一深刻的社会变迁过程中，受传统束缚的乡村或以部落为基础的社会，被迫对以现代化和工业化为中心的压力作出反应，在这个过程中，"社会分化和专业化的过程至今尚未达到能够给具有特殊功能的利益集团提供充分的劳动分工这一步。然而同时，在传统秩序内共识的基础曾是如此薄弱，以至于这些基础不足以支持一个新的政治体制。在过渡社会，许多机构和制度是薄弱的，但最薄弱的乃是那些调整社会各种不同竞争利益的机构和制度"。[2]可见，对于处于转型过程中的后发展国家而言，最紧迫的任务是加强基于共识即独立于所有社会集团利益的公共利益的国家建设，而不是大规模推进具有政治现代性形式的政体变革。

在政治发展理论研究把国家建设作为研究目标的驱动下，诸多政治发展

---

[1] [美]鲁恂·W. 派伊：《政治发展面面观》，任晓、王元译，天津人民出版社2009年版，第12~13页。

[2] [美]鲁恂·W. 派伊：《政治发展面面观》，任晓、王元译，天津人民出版社2009年版，第40页。

理论代表人物对政治发展的概念作了界定,其中比较政治学领域中最为权威的是鲁恂·W. 派伊(Lucian W. Pye)在《政治发展面面观》中和塞缪尔·P. 亨廷顿(Samuel P. Huntington)在《变动社会的政治秩序》中对这一概念的界定,这两位政治发展理论代表人物都从国家建设的角度来界定政治发展概念。派伊在《政治发展面面观》中提及:"在政治上的考虑通常是,把注意力集中在以有目的的和有序的变迁能力为基础的政治稳定这个概念上的。除非在变化必然导致更坏的结局的情况下,那种只是用停滞和专制来维持现状的稳定显然算不得发展。因此稳定是跟发展的概念有着合法性方面的联系的,其中任何经济和社会的进步一般都取决于一种环境,在这种环境下,不确定性消除了,以合理预言为基础制定计划成为可能。"[1]在派伊看来,政治发展是一种稳定而有序的政治变迁,在这里,政治稳定的实质是使政治体制具有一种实现有目的政治变迁的能力,它意味着在政治体制应对政治变迁的各种复杂社会情境时的一种适应能力,而政治不稳定则意味着政治体制无法促成复杂社会中各种价值的动态平衡。由此可见,派伊意义上的政治稳定是同一种得到合理引导的、能够满足复杂社会中绝大多数人利益的国家建设相联系起来的。与此同时,派伊在《政治发展面面观》中还提出,在政治发展中的六大危机即认同危机、合法性危机、贯彻危机、参与危机、整合危机和分配危机,其中"合法性危机"是六大危机中最为根本的一种危机,"合法性问题同所有其他危机紧密相连,因为每一危机的解决的确在一定程度上有利于政府的建立。认同问题是为一国提供基本的一体感的问题,是一个在一定意义上以内凝的社会充实物质空间、进而为支持政府体制创建基础的问题,政府体制反过来又成为将'参与'结果转换成'分配'输出的基本机制,通过进一步的'渗透'扩展自身能力"[2]。在接下来探讨合法性危机起因的论述当中,派伊通过分析得出结论,引发合法性危机最根本的原因是权威危机即"权威基础的冲突或不足","在当代发展中国家,合法性危机普遍地同社会其他形式权威的不足相关,而不是非政府的权威根深蒂固这么一个问题……在非洲和亚洲,旧形式的权威已经丧失了有效组织生活的基础,国家也发现它

---

[1] [美]鲁恂·W. 派伊:《政治发展面面观》,任晓、王元译,天津人民出版社2009年版,第58~59页。

[2] [美]鲁恂·W. 派伊:《政治发展面面观》,任晓、王元译,天津人民出版社2009年版,第225页。

并非必须同其他权威明确进行竞争，而是它甚至都不能在古老的权力神话中找到足够的资源去帮助确立自己的权威感"。[1]在派伊看来，后发展国家满足社会中绝大多数人利益的国家建设是解决合法性危机的重要途径。

作为比较政治学领域中从国家建设视角论述政治发展理论的最大代表，亨廷顿在《变动社会的政治秩序》中认为，政治稳定和政治发展两者之间是辩证统一的关系，政治发展是在政治稳定中的发展，政治稳定并非意味着没有政治变革，而是指政治体制变革的制度化方向，即在政治变革中提高国家建设的水平，增强政治体制对于日益增长的多元社会力量政治参与的吸纳能力。一方面，政治发展是实现政治稳定的关键途径，政治稳定的本质内容是政治体制对发展变化的转型社会的适应程度，政治发展是通过在吸纳日益增长的多元社会力量和提高国家建设水平的过程谋求政治稳定，在这一过程中，政治体制必须尽可能地满足大多数人的要求和愿望，并将其参与行动纳入国家建设渠道。另一方面，政治稳定又是政治发展的目标，维持政治秩序的政治稳定是政治发展的条件。政治稳定能够为政治发展提供有序的社会环境，保证在一定秩序条件下谋求政治发展和政治变革，这使得政治体制中组织的具体职能如政治职能、社会职能和文化职能等为了适应环境的变化而作出调整，更有可能适应社会政治环境变化提出的新要求，从而能够有利于国家建设的最终实现。亨廷顿在《变动社会的政治秩序》中进一步指出，后发展国家政治发展的关键要素是国家建设，而国家建设的核心内容是政治体制的政治能力建设。现代化进程中国家政治体制的政治能力水平主要取决于该国是否存在强有力的政党体制，在后发展国家"现代化所产生的政治意识和参与的扩大，是引起国家一体化和政治同化问题的共同因素。参政和制度化两者都处于低水平而保持稳定平衡的政治就面临未来不稳定的前景，除非政体能跟上参政的扩大……低水平参政的社会的未来稳定性，主要取决于这个社会用以对付现代化和扩大参政的政治体制的性质。组织扩大参政的体制上的重要手段，就是政治党派和政党体系……大部分后起的进行现代化的国家，缺乏能成功地适应现代国家需要的传统政治体制。因此，要减少由于扩大政治意识和参政而引起政治不稳定的可能性，就必须在现代化过程初期建立现代

---

[1]［美］鲁恂·W. 派伊：《政治发展面面观》，任晓、王元译，天津人民出版社2009年版，第227页。

政治体制，也即政党体制"。[1]

罗伯特·W. 杰克曼（Robert W. Jackman）在《不需暴力的权力——民族国家的政治能力》中提出了政治能力的概念。在杰克曼看来，政治能力是政府解决冲突的能力，是政权用政治手段解决冲突的过程，实际上也是权力实施与贯彻的过程。政治能力建设是发展中国家政治发展的核心问题，发展中国家通过提升国家政治能力的质量、推进国家建设来降低政治失序发生的可能性。由此可见，杰克曼认同亨廷顿政治发展理论的基本观点，他也认为，"连续性是政治活动的关键，这也就意味着稳定问题必须在其他社会和经济问题开始得到政治解决之前就加以解决"。[2]在此基础上，杰克曼进一步提出，国家建设必须要获得公众的认可和尊重即价值共识，这是国家建设的前提基础。杰克曼认为，对一个组织体系而言，价值共识的重要性一方面在于它在构建组织认知的框架和组织自身中的成员对目标和自我认同中的作用，另一方面体现在组织体系的生存和发展需要来自全体社会成员的合法性认同。这种认同感的形成既有赖于组织向政治体制输入与主流意识形态相契合的价值观念，又来源于组织向外输出上述价值观念。"一旦我们承认权力是政治的中心，承认权力必定是相关性的（relational），那么很明显，制度只有在它们被普遍认为是合法的情况下才能取得成功。换言之，在权威实施者和权威服从者之间必须存在一种关系，凭借这种关系，权威的服从者才会承认前者是实际上的权威。对合法性的分析才是问题的关键，因为它把我们的注意力引向这种关系的实质。此外，如果我们认为成功制度的要素之一是这一制度的长期稳定，那么合法性也必须具备稳定性。"[3]

S. N. 艾森斯塔特（S. N. Eisenstadt）的《反思现代性》和《现代化：抗拒与变迁》也是比较政治学界关于发展中国家政治发展中国家建设研究领域的重要著作。艾森斯塔特在《反思现代性》中首次提出了"多元现代性"的概念，即指现代社会的变迁与现代化是一个多元化的选择过程，所有或大部

---

[1] [美] 塞缪尔·P. 亨廷顿：《变动社会的政治秩序》，张岱云等译，上海译文出版社1989年版，第429~430页。

[2] [美] 罗伯特·W. 杰克曼：《不需暴力的权力——民族国家的政治能力》，欧阳景根译，天津人民出版社2005年版，第54页。

[3] [美] 罗伯特·W. 杰克曼：《不需暴力的权力——民族国家的政治能力》，欧阳景根译，天津人民出版社2005年版，第53页。

分社会的实际发展表明,"各种各样不同的制度领域——经济的、政治的、家庭的领域——持续地呈现出了相对自主的维度。这些相对自主的维度在不同社会和不同发展时期,以不同方式走到了一起。的确,当代的发展并没有证实这种'趋同'假设,而是突出了现代社会极为丰富的多样性"。[1]由于现代性的不同文化和制度模式的具体面貌存在差异,存在着多种多样的现代化方案,但是,这些多样化的现代化方案却存在着一种共同的内在追求,即对于基于共识的"集体认同"和作为"集体认同"载体的国家建设,"现代方案也带来了政治秩序的概念和前提、政治领域的构造和政治进程的特征的一种根本性转变。新概念的核心是,政治秩序的传统合法性的崩溃,建构政治秩序的不同可能性的相应出台,相继而来的有关人类角色如何建构政治秩序的争论的展开……与现代性的一般核心特征极为符合,集体建构最为显著的特征,使这种建构不断地被问题化。集体认同不再被当作由某些超越图景和权威或长期的习惯给定的或预定的"。[2]艾森斯塔特提出,实际的发展表明,在现代化进程中国家建设模式的问题上,多元现代性的发展既包括先发展国家的"原生"现代性也包括在后发展国家扩张的"流动"现代性,具体地,在现代性的多样性发展中,不同文化模式以及由此决定的精英控制模式产生了在多样性的现代性基本制度格局下国家建设的不同模式,"在不同社会中,社会的一个或多个中心的各种各样的成分并不总是协调一致,而且每一种成分在不同中心里也许有不同程度的表现,从而产生出统治精英的不同控制模式。反过来,这些差异与支配一个特定的中心和社会的精英联盟的性质紧密联系在一起,与它们所倡导的文化取向紧密联系在一起。结果,不同的中心和社会呈现出了变化多样的结构和动力"。[3]在这里,艾森斯塔特对于统治权威在国家建设中发挥关键影响力的观点,与派伊在《政治发展面面观》中对于政治精英("能动型领导")在发展中国家政治发展中作用的强调如出一辙。对于"能动型领导"在后发展国家国家建设中的重要价值即政治精英的

---

[1] [以] S. N. 艾森斯塔特:《反思现代性》,旷新年、王爱松译,生活·读书·新知三联书店2006年版,第6页。

[2] [以] S. N. 艾森斯塔特:《反思现代性》,旷新年、王爱松译,生活·读书·新知三联书店2006年版,第11~12页。

[3] [以] S. N. 艾森斯塔特:《反思现代性》,旷新年、王爱松译,生活·读书·新知三联书店2006年版,第5页。

作用，在派伊看来，"只有那些处于负责任位置的人提供真正的领导时，政府机构才能克服它们的弱点，赢得公众的尊重。归根到底，政府是决策的机构和激发人们的机构"。[1]艾森斯塔特在《现代化：抗拒与变迁》一书中也认为，由于现代化"需要社会所有主要领域产生持续变迁这一事实，意味着它必然因接踵而至的社会问题，各种群体间的分裂和冲突，以及抗拒、抵制变迁的运动"，[2]因此，在现代化进程中国家急需产生一种能不断"容纳"各种内在于现代化过程之中的社会变迁的制度结构，以及在各种社会都能发现的形成这一结构的各个方面的能力，这是现代社会所面临的主要问题。

必须指出的是，弗朗西斯·福山（Francis Fukuyama）在《国家构建：21世纪的国家治理与世界秩序》中，重申了后发展国家在现代国家目标实现之前或者实现过程中的国家建设中，必须拥有相当水平的国家制度能力，才能获取推进现代化进程所必要的稳定和秩序，在福山看来，国家制度能力是"制度能力的强度"，它包括"制定和实施政策以及制定法律的能力，高效管理的能力，控制渎职、腐败和行贿的能力，保持政府机关高度透明和诚信的能力以及（最重要）的执法能力"。[3]对于现代化进程中后发展国家而言，国家建构是为实现现代国家需要的秩序和稳定进行国家建设的阶段。福山提出，"国家构建（state-building）就是在强化现有的国家制度的同时新建一批国家政府制度"，[4]也就是说，国家能力实质上指涉的是国家制度能力，而国家制度能力又包括制度的供给能力和制度的需求两个层面的内容，具体而言，就制度的供给而言，"如果制度能力是问题的核心，我们便可以从制度的供给方面入手，先研究哪些制度对经济发展至关重要，应当如何设计"。[5]就制度的需求而言，"没有对制度的需求就不会有制度的发展和改革……国家构

---

[1] [美]鲁恂·W. 派伊：《政治发展面面观》，任晓、王元译，天津人民出版社2009年版，第238页。

[2] [以]S. N. 艾森斯塔德：《现代化：抗拒与变迁》，张旅平等译，中国人民大学出版社1988年版，第23页。

[3] [美]弗朗西斯·福山：《国家构建：21世纪的国家治理与世界秩序》，黄胜强、许铭原译，中国社会科学出版社2007年版，第9页。

[4] [美]弗朗西斯·福山：《国家构建：21世纪的国家治理与世界秩序》，黄胜强、许铭原译，中国社会科学出版社2007年版，第1页。

[5] [美]弗朗西斯·福山：《国家构建：21世纪的国家治理与世界秩序》，黄胜强、许铭原译，中国社会科学出版社2007年版，第23页。

建和制度改革的成功实例绝大部分都发生在社会产生对制度强烈的国内需求时期……如果有足够的国内需求存在，通常都会出现供给，尽管这一供给的质量在各个时期不尽相同"。[1]另外，福山认为，必要的国家权力是后发展国家在政治发展过程中获取相当水平国家制度能力的途径，这是因为虽然"国家建构与限制和弱化国家职能构成一对矛盾，把这对矛盾提上第一要务的位置，可能会使某些人惊呼为荒诞。在过去几年中，世界政治的主流是抨击'大政府'，力图把国家部门的事务交给自由市场或公民社会"，但是"特别是在有些发展中国家，政府软弱、无能或者无政府状态，却是严重问题的祸根"。[2]因此"虽然我们不想回到强权争霸的世界里，但我们确实需要充分认识权力的必要性。集聚合法的权力并运用于特定目标，这是只有国家和国家集团才能做到的事情。这种权力既对于在本国实行法治是不可或缺的，也是在国际上维护世界秩序所必需的"。[3]福山的这一观点实际上与亨廷顿在《变动社会的政治秩序》中所持的观点如出一辙。值得指出的是，在建构现代国家方面，西方国家在国家建设过程中也有不成功的地方，但是福山缺乏对此进行全面的总结。

比较政治学视角下国家建设理论学派作为国外学者对于后发展国家政治发展进行分析的理论工具，对于本书所涉及的东南亚国家政治发展中公共权威建构和国家能力建设问题研究，提供了重要的理论参考，所取得的研究成果为本书分析后发展国家的国家建设问题提供了比较丰富的学术资源，对于本书研究来说具有较大借鉴意义。作为这一学派最大代表——亨廷顿的国家建设理论，对宏大问题进行思考即关注的主题是"国家"，力图发现和阐释政治过程的"法则"，而不是借用自然科学的方法试图解决后发展国家政治发展道路问题，具体地，其可贵之处在于经验主义方法论和政治现实主义的理性态度，这主要体现在亨廷顿基于后发展国家的社会现实基础，指出，西方国家的价值体系和制度设计并不适合后发展国家，后发展国家政治发展的首要

---

[1] [美] 弗朗西斯·福山：《国家构建：21世纪的国家治理与世界秩序》，黄胜强、许铭原译，中国社会科学出版社2007年版，第32~34页。

[2] [美] 弗朗西斯·福山：《国家构建：21世纪的国家治理与世界秩序》，黄胜强、许铭原译，中国社会科学出版社2007年版，第1页。

[3] [美] 弗朗西斯·福山：《国家构建：21世纪的国家治理与世界秩序》，黄胜强、许铭原译，中国社会科学出版社2007年版，第115页。

任务是获得政治秩序和政治稳定，这不同于20世纪50年代末到60年代早期政治发展理论的研究范式，在很大程度上弥补了早期现代化理论的缺失。亨廷顿国家建设理论中所体现的经验主义和现实主义的理性态度使得这种研究能够从实际出发、以问题为导向进行思维，立足于后发展国家的具体现实国情，对后发展国家的政治发展和政治现代化道路选择问题进行了论证。进一步来看，这种理性态度有利于后发展国家在社会政治制度的顶层设计中避免普遍主义和"制度决定论"[1]的弊端，因为普遍主义和"制度决定论"认为一旦人们认为某种抽象原则是合理的，有功效的，就要用人们自认为符合某种抽象原则的制度与理念，迅速、激进地取代传统秩序。这种思想诉求是建立在乌托邦主义色彩的政治神话基础上的，它完全脱离了社会存在的客观条件，试图为所有的社会和所有的政府进行谋划、在理论科学的抽象原则之上建立政治制度，因此很难避免现实中的失败。

但是，也应该看到，以亨廷顿为代表的国家建设学派在不同层面不可避免地存在局限性，比如，在分析后发展国家政治发展中的国家建设时，这一学派对于殖民主义和现代帝国主义对后发展国家的国际干预因素没有给予足够重视，较少关注后发展国家政治发展的国际环境。无论是殖民地时期西方国家在后发展国家实行的"分而治之"的阴谋，还是二战后西方国家对后发展国家实施的"西化"与"分化"的图谋，都是基于西方国家基于自身利益考虑的霸权主义和强权政治背景，这些政策在很大程度上影响了后发展国家政治发展中独立自主性的发挥，无疑给后发展国家政治发展中的国家建设带来了消极影响。这里需要特别指出，后发展国家大多数是多民族国家，有些族群的宗教信仰是国际性宗教，还有许多后发展国家存在跨境族群的现象，其政治发展问题超出一国范围而成为国际问题，这使得后发展多民族国家的

---

[1] "制度决定论"思维倾向的基本特点是，在肯定异质文化中某一种制度的功效的同时，却忽视了该种制度得以实现其效能的历史、文化、经济和社会诸方面的前提和条件，即"制度决定论"仅仅抽象地关注制度的"功效"与选择该制度"必要性"之间的关联，而忽视了"功效"与实现该功效的种种条件的关联。实际上，一种制度实施的可行性与实效性，又恰恰不能脱离这些条件。因此，"制度决定论"产生的一个直接后果是，人们对于某种效能的渴望越是强烈，人们就越发向往建立那种被认为可以产生该种效能的制度，但是，这种制度与传统社会结构几乎没有任何同构点，与传统的政治文化（包括人们的信念、价值与习俗）和政治体制没有相容性和结合点。在基于"制度决定论"的政治选择的国家，由于传统的制度规范迅速瓦解和失效，而新的制度规范却由于无法在这些国家内部找到支撑点或载体，从而同样无法运作，于是，就有可能陷入空前的失范状态和整合性危机。

政治发展显现出国际性的特点。西方强权大国出于国内政治的利益考量，以人权、民主为幌子对后发展国家的政治发展进行干预。以亨廷顿为代表的国家建设学派对于这些干预因素没有给予足够的关注。另外，需要指出的是，亨廷顿的国家能力建设理论虽然对后发展国家国家建设的影响因素作了比较全面的分析，但是对其中的不少因素是不够重视的，比如，亨廷顿对于国家层面的意识形态和价值共识对于国家建设的影响这一问题，没有给予足够的关注。虽然亨廷顿在政治体制的凝聚力这个衡量标准中涉及了政治体制的价值功能，但是他关注的只是政治体制自身的制度化来源于国家层面的意识形态和价值观，即政治体制向社会输出与主流意识形态相契合的价值观念，却在很大程度上忽视了社会层面向政治体制输入对主流价值观念的支持与认同对国家建设的影响，对于传统文化等因素对后发展国家国家建设重要性的论证，至少是不明确的，这是亨廷顿国家能力建设理论的缺陷。

必须加以说明的是，立足于唯物史观基础的马克思主义国家理论具有宏大的历史视野和深远的指导意义。马克思主义国家理论作为一种科学的世界观和认识论工具，以全人类的自由与解放为研究的出发点和目标，为人类正确认识国家问题提供了理论和实践指导。马克思、恩格斯以及国外马克思主义学者都有关于国家问题的理论阐释。马克思、恩格斯是马克思主义国家理论的奠基人，对国家问题进行了具有实际意义的探讨。马克思、恩格斯一方面基于历史唯物主义和阶级分析法创立了广为流传的工具主义国家理论，另一方面基于对国家复杂性的考察关注了国家是一种产生于市民社会又凌驾于市民社会的力量的自主性现象。在马克思、恩格斯的国家理论中，国家自主性根源于人类对于安全和秩序等公共福利的需求。如果没有国家，社会就会陷入缺乏安全和秩序的状态。马克思、恩格斯从各阶级力量"接近平衡"的意义上来理解国家自主性，"国家是承认：这个社会陷入了不可解决的自我矛盾，分裂为不可调和的对立面而又无力摆脱这些对立面。而为了使这些对立面，这些经济利益互相冲突的阶级，不致在无谓的斗争中把自己和社会消灭，就需要有一种表面上凌驾于社会之上的力量，这种力量应当缓和冲突，把冲突保持在'秩序'的范围以内"。[1]以阿尔都塞、波朗查斯为代表的西方马克思主义者延续了马克思、恩格斯国家自主性理论的脉络并丰富了这一理论。

---

[1]《马克思恩格斯选集》（第4卷），人民出版社1995年版，第170页。

阿尔都塞在《保卫马克思》[1]中认为马克思的社会历史观的新关系是多元决定论的结构。在这个结构中，"一方面，生产方式（经济因素）归根到底是决定性因素；另一方面，上层建筑极其特殊功能具有相对独立性"。[2]生产虽然归根到底是决定性因素，但并非唯一的决定性因素，社会结构中的每一种因素都是相互作用的，上层建筑包括国家、法律、意识形态等都具有相对独立性，从而强调了国家的相对自主性。波朗查斯在《政治权力与社会阶级》[3]中从结构主义角度考察了国家的相对自主性，在波朗查斯看来，在认识和分析阶级问题时马克思、恩格斯、列宁并不仅仅放在经济结构上而是在社会形态的整体结构上，这个整体结构既包括经济方面的因素也包括政治和思想意识形态方面的因素，从而提出了国家相对自主性的重要理论。为了实现国家的相对自主性，国家在社会形态这个复杂的整体结构中，必须起到一种调和作用，即国家的目的在于维持公共利益的职能，国家的公共职能和阶级职能二者统一于国家的相对自主性，"国家是调和一个社会形态的统一因素"，"这正是马克思主义关于国家概念的原意，即国家是一种社会形态的'秩序'或'组织原则'：但这并不是指现代意义上的政治秩序，而是就它能够起着这个体系综合平衡的因素而言"。[4]

2. 国内学者的研究

国内学者对东南亚后发展国家政治发展理论与实践研究，存在着相当数量的重要学术著作，基本上可以分为把东南亚地区作为对象进行的区域政治发展理论与实践研究和把东南亚典型国家作为对象的国别政治发展理论与实践研究两个领域。

第一，把东南亚地区作为对象进行的区域政治发展理论与实践研究。东南亚国家政治发展开始于二战结束和民族国家独立之后，东南亚各国政治发展经历了不同的发展阶段，总体而言，包括多元化的政治发展、威权主义的政治发展和民主转型中的政治发展三个阶段。第一个政治发展是独立初期的

---

[1] [法]路易·阿尔都塞：《保卫马克思》，顾良译，商务印书馆1984年版。
[2] [法]路易·阿尔都塞：《保卫马克思》，顾良译，商务印书馆1984年版，第93页。
[3] [希]尼科斯·波朗查斯：《政治权力与社会阶级》，叶林等译，中国社会科学出版社1982年版。
[4] [希]尼科斯·波朗查斯：《政治权力与社会阶级》，叶林等译，中国社会科学出版社1982年版，第38页。

多元化的政治发展,从战后独立到20世纪50、60年代末。第二个政治发展阶段是威权主义的政治发展,从20世纪50、60年代末到80年代末。第三个政治发展阶段是民主转型中的政治发展,开始于20世纪80年代末、90年代初以来的后威权政治时期。

张锡镇写作以及翻译的《当代东南亚政治》《东南亚政府与政治》和《东亚:变幻中的政治风云》[1],都是国内较早的对东南亚政治发展脉络、政治制度模式、政治权力结构从实证层面进行全面系统研究的著作。在《当代东南亚政治》中,张锡镇重点阐述了包括泰国、马来西亚、新加坡、印度尼西亚、菲律宾在内的独立以后东南亚各国的政治发展脉络,其中,对泰国独立后政治发展脉络的分析主要包括从"自由泰政府"到披汶政府、沙立和他侬的军事独裁政权、"民主试验"的失败和军人的上台、温和的军人政权、军队和民主势力的新较量几方面内容;对马来西亚独立后政治发展脉络的分析主要包括马来西亚联邦的建立、新加坡的分离、"5·13"事件和紧急状态、权力结构的调整和新经济政策、巫统的危机和新发展政策诸方面内容;对新加坡独立后政治发展脉络的分析主要包括走向独立的新加坡、独具特色的执政风格和人民行动党的鼎盛时期、领导层的更新和权力的交替;对印度尼西亚独立后政治发展脉络的分析主要包括议会民主制的失败、"有领导的民主"的建立、"9·30运动和权力的转移""新秩序"下的政治发展;对菲律宾独立后政治发展脉络的分析主要包括两党制下的政治发展、马科斯的军事统治、"人民力量革命"和马科斯政权的垮台、从科拉松·阿基诺政府到拉莫斯政府等几个方面的问题。另外,张锡镇在《当代东南亚政治》中也深入分析了独立后东南亚各国实施的政治制度模式及政府体制的主要内容及基本特点,主要包括泰国和马来西亚实行的君主立宪制的主要内容和基本特点,印度尼西亚和菲律宾实行的总统制的主要内容和基本特点,新加坡议会共和制的主要内容和基本特点。

中国社会科学院政治学研究所、孙冶方经济科学研究基金会等联合开展了"东亚政治发展研究"大型课题的研究工作,这一课题的研究成果主要包

---

[1] 张锡镇:《当代东南亚政治》,广西人民出版社1995年版;[澳]约翰·芬斯顿主编:《东南亚政府与政治》,张锡镇等译,北京大学出版社2007年版;张锡镇主编:《东亚:变幻中的政治风云》,中国国际广播出版社2002年版。

括房宁等的《自由 威权 多元——东亚政治发展研究报告》和《民主与发展——亚洲工业化时代的民主政治研究》[1]，这是"东亚政治发展研究"课题组对亚洲九个国家和一个地区进行政治发展问题分析的两部重要著作。这两部著作通过对以上亚洲国家和地区工业化、现代化进程中政治发展进行系统的考察和研究，探索亚洲国家与地区现代化进程中政治发展的共性与差异。在"东亚政治发展研究"课题组进行政治发展研究的亚洲九个国家和一个地区中，有四个国家即印度尼西亚、泰国、新加坡、菲律宾属于本书的国别分析范围。在这两部重要著作中，房宁等着重分析了包括印度尼西亚、泰国、新加坡、菲律宾现代化进程中的政治发展历程，其中，对印度尼西亚政治发展历程的研究主要包括现代化的历史起点、自由民主遭遇"理想化陷阱"、探索"有领导的民主""建国五基"推进工业化、多元民主改革、多元体制下的治理与整合问题；对泰国政治发展历程的研究主要包括封建古国的现代化起跑线、"泰人特性"民族国家建构、"泰式民主"取代宪政体制、"国王领导下的民主""企业家政治"冲击"政治家政治"；对新加坡政治发展历程的研究主要包括断裂社会中的新国家、行政主导体制推进现代化、开放权力与稳定转型；对菲律宾政治发展历程的研究主要包括当代菲律宾政治的历史背景、在美国阴影下独立建国、"菲式"威权体制的成败、马科斯威权体制的终结、"美式宪政框架"下的多党制。另外，房宁等在《自由 威权 多元——东亚政治发展研究报告》中还深入探讨了现代化进程中东亚政治发展所呈现的具有普遍性和规律性的特征是：这一地区"在实现工业化、现代化进程中，其政治制度及体制都先后经历了效仿西方政体的'自由民主体制'阶段、'威权体制'阶段和'多元体制'阶段……根据东亚政治发展的经验事实，我们认为，政治发展，抑或民主政治，存在于两个基本层面：一方面是国民社会权利得到保障和社会自由的扩大；另一方面，则是国家权力的开放、多元与共治。"[2]

李路曲的《东亚模式与价值重构——比较政治分析》《政党政治与政治发

---

[1] 房宁等：《自由 威权 多元——东亚政治发展研究报告》，社会科学文献出版社2011年版；房宁等：《民主与发展——亚洲工业化时代的民主政治研究》，社会科学文献出版社2015年版。

[2] 房宁等：《自由 威权 多元——东亚政治发展研究报告》，社会科学文献出版社2011年版，第14~15页。

展》及《当代东亚政党政治的发展》[1]也是从不同角度对后发展国家政治发展问题进行研究的重要著作。在《当代东亚政党政治的发展》中，作者沿着政党政治发展的路径对第二次世界大战以来东亚各国政党政治的发展、转型和民主化进行了比较研究，其中包括本书研究所涉及的五个对象国即菲律宾、泰国、印度尼西亚、马来西亚、新加坡，但是不包括中国、朝鲜和越南等国。这部重要著作大致包括三个方面的内容：第一部分内容是对东亚各国政党政治转型和发展共同特征的分析。这一共同特征是"第二次世界大战以后出现了一个政党政治产生和快速发展的时期，各国基本上都实行了多党制，不过这时的多党和多党政治都是刚刚从传统的体制下脱胎出来的，还处于政党政治发展的初期，很不成熟。到20世纪60年代中期各国相继进入了一党为主的政党体制和威权主义政治体制时期，政党政治和政治发展只是在体制内发生很小的变化，但其发展主义的导向使其比原有的多党政治更具有现代性"。[2]第二部分内容是对东亚各国主要政党的组织结构、意识形态、功能作用及转型路径的解读，主要研究的问题包括腐败对东亚政党政治和政治体制转型的影响；东亚政党体制和政治体制转型前后政党政治的变化和特征；东亚主要政党意识形态的变化及其价值观的实现程度；对东亚政党和政党制度的制度化和民主化的评估。第三部分内容在对东亚政党政治和民主化发展进行总结的基础上对未来发展趋势进行评估和预测，作者指出，"当代东亚各国民主的实践不是照搬西方的模式，也不是按照'亚洲式民主'的设计发展的。就自由和民主的实现方式和实现程度来说，确实存在着社会文化之间的差异和社会政治发展阶段上的差异。对于那些政党体制和政治体制已经发生了转型的国家或地区来说，民主的发展在很大程度上还只是建立起了最基本的民主体制的框架，而在其行为、价值和社会政治关系层面上的民主因素还很不成熟"。[3]

吴辉的《政党制度与政治稳定——东南亚经验的研究》[4]，是一部研究现代化进程中东南亚国家政党制度与政治稳定关系的很有价值的学术著作。

---

[1] 李路曲：《当代东亚政党政治的发展》，学林出版社2005年版；李路曲：《政党政治与政治发展》，中央编译出版社2016年版；李路曲：《东亚模式与价值重构——比较政治分析》，人民出版社2002年版。

[2] 李路曲：《当代东亚政党政治的发展》，学林出版社2005年版，第10页。

[3] 李路曲：《当代东亚政党政治的发展》，学林出版社2005年版，第13页。

[4] 吴辉：《政党制度与政治稳定——东南亚经验的研究》，世界知识出版社2005年版。

在《政党制度与政治稳定——东南亚经验的研究》中,该书作者首先从一般理论入手揭示了现代化引起政治不稳定的原因,并阐明了政党制度满足政治稳定的条件,其理论假设是"现代化引起的整合危机、参与危机和合法性危机,是导致现代化中国家政治不稳定的主要原因;政党制度作为整合社会的机制、组织和扩大政治参与的制度性安排以及政治权力合法性的源泉,具有政治稳定的功能。"[1]其次,作者分析了东南亚五国——泰国、菲律宾、印度尼西亚、马来西亚、新加坡政党政治的发展过程与演进轨迹,认为"战后东南亚国家的政党制度处于持续的变革当中,并且这一过程到目前为止还不能说已经结束。总结这些国家政党制度的演进过程,对于理解政党制度与政治稳定的关系具有重要的基础性意义"。[2]最后,作者通过考察、分析和论证东南亚五国政党制度与政治稳定的关系,在理论预设的基础上提出政党制度一定要适应特定的社会生态的要求,这意味着"政党制度促进社会政治稳定,必须与所在社会的政治、经济、文化条件相适应。唯其如此,政党制度才能与周边环境保持协调平衡,才能从环境中获得持久生存所需的'养料',进而实现社会的整合和政治稳定。离开了这一条件,任何在西方发达国家运行平稳的政党制度,在现代化中国家都可能发生变异甚至变质,并且加深社会的分裂,造成政治的不稳定"。[3]

陈尧的《难以抉择——后发展国家的政治发展战略研究》[4]是一部对一般意义上的后发展国家的政治发展进行比较分析的重要著作。在《难以抉择——后发展国家的政治发展战略研究》中,作者总结和探讨了后发展国家政治发展战略的一般原则、逻辑和内容,重点阐述的主要内容包括对后发展国家与早期现代化国家的政治发展的比较分析;对后发展国家的政治发展路径和道路选择的分析;对后发展国家的体制选择的分析、对后发展国家的政策选择的分析;对后发展国家政治发展战略的思考。尤为值得关注的是作者对后发展国家政治发展战略的反思,陈尧提出,在后发展国家的政治发展过

---

[1] 吴辉:《政党制度与政治稳定——东南亚经验的研究》,世界知识出版社2005年版,第15页。

[2] 吴辉:《政党制度与政治稳定——东南亚经验的研究》,世界知识出版社2005年版,第15页。

[3] 吴辉:《政党制度与政治稳定——东南亚经验的研究》,世界知识出版社2005年版,第291页。

[4] 陈尧:《难以抉择——后发展国家的政治发展战略研究》,上海人民出版社2008年版。

程中"发展战略的安排不仅是必要的,而且确实是有效的。当然,不是说政治发展战略安排在所有的国家均有效,而是这些战略的制定和实施要获得成功,是有严格约束条件的。毕竟,政治发展与经济发展在根本点上不同,政治发展本质上是一种政治经济学的过程,一旦与现实的利益关系联系在一起,任何政治发展战略的安排都有可能失败,在某些情况下获得成功甚至可能属于例外,但这并不排除制定政治发展战略的必要性和重要意义。战略安排或计划,是人们为了适应社会发展过程中各种生产、生活之间的关系而有意发明的某些制度或设计,这些制度或设计是为了更好地推动社会的和谐发展"。[1]

此外,值得一提的是,还存在着许多对东南亚地区进行区域政治发展研究的有价值的学术成果。中国社会科学院把亚洲太平洋研究所每年召开的"东亚政治社会转型"学术研讨会确立为中国社会科学院重点学科建设课程——"亚太政治"的一个项目,并连续出版了一系列关于东南亚政治发展问题的重要学术著作,主要包括李文主编的《东南亚:政治变革与社会转型》和《东亚:政党政治与政治参与》。[2]另外,黄云静、张胜华的《国家·发展·公平:东南亚国家的比较研究》[3]运用比较研究的方法对泰国、越南、马来西亚、印度尼西亚、菲律宾五个东南亚国家现代化进程中的国家建构、国家对发展和社会公平的影响、以及发展观对于区域平衡发展的影响进行了探讨。黄云静等的《发展与稳定——反思东南亚国家现代化》[4]把二战后越南、新加坡、马来西亚、泰国、缅甸、柬埔寨几个东南亚国家分为在现代化进程中比较成功的国家和遭遇较多挫折的国家,通过选取典型问题和典型国家进行探讨,分析和总结了二战后东南亚国家所遭遇的社会问题和维持社会政治稳定的经验教训。周方冶等的《东亚五国政治发展的权力集团研究》[5]从政治权力集团的视角出发对日本、韩国、印度尼西亚、泰国、马来西亚等东亚五国政治

---

[1] 陈尧:《难以抉择——后发展国家的政治发展战略研究》,上海人民出版社2008年版,第233页。

[2] 李文主编:《东南亚:政治变革与社会转型》,中国社会科学出版社2006年版;李文主编:《东亚:政党政治与政治参与》,世界知识出版社2007年版。

[3] 黄云静、张胜华:《国家·发展·公平:东南亚国家的比较研究》,中国社会科学出版社2016年版。

[4] 黄云静等:《发展与稳定——反思东南亚国家现代化》,时事出版社2011年版。

[5] 周方冶等:《东亚五国政治发展的权力集团研究》,中国社会科学出版社2016年版。

转型的动力与路径进行了比较研究。另外，岳蓉的《东南亚地区民族国家研究》[1]、古小松主编的《东南亚——历史现状前瞻》[2]、蒋满元主编的《东南亚政治与文化》[3]、潘一宁等的《国际因素与当代东南亚国家政治发展》[4]、范若兰的《东南亚女性的政治参与》[5]，这些学术著作在东南亚政治发展研究领域从不同的角度都提出了许多值得深入研究和思考的重要问题。

第二，把东南亚典型国家作为对象的国别政治发展理论与实践研究。

一是把新加坡作为研究对象的国别政治发展的理论与实践研究，研究成果主要包括李路曲的《新加坡道路》[6]、卢正涛的《新加坡威权政治研究》[7]、孙景峰的《新加坡人民行动党执政形态研究》[8]、欧树军、王绍光的《小邦大治：新加坡的国家基本制度建设》[9]等。在《新加坡道路》中，作者阐述了新加坡的现代化进程，并把新加坡置于东西发展模式、后发展国家的发展模式、东亚模式的发展框架中进行比较研究，在对新加坡的发展全貌形成一个具体而清晰的了解基础上，对其发展模式进行了概括和评价。在《新加坡威权政治研究》中，作者把新加坡的威权政治放在二战后新加坡政治社会发展的历史进程中来描述，阐明威权政治在新加坡的产生发展、威权政治的制度设计及理论基础等；在《新加坡人民行动党执政形态研究》中，作者阐述了新加坡人民行动党的执政机制，包括立法机制、司法机制、社会吸纳机制等，并总结了其中一些能够给人以启示的经验；在《小邦大治：新加坡的国家基本制度建设》中，作者从政治发展、经济发展和社会发展等角度研究新加坡的国家基本制度化建设，提醒"人民关注二战后整个东南亚区域政治的进程、结构与体系，去殖、国家基本制度建设、现代化是东南亚政治的三大动力。同样也是三大任务。东南亚各国的政治差异，主要取决于各国

---

[1] 岳蓉：《东南亚地区民族国家研究》，中国社会科学出版社2016年版。
[2] 古小松主编：《东南亚——历史现状前瞻》（修订版），世界图书出版广东有限公司2013年版。
[3] 蒋满元主编：《东南亚政治与文化》，中南大学出版社2012年版。
[4] 潘一宁等：《国际因素与当代东南亚国家政治发展》，中国社会科学出版社2004年版。
[5] 范若兰：《东南亚女性的政治参与》，社会科学文献出版社2015年版。
[6] 李路曲：《新加坡道路》，中国社会科学出版社2018年版。
[7] 卢正涛：《新加坡威权政治研究》，南京大学出版社2007年版。
[8] 孙景峰：《新加坡人民行动党执政形态研究》，人民出版社2005年版。
[9] 欧树军、王绍光：《小邦大治：新加坡的国家基本制度建设》，社会科学文献出版社2017年版。

完成这三大历史任务的程度。而非政府形式的不同。或者说，哪一种政府形式更有能力完成这三大任务，这种形式就是好政府、好政体、好体制"。[1]

二是把泰国作为研究对象的国别政治发展的理论与实践研究，研究成果主要包括任一雄的《东亚模式中的威权政治：泰国个案研究》[2]和周方治的《王权·威权·金权：泰国政治现代化进程》[3]、叶麒麟的《社会分裂、弱政党政治与民主巩固——以乌克兰和泰国为例》[4]等。在《东亚模式中的威权政治：泰国个案研究》中，作者对泰国的威权政治进行了全面的、多角度的综合性分析，通过实证考察和理论探讨系统分析了泰国历史上的专制主义、宗教思想和威权崇拜等价值观对泰国威权政治产生的决定性影响，作者指出，未来泰国的政治模式不会是西方民主政治的翻版，而更可能是具有强烈的历史与传统文化特征的"泰式民主"；在《王权·威权·金权：泰国政治现代化进程》[5]，作者以"政治化社会利益集团"为视角，探讨了泰国政治从君主专制的王权时代、到军人主导的威权时代、再到商人掌权的金权时代的发展动力与路径；在《社会分裂、弱政党政治与民主巩固——以乌克兰和泰国为例》中，作者基于泰国和乌克兰的第三波民主化经验，通过梳理弱政党政治与社会分裂之间的关系试图揭示弱政党政治对民主巩固的消极影响。

三是把印度尼西亚作为研究对象的国别政治发展的理论与实践研究，研究成果主要包括杨晓强的《后苏哈托时期的印尼民主化改革研究》[6]等。在这本著作中，作者通过对民主转型过程及历史经验、政党政治、伊斯兰宗教等民主各结构性要素的分析，力图对印度尼西亚民主化进程形成一个深入认识，"民主改革时期的印尼完成了宪制改革，但原有价值观念仍然主宰着现实政治。需要指出，恩主文化经泛化后，不仅为旧利益集团所固守，也腐蚀着进入权力圈的新人，同时还影响着政治参与的主体——普通民众"。[7]

---

[1] 欧树军、王绍光：《小邦大治：新加坡的国家基本制度建设》，社会科学文献出版社2017年版，第202页。
[2] 任一雄：《东亚模式中的威权政治：泰国个案研究》，北京大学出版社2002年版。
[3] 周方治：《王权·威权·金权：泰国政治现代化进程》，社会科学文献出版社2011年版。
[4] 叶麒麟：《社会分裂、弱政党政治与民主巩固——以乌克兰和泰国为例》，中央编译出版社2014年版。
[5] 周方治：《王权·威权·金权：泰国政治现代化进程》，社会科学文献出版社2011年版。
[6] 杨晓强：《后苏哈托时期的印尼民主化改革研究》，厦门大学出版社2015年版。
[7] 杨晓强：《后苏哈托时期的印尼民主化改革研究》，厦门大学出版社2015年版，第237页。

四是把菲律宾作为研究对象的国别政治发展的理论与实践研究，研究成果主要包括周东华的《战后菲律宾现代化进程中的威权主义起源研究》[1]等。在这本著作中，作者对菲律宾威权政治时期马科斯"戒严法政府"建立的历史原因和影响因素进行了总结和分析，指出马科斯"戒严法政府"通过严控大众政治参与而推行"马科斯宪法"，根据其中的命令和法规达到马科斯独裁的目的，认为其中"最根本的原因在于现代化进程中，政治领袖在个人野心的驱使下，运用政治资源，侵吞政治精英的现代化成果。而这种政治精英的现代化诉求与政治领袖侵吞政治精英的现代化成果的手段，在菲律宾政治史上都能找到根源，前者即黎萨尔形成的精英化改革传统，后者即奎松形成的'政治民主化'传统"。[2]

另外，还有许多学术成果在把东南亚典型国家作为对象的国别政治发展研究领域从各自的角度提出了许多值得深入探讨和思考的重要问题，包括：李路曲的《新加坡熔铸共同价值观："移民国家"的立国之本》[3]；吕元礼的《新加坡治贪为什么能？》[4]《鱼尾狮的政治学：新加坡执政党的治国之道》[5]《问政李光耀：新加坡如何有效治理？》[6]；吴元华的《新加坡良治之道》[7]；吴俊刚的《新加坡政党的基层工作：议员如何联系选民》[8]；陈玲玲的《新加坡的政党政治：在野党的参政议政空间》[9]；齐港的《新加坡公共政策的运作过程：行之有效的政府行为》[10]；张锡镇、宋清润的《泰国民主政治论》[11]；史国栋等编著的《泰国政治体制与政治现状》[12]；万悦容的《泰国非政府组织》[13]；庄国土、张禹东主编的《泰国研

---

[1] 周东华：《战后菲律宾现代化进程中的威权主义起源研究》，人民出版社2010年版。
[2] 周东华：《战后菲律宾现代化进程中的威权主义起源研究》，人民出版社2010年版，第20~21页。
[3] 李路曲：《新加坡熔铸共同价值观："移民国家"的立国之本》，湖南人民出版社2016年版。
[4] 吕元礼：《新加坡治贪为什么能？》，广东人民出版社2011年版。
[5] 吕元礼等：《鱼尾狮的政治学：新加坡执政党的治国之道》，江西人民出版社2007年版。
[6] 吕元礼等：《问政李光耀：新加坡如何有效治理？》，天津人民出版社2015年版。
[7] [新加坡]吴元华：《新加坡良治之道》，中国社会科学出版社2014年版。
[8] [新加坡]吴俊刚：《新加坡政党的基层工作：议员如何联系选民》，湖南人民出版社2017年版。
[9] 陈玲玲：《新加坡的政党政治：在野党的参政议政空间》，湖南人民出版社2016年版。
[10] 齐港：《新加坡公共政策的运作过程：行之有效的政府行为》，湖南人民出版社2016年版。
[11] 张锡镇、宋清润：《泰国民主政治论》，中国书籍出版社2013年版。
[12] 史国栋等编著：《泰国政治体制与政治现状》，苏州大学出版社2016年版。
[13] 万悦容：《泰国非政府组织》，知识产权出版社2013年版。

究报告（2016）》[1]；庄国土、张禹东、刘文正主编的《泰国研究报告（2017）》[2]；陈晓律等的《马来西亚——多元文化中的民主与权威》[3]；北京外国语大学中国马来语教学中心编译的《马来西亚总理马哈蒂尔演讲集》[4]；温北炎、郑一省的《后苏哈托时代的印度尼西亚》[5]；《苏哈托自传——我的思想、言论和行动》[6]；韦红主编的《印度尼西亚国情报告（2016）》[7]；韦红主编的《印度尼西亚国情报告（2017）》[8]；果海英：《西法东来的样式：西班牙殖民时期的菲律宾法研究》[9]，等等。

以上都是以地区和国别研究的形式对东南亚政治发展和现代化问题进行研究的具有借鉴意义的学术研究成果。上面提及的诸部学术著作从方方面面主要涉及了东南亚国家在独立后政治发展中的问题，但如何处理族群与族群、族群与国家之间的关系在这些著作中涉及还不够多，也不够深。

（二）对政治发展中多民族国家族群理论与实践的研究

1. 国外学者的研究

总体而言，国外学者对于多民族国家族群问题的研究可以分为族群原生主义的理论流派和族群建构主义的理论流派。国外族群原生主义和族群建构主义两个理论流派各自又从诸多不同的角度分析多民族国家的族群性问题。

族群原生主义流派认为，族群是从历史的根基上发展起来并经由生物性遗传而得来，其成员从出生开始就获取了特定的生物特定性和族群特质，这从心理层面决定了族群成员的自我认同的形成，而这种自我认同与对族群的群体认同是紧密联系在一起的。可见，族群原生主义流派把族群性认定为一种绝对的客观事实，由于族群的凝聚力是天生的，族群中的成员对族群的认

---

[1] 庄国土、张禹东主编：《泰国研究报告（2016）》，社会科学文献出版社2016年版。

[2] 庄国土、张禹东、刘文正主编：《泰国研究报告（2017）》，社会科学文献出版社2017年版。

[3] 陈晓律等：《马来西亚——多元文化中的民主与权威》，四川人民出版社2000年版。

[4] 北京外国语大学中国马来语教学中心编译：《马来西亚总理马哈蒂尔演讲集》，世界知识出版社1999年版。

[5] 温北炎、郑一省：《后苏哈托时代的印度尼西亚》，世界知识出版社2006年版。

[6] [印尼]苏哈托自述，德威帕雅纳、拉马丹执笔：《苏哈托自传——我的思想、言论和行动》，居三元译，世界知识出版社1991年版。

[7] 韦红主编：《印度尼西亚国情报告（2016）》，社会科学文献出版社2016年版。

[8] 韦红主编：《印度尼西亚国情报告（2017）》，社会科学文献出版社2017年版。

[9] 果海英：《西法东来的样式：西班牙殖民时期的菲律宾法研究》，法律出版社2015年版。

同是"原生的"和静态的,是自然而然注定要发生的。国外族群原生主义的理论流派从不同的角度对多民族国家族群问题进行解释,概括起来,这些解释的角度包括文化的解释、意识形态的解释和历史的解释等。在多民族国家族群问题研究的族群原生主义流派的国外学者中,对多民族国家族群问题进行文化解释的国外学者代表是克立福德·格尔茨(Clifford Geertz),对多民族国家族群问题进行意识形态解释的国外学者的代表是埃利·凯多利(Elie Kedourie),而对多民族国家族群问题进行历史解释的国外学者代表是休·赛顿-沃森(Hugh Seton-Watson)。

在国外持族群原生主义理论主张的相关论著中,克利福德·格尔茨的《文化的解释》是最具分析力度的一部。格尔茨倾向于从文化层面对族群现象进行解释,他的理论具有族群原生主义的鲜明特征,即族群是以某种文化特征和历史遗产作为人口集团的标志,并利用共同语言和文化感受等组织起以宗族、地缘为纽带的社会网络。集体辨识感以及在此基础上建立起来的文化归属感等原生要素是其最典型的特征,是使它具有强大内聚力的根本原因,正如在巴厘岛虽然"宗教在方法上没有条理,并不是说它完全没有秩序。它不仅有着连续一致的、极有特点的格调(一种只有大量的描述才能引发的刻意的戏剧性),而且组成它的因素形成一系列明确的仪式复合体(complex),它反过来又对含蓄但不乏合理性的适当的宗教问题显示出明确的态度。其中有三个方面最重要:(1)寺庙体系;(2)社会不平等的神圣化;(3)死亡和巫术崇拜"。[1]更加值得注意的是,在处于传统向现代转型的后发展多民族国家,现代化进程又很大程度上加剧了族群的原生性和族群对其自身的认同意识,传统的认同方式都是从部族或种族集团转到族群和语言集团的,而这种方式与现代国家建构所需要的更大的国家认同感相抵触。族群认同与国家认同紧张关系的产生,在格尔茨看来是因为后发展多民族国家的"政治现代化一开始就不是倾向于使原生情感平静而是刺激它们,这一事实使得减少这种情感对公民秩序的影响越来越困难。将主权从殖民宗主国转移到独立国家,不仅仅是将权力从外国人手中转移到当地人手中;它是整个政治生活模式的一种转换,是由臣民向公民的转变。殖民政府,就像他们所效仿的前现代欧洲贵族政府一样,冷漠而且反应迟钝;它们置身它们统治的社会之外,并且

---

[1] [美]克利福德·格尔茨:《文化的解释》,韩莉译,译林出版社2008年版,第184页。

不规则、不系统、随心所欲地管理社会。新兴国家的政府，虽然是寡头政治式的，但却受到群众拥护并且关心群众；它们处于它们所统治的社会中间，而且它们随着发展对这些社会的统治方式更加有持续性、广泛性、目的性"。[1] 格尔茨进一步提出，在后发展多民族国家普遍存在的认同危机集中体现在原有的宗教、种族、语言等感情在民族国家建立之后仍然占据主要地位，现代民族国家的观念无法取代它们。这导致了多元族群对统一民族国家的感情疏离和国家认同的脆弱，具体体现在"人民的自我意识仍在很大程度上为血缘、种族、语言、地域、宗教或是传统这些显见的现实所制约，还因主权国家作为实现集体目标的积极手段其重要性在本世纪与日俱增。新兴国家的人民大众因为是多民族的，因此认为这种隐含在'自然'多样性中的直接的、具体的而且对他们来说是有内在意义的分类是他们个性的实质性内容。放弃这具体而熟悉的识别方式，而拥护一种概括的承诺，将自己置于高高在上的、在某种程度上陌生的公民分类秩序中，要冒失去自主和个性的风险；既可能通过被吸收进一个文化上无差别的群体中，也可能更糟，被某个能够以自己性格的气质来侵染这个秩序的民族、种族或语言团体统治"。[2] 多元族群对统一民族国家的感情疏离和认同危机的强势存在，在后发展多民族国家则导致了种族仇视、族群冲突、教派斗争和极端意义上的国家分裂。由于认同危机的强势存在阻碍了后发展多民族国家其他问题的解决。因此，格尔茨认为，对于深具特殊性的后发展多民族国家而言，解决认同危机是它们现代化进程中的首要任务。

必须指出的是，在多民族国家形成过程中，各种族裔文化也有"建构"的问题，各种族裔文化的形成是人类行为选择的结果。各种族裔文化既是"原生"的，在形成其自身的每一个阶段又是一个"继往开来"的过程，在"开来"的过程中不可避免地受到全球化浪潮中多民族国家现代化进程的影响。因此，多民族国家在族际整合中，一方面不能否认和忽视各种族裔文化的"原生性"，另一方面，又要认识到各种族裔文化也是在现代化进程中后天"建构"起来的，是现代国家和社会本身也参与建构了多元族群成员的"族群

---

[1] [美] 克利福德·格尔茨：《文化的解释》，韩莉译，译林出版社2008年版，第278~279页。

[2] [美] 克利福德·格尔茨：《文化的解释》，韩莉译，译林出版社2008年版，第267~268页。

性"。另外，格尔茨虽然指出了族群冲突最本质的原因则是对政治共同体认同的缺失，但是，后发展多民族国家的认同危机主要是源于为多元族群民众所广泛认可的公共权威的缺失，只有在公共权威建构的达成中才能使以族群和宗教为载体的多元社会力量达成对政治共同体的认同。

另外，在多民族国家族群问题研究的族群原生主义流派的诸多国外学者中，对族群问题进行意识形态解释的国外学者代表是埃利·凯多利。凯多利在《民族主义》这本著作中提出，族群现象的真实本质是意识形态或政治宗教，是政治和思想复杂互动的结果，在这一动态过程中，产生出一种对于持续革新的期望和诉求，而这种新的期望和诉求需要在一种新的政治中得以体现。对多民族国家族群问题进行历史解释的族群原生主义学者代表是休·赛顿-沃森。沃森在他的著作《民族与国家——对民族起源与民族主义政治的探讨》中认为，族群和民族始终存在于历史的每一个时期，许多族群甚至在远古时代就已经存在。各个族群都有长久的、持续不断的历史，尽管在不同的历史时期各个族群的认同会有不同的方式，这一点适用于任何时期和地域的许多文化政治共同体。

与族群原生主义的理论主张相对照，族群建构主义流派则认为，族群性不是绝对的和静态的，在不同的历史发展阶段会发生变化，而也正是不断发展变化的社会历史进程建构了人们的族群性，族群性是相对的和变化的，归属和对抗的选择取决于行为主体处境和认知的变化。人类建构族群是出于社会竞争的需要，目的是在群体竞争中占据优势地位并以族群身份获取资源，从而把个体利益整合进族群的群体利益当中，并以群体成员的形式获取利益和寻求庇护，换个角度看，族群也是族群精英为获取权力和财富而调动的社会情感资源。可见，族群建构主义流派把族群解释成为普通社会利益群体中的一种类型，其目标是追求族群群体的利益和以群体利益表现出来的个人利益，与其他的利益群体并不存在本质上的区别。与族群原生主义的理论流派相似，国外族群建构主义的理论流派也从不同的角度对多民族国家族群问题进行解释，各种解释角度的共同之处则是把族群问题放在对现代性的争论中进行分析和研究。概括地讲，这些解释的角度包括经济的解释、社会文化的解释、政治的解释和再诠释的解释等。在多民族国家族群问题研究的族群建构主义流派的诸多国外学者中，对多民族国家族群问题进行经济解释的国外学者代表是埃里克·霍布斯鲍姆（Eric Hobsbawm）、汤姆·奈恩（Tom Nairn）

和迈克尔·赫克特（Michael Hechter），对多民族国家族群问题进行社会文化解释的国外学者的代表是欧内斯特·盖尔纳（Ernest Gellner），对多民族国家族群问题进行政治解释的国外学者代表是约翰·布鲁伊利（John Breuilly）、安东尼·吉登斯（Athony Giddens）和迈克尔·曼恩（Michael Mann），而对多民族国家族群问题进行再诠释解释的国外学者代表是本妮迪克特·安德森（Benedict Anderson）。特别值得注意的是，安东尼·史密斯（Athony Smith）对于多民族国家族群问题的观察具有族群原生主义和族群建构主义的双重视角。

国外对多民族国家族群问题进行经济解释的族群建构主义学派最重要的学者代表是迈克尔·赫克特和埃里克·霍布斯鲍姆。赫克特在《内部殖民主义》的重要著作中将国际和国内社会结构中的经济和文化上的不平衡发展归结为"内部殖民主义"的互动模式，在这种不平衡的互动发展模式中，跨国不发达的边缘与发达的核心地区之间的剥夺与被剥夺、现代国家中不同地区之间贫困与剥夺，以及核心地区的精英、边缘地区新动员起来的边缘精英之间的不平衡持续发展并不断加剧，逐渐形成中心—边缘的类似殖民主义时期宗主国和殖民地关系的经济发展模式。"内部殖民主义"的不平衡发展模式也成为刺激族群冲突的重要经济和社会因素，在赫克特看来，全球化浪潮和现代化在刺激族际经济竞争的不断增强的过程中，不同族群之间以及不同时间段之间的发展是不均衡的，在某个时间与空间场域内，全球化的利益可能符合某个族群在某个阶段的切身利益，在另一个时间和空间场域之内，可能完全相反。由于族群身份独有的天然性和稳定性特征清晰地界定了族群分野，这使得族群成员之间建立起自然的社会关系网络以保证族群成员个体的经济地位。正是在这种环境和条件之下，代表群体利益的族群精英为提升自己的社会地位通过代表族群利益向族群成员发起社会动员，族群成员为维护自身利益也为本族群精英提供政治资源，族群内部的成员与族群精英之间互动的结果建立起依附关系，这使得族群成员的预期明显提高，从而族群内部的团结得到不断增强。可见，为了应对来自发展中心地区经济上不断控制的挑战，尤其是边缘地区的族群出于巨大的竞争和生存压力致力于维护自己的文化特性和族群认同，这无疑也预示着全球化时代主权国家内族群分离主义存在的可能性。另外，埃里克·霍布斯鲍姆在《民族与民族主义》中认为，现代化进程中工业经济的发展对于20世纪中叶争取民族自由与解放的反殖民运动，以及20世纪晚期的族群分裂主义的推进，都是至关重要的。前者具有民族解放运动的性质,而后者本质上是否定性的和分裂性的,但是这两者都是由国际人口流动和快速的社会经济转型所导致的。

对多民族国家族群问题进行社会文化解释的族群建构主义学派最重要的国外学者代表是欧内斯特·盖尔纳。盖尔纳提出,多民族国家的族群问题是在现代化进程中产生的,是现代化和工业化的必然产物。族群现象作为一种意识形态是对社会结构变化的一种反映,其本质上来说是一种使工业社会得以运作的文化形态,在《民族与民族主义》中盖尔纳提出,致使族群冲突的是"工业社会带来的社会差别,是工业社会发展的不平衡。那些社会差别可能并不比农业社会泰然容忍的差别更糟,但是,他们不再会因为长期存在,因为已经成为传统,而被淡化或者合法化,它们存在的环境,在其他方面给人以希望,鼓励人们对平等的期望,要求流动性。凡是文化差异起着划分这些差异的地方,就会出现麻烦;反之,就会天下太平。国家在比较稳定的农业体制里形成的时候,'民族'、族群并不主张民族主义。在阶级不能从'族裔'的角度给自己下定义的时候,无论他们受到怎样的压迫和剥削,都不会推翻政治制度。只有当一个民族成为一个阶级,成为在其他方面都具有流动性的制度里的一个可见的、不平等地分布的范畴的时候,它才会具备政治意识,才会采取政治行动"。[1]在盖尔纳看来,工业社会崇尚理性文化,相信任何问题都可以通过理性化的制度设计予以解决,工业社会最重要的特征就是人类利用自己的理性来评判一切,人类不仅可以通过理性活动来获取科学知识,还能以合理性为标准达到对自然的控制。与现代性语境紧密相连的理性文化实际上在社会生活的各个方面体现出来对整齐划一的追求,正如盖尔纳在其另一重要著作《理性与文化》中提出的,"在社会生活内部,人们可以看到某种程度的理性化。这无疑是经济发生变化的先决条件。地位的平等化、至少是有序化,方法和程序、法律、通讯体系的标准化,所有这些都是文化基础设施的必要组成部分……在国内诸关系中提倡更高的有序性、更倾向于守时、普及文化、普遍的官僚化、依照一定规矩招聘人员、分配并界定职务,这一切都是它的必要组成部分"。[2]盖尔纳进一步提出,在认同领域理性文化

---

[1] [英]厄内斯特·盖尔纳:《民族与民族主义》,韩红译,中央编译出版社2002年版,第159页。

[2] [英]欧内斯特·盖尔纳:《理性与文化》,周邦宪译,陈维纲校译,贵州人民出版社2009年版,第122页。

对于社会的改造颠覆了传统的价值体系，导致政治权威传统源泉的逐渐枯竭和人类对自身归属认同的危机，尤为重要的是，理性文化极大改变了以共同体为价值原则和规范的社会生成模式，消解了传统社会中存在的情感交流、互助网络和道德约束等，代之以独立个体的集合模式，形成了基于利益关系和有利于提高社会效率的社会分工体系。基于现代性语境的理性文化的缺陷是一个具有普遍性的全球性问题，在后发展多民族国家尤为严重，一方面在全球化和现代化进程中后发展多民族国家传统文化价值体系的断裂导致认同危机，另一方面，在这种情况下，后发展多民族国家的社会成员比以往更加强烈地寻求自身的文化归属，而族群认同和以族群为载体的宗教认同由于天然性和稳定性自然成为人们的认同目标。

在多民族国家族群问题研究的族群建构主义流派的诸多国外学者中，对多民族国家族群问题进行政治解释的最重要学者代表是约翰·布鲁伊利（John Breuilly）。布鲁伊利提出，族群现象本质上是一种寻求国家权力政治动员运动，其目标是获取与保留对国家的控制。布鲁伊利在《民族主义与国家》的重要著作中把族群现象解释为寻求和行使国家权力和控制资源的政治运动，而族群现象作为政治运动的三个前提条件：第一个是存在或者有着明确而特殊特征的族群或民族；第二个是族群或民族的利益和价值优先于所有其他利益和价值；第三个是族群或民族必须尽可能地保持独立。布鲁伊利将国家和政治运动放在优先位置，正是这两个关注点之间动态的相互作用为现代化进程中的族群现象的产生提供动力。布鲁伊利反对从历史主义视角把族群现象解释为文化和历史的共同体，并从现代性语境下的政治意义上将族群现象的存在解释为现代官僚制国家危机的结果，即族群现象产生和扩展的原因在于权力不断增长的国家与市民社会之间日益变宽的鸿沟上构建桥梁，而这一鸿沟是在现代化进程中随着自由市场经济的出现而产生和发展的。布鲁伊利进而提出，族群文化和意识形态只有在被政治运动所采纳时，才能够以其独特的方式塑造历史进程。布鲁伊利认为，在围绕现代国家建构的过程中族群实体只有具备以下三个功能才能获得政治意义：第一个是利益协调功能，族群观念用以促成政治精英在共同利益上达成一致，避免他们在反对现存国家的问题上会存在截然不同的利益；第二个是动员功能，即以族群观念在政治过程取得广大群体对政治运动的支持；第三个是使政治运动的目标合法化功能，其目标包括建立文化共同体、改变现存秩序以及从现存国家中分离等。

另外，对多民族国家族群问题进行政治解释的族群建构主义学派代表还包括安东尼·吉登斯。吉登斯在《民族-国家与暴力》中指出，在现代国家的维度上，现代民族国家的建设可以为国民提供自由发展的平台，通过现代民主国家的建设可以为公民的平等发展提供制度保障，"只有现代民族-国家的国家机器才能成功地实现垄断暴力工具的要求，而且也只有在现代民族-国家中，国家机器的行政控制范围才能与这种要求所需要的领土边界直接对应起来"。[1]吉登斯给民族国家下了一个经典的定义："民族-国家存在于由民族-国家所组成的联合体之中，它是统治的一系列制度模式，它对业已规划边界（国界）的领土实施行政垄断，它的统治靠法律以及内外部暴力工具的直接控制而得以维护。"[2]

对多民族国家族群问题进行再诠释解释的族群建构主义学者代表是本妮迪克特·安德森。安德森的重要著作《想象的共同体：民族主义的起源与散布》也是在对现代性的争论中分析和研究族群问题，这与其他西方族群建构主义学者的观点如出一辙，不同之处在于安德森没有用经济、社会文化、政治等社会要素解释族群或民族的形成，而是提出族群或民族的形成是一种现代化创造过程或想象过程。安德森认为，族群或民族是想象出来的具有政治意义的共同体，这个共同体不是许多客观社会现实的集合，而是一种被想象出来的创造物，族群现象的出现是全球化和现代化过程中技术尤其是印刷技术）的发展和传播的结果，族群问题的独特之处在于各个族群利用不同的方式来想象各自的共同体，这就导致以族群身份作为界别的人们与那些有可能永远不会认识的人连接起来。安德森从族群情感与文化根源来探讨不同族群或民族属性的、全球各地的"想象的共同体"，认为这些"想象的共同体"的崛起主要取决于以下因素：宗教信仰的领土化、古典王朝家族的衰微、时间观念的改变、资本主义与印刷术之间的交互作用、国家方言的发展等。在这些"想象的共同体"中，具有族群身份的移民与其说是移民，不如说是散居海外的群落，保持着跨国的共性。他们既与所在地区的人杂处，又自己抱成一团，由此形成了安德森意义上的"远程民族主义"。

---

[1] ［英］安东尼·吉登斯：《民族-国家与暴力》，胡宗泽、赵力涛译，生活·读书·新知三联书店1998年版，第20页。

[2] ［英］安东尼·吉登斯：《民族-国家与暴力》，胡宗泽、赵力涛译，生活·读书·新知三联书店1998年版，第147页。

作为新左派学者的安德森指出,"远程民族主义"是某些先发展国家实施多元文化主义民族政策导致的政治生活族群化的产物,而它们把这种族际政治的政策导向也指向了后发展多民族国家,安德森对此表现了鲜明的批判立场。"远程民族主义"起源于全球化移民浪潮中的族群,移民浪潮中地理与政治的分离导致了"移民社群"文化认同与对所在国政治忠诚的割裂,而现代通讯手段又使得那些相距遥远但有着类似语言和宗教文化背景的人彼此认同,其导致的结果是,全球化浪潮中天然的族群边界与主权国家边界的非对称性产生了跨界族群的问题。"远程民族主义"基于这样一个基本政治信念,即政治疆域应与文化、语言疆界相一致,其恶性发展是族群主义的极端政治化,其明确的政治诉求是与国界另一面他们的同族统一,在现实中具体分为两种情况:一种情况是"族群母国"对其他国家同一族群分离主义运动的支持;另一种情况是境外族群对"族群母国"同一族群分离主义运动的支持。对于安德森而言,一切既存或曾经存在的族群和民族都是历史的产物,只有通过客观理解一个独特的族群和民族认同形成的历史过程与机制,才能为寻求不同的"想象的共同体"之间的共生共在铺平道路。尽管安德森将族群与人类深层的意识和世界观的变化结合起来,认识到族群现象是一种意识形态的建构,但是他却忽略了族群意识形态的具体政治过程中的政治动员及其他影响族群意识形成的社会基础,这一点也势必成为《想象的共同体:民族主义的起源与散布》的争议之处。

值得注意的是,安东尼·史密斯对于多民族国家族群问题的观察和解释则兼具族群原生主义和族群建构主义的双重视角。史密斯的最重要著作《全球化时代的民族与民族主义》对后发展多民族国家族际整合的分析,对于认识后发展多民族国家族群问题的来源、发展与解决有很大的启发和参考价值。必须指出的是,史密斯在这本著作中指出,后发展多民族国家的族群意识在现代化进程之前就已觉醒,"如果民族是现代的,至少是经民族主义的意识形态认可的大众现象,那么它们现在的形式和特征大多是起源于先在的、产生于有关地区的早期族裔的族裔联系。当然,许多早期族裔已经消失,或者被他族同化,或者分解成了各自独立的部分,古代腓尼基人、亚述人、中世纪文德人和勃艮第人就是例子。然而,有一些族裔联系是从前现代时期在特定人口中至少是某些部分中存在下来的,而这些联系通常成为现代民族和民族主义运动形成的基础"。[1]现代化进程保存了多元族群之间的差异而不是消灭了差异，这导致了多元族群对国家这个政治共同体的认同危机，这是由民族国家自身的扩张和渗透力以及民族濡化和同质化而导致的现代民族国家的内聚性的深刻危机，危机产生的根源在于"没有几个国家属于单一族裔和极端纯粹的民族国家。大多数是多元的'民族的国家'，其中许多国家拥有一些较大的少数族裔和地域性少数群体。这些少数群体有两种：分散的移民群体，通常来自以前的海外殖民地；在地域上聚集的少数群体，聚集定居的时间往往很长"。[2]对于如何解决多元族群对现代民族国家这个政治共同体的认同危机，史密斯提出，由于后发展国家与现代公民国家二者之间存在差距，因此后发展国家的族群也必须经历从传统向现代的转型过程。由此可见，后发展多民族国家的族群成员应该既是公民的，又是族裔的，只有二者之间建立共生关系，即公民权利也包含着族群身份和族群权利，而族群权利的认同取决于共同的语言、宗教和文化，才能实现多元族群对国家的认同，也就是说，"民族表现了族裔的和公民的两种要素之间有时不和谐但却是必要的共生关系，这种关系是建立在官僚制以及广泛职业化的社会基础之上。在现代世界中，任何一个国家的成功，都依赖于这种共生关系和这种社会基础。这种社会力量一个能够控制国家机构，另一个能动员人民的力量，它们的结合在公民的与族裔的两种要素的趋同共存之中反映出来，这时人民既被看作是公民，又被看成是族裔的成员。当这种共生关系趋于完美时，当公民与族裔两种成分之间不存在缝隙时，文化和公民权就会彼此相互加强，国家的作用就会得到充分实现"。[3]由此可见，史密斯关于公民与族裔两种关系的论述，为从政治发展角度研究现代化进程中后发展多民族国家的族际整合问题提供了创新的思考空间。需要指出的是，史密斯虽然阐释了现代化进程中后发展国家政治发展的现代性目标即公民国家建构，他关于公民与族裔两种关系的理论建构，为从政治现代化角度研究族际整合问题提供了广阔的思考和创新的空

---

[1] [英]安东尼·D. 史密斯：《全球化时代的民族与民族主义》，龚维斌、良警宇译，中央编译出版社2002年版，第66页。

[2] [英]安东尼·D. 史密斯：《全球化时代的民族与民族主义》，龚维斌、良警宇译，中央编译出版社2002年版，第113页。

[3] [英]安东尼·D. 史密斯：《全球化时代的民族与民族主义》，龚维斌、良警宇译，中央编译出版社2002年版，第118～119页。

间。但是，他没有深入地探讨后发展多民族国家如何在政治发展进程中实现这一目标以及协调这一目标的上述两个要素之间的紧张关系，对于如何通过把处于分散状态中的多元族群力量动员进政治体制之内、同化于政治发展进程之中，既保证族际整合中统一性的方面、同时又确定差异的合理存在，从而实现多元族群对国家这个政治共同体的认同，没有提供清晰的解决思路。

安东尼·史密斯在另外一本重要著作《民族认同》中提出了族裔民族主义这一概念，并认为族裔文化基本上是一种历史产物，族裔民族主义扎根于过去的族裔成分和族裔文化。史密斯在这本著作中探讨的问题包括相对于其他形式的集体性认同、民族认同具有哪些特征；在现代民族的形成过程中不同族裔的基础扮演了怎样的角色；各种各样的民族主义意识形态对基于领土或族裔的政治认同的形成具有哪些影响；各种各样的民族认同的政治后果即他们对族裔冲突的加剧具有哪些重要影响；人类是否有机会消除这类导致地方不稳定的身份认同和意识形态，等等。[1]他提出，民族认同是一种集体性文化认同，这种认同将领土或血缘（或二者兼具）视为政治共同体的基础，而这些差别导致了世界上许多地区的族群动乱与冲突，"不仅是民族的支持者们为了证实该民族特点鲜明的本质，并使其前途合法化而回到历史中去。我们从这些族裔历史也能够发现历史的回声及其延续性。这种历史的回声与延续性影响着后代，使传统活在许多人的心中。正是'这些人'（这些众多的特定人口）的'活的历史'，直到今天还为族裔民族主义者提供'民族'政治动员的社会文化基础"。[2]可见，在史密斯看来，族裔民族主义作为现代世界普遍现象的关键，主要在于历史文化和族裔纽带的既有框架和持久遗产，而不完全在于全球化进程的影响。族裔民族主义的大量涌现有赖于特殊的文化和历史环境，这意味着，它所帮助缔造的多元族群也是起源于古已有之的、高度特殊化的文化遗产和族裔形成过程中，而后发展国家的民族也正经历着从古老的"族裔"向现代"族裔"的转型。

除此之外，安东尼·史密斯的著作《民族主义——理论，意识形态，历

---

[1] 参见［英］安东尼·D. 史密斯：《民族认同》，王娟译，译林出版社2018年版，第2~3页。
[2] ［英］安东尼·D. 史密斯：《全球化时代的民族与民族主义》，龚维斌、良警宇译，中央编译出版社2002年版，第3页。

史》在多民族国家族群问题研究领域也具有重要的价值和意义。在这本著作中，他通过全面探索各种民族主义的内涵、变种、及其来源，从历史学、社会学、政治学、国际关系学以及人类学等不同角度对民族、族群、民族认同、族群认同等进行了比较系统的考察，并在此基础上概括性地阐释了族群—象征主义（ethnic—symbolism）民族主义，即各个族裔"通过他们'自己的民族'，个体以'记忆的领土化'方式和对亲密的审美空间的珍爱将自己定位在时空之中。那就是，同一群体的一代又一代人通过对他们祖先的与特定民族地貌相连的行为和价值观所产生的共享记忆相互联结了起来，并且通过这样的方式，民族的祖地为他们提供了情感上的安全和认同感"。[1]可见，史密斯在这本著作中所表达的理论观点是，族裔文化基本上是一种历史产物，族裔民族主义扎根于过去的族裔成分和族裔文化。值得注意的是，史密斯在这本著作中提出了民族主义的两种类型，即以地域为基础的公民民族主义和以族群性为基础的族群民族主义。公民民族主义是国家层面的民族主义，关注个体对公民身份的认同而在某种程度上忽视族群彼此之间在文化、宗教和语言上的差异性。公民民族主义的利益诉求与爱国主义有着紧密联系，以"国家利益高于一切"感召和动员社会，是国家和政府所支持的意识形态。与公民民族主义不同，族群民族主义通常被看作国家秩序的破坏性力量，在存在族群冲突的多民族国家都把这种民族主义视为对国家与社会的威胁，族群民族主义中的族群则是在某个主权国家内居于次群体地位，这种民族主义脱离了以民族-国家为单位的关于民族解放的话语体系，强调以族群为单位，尤其强调在民族-国家内被边缘化的族群应当获得更大利益和资源，因而族群民族主义超越了原来族群与国家之间的归属关系，并在极端的条件下形成分裂主义势力。

族群原生主义和族群建构主义两个理论流派作为国外学者对于多民族国家族群现象进行分析的两种理论工具，对于本书所涉及的东南亚国家政治发展中多元族群问题研究提供了学术资源，其所取得的成果在一定程度上为我们正确认识、分析和研究后发展国家的族群问题给予了启发，对于本书来说具有一定的借鉴意义。但是，这两个国外理论解释都不能完全认清族群现象

---

[1] [英]安东尼·史密斯：《民族主义——理论，意识形态，历史》，叶江译，上海人民出版社2006年版，第2页。

的复杂性,都只是提供一个观察和分析的视角,就族群冲突问题的现实复杂性而言,两种理论模式存在的局限性集中体现在它们没有看到对民族形成发展、民族矛盾产生及解决民族问题的路径起到决定性作用的社会生产方式动因,从而无法作出科学结论。

必须加以强调的是,马克思主义民族理论以解放全人类为己任,着眼于社会整体利益的民族平等团结,探讨的是民族发展的一般性规律,是一种科学的世界观和强大的认识论工具,因而能够指导世界范围内各民族的发展。在这个意义上,马克思主义民族理论为后发展国家解决民族问题提供了理论指南和实践指导,对于后发展国家实现民族和谐具有重大价值,后发展国家的民族发展理念只有以马克思主义民族观为指导,才能真正实现民族平等团结。马克思主义民族理论是由马克思、恩格斯在19世纪创立的关于民族问题的科学理论体系,是争取民族解放,促进民族发展、处理民族问题的不断发展的理论成果,是马克思主义历史唯物主义历史观科学体系中的重要组成部分。马克思主义民族理论是以唯物史观发展理念为基础的民族发展理念,其核心内容是只有消灭私有制,才能最终解决民族问题。马克思主义民族理论以阶级冲突理论为基础,将民族问题定位于民族压迫、民族不平等、民族解放等问题。马克思、恩格斯《共产党宣言》的发表标志着马克思主义民族理论的创立。在这部著作中,马克思、恩格斯概括和进一步诠释了早在《论波兰问题》《德意志意识形态》《神圣家族》《论犹太人问题》等文献中对民族形成发展、民族矛盾产生原因及解决民族问题的途径的理论思考,揭示了阶级社会中民族压迫和民族不平等的根源,阐明了民族发展的一般性规律,并指出解决民族问题的根本途径是消灭私有制。马克思在《不列颠在印度统治的未来结果》[1]中指明,英国是第一批发展程度高于印度的征服者,它要在印度完成双重使命,一个是消灭落后的亚洲式社会的破坏性使命,另一个则是在亚洲为西方式社会发展奠定经济基础的建设性使命。但是,英国在印度的双重使命,完全是受资本利益所驱动的,是伴随着赤裸裸的资本主义殖民统治而实现的。恩格斯在《家庭、私有制和国家的起源》中运用唯物史观揭示了人类社会早期发展阶段的历史,重点描述了氏族的解体、私有制的产生以及文明民族的形成,详细描述了民族产生的原因及其发展问题。恩格斯在

---

[1] 参见《马克思恩格斯全集》(第12卷),人民出版社1998年版,第252页。

《匈牙利的斗争》和《民主的泛斯拉夫主义》[1]中高度评价了爱尔兰人和波兰人的民族解放运动，认为其是进步的、革命的民族主义的代表。但是，在南方斯兰夫人和捷克出现的民族主义则是以"民族特性"为幌子，实质上是在鼓吹以俄罗斯人为中心建立一个强大的"斯拉夫族"，这种"泛斯拉夫主义"是一种推行沙俄帝国霸权的反动的民族运动[2]，从而对民族主义的双重属性做了清晰的区分。

2. 国内学者的研究

国外学者对东南亚等后发展国家族际整合的研究倾向于从事具有理论色彩的探索，而国内学界则更多研究东南亚国家族际整合中的具体问题。国内相关重要学术成果主要集中在对东南亚地区族群关系和族群政策的总体论述和对东南亚典型国家族群关系和族群政策的介评的两类研究领域。

第一，对东南亚地区族群关系和族群政策的总体论述。总的看，东南亚国家复杂族群关系形成的最重要因素是宗教、语言、经济结构等方面的多重差异性。尤为重要的是，这些差异性是高度重合的，二战以前东南亚多元族群社会主要由原住民、华人、印度人和西方殖民者构成，其社会文化结构的特点是隔离而不是融合，每一个族群都有自己的宗教、语言和文化，而且每一个族群都处于独立的经济结构当中，各个族群趋向于族内联系，而很少与其他族群互动往来。这种多重差异性形成了东南亚社会结构的族群隔离特点，加之大多数东南亚国家的地理疆界由西方殖民者"分而治之"的殖民统治政策所决定，导致了战后东南亚国家多元族群宗教关系的复杂性。

陈衍德在《全球化进程中的东南亚民族问题研究——以少数民族的边缘化和分离主义运动为中心》[3]中，选择了印度尼西亚、泰国、菲律宾三个国家，围绕东南亚少数族群的边缘化和分离运动这一核心内容，并使之置于宏大的政治、经济和文化环境中，从东南亚族群问题的时代转型、全球化与现代化作用下的东南亚少数族群的边缘化、东南亚地区的民族分离主义运动等几个角度阐述了全球化和现代化进程中东南亚多民族国家的族际整合问题。作者提出"经济-文化双重结构"的释义模式来阐述东南亚地区族群冲突的原

---

[1]《马克思恩格斯全集》（第35卷），人民出版社1971年版。
[2] 参见《马克思恩格斯全集》（第35卷），人民出版社1971年版，第263页。
[3] 陈衍德等：《全球化进程中的东南亚民族问题研究——以少数民族的边缘化和分离主义运动为中心》，厦门大学出版社2008年版。

因，即在全球化时代，在"经济—文化双重结构"中，是文化而不是经济居于族群冲突与矛盾的主要方面，因为"民族或种族的认同便取代阶级认同成为全球化时代的主要认同取向。这样一种政治认同显然包含了更多的文化成分"[1]，在这个意义上讲，族群冲突"并不必然基于经济利益的矛盾，只有当文化因素或民族感情因素凸显其间时，对抗才会不可避免地爆发。换言之，从纯经济的角度看问题，物质上的匮乏并不一定触及精神层面的安全感，但从超越纯经济的角度看问题，并考虑到精神受物质刺激且反作用于物质的必然性，结果就大不一样了"。[2] 另外，陈衍德主编的《多民族共存与民族分离运动——东南亚民族关系的两个侧面》着重探讨了包括泰国、印度尼西亚、菲律宾、缅甸、越南在内的东南亚地区各国族群关系的正、负两个侧面。在《多民族共存与民族分离运动——东南亚民族关系的两个侧面》中，该书作者认为"东南亚历史的整体性造就了本地区文化的共同性，这种文化共同性成为多民族共存的决定性因素。现代化进程中国家与社会的整合以及经济生活的不可分割，又使多民族共存成为必然"。然而，"民族文化固有的接纳与排斥的两面性，使由此生成的不同类型的民族主义相互碰撞，加上经济利益之争，多民族共存与民族分离主义就成为东南亚民族关系的一体两面"。[3]

韦红的《东南亚五国民族问题研究》是一项深入探讨包括泰国、印度尼西亚、菲律宾、马来西亚、缅甸在内的东南亚各国族群关系问题及族群政策方面的研究成果。在《东南亚五国民族问题研究》中，作者深入分析了泰国、印度尼西亚、菲律宾、马来西亚、缅甸五个国家的族群关系发展和族群政策取向，主要从三个方面进行研究，"一是探讨各国民族问题形成的原因，二是讨论各国民族问题的表现形式，三是总结各国民族政策的得失。在这五个国家中，既有民族问题不断的典型，也有民族关系和谐的成功范例。对各国的成功经验和教训的总结是本书内容的一大重点"。[4] 此外，作者对现代化进程中的经济开发对东南亚各国族群关系的影响以及各国在多族群地区经济开发

---

[1] 陈衍德等：《全球化进程中的东南亚民族问题研究——以少数民族的边缘化和分离主义运动为中心》，厦门大学出版社2008年版，第312页。

[2] 陈衍德等：《全球化进程中的东南亚民族问题研究——以少数民族的边缘化和分离主义运动为中心》，厦门大学出版社2008年版，第310页。

[3] 陈衍德主编：《多民族共存与民族分离运动——东南亚民族关系的两个侧面》，厦门大学出版社2009年版，第1页。

[4] 韦红：《东南亚五国民族问题研究》，民族出版社2003年版，第2页。

过程中所产生的族群问题给予了特别的关照，试图总结和归纳东南亚各国在经济开发过程中有关族群问题的经验与教训。

许利平等在《当代东南亚伊斯兰发展与挑战》[1]中从历史、政治、宗教等多学科角度，分析了包括泰国、印度尼西亚、菲律宾、马来西亚、新加坡在内的东南亚各国伊斯兰教产生、发展的历程。作者认为，作为一种外来文化，东南亚各国的伊斯兰教经历了一个本土化和现代化的发展过程，从长远来看东南亚各国的伊斯兰教将会走向一条自我调节和自我发展的道路。另外，许利平在《民族主义：我们周围的认同与分歧》[2]一书中，从岛礁事件与周边国家民族主义、现代化转型与周边国家民族主义、地缘政治结构与周边国家民族主义、地区一体化与周边国家民族主义等角度入手，深入探讨了周边国家民族主义产生的根源、特点与发展的趋势。该书作者通过对包括泰国、印度尼西亚、菲律宾、马来西亚等在内的东南亚国家进行比较研究，并选择其中的典型案例进行系统分析。

孔建勋等的《多民族国家的民族政策与族群态度——新加坡、马来西亚和泰国实证研究》[3]把新加坡、马来西亚、泰国作为研究对象，基于"族际公正"的视角阐述三个东南亚国家族群问题的产生发展、族群关系以及族群政策，并通过统计分析方法研究三个国家不同族群对政府的政治、社会、文化等一系列政策的态度差别，重点探讨他们对族际公正的看法。该书作者提出，各个多元族群成员"对政府的一系列可能采取的政治、经济和社会政策如何体现社会公平正义具有不同的态度和理解，这也在一定程度上说明社会正义的议题在不同的历史时期、不同的发展阶段，有不同的内容。尽管我们的统计分析结论不能推广（generalize）到其他多民族国家，但我们不妨认为，一个多民族国家如何体现族际社会公正，并没有统一的内容，而是根据本国政治、经济、社会等诸方面的综合发展情况而定"。[4]

---

[1] 许利平等：《当代东南亚伊斯兰发展与挑战》，时事出版社2008年版。
[2] 许利平主编：《民族主义：我们周围的认同与分歧》，社会科学文献出版社2017年版。
[3] 孔建勋等：《多民族国家的民族政策与族群态度——新加坡、马来西亚和泰国实证研究》，中国社会科学出版社2010年版。
[4] 孔建勋等：《多民族国家的民族政策与族群态度——新加坡、马来西亚和泰国实证研究》，中国社会科学出版社2010年版，第306页。

第二,对东南亚典型国家族群关系和族群政策的介评。

一是把新加坡作为研究对象的典型国家族群关系研究。研究成果主要包括李路曲的《新加坡熔铸共同价值观:"移民国家"的立国之本》[1]和范磊的《新加坡族群和谐机制:实现多元族群社会的"善治"》等[2]。在《新加坡熔铸共同价值观:"移民国家"的立国之本》中,该书作者介绍和评价了新加坡作为由华裔主体族群、马来裔少数族群和印度裔少数族群为主要组成部分的"移民国家",面对多元族群、多元宗教文化的异质文化社会现实,根据自身的族群和宗教情况制定符合自身发展实际的族群文化政策,即强调在增进对统一价值观体系"共同价值观"认同的基础上尊重多元族群、多元宗教。该书作者们认为,以国家至上,社会为先;家庭为根,社会为本;关怀扶助,尊重个人;求同存异,协商共识等为主要内容的"共同价值观",一方面体现了新加坡强调以国家为主导的国家和社会的一致性,另一方面也体现了新加坡强调在此基础上给予社会和个人相对的独立性和竞争自由,并增加了协商一致的民主和社会正义等现代性元素,以维护多元文化共存;在《新加坡族群和谐机制:实现多元族群社会的"善治"》中,作者介绍了新加坡政府在国家、族群与社区多个层面推行的多元族群综合治理政策,这一多元族群治理政策致力于实现对不同族群的族际整合,并将其纳入统一国家规范和国家认同体系之下,以逐渐建立起有着明确一体化目标的、"沙拉碗"族群治理格局。该书作者认为,新加坡政府的"沙拉碗"式多元族群治理模式一方面强调的是统一的国家认同,强调一体化,另一方面又尊重多元族群的文化传统,在这种治理模式中通过跨族群的互动来弱化族际张力,推动族群和谐的实现。

二是把马来西亚作为研究对象的典型国家族群关系研究。国内对马来西亚族群关系的研究主要集中在马来裔族群和华裔族群的关系。自殖民地时期马来西亚族群关系的主导因素是马来裔多数族群和华裔少数族群两大族群之间的关系,马来西亚民族独立运动前马来裔族群和华裔族群二者之间的宗教文化差异延续了较长时间,马来族和华族两大族群分立的现象,是与英国殖

---

[1] 李路曲:《新加坡熔铸共同价值观:"移民国家"的立国之本》,湖南人民出版社2016年版。
[2] 范磊:《新加坡族群和谐机制:实现多元族群社会的"善治"》,湖南人民出版社2016年版。

民者在马来西亚采取的"分而治之"的统治方式紧密联系的。马来西亚殖民地时期的族群关系在很大程度上决定了二战后马来西亚多元族群关系的基本样态,即马来多数族群和华裔少数族群之间的矛盾和对立成为独立后马来西亚族际冲突和矛盾的主要方面。主要研究成果包括廖小健的《战后马来西亚族群关系：华人与马来人关系研究》[1]和孙振玉的《马来西亚的马来人与华人及其关系研究》[2]等。在《战后马来西亚族群关系：华人与马来人关系研究》中,通过对马来西亚整合马来裔族群和华裔族群关系以促进社会政治稳定的分析,该书作者认为"多元族群国家的族群关系是非常复杂而且具有许多的不确定性,族群之间并不是完全的二元对立,也不是完全的二元同一,更多的情况下是对立之中孕育同一,合作之间包含分歧,对立分歧与同一合作的程度因各种因素的影响而随时发生变化……族群关系的复杂性和不确定性既为多元族群国家处理族群问题提供了很大的空间,也使族群关系的发展充满了变数,因此,处理族群矛盾和社会矛盾都必须非常谨慎、理性与务实"。[3]

三是把泰国作为研究对象的典型国家族群关系研究。国内对泰国族群关系的研究主要集中在佛教主体族群与泰南穆斯林少数族群、泰北山地少数族群之间的关系。二战前泰国的佛教主体族群与泰南穆斯林少数族群以及泰北山地族群二者之间的文化差异延续了几百年时间,二战后泰国南部穆斯林少数族群分离主义运动就是由这两大族群宗教文化集团之间的对立和冲突所致。研究成果以庞海红的《泰国民族国家的形成及其民族整合进程》[4]等为代表。在《泰国民族国家的形成及其民族整合进程》中,作者对佛教主体族群的形成、发展以及佛教主体族群对泰北山地少数族群和泰南穆斯林少数族群的整合过程进行了系统、深入的研究,并分析了佛教主体族群对泰北山地少数族群和泰南穆斯林少数族群整合的成功经验和失败教训。该书作者认为,在佛教主体族群对泰北山地少数族群整合中,泰北山地少数族群与佛教主体族群的语言、文化比较相似,容易与佛教主体族群产生认同感,而泰南穆斯

---

[1] 廖小健：《战后马来西亚族群关系：华人与马来人关系研究》，暨南大学出版社2012年版。

[2] 孙振玉：《马来西亚的马来人与华人及其关系研究》，甘肃民族出版社2008年版。

[3] 廖小健：《战后马来西亚族群关系：华人与马来人关系研究》，暨南大学出版社2012年版，第251页。

[4] 庞海红：《泰国民族国家的形成及其民族整合进程》，民族出版社2012年版。

林少数族群与佛教主体族群的宗教、文化、语言相差较大，比较难以认同佛教主体族群。因此，"泰国要想把马来族成功地融入泰国主流社会中，实行多民族和谐共存是它的最佳选择；多民族国家应正确处理民族认同与国家认同的关系"。[1]

四是把菲律宾作为研究对象的典型国家族群关系研究。国内对菲律宾族群关系的研究主要集中在天主教主体群族和南部穆斯林少数族群之间的关系。民族独立运动前菲律宾天主教主体族群和南部穆斯林少数族群的矛盾和冲突已经成为菲律宾异质文化社会最主要的体现，独立后以"棉兰老独立运动"和"摩洛民族解放阵线"为主要内容的南部穆斯林少数族群分离主义，就是由这两大族群宗教文化集团之间的分歧和对立所造成。研究成果以彭慧的《菲律宾穆斯林的"摩洛形象"研究》[2]等为代表。在《菲律宾穆斯林的"摩洛形象"研究》中，作者从菲律宾政府、天主教徒和个体三个层面分析了"摩洛形象"的产生、发展和变化，认为"摩洛形象"实质上是基督教文化与伊斯兰文化长期冲突的典型表现，是殖民者时期世界范围内两种文化之争在菲律宾南部"分战区"的遗产。该书作者认为，天主教主体群族和南部穆斯林少数族群之间的冲突"在很大程度上由地方性文化团体意识而致。在同一地区内的个体处于不同层次的群体中，或者不同层次的民族中，从而表现出不同层次的群体意识，产生不同层次的接纳与排斥性的群体关系。在这些意识中，民族国家层次与地方族裔层次的群体意识交相作用，难分彼此。"[3]

除此之外，也应该看到，还有许多学术成果在东南亚地区典型国家族群关系和族群政策研究领域提出了值得深入思考的重要问题，包括范若兰等的《伊斯兰教与东南亚现代化进程》[4]；肖建明的《当代东南亚的伊斯兰教与政治》[5]；郑筱筠主编的《东南亚宗教与社会发展研究》[6]；周娅的《地缘文化及其社会建构：东南亚宗教、民族的政治社会学视野》[7]；古小松主

---

[1] 庞海红：《泰国民族国家的形成及其民族整合进程》，民族出版社2012年版，第21页。
[2] 彭慧：《菲律宾穆斯林的"摩洛形象"研究》，华中师范大学出版社2015年版。
[3] 彭慧：《菲律宾穆斯林的"摩洛形象"研究》，华中师范大学出版社2015年版，141页。
[4] 范若兰等：《伊斯兰教与东南亚现代化进程》，中国社会科学出版社2009年版。
[5] 肖建明：《当代东南亚的伊斯兰教与政治》，云南大学出版社2012年版。
[6] 郑筱筠主编：《东南亚宗教与社会发展研究》，中国社会科学出版社2013年版。
[7] 周娅：《地缘文化及其社会建构：东南亚宗教、民族的政治社会学视野》，中国社会科学出版社2016年版。

编的《东南亚文化》[1]；刘稚主编的《东南亚概论》[2]；郑筱筠主编的《东南亚宗教研究报告——东南亚宗教的转型与创新》[3]；王剑锋的《多维视野中的族群冲突》[4]；吴国富主编的《文化认同与发展》[5]；赵姝岚主编的《东南亚报告（2015~2016）》[6]；王勤主编的《东南亚地区发展报告（2013~2014）》[7]；贺圣达的《东南亚文化发展史》[8]；郑筱筠主编的《东南亚宗教研究报告：东南亚宗教的复兴与变革》[9]；古小松主编的《东南亚民族：马来西亚 新加坡 印度尼西亚 文莱 菲律宾卷》[10]；王勤主编的《东南亚地区发展报告（2016~2017）》[11]；罗圣荣的《马来西亚的印度人及其历史变迁》[12]；李涛、陈丙先编著的《菲律宾概论》[13]；施雪琴的《菲律宾天主教研究：天主教在菲律宾的殖民扩张与文化调试（1565~1898）》[14]；陈晖等的《泰国文化概论》[15]；曹云华、李皖南等的《民主改革时期的印度尼西亚华人》[16]；林勇的《马来西亚华人与马来人经济地位变化比较研究（1957~2005）》[17]，等等。

上述研究成果总结、分析和评价了东南亚地区和典型国家族群关系和族

---

[1] 古小松主编：《东南亚文化》，中国社会科学出版社2015年版。
[2] 刘稚主编：《东南亚概论》，云南大学出版社2007年版。
[3] 郑筱筠主编：《东南亚宗教研究报告——东南亚宗教的转型与创新》，中国社会科学出版社2016年版。
[4] 王剑锋：《多维视野中的族群冲突》，民族出版社2005年版。
[5] 吴国富主编：《文化认同与发展》，民族出版社2011年版。
[6] 赵姝岚主编：《东南亚报告（2015~2016）》，云南大学出版社2016年版。
[7] 王勤主编：《东南亚地区发展报告（2013~2014）》，社会科学文献出版社2014年版。
[8] 贺圣达：《东南亚文化发展史》，云南人民出版社1996年版。
[9] 郑筱筠主编：《东南亚宗教研究报告：东南亚宗教的复兴与变革》，中国社会科学出版社2014年版。
[10] 古小松主编：《东南亚民族：马来西亚 新加坡 印度尼西亚 文莱 菲律宾卷》，广西民族出版社2006年版。
[11] 王勤主编：《东南亚地区发展报告（2016~2017）》，社会科学文献出版社2018年版。
[12] 罗圣荣：《马来西亚的印度人及其历史变迁》，中国社会科学出版社2015年版。
[13] 李涛、陈丙先编著：《菲律宾概论》，世界图书出版广东有限公司2012年版。
[14] 施雪琴：《菲律宾天主教研究：天主教在菲律宾的殖民扩张与文化调试（1565—1898）》，厦门大学出版社2007年版。
[15] 陈晖等：《泰国文化概论》，世界图书出版广东有限公司2014年版。
[16] 曹云华、李皖南等：《民主改革时期的印度尼西亚华人》，暨南大学出版社2014年版。
[17] 林勇：《马来西亚华人与马来人经济地位变化比较研究（1957—2005）》，厦门大学出版社2008年版。

群政策的成功模式以及失败的教训，为后发展多民族国家解决族群冲突提供了经验和启示。由此可见，虽然分析东南亚国家政治发展进程中族际整合的研究还不深入，但国内学者们已经开始逐步意识到这项研究工作的深远意义和重要价值。

(三) 国内外研究现状简评

战后世界范围内后发展多民族国家的族群冲突表明，多元族群对政治共同体的认同危机主要是源于为多元族群民众所广泛认可的公共权威的缺失，而国家政治能力的衰弱及其根由国家制度的脆弱性是公共权威缺失的关键因素。东南亚地区多民族国家的政治发展主要包括组织形式的建构和制度体系的建构，旨在建立起一个强大的国家，塑造国家在既定疆域内的最高统治权威，政治发展中非常关键的一环就是实现公共权威的建构，而东南亚后发展多民族国家只有在公共权威建构的达成中才能使以族群和宗教为载体的多元社会力量达成协调统一，才能实现族际整合。

但是在目前的研究成果中，总体而言，从比较政治学角度把东南亚国家族群问题和政治发展问题二者相结合的研究成果不多。在民族学领域，大多是从历史学、文化学等学科角度进行研究的，而在政治发展领域，在有关东南亚国家政治发展和公共权威建设的相关研究成果中，又较少从比较政治学角度把对政治现代化进程中的族群问题的探讨相结合。这对于厘清东南亚多民族国家在政治发展中必须要解决的重大现实问题即族际整合问题是相当不够的，因为从东南亚国家的族际政治发展实践来看，在引发族群冲突的各种因素中，对公共权威缺失是最根本性的原因，族际整合和公共权威构建之间存在着一种历史逻辑和理论逻辑的双重同构性，而国家能力建设是公共权威建构的实现途径。族群冲突表面上看是多种复合原因共同作用的结果，然而，除了公共权威缺失以外的任何其他原因都不能完全揭示族群冲突的现实复杂性和每一个族群现象的前因后果。只有认清这一点，我们才能在变化的政治发展实践中对族际整合进行有价值的理论解读，并通过解决公共权威建设中族群问题所产生的新经验进行总结和升华。那么，这将有助于丰富对东南亚等后发展国家具有重要价值的、适合后发展国家国情的政治发展理论基本框架，也有助于完善具有后发展多民族国家特色的族际整合理论。

可见，目前对东南亚多民族国家政治发展中族际整合的研究还不全面，需要进一步结合这类国家政治发展实践中的核心问题即公共权威建构及其实现途径——国家能力建设等问题加以深入挖掘，这正是政治发展中实现族际整合的关键。本书研究的方向是从比较政治学角度研究东南亚国家政治发展中的族群问题，既从理论层面对国家能力、公共权威和族际整合三者之间的逻辑联系进行梳理，也对所选案例国家政治发展中各种族群事件的发生、起因和演进轨迹，通过国家能力建设与公共权威建构解决族群冲突时所采取的各种应对措施及效果进行评价。目的在于揭示东南亚国家政治发展中实现族际整合的若干条件，并尝试建构一个对于后发展多民族国家具有广泛适用性的政治发展中推进族际整合的理论分析框架，即在国家能力建设促进族际整合的基本路径上，政治主体必须从增进政治吸纳能力、提升政权有效性水平和强化政治意识形态功能三个层面入手，公共权威的建构才能得以推进，族际整合也才能得以实现。

三、研究对象、主要观点、基本框架与研究方法

（一）研究对象

在对东南亚国家政治发展中国家能力建设与族际整合问题分析中，本书将整个地区的整体性和各个国家的多样性结合起来，既探讨整个东南亚地区政治发展中国家能力建设和族际整合过程中所面临的挑战及其应对措施，又遴选出在此问题上具有代表性、政治变革和社会转型较为显著的五个国家：新加坡、马来西亚、印度尼西亚、泰国、菲律宾进行深入分析，探讨五国政治发展中国家能力建设和族际整合方面的基本规律及其理念和模式等重大问题，并概括出这一过程中所反映出的特点及其蕴含的历史意义。选取上述五个国家的标准是，在国家能力建设中是否实施了相对合理有效的族际整合方略、较好地处理了一体与多元这一对矛盾关系，从而为后发展国家国家能力建设与族际整合提供了可借鉴的经验与可吸取的教训。更进一步地，选取五个国家国家能力建设中族际整合案例的标准，则取决于在威权政治和民主化转型中族际整合效果或结果的典型性和显著性。具体而言，东南亚国家能力建设中族际整合相对成功的国家是新加坡、马来西亚，国家能力建设中族际整合不太成功的国家是印度尼西亚、泰国、菲律宾。

（二）主要观点

东南亚国家在政治发展中既面临着建构统一现代国家的艰巨历史重任，

又面临着尊重多元族群及其文化多样性的现实要求。(国家)一体与(族群)多元之间的矛盾和冲突(即族际整合的问题),是东南亚国家在政治发展中必须要解决的重大现实问题。新加坡、马来西亚、泰国、印度尼西亚、菲律宾五国政治发展中族际整合的实践表明,东南亚国家公共权威建构的成败,是决定其政治发展中族际整合效果的关键性因素,而提升国家能力水平是加强国家公共权威建构的重要途径。东南亚国家政治发展中需要提升国家能力水平,促进族际整合的实现,这体现在三个层面,首先是增进政治吸纳能力,提升有序参与水平;其次是提高政权有效性水平,增强社会同质化程度;最后是强化政治意识形态功能,整合多元文化社会意识。概括地说,东南亚国家政治发展中只有从增进政治吸纳能力、提高政权有效性水平和强化政治意识形态功能三个维度提升国家能力水平,构建公共权威,保障把多元族群力量动员进政治体制之内、同化于政治发展进程之中,族际整合才能最终得以实现。

(三)基本框架

本书除导论和结语外,共分五章。导论的任务是问题的提出、国内外相关学术史梳理及研究动态、研究对象、主要观点、基本框架、研究方法、研究价值、重点难点、创新之处。

第一章"国家能力、公共权威与族际整合的理论解析"的基本内容是:对于从传统向现代转型的后发展多民族国家来说,在政治发展中既面临着建构统一现代国家的艰巨历史重任,又面临着保护多民族及其文化多样性的现实要求,一体与多元之间的矛盾和冲突即族际整合的问题,是这类国家在政治发展中必须要解决的重大现实问题,而公共权威的有效形成是族际整合实现不可或缺的条件,族际整合实现的过程也是一个公共权威建设的过程。同时,国家能力建设是公共利益存续的前提条件,追求的利益是公共利益而非个人利益,最终会导致以政治共同体为实体目标的公共权威的建立,这是国家能力建设成为公共权威建构必经途径的逻辑前提。公共权威不是政治主体单方面的建构可以完成,而是在与社会互动的过程中所达成的一种共识,这种互动是在一定的政治、社会和文化发展的不同程度下展开的。因此,与这些层面的要求相适应,国家能力建设需要从政治、社会和文化三个层面加以提高,才能把多元族群力量动员、吸纳进政治体制之内,使其达到共生共存,族际整合也才能得以实现。

第二章"东南亚国家政治发展中国家能力建设的基础与历程"的基本内容是：国家能力建设是在一定的政治、社会和文化基础上展开和不断推进的，同时国家能力建设的成熟也不是一劳永逸的，而是一个循序渐进的发展历程。对于东南亚国家来说，国家能力建设的基础来自民族独立运动前殖民地时期的政治、经济、文化诸种条件。首先，国家能力建设的艰巨性来自传统政治结构和传统政治文化；其次，国家能力建设的艰巨性来自经济社会发展的不平衡性，这种不平衡性既包括贫困，也包括公正的严重缺失；最后，国家能力建设的艰巨性来自多元族群和多元宗教作为社会文化实体存在所导致的社会文化的多元异质性。东南亚国家政治发展中国家能力建设的历程大致包括三个主要阶段，第一个国家能力建设阶段是独立初期的多元化国家能力建设，从二战后独立到20世纪50、60年代末；第二个国家能力建设阶段是威权政治时期的一致性国家能力建设，从20世纪50、60年代末到80年代末；第三个国家能力建设阶段是民主转型中的宽松式国家能力建设，开始于20世纪80年代末、90年代初的后威权政治时期。

第三章"东南亚国家政治发展中政治吸纳能力与族际整合"的基本内容是：新加坡、马来西亚政治发展中族际整合相对成功的经验表明，当自下而上的政治参与扩大时，自上而下的政治调控能力必须同时上升，而这几个国家和发展阶段是由具有调适能力的精英来履行政治调控功能的。只有政治参与和政治调控协调同步发展时，才能有效吸纳扩大的政治参与。比较而言，在泰国、菲律宾、印度尼西亚这三个国家，政治参与上升的同时政治调控能力却没有得到相应提升，当政治参与增加时，政治调控能力没有达到可以吸纳参与并将其导入有序参与的水平。在缺乏政治吸纳能力和多元族群有序参与支撑的背景下，竞争性民主的大众参与方式给这三个国家的族群和谐带来了较大威胁。

第四章"东南亚国家政治发展中政权有效性水平与族际整合"的基本内容是：新加坡、马来西亚是政治发展中政权有效性水平正向支持的情境下族际整合相对成功的国家和发展阶段，这几个国家在经济发展战略取向上通过寻求经济发展与族群平衡的协调统一，通过运用国家公共权力大力推进现代化进程，增进社会的一体化基础，较为成功地从经济社会层面维护作为政治体制自主利益的公共利益，并且在发展实践中对族际整合产生了良好的效果。

比较而言，泰国、菲律宾、印度尼西亚在国家能力建设推进族际整合方面发展出了不同方式，并且产生了不同的族际整合效果。这几个国家的威权政府是政权有效性水平较低的背景下族际整合不太成功的国家和发展阶段，它们共同的特点是在经济社会层面的国家能力建设中国家和政府作用没有有效发挥，导致了政权有效性水平较低，这在很大程度上阻碍了族际整合的进程。

第五章"东南亚国家政治发展中政治意识形态功能与族际整合"的基本内容是：新加坡、马来西亚是政治发展中政治意识形态功能较强情境下族际整合相对成功的国家。这两个国家的绝大多数族群对国家政治共同体的意识形态和核心价值体系持认同态度。具体表现为，新加坡、马来西亚在具体的族群文化政策领域赋予传统政治意形态以新的现代指向的内涵，增加民主、平等、自由等价值，引领多元族群宗教不同的文化取向，这有利于促进两国国家认同与族群亚文化认同的统一。这两个国家各个种族和谐共处，和两国多元族群民众对国家认同感保持了较高水平密不可分。相比之下，泰国、菲律宾、印度尼西亚是政治发展进程中政治意识形态功能较弱的背景下族际整合不太成功的国家。这几个国家的政治主体如政府、政党等在政治统治、政治竞争和政治参与中被庇护主义的传统社会文化结构所"绑架"，这使得多元社会成员对庇护关系网络中传统权威如家族首领、族群领导等的认同超越了对政治共同体的广泛认同，从而没有为国家以核心政治价值引领多元族群文化的政治意识形态功能的发挥奠定良好基础，因此不利于民主化转型期文化层面的国家能力建设和族际整合的推进。

本书的结语部分"在国家能力建设的视野里探求族际整合的合理路径"提出，从东南亚国家能力建设促进族际整合的效果来看，政治吸纳能力、政权有效性水平和政治意识形态功能三个条件之间的"交互增强性"特征显得尤为突出。在三个条件相互支持的综合情况下，缺少任何一个条件都难以成功实现族际整合的效果。从长期来看，对于族际整合不太成功的东南亚国家来说，无一例外地首先需要提升政治吸纳水平，强的政治吸纳能力是东南亚等后发展多民族国家民主化过程中族群冲突的第一层绝缘体。此外，从政治发展的特征与族际整合二者之间的关系来看，族际整合较为成功的东南亚国家往往采纳的是渐进转型方式，而不是采取苏联和东欧国家的激进转型方式。因此，在东南亚等后发展多民族国家推动政治转型必须要慎重，政治转型必须要适合本国国情循序渐进地展开，针对各个后发展多民族国家族际整合中存在的各种问题，任何一种解决方案都必须与该国的国情相适应。

（四）研究方法

1. 唯物辩证法的方法

在马克思主义的世界观和方法论当中，唯物辩证法是其核心内容，唯物论和辩证法是统一的，当马克思主义唯物地解决世界本原问题时，已经内在地包含了辩证法的思想。恩格斯深刻指出，唯物辩证法具有超越时空的特点。他认为："自然科学家尽管可以采取他们所愿意采取的态度，他们还得受哲学的支配。问题只在于：他们是愿意受某种蹩脚的时髦哲学的支配，还是愿意受某种建立在通晓思维历史及其成就的基础上的理论思维形式的支配。"[1]恩格斯这里讲的"理论思维形式"其实就是世界观和方法论。唯物辩证法的一系列规律、范畴和原理，都具有科学的世界观和方法论意义，"马克思的整个世界观不是教义，而是方法。它提供的不是现成的教条，而是进一步研究的出发点和供这种研究使用的方法"。[2]本书中的一系列问题都需要以唯物辩证法的世界观和方法论为指导，本书运用作为一种认识工具的唯物辩证法来解释政治和意识形态等上层建筑如何变迁，认为后发展国家公共权威建构的核心内容包括政治体制的构建和规则机制的建设，属于政治上层建筑建构，它必须与现代化发展水平即社会的经济基础相符合。与较低现代化发展水平和经济基础相符合的是强化国家权力的公共权威建构方式；随着现代化程度的不断加深，强化国家权力的公共权威建构方式逐渐向弱化国家权力的公共权威建构方式变化。当然，这只是一个应然状态的总体判断。具体对不同后发展国家或同一国家的不同发展阶段而言，一国国家权力运用适度与否的判断尺度依赖于与之相适应的经济基础。另外，本书运用唯物辩证法中的量变质变规律这一分析工具，提出，随着现代化发展水平的不断提升，后发展国家政治发展中的公共权威建构要掌握适度原则，后发展国家在其公共权威建构中现代性元素会逐渐增多，这些元素积累到一定的程度就会发生质变。后发展国家独立之初强调国家一致性的公共权威建构模式是传统经济社会结构作用的必然结果，但随着现代化进程的不断推进，后发展国家必须从强调一致性公共权威建构模式，有度、有序和可控地向宽松式公共权威建构模式调整。

---

[1]《马克思恩格斯文集》（第9卷），人民出版社2009年版，第460页。
[2]《马克思恩格斯文集》（第10卷），人民出版社2009年版，第691页。

2. 比较政治学的方法

比较政治学的研究方法在其操作技术和论证逻辑方面最鲜明的特征和最为常见的理论方式是规范分析与实证分析相结合。规范研究与实证研究是在社会科学学术研究领域得到广泛应用并且具有普遍意义的两种研究方法，而这两种基于不同分析角度的研究方法的结合为比较政治学的研究提供了一个具有显著特征的分析框架。这种分析框架是一种将理论论证逐步展开再进行有关个案分析的论证方式，有利于在历史与逻辑、经验研究与理论推演之间达成统一。具体地，在这种论证方式中，先建立起具备一定理论根据和事实依据、具有某一特定理论主张的理论预设，再对这一理论预设在复杂的社会现实中进行检验和考察，在一系列多个研究的个案中反复论说，以证明规范研究理论假设的成立。可见，比较政治学的方法既强调抽象的理论研究所需要的概括性又注重经验与实证研究所要求的精确性，尤其是实证研究部分中个案的选择必须要适用于规范研究部分中理论预设的情境要求，以论证各个社会具体环境下具体事件之间存在的共同点，从而确证理论预设在诸多个案中根本意义上的适用性和概括性，即使这些个案表面上看非常不同，但是它们之间仍然存在着根本上的共同特性。在规范分析部分，本书提出了如下理论预设，即在国家能力建设促进族际整合的基本路径上，政治主体必须从增进政治吸纳能力、提升政权有效性水平和强化政治意识形态功能三个层面入手，把多元族群力量动员进政治体制之内、同化于政治发展进程之中，公共权威的建构才能得以推进，族际整合也才能得以实现。在实证分析部分，本书力求全面、准确地描述新加坡、马来西亚、印度尼西亚、泰国、菲律宾五个国家现代化进程中的国家能力建设和族际整合，对对象国的国家能力建设中的族际整合进行比较分析，并在比较中寻找和认识其中的规律，从政治体制的吸纳能力与族际整合的关系、政治体制的有效性水平与族际整合的关系、政治体制的价值功能与族际整合的关系三个层面入手进行实证分析，以验证在规范分析部分的理论预设。

3. 多学科研究的方法

本书涉及东南亚五个国家新加坡、马来西亚、泰国、印度尼西亚、菲律宾的多元族群与国家的政治关系、政治决策与政治实践的重要问题，需要综合多种学科领域的研究方法和研究成果，既要从理论层面对国家能力建设与族际整合之间的逻辑联系有一个清晰透彻的梳理，也需要对所选案例国家政治发展族群事件的发生、起因和演进轨迹，国家能力建设中解决族群冲突时所采取的各种应对措施及实际效果，有一个明确具体的把握。本书以基于唯物史观的马克思主义国家观、马克思主义民族观为指导，对传统政治学和民族学进行从研究方法到研究内容的整合，具体而言，结合比较政治学、比较政治经济学、历史学、民族政治学、文化人类学、民族社会学、经济社会学等多学科研究的成果，力求论证如何推进东南亚国家政治发展中的族际整合。

4. 个案研究方法

如果说比较政治学的方法和多学科的研究方法是战略层面的研究方法，那么，个案研究方法和比较分析方法则是技术层面的研究方法。本书中个案研究方法涉及对五个典型东南亚国家的研究，即对在国家能力建设和族际整合中政治变革和社会转型较为显著的五个国家（新加坡、马来西亚、印度尼西亚、泰国、菲律宾）进行深入分析，探讨上述国家在国家能力建设和族际整合方面的基本规律及其理念，并论证在这一过程中所反映出的特点及其蕴含的现实价值。具体地，首先，本书在个案研究过程中就合乎某一类别主题的若干案例进行详细的描述，例如分别从政治体制的吸纳能力与族际整合的关系、政治体制的有效性水平与族际整合的关系、政治体制的价值功能与族际整合的关系三个层面入手进行研究。其次，本书中研究个案的重点在于揭示在这些若干案例中起决定作用的因素如何相互影响并构成特定的结果，例如，由于多族群的后发展国家存在一体与多元两个相反方向的作用力，为了实现国家能力建设在其间能够发挥重要协调功能，所以要处理好各个层面相互影响的决定因素，即后发展多民族国家国家能力建设促进族际整合中要同时处理好三个层面的关系：在政治层面要处理好政治调控和政治参与之间的关系；在经济社会层面要处理好经济发展与经济平衡之间的关系；在文化层面要处理好核心政治价值与族群多元文化之间的关系。最后，本书对于个案研究的目的是确定具有更加广泛适用性的研究结论，把有关具体对象的分析按照更加宽泛的论证结构加以安排和更加广阔的场景加以定位，为以后的概括通则化提供基本材料。具体而言，从诸多案例中抽取出相似之处，并推而广之，挖掘其更广泛的意义。例如，从东南亚国家的案例分析入手为广大后发展多民族国家的族群政治决策和制度建设提供观念指导，对这类国家如何既能实现现代化的目标、又能保证族群文化多样性这一重大问题进行探讨，并从学理上弄清政治发展中实现族际整合的条件，对后发展国家加快现代化建设步伐具有积极的意义。本书选取的在国家能力建设中实施相对合理有效的族际整合方略的东南亚国家，较好地处理了一体与多元这一对矛盾关系，为后发展国家国家能力建设与族际整合提供宝贵的经验。当然，这样一种适用路径也体现在挖掘世界范围内多族群的后发展国家国家能力建设和族际整合中必须吸取的教训和回避的错误。

5. 比较分析方法

比较分析方法在本书中的使用主要表现为把五个典型东南亚国家分为两类，分别为族际整合相对成功的国家和族际整合不太成功的国家，并作为集中比较分析的对象国进行双边比较。具体而言，对同类对象国之间的类似现象和不同类对象国之间可辨别的差别进行分析，确定某种特定联系的有效性，即哪些因素导致了特定结果的出现或在相反的环境条件下这种特定结果的缺席，比较的目的在于试图解释具体国家及其政府政策领域的细节。例如，为了便于比较分析，把威权政治和民主化转型中族际整合效果的显著性作为五个对象国国家能力建设中族际整合案例的分析标准，即国家能力建设中族际整合相对成功的国家是新加坡、马来西亚，不太成功的国家是泰国、菲律宾、印度尼西亚。可见，本书中对象国之间特有的类似现象总体上存在于新加坡、马来西亚两国之间以及泰国、菲律宾、印度尼西亚三国之间，而与此形成对照的是，对象国之间可辨别的差别则存在于两类国家之间。例如，在本书中主要通过历时性比较和共时性比较两种方式力图对其细节进行充分的探讨。在进行历时性比较时，在东南亚国家政治发展的威权政治和民主化转型两个阶段的分析中，通过对两个阶段国家能力建设和族际整合的对比和阐释，所得到的结论是，在后发展国家政治发展起步阶段的族际整合中，应当采取"适度"强化国家权力的国家能力建设形式，而随着现代化发展及多元族群利益诉求增强，则应当采取"适度"弱化国家权力的国家能力建设方式，才能更好地推进族际整合。在进行共时性比较时，本书通过对同一阶段中两类国家的国家能力建设促进族际整合各个实现条件实施情况的对比，认为，政治吸纳能力、政权有效性水平和政治意识形态功能，这是后发展多民族国家国家能力建设中族际整合的三个实现条件，这三个实现条件涉及制度体系自身、利益协调和意识形态支持等促进族际整合实现的多重元素，同时三个条件相互依赖、相互渗透，是一个有机结合的整体。而在其中，就优先顺序而言，政治体制的吸纳能力是最重要的层面，成为促进族际整合其他两个条件的前提和基础。

四、研究价值、重点难点与创新之处

（一）研究价值

1. 独到学术价值

（1）从比较政治学视角对东南亚国家政治发展与国家能力建设问题进行规范研究和实证研究。在对东南亚国家政治发展和政治现代化进行实证研究的过程中，揭示隐藏在历史事实中的因果联系和逻辑联系，加深对研究的对象国政治发展的相关因素、个体差异和发展趋势的认知，从而促进对东南亚国家政治发展理论的建构，有助于丰富适合后发展国家国情的政治发展和政治现代化理论基本框架。

（2）以东南亚国家政治发展中族际整合问题为切入点，通过对东南亚国家现代化进程中族际政治变革进行研究有助于总结新的理念和提炼新的模式，从而有助于完善具有后发展国家特色的族际整合理论。

2. 独到应用价值

（1）后发展国家现代化进程中既面临着建构统一现代国家的艰巨历史重任，又面临着尊重多元族群及其文化多样性的现实要求。东南亚地区是世界上典型的多族群地区，族群关系错综复杂。在独立后东南亚地区国家的现代化转型中，没有出现大规模族群分裂和国家解体，而同样处于20世纪90年代以后转型过程的中东欧国家，却发生了大规模的族群冲突和国家解体。东南亚国家的族群冲突问题和中东欧国家的族群冲突问题具有可比性，世界范围内这两个地区都是处于转型期的多族群国家地区。在东南亚地区没有出现大规模的族群冲突，没有发生苏联、捷克斯洛伐克和南斯拉夫在民主化转型过程中的多族群国家分裂、解体的重大事件，这和东南亚国家开掘本土资源，利用社会和谐的资源，发展半民主制的威权政体，并适时地进行民主政治转型和族群政策调整密不可分。从学理上弄清东南亚国家政治发展中实现族际整合的条件，对于后发展多民族国家加快政治现代化建设步伐具有积极意义。

（2）东南亚国家是中国的近邻，是我国"一带一路"的共建国家，是我国面对新一轮对外开放、将自身发展战略与亚洲内部的区域合作对接的重要周边地区，东南亚国家必将在我国"一带一路"建设和全球治理的开放发展大局中发挥重要作用,这些国家是同我国一样处于现代化进程中的后发展国家,研究东南亚国家政治发展中族际整合的经验、教训,有助于动态把握东南亚地区和典型国家的发展趋势,了解其最新进展和主要动向。对东南亚国家政治发展中族际整合问题的系统研究,可以为我们提供一个在广阔场景中观察自身的舞台,而通过对对象国政治发展的比较研究,可以加深我们对自身的了解和认知。这一方面有利于从我国的现实与长远利益出发,提出关于研究东南亚地区和典型国家形势发展对我国的有利和不利影响,服务于我国改革开放和中国特色社会主义现代化事业;另一方面有利于为我国深度参与全球治理提供新的国际视野和新的国际舞台,为全球治理和构建合作共赢的人类命运共同体贡献力量。

(二) 重点难点

(1) 重点。族际整合问题是应对东南亚等后发展国家政治生活中国家统一和文化差异、国家公民和族群成员身份之间的冲突而产生的。族际整合的核心是(国家)一体和(族群)多元的关系,既要有一体的权威,又要有多元的存在。

(2) 难点。对于东南亚国家而言,如何既能实现政治发展的一体化目标、又能同时保证多元族群文化的多样性,达成(国家)一体和(族群)多元之间的协调统一,成为本书最大的难点。对于这一问题的论证,需要把比较政治学的研究方法与东南亚地区、国别研究内容结合起来。但是,在应用比较政治学理论与方法所取得的学术成果中,同时进行东南亚地区、国别政治研究的成果不多;在东南亚地区、国别政治研究的学术成果中,应用比较政治学理论与方法并取得相关重要学术成果的也不多。

(三) 创新之处

(1) 本书提出符合国情的政治发展和政治现代化道路才能推进东南亚国家族际整合的创新观点。对于东南亚国家来讲,只要能有效协调统一国家与族群、族群与族群之间的关系,进而能够促进政治发展和政治现代化目标的实现,就是最好的适合于这个地区和国家的政治发展模式。政治发展问题重点涉及国家在现代性目标实现以前或者现代性目标实现过程中的国家能力建设。这些国家的政治发展主要包括制度体系的建构和组织形式的建构,旨在建立起一个强大的国家,塑造国家在既定疆域内的最高统治权威,政治发展中至关重要的一环就是加强国家能力建设。东南亚国家只有在国家能力建设中才能使以族群和宗教为载体的多元社会力量达成协调统一的状态，才能实现族际整合。这些国家以国家能力建设促进族际整合需要从政治、社会、文化三个层面进行，这也是政治发展中国家能力建设促进族际整合需要具备的三个实现条件，即增进政治吸纳能力，提升有序参与水平；提高政权有效性水平，增强社会同质化程度；强化政治意识形态功能，整合多元文化社会意识。

（2）本书进行综合比较政治学与民族学等多学科交叉研究方法的创新研究。东南亚国家政治发展中的国家能力建设与族际整合问题是关于所选案例国家新加坡、马来西亚、泰国、印度尼西亚、菲律宾在多元族群整合中的政治关系、政治决策与政治实践的研究，需要综合多种学科领域的研究方法和研究成果，既要从理论层面对东南亚国家政治发展中国家能力建设与族际整合之间的逻辑联系有一个清晰透彻的梳理，也需要对所选案例国家政治发展中各种族群事件的发生、起因和演进轨迹，通过国家能力建设解决族群冲突时所采取的各种应对措施及实际效果，有一个明确具体的把握。因此，需要对传统政治学和民族学等学科进行研究方法的综合，具体而言，本书以马克思主义历史唯物主义和辩证唯物主义为指导，综合比较政治学、比较政治经济学、历史学、民族政治学、文化人类学、民族社会学、经济社会学等多学科研究的成果，力求对如何进行东南亚国家政治发展中的族际整合达到一个清晰的论证效果。

第一章
国家能力、公共权威与族际整合的理论解析

对于从传统向现代转型的后发展多民族国家来说，在政治发展中既面临着建构统一现代国家的艰巨历史重任，又面临着保护多民族及其文化多样性的现实要求，一体与多元之间的矛盾和冲突即族际整合的问题，是这类国家在政治发展中必须要解决的重大现实问题，而公共权威的有效形成是族际整合实现不可或缺的条件，族际整合实现的过程也是一个公共权威建设的过程。同时，国家能力建设是公共利益存续的前提条件，追求的利益是公共利益而非个人利益，最终会导致以政治共同体为实体目标的公共权威的建立，这是国家能力建设成为公共权威建构必经途径的逻辑前提。公共权威不是政治主体单方面的建构可以完成的，而是在与社会互动的过程中所达成的一种共识，这种互动是在一定的政治、社会和文化发展的不同程度下展开的。因此，与这些层面的要求相适应，国家能力建设需要从政治、社会和文化三个层面加以提高，才能把多元族群力量吸纳进政治体制之中，使其达到共生共存，族际整合也才能得以实现。

一、公共权威与族际整合的理论连接

对于从传统向现代转型的后发展国家来说，政治发展和政治现代化的终极目标是获取政治秩序、防止政治衰败，公共权威建构是获取政治秩序、防止政治衰败的核心手段。因此，在后发展国家的政治发展进程中，能否建立起强大的公共权威成为政治发展成效的检验标准。同时，后发展国家大多又是多民族国家，族际整合的实现主要来自人们对多民族国家政治共同体的认同，公共权威的有效形成及在此基础上达成的政治认同是族际整合实现不可或缺的前提条件。公共权威建构和族际整合之间存在着经验层面和规范意义上的互动关系，在实质意义上，强大公共权威的有效形成，既是完成后发

多民族国家政治发展与族际整合中各种具有紧张关系的发展任务的手段，又是后发展多民族国家族际整合所追求的终极目标。

（一）政治发展的检验标准是公共权威的有效形成

对于从传统向现代转型的后发展国家来说，政治发展和政治现代化的终极目标是获取政治秩序、防止政治衰败。在这个意义上，政治发展是通过把日益增长的多元社会力量吸纳进政治体制之内并尽可能地满足大多数人的要求和愿望的过程，同时，政治发展是一种稳定而有序的政治变迁。由此，维持稳定和秩序是政治体制实现政治变迁的目的，政治稳定的本质内容是政治体制对发展变化的转型社会的适应程度，它意味着政治体制在应对政治变迁的各种复杂社会情境时应具有各种调适能力，而政治不稳定则意味着政治体制无法促成复杂社会中各种价值的动态平衡。应当说明的是，政治发展与政治现代化二者之间在政治体制完善程度上存在着质的差别，高度的政治现代化是把多元社会力量组织进政治体制之内的过程，高度的政治发展则是把多元社会力量动员进政治体制之内的结果。进一步来看，政治发展的过程是通过实施与贯彻权力解决社会冲突来获取秩序和稳定的过程。这里有两个问题需要理清，其中一个问题是，在政治发展进程中后发展国家获取秩序和稳定的核心手段问题即政治发展的检验标准问题，另一个问题是，解决政治发展中社会冲突所需要实施与贯彻的国家权力的厘定问题。

先看第一方面的内容，公共权威由于其承载的公共性而成为政治发展的检验标准和后发展国家获取秩序和稳定的核心手段，如前所述，对于从传统向现代转型的后发展国家来说，政治发展和政治现代化的终极目标是获取政治秩序、防止政治衰败。必须指出的是，公共权威的建构是获取政治秩序、防止政治衰败的核心手段，在这个意义上说，在后发展国家的政治发展进程中，能否建立起强大的公共权威，成为政治发展成效的检验标准。简言之，公共权威的建立在政治发展中具有举足轻重的位置，政治发展的核心在于树立起轻易不受挑战的高度的公共权威，这种权威主要来源于国民对国家所推崇的价值与规范的政治正义性的认可。具体地，一个社会达到的公共权威的建构水平，反映了该社会政治发展中各种多元社会力量之间关系的和谐程度，这些社会力量除去地域、种族以及宗教集团之外，还包括职业和阶级集团。政治发展中多元社会力量之间的协调关系的形成，有赖于政治体制通过其吸

第一章　国家能力、公共权威与族际整合的理论解析

纳能力提升各种多元社会力量的同质性，同时降低存在于其间的异质元素。一个复杂性和多样化高的社会，其政治吸纳能力在很大程度上决定了多元社会力量对其政治体制的认同程度及在此基础之上的公共权威的建设程度。可见，公共权威是政治体制通过对多元社会力量进行调节和引导、最终导致一种社会力量与其他多元社会力量协调一致、彼此共存而达成的。

公共权威建构之所以能够承担政治发展成效的检验标准这样一项极端重要的功能，是因为公共权威的建立在后发展国家政治发展中占有举足轻重的地位，政治发展的核心在于树立起轻易不受挑战的高度的公共权威，这种权威主要来自全体国民对国家所推崇的价值与规范的认可，如国家所秉承的意识形态、社会文化的审美价值、政治制度的人格特征以及社会再分配制度等，都从不同侧面影响着政治发展。人类政治发展进入近代社会以后，才在真正意义上完成了"人民主权"理论的逻辑进路，真正的人民主权思想是民族国家形成以后的产物，它兴起于启蒙时代，与卢梭的思想有密切关系，并且在法国大革命期间成为一种政治实践。在资产阶级革命期间，产生了两种不同倾向的民主理论：一种是以洛克、孟德斯鸠、联邦党人为代表的"权力分立"理论，另一种是以卢梭为代表的"人民主权"理论。人民主权理论之所以在法国得到强调，与当时的政治、经济和文化背景有密切关系。人民主权思想主要是针对当时封建的君权、神权、特权提出的。它的传播对法国第三等级在精神上、思想上、理论上起到了巨大的解放作用，也促进了欧洲乃至美国的民主进程。"人民主权"思想正是近代社会以来公共性作为政府根本属性这一重要理念的理论渊源。马克思、恩格斯基于唯物史观的政治哲学维度诠释了"人民主权"思想，其中"人的自由全面发展"充分体现了对公共性的终极价值关怀，并实现了马克思主义政治哲学对传统政治哲学的批判与超越。马克思、恩格斯"人民主权"思想集中体现了广大劳动人民群众的利益和诉求，在现存制度中保护人民的利益不受任何侵犯。马克思在总结巴黎公社革命经验时反复强调，巴黎公社是一个具有普遍代表性的政治模式，"是社会把国家政权重新收回，把它从统治社会、压制社会的力量变成社会本身的充满生气的力量"，"是人民群众把国家政权重新收回"，"人民群众获得社会解放的政治形式"，[1]巴黎公社的所有公共职务由选举产生，并接受人民监督，人

---

[1]《马克思恩格斯文集》（第3卷），人民出版社2009年版，第198页。

民成为了国家制度的原则。在马克思的《法兰西内战》《国家和文明起源笔记》《路易·波拿巴的雾月十八日》《哥达纲领批判》以及恩格斯的《家庭、私有制和国家的起源》《反杜林论》等著作中,都包含丰富的公共性思想。在这些著作中,马克思、恩格斯深入分析了资本主义国家存在的现代性"个体"与"公共"之间的二元分离,从重建"公共生活"的视角对理想社会形态进行描绘,马克思、恩格斯对人类社会最终进入共产主义的制度设计是与公共性的政治理想紧密结合在一起的,既体现在马克思、恩格斯关于公共价值、自由人的联合体、社会群体共同体等诸多概念中,也体现在马克思、恩格斯关于国家职能、马克思主义关于政府管理的内涵和本质、马克思主义关于政府公共职能等基本理论和观点之中。可见,对公共性的价值追求是马克思主义形成过程中最真实、最彻底的出发点,也是立足点。

应该说,现代国家的政治体制是关于"公共"的制度,它涉及所有人的公共秩序,而不是保障和实现某个人或某些人利益的制度。现代国家的公共权威也是如此,它具有与每个人有关系的公共性特质。在此,以实现公共利益、维护公共秩序为目标和任务的公共权威成为人们产生同意和认同的对象,也由此得到广泛的社会服从。因此,公共权威的建立有助于促进政治稳定,形成政治秩序,"从其原理上来讲,公共权威就不是一种必要的恶,也不是某种恶的后果,就不是一种较低级的善,也不是某种较低级的善的后果。相反,公共权威是一种建立在自然的形而上学的良善性基础之上的绝对好的东西。就公共权威的本质性功能而言——它与社会在其集体行动中的明智是同一个东西——它就是旨在追求共同善的、社会同一性的永恒不变的善的原则"。[1]在现代政治语境中,公共权威是以法律权威为构成要素的。由此看到,在现代法理型公共权威建构中,社会分歧和社会冲突的指向不是具体的政治决策者,而是产生政治决策者的程序规则,这些程序规则是以法律法规的形式体现的。因而,政治行为变得更加规则化、程序化和理性化,政治体制的稳定性变成可欲的和可求的。公共权威是政府在履行职责及其在与社会的互动中逐渐树立起来的,其现实载体是宪法至上的权威和一般法律的权威,政府自身也在宪法和法律的框架内管理自己和管理社会。

公共权威所承载的共同利益是社会中的人们能够借此共生共在、和谐共

---

[1] [法]耶夫·西蒙:《权威的性质与功能》,吴彦译,商务印书馆2020年版,第22页。

第一章　国家能力、公共权威与族际整合的理论解析

存于国家政治生活之中的共有资源的综合,如安全的环境和正义的秩序等,因为现实中的每个人都无法超越国家这一共同体而独立生存。国家并不是狭义的、单纯的统治机器,而是由多元社会力量如多元族群和多元利益集团构成的政治共同体,所以,必须坚持维护和改善现实中已经存在的这个政治共同体,"全球化、后工业化进程中的社会高度复杂性和高度不确定性意味着人类必须把人的共生共在确立为基本主题,这是一切社会建构和一切行动都必须遵循的基本原则。也就是说,人类社会已经走到了这样一个不得已的时代,要求以往人类社会发展中曾经存在过的无论是一个人的形式还是以群众的形式出现的那种为了自我的利益实现而把他人当作工具的做法,也不再可行了,而是需要把人的共生共在放在首位"。[1]公共权威之所以能够成为获取公共秩序、防止政治衰败的核心手段,在里普森看来,是因为"就像秩序要得到永久稳固需要赢得正义之名一样,权力也追求更高一级概念的发展……那么正义就需要依靠权威来确立……权威被所有人当作正当的法则接受。因此,它的使用得到了代理人和那些同意这一特别行动的人的认可,并且被那些不同意的人所容忍。面对权力,公民们还有支持或者反对的选择,面对权威,服从则是每个人义不容辞的责任。抵制权力是合法的,抵制权威则是不合法的"。[2]必须看到,理想意义上而言,公共权威建构的目标指向是政治共同体中所有人的福祉以及为实现所有人的福祉需要采取的一种共同行动。

这里还有一个问题需要特别强调一下。政治共同体公共权威的建立,依赖于国家自主性(state autonomy)的有效发挥。国家自主性根源于人类对于安全和秩序等公共福利的需求。如果没有国家,社会就会陷入缺乏安全和秩序的状态。国家自主性意味着国家和政府可以不受社会力量、阶级力量、甚至是官僚集团力量的左右,它有自己的特定偏好和诉求。马克思主义、新马克思主义和后马克思主义都有关于国家自主性的理论阐释。马克思和恩格斯是国家自主性理论的奠基人,对国家自主性进行了具有实际意义的探讨。马克思、恩格斯在其国家理论中,一方面基于历史唯物主义和阶级分析法创立了广为流传的工具主义国家理论,另一方面基于对国家复杂性的考察关注了

---

[1] 张康之:《为了人的共生共在》,人民出版社2016年版,第14页。
[2] [美]莱斯利·里普森:《政治学的重大问题——政治学导论》(第10版),刘晓等译,华夏出版社2001年版,第57~58页。

国家是一种产生于市民社会又凌驾于市民社会的力量的自主性现象，在马克思、恩格斯的国家自主性理论中，国家自主性体现为一种政治特质即超越个体利益对公共利益的追求，他们从各阶级力量"接近平衡"的意义上理解国家自主性，"国家是承认：这个社会陷入了不可解决的自我矛盾，分裂为不可调和的对立面而又无力摆脱这些对立面。而为了使这些对立面，这些经济利益互相冲突的阶级，不致在无谓的斗争中把自己和社会消灭，就需要有一种表面上凌驾于社会之上的力量，这种力量应当缓和冲突，把冲突保持在'秩序'的范围以内。"[1]可见，马克思、恩格斯是从国家的一般职能来认识和解释国家自主性理论，它的目的在于维持一个社会形态的统一与平衡，从而与统治阶级的政治利益相适应，"政治统治到处都是以执行某种社会职能为基础，而且政治统治只有在它执行了它的这种社会职能时才能持续下去"。[2]

以阿尔都塞、波朗查斯和米利本德为代表的新马克思主义者延续了马克思、恩格斯国家自主性理论的脉络并丰富了这一理论。阿尔都塞认为马克思的社会历史观的新关系是多元决定论的结构。在这个结构中，"一方面，生产方式（经济因素）归根到底是决定性因素；另一方面，上层建筑及其特殊功能具有相对独立性"。[3]生产虽然归根到底是决定性因素，但并非唯一的决定性因素，社会结构中的每一种因素都是相互作用的，上层建筑包括国家、法律、意识形态等都具有相对独立性，从而强调了国家的相对自主性。波朗查斯从结构主义角度考察了国家的相对自主性，在波朗查斯看来，以往人们由于受"经济主义"影响，往往注重从经济关系、特别是从生产资料的关系来认识和解释阶级。实际上，在认识和分析阶级问题时马克思、恩格斯、列宁并不仅仅放在经济结构上，而是在社会形态的整体结构上，这个整体结构既包括经济方面的因素，也包括政治和思想意识形态方面的因素，从而提出了国家相对自主性的重要理论。为了实现国家的相对自主性，国家在社会形态这个复杂的整体结构中，必须起到一种调和作用，这就是国家的一般职能，各种特殊职能本身必须经由国家的一般职能的角度来理解，即国家的目的在于维持公共利益，国家的公共职能和阶级职能二者统一于国家的相对自主性，

---

[1]《马克思恩格斯选集》（第4卷），人民出版社1995年版，第170页。
[2]《马克思恩格斯选集》（第3卷），人民出版社1995年版，第523页。
[3] [法] 路易·阿尔都塞：《保卫马克思》，顾良译，商务印书馆1984年版，第93页。

第一章　国家能力、公共权威与族际整合的理论解析

"国家是调和一个社会形态的统一因素"，"这正是马克思主义关于国家概念的原意，即国家是一种社会形态的'秩序'或'组织原则'；但这并不是指现代意义上的政治秩序，而是就它能够起着这个体系综合平衡的因素而言"。[1] 米利本德延续了结构主义马克思主义国家相对自主性理论的思想脉络，他提出，资本主义国家在维护统治阶级利益的同时具有相对于统治阶级的一定程度的自主性和独立性，即国家代表着社会整体，站在各种利益集团和阶级之上，保证各种利益集团和阶级之间的竞争有序进行。如果国家仅仅是统治集团实现自身利益的工具的话，在其运转的过程中不可避免地受到各种束缚，因此国家的这种相对自主性可以使其灵活地行使权力，使其拥有一定程度的自由。这实际上是说，"资本家往往看到的是自己眼前直接的经济利益，而作为资本家的代表的国家则要着眼于这个阶级的长远的利益，因此，国家推行的政策就有可能同当时的资本家相矛盾，国家不会只是简单地服从资本家的要求，这就表现出资本主义国家的相对自主性。"[2]

以斯考切波为代表的回归国家学派的后马克思主义者，则在阿尔都塞、波朗查斯和米利本德关于国家相对自主性理论范式基础上接续发展了国家自主性理论，其理论最重要的特征是依据韦伯主义的国家观传统，在经验性与实证性视角下，通过对国家的现实分析，强调国家本位基础上的国家作为一个完全自主行为主体的存在。她认为国家首先是一种强制力，"国家的强制力本身就意味着国家独立于社会的可能性，强制力使国家在任何地方都至少潜在地独立于社会阶级的直接控制，尽管这种自主性程度因具体情况而千差万别"。[3] 这种强制力要求国家把汲取、管制和分配能力集中起来，在先发展国家这些发展发生于不断的国内和国际战争中，强制性权力对于资源汲取、行为规制提出了要求。除了强调将强制力作为国家自主性的物质基础外，斯考切波认为国家还存在着以维护统治秩序为核心的特殊的自我利益，当国家为了维护国内统治秩序将这种特殊的自我利益置于支配阶级的根本利益之上时，基于国家独立利益的自主性的国家行动就产生了。此外，她还研究了国家能

---

[1]　[希]尼科斯·波朗查斯：《政治权力与社会阶级》，叶林等译，中国社会科学出版社1982年版，第38页。
[2]　陈炳辉：《西方马克思主义的国家理论》，中央编译出版社2004年版，第230页。
[3]　杨光斌：《政治学的基础理论与重大问题》，中国人民大学出版社2011年版，第158~159页。

力（state capacity）及其同国家自主性的密切联系，提出国家能力是国家独立于社会、国家自主地执行其目标的能力，具体包括稳定的行政-军事控制、丰富的财政资源汲取和理性化的国家官僚组织等。就二者密切关系而言，国家能力是国家自主性的实践基础和国家自主行为的资格与条件，国家自主性增强的过程也是国家能力提升的过程。从本质上讲，国家自主性和国家能力在评估与影响因素上存在相似性，两者指向的均是上层建筑与经济基础之间、国家与社会之间以及权力与权利之间的互动和合作状态，其目标则是维持普遍的政治秩序。以上分析可见，国家是一个独立的行动者和决策主体，而国家自主性和国家能力是国家独立于社会而进行的自我决策的行动，其目标是实现对公共利益的追求和维护。国家自主性和国家能力是一种作为公共权威的结构性要素的特定偏好，国家的目的、取向同社会各集团或特定政府机构所具有的部门利益关系不一样，国家追求的是社会整体的国家利益层次上的利益关系。[1]在学术界，从20世纪70年代前半期开始，随着国家回归理论的发展，国家自主性和国家能力越来越成为政治行为和政治现象的解释性变量。

再看第二方面的内容，必要的国家权力是后发展国家在政治发展过程中获取权威的途径，正如亨廷顿指出的那样，"发展中国家必须建立这样的政治体系，它必须能够创新政策，即把权力集中于中央政府，以国家行动促进社会和经济改革……它还必须能够将现代化所产生的并因而获得新的社会意识的社会力量纳入体系之内，从而保证社会的稳定和活力"。[2]必须指出的是，权力过大或过小两者都会损害公共权威的力量，既然后发展国家能否建立起强大的现代公共权威，成为政治发展成效的检验标准，在此需要在技术操作层面厘清解决社会冲突所需要实施与贯彻的国家权力和公共权威的关系。在这一问题上，有学者指出，公共权威建构包括两个方面："一个是国家能力，一个是官僚机构的中立性与自主性（autonomy）。前者涉及政府在特定疆域里垄断暴力的能力（韦伯对'国家'的定义），后者涉及政府能够超越阶级、

---

[1] 参见杨光斌：《政治学的基础理论与重大问题》，中国人民大学出版社2011年版，第162页。

[2] [美] 塞缪尔·P. 亨廷顿：《变动社会的政治秩序》，张岱云等译，上海译文出版社1989年版，第1~2页。

第一章　国家能力、公共权威与族际整合的理论解析

派系、利益集团、家族进行决策的不偏不倚性。"[1] 里普森进一步提出："国家的目的和政府的手段都要经历一个发展过程，安全尽管是必要的，但并不是足够的，因此人们建立起秩序系统；而只有被认为是正义的秩序才能够最持久，人们从秩序中寻求正义。政府为实现这些目的所使用的手段也经历了类似的过程。保障安全的先决条件是暴力。但暴力本身不足以维持秩序系统，由此产生了暴力和同意的混合物——权力……缺少权力的权威犹如没有内核的贝壳。"[2] 在黑格和哈罗普看来，国家权力是行动的能力，而公共权威则是行动的权利，"权威又不仅仅是自愿服从。承认统治者的权威并不意味着接受他们的决定；而只是意味着你承认他们做出决定的权利以及你必须对之服从的义务。权威关系仍然是具有层级结构的。在政治上，权威的运作通常立基于权力的基本框架"[3]。在这个意义上，他们对公共权威进行了这样的界定，"权威就是统治的权利。严格地讲，权威是行动的权利，而不是行动的权力。然而，只要人们接受权威人物拥有作出决定的权利，那么，权威就会创造出自己的权力。政府的合法体系即基于权威的体系，也就是说，服从其统治的人们认同其作出集体性决定的权利"[4]。

从以上的简要分析中，我们可以看到，公共权威建立的过程，就是国家把强力转化为权利、把服从转化为义务的过程，在这一过程中国家也培养了国民对政权的忠诚和对政治体制合法性所持的信念。可见，公共权威依赖于正义并提升了正义，要做到这一点，公共权威就必须建立在国家权力的基础上。然而，值得注意的是，关于政治体制中"权力绝对等级和数量的概念少有涉及。相反，焦点在于根据特定关系使权力成为一个相对概念，以及一个体系中的权力分配问题。卡尔·弗里德里希在开始关于权威的经典分析时指出，在一个国家的权力可被制衡之前，必须存在可被分割的权力。这是真真确确的。在存在权力和合法性问题之前，必须存在权力之现实；许多发展中

---

[1] [美] 弗朗西斯·福山：《政治秩序与政治衰败：从工业革命到民主全球化》，毛俊杰译，广西师范大学出版社 2015 年版，第 2 页（导读）。
[2] [美] 莱斯利·里普森：《政治学的重大问题——政治学导论》（第 10 版），刘晓等译，华夏出版社 2001 年版，第 60 页。
[3] [英] 罗德·黑格、马丁·哈罗普：《比较政府与政治导论》（第 5 版），张小劲、丁韶彬、李姿姿译，中国人民大学出版社 2011 年版，第 16~17 页。
[4] [英] 罗德·黑格、马丁·哈罗普：《比较政府与政治导论》（第 5 版），张小劲、丁韶彬、李姿姿译，中国人民大学出版社 2011 年版，第 17 页。

国家的悲哀就在于，它们没有一定的机构去指导和处理所有必须完成的一些任务，假如这些国家要实现它们的现代化目标的话"。[1]可见，从既有的经验看，必要的国家权力是后发展国家在政治发展过程中获取公共权威的途径，在福山看来"特别是在发展中国家，政府处于软弱、无能或者无政府状态，却是严重问题的祸根"。[2]因此"虽然我们不想回到强权争霸的世界里，但我们确实需要充分认识权力的必要性。集聚合法的权力并运用于特定目标，这是只有国家和国家集团才能做到的事情。这种权力既对于在本国实行法治是不可或缺的，也是在国际上维护世界秩序所必需的"。[3]然而，权力过大或过小两者都会损害公共权威的力量。权力过大或过度集中会导致公共权威功能的弱化，主要是因为权力的垄断会引发政治体制公共性的下降、对国家权力的争夺和导致政治失序，权力过小或过度分散同样会引起公共权威功能的弱化，会导致政治权力在分配公共资源以及维持政治秩序方面能力的下降。在后发展国家的政治发展实践中，既存在着"大而弱"的国家，也存在着"小而弱"的国家。

只有国家权力的"适度"运用才是获得强大公共权威力量的关键因素。一国国家权力适度运用与否的判断尺度有赖于它所处的经济社会生态环境。这里，适度的国家权力包含着国家权力的范围和国家权力的强度两个层面的内容，前者主要指政府所承担的各种职能和所追求的目标，后者则主要指国家制定并有效实施政策的能力。当然，在现代化进程中的不同后发展国家，国家权力适用的范围没有普遍公认的衡量标准，国家权力适用的强度也存在着不同程度的差异性，因此"一个国家各个政府部门……所处的位置可能会不一样。有些国家，比如埃及，拥有一个非常有能力的国内安全机构，但却没有能力有效率地完成像处理签证申请或发放小企业执照这样的工作（辛格曼，1995年）。其他国家，如墨西哥和阿根廷，它们在改革某些国家制度（如中央银行）方面曾做得很成功，但却未能很好地控制财政政策，也没有提

---

[1] [美]鲁恂·W.派伊：《政治发展面面观》，任晓、王元译，天津人民出版社2009年版，第229页。

[2] [美]弗朗西斯·福山：《国家构建：21世纪的国家治理与世界秩序》，黄胜强、许铭原译，中国社会科学出版社2007年版，第1页。

[3] [美]弗朗西斯·福山：《国家构建：21世纪的国家治理与世界秩序》，黄胜强、许铭原译，中国社会科学出版社2007年版，第115页。

第一章　国家能力、公共权威与族际整合的理论解析

供高质量的公共卫生和教育"。[1]还应该指出的是，随着现代化进程的深入，在同一个后发展国家内部，国家权力运用的范围和强度也应作出相应的调整，在后发展国家的政治发展中，如果一国国家权力的运用不能与经济社会生态环境相符合，公共权威的建立就不可能获取良好的结果，因为政治发展的核心内容包括规则机制的建设和政治体制的构建，属于政治上层建筑的建构，它必须与社会经济基础（即现代化发展水平）相符合。可见，后发展国家权力对于社会干预的范围和强度，应当具有鲜明的动态性特征，与较低现代化发展水平相符合的是强化国家权力的政治发展方式；随着现代化程度的加深，强化国家权力的政治发展方式逐渐向弱化国家权力的政治发展方式变化。很显然，这只是一个应然状态的总体判断。具体对不同国家或同一国家的不同发展阶段而言，国家相对于社会的权力适度与否的评判标准即公共权威的建构方式依赖与之相适应的现代化发展水平。毫无疑问，从规范意义上讲，这将会是一个循序渐进的发展历程。

（二）族际整合的理论内涵

自20世纪90年代以来，世界频繁见证着族群冲突、不同集团之间的仇恨、民族分离主义的激化、充公、驱逐和屠杀，尤其在后发展多民族国家，从南亚到东南亚，从非洲、加勒比海到西印度群岛，还有苏联、东欧的部分地区，都存在着一种族群之间对峙的社会动态，菲律宾、塞拉利昂和肯尼亚对多数族群的强权弹压，津巴布韦对白人族群的私产充公，南斯拉夫和卢旺达的族群清洗和屠杀。这每一个关于族群冲突的个案都不能归因于单个的原因，事实上每一个族群对峙状态甚或灾难性后果的背后，都有大量的交叉因素和复杂的机制在发生作用，比如历史宿怨、宗教因素、领土纷争、外交政策等等。然而，这些复杂因素都是族群冲突的表层原因，在这些表层原因之下还有着更为根本性的因素在发挥作用。要想深入挖掘20世纪90年代以来对世界范围内族群冲突现象发生根本性作用的因素，必须从厘清族群（ethnic group）这一基本概念开始。因此，这里有必要首先对族群（ethnic group）这一概念作出说明。

本书所涉及"族群冲突""族际整合""多民族国家"或"民族分离主

---

[1]　[美]弗朗西斯·福山：《国家构建：21世纪的国家治理与世界秩序》，黄胜强、许铭原译，中国社会科学出版社2007年版，第9页。

义"中的族群或民族（ethnic group）不是国家民族主义意义上的"国族"（nation），"国族"（nation）的利益诉求是强调国家建构，突出自身所属国家公民身份的重要性，以"国家利益高于一切"为其理论基础动员社会，因此成为爱国主义的情感资源，"民族-国家""民族解放运动"或"民族自决"中的民族指向的就是国族；本书中的"族群冲突""族际整合""多民族国家"或"民族分离主义"中的族群或民族（ethnic group）指称在某个多民族主权国家内在"国族"之下属于次群体地位的民族，它以某种文化特征和历史遗产作为人口集团的标志，并利用共同语言和文化感受等组织起以宗族、地缘为纽带的社会网络，这些群体在社会历史发展进程中是一个多民族（族群）国家政治结构中的一个族群。[1]以上分析可见，"国族"（nation）指称人类共同体时往往同时包含着人口及其传统居住地——即"人和地域"这两种要素。这两种要素如果再加上"政府"，就成了国家（state）。在现代"民族-国家"中，社会成员国家认同的基础是"民族一致性"，包括传说中的共同祖先、共同的历史经历和共享的语言与文化等，国家反过来又推动这种国民意识的产生和固化，增强政权统治的合法性，塑造国家内部的凝聚力。族群（ethnic group）则更多地指称现代社会中有着共同的背景与认同（出身、文化或故乡等）的人口集团，这个概念与"国族"（nation）最大的区别在于它不再紧密地强调地域性因素和政治统治的因素，可以用来描述那些跨地域（包括跨国）而保持群体认同的人口集团，它关注特定人群在族裔背景和文化特征上的一致性。[2]

族群（ethnic group）这一概念是1975年美国哈佛大学的两位学者提出来的，意指一个较大的文化和社会体系中具有自身文化特质的一个群体；其中最显著的特质就是这一群体具有的宗教的、语言的、习俗的特征，以及其成员或祖先所共有的体质、民族的、地理的起源。[3]科威特学者穆罕默德·哈达德提出，族群这一概念主要指具有独特的因素，因文化和血统而形成不同

---

〔1〕 关于 nation（国族）及其派生概念 nationality, ethnos（种族）及其派生概念 ethnic group（族群）的辨析，参见朱伦：《西方的"族体"概念系统——从"族群"概念在中国的应用错位说起》，载《中国社会科学》2005年第4期。

〔2〕 参见关凯：《族群政治》，中央民族大学出版社2007年版，第2页。

〔3〕 Nathan Glazer & Daniel P. Moynihan, *Ethnicity—Theory and Expierence*, Havard University Press, 1975. p. 2.

意识的群体，它是因体质或文化上的特点而与社会上其他群体区别开来的人民共同体，可识别性（identifiability）、权力差别（diffenrential power）及群体意识（group awareness）是其基本特点。[1]而马克斯·韦伯对族群的界定是这样的："对群体亲和力的信念——无论其是否有任何客观依据——可能产生重要的后果，尤其对政治共同体的形成更是如此。我们将把这样的人类群体称为'族群'（ethnic group）：这些群体的成员由于体型与习俗（或其中之一）相似，或者由于殖民与迁移的记忆，而在主观上相信他们是某一祖先的共同后裔；这种相信对于群体形成之宣传必然颇为重要。至于是否在事实上存在血缘关系并不重要。"[2]

安东尼·史密斯的族群定义最具有代表性，他认为族群是"一个具有名称的特定人群，他们居住于一个历史上既已存在的疆域，具有共同的神话、记忆、独特的大众文化和为全体成员所享有的共同权利和责任"。[3]可见，族群是个体对自身集体身份的主观领悟和认同，在这里，"共同的神化""记忆""独特的大众文化"就是族群成员对集体身份的主观领悟和认同，实际上是对家族体系归属感的延伸形式。现代化进程中强烈的族群身份意识、对这种意识的内化以及基于族群身份意识的被"疏离"感，正是激化族群分离主义的情感发展的关键。当然，这种族群个体对自身集体身份的主观认同是建立在个体某些"客观"特征的基础上，族群身份就是建立在客观基础之上的主观意识，"客观"特征即族群成员天然、与生俱来的自然和文化属性，是构成各种族类群体的基本要素，而这些要素正是民族学和人类学中"族"与其他人类群体的根本区别，如人种、地域、语言、部落、宗教及其他特征。这是族群身份认同的"天生"的基础，这种特点带来了族群认同的自发性，因为认同不仅是一种心理上的情绪状态和思想意识而且"是人们意义与经验的来源，为人们的行为和价值判断提供了基本的参照"。[4]族群认同的客观基础

---

[1] [科] 穆罕默德·哈达德：《科威特市的民族群体和民族等级结构》，晓兵摘译，载《民族译丛》1992年第5期。

[2] Marx Weber, "The Ethnic Group", In Parsons and Shils Etal (eds.) *Theories of Society*, Vol.1, Gleercol Illinois, The Free Press, 1961, p.306.

[3] A. D. Smith, "Dating the Nation", in Daniele Conversi (ed.), *Ethnonationaliam in the Contemporary World*, London, Routledge, 2002, p.65.

[4] 吴玉军：《现代性语境下的认同问题——对社群主义与自由主义论争的一种考察》，中国社会科学出版社2012年版，第4页。

使得居于其中的个体从出生时就进入了所属族群的"自然而然"的关系网络，与其他个体共享历史记忆、神话传说和宗教文化等。另外，需要指出的是，本书中所涉及的文化主要指以族群为基础的多元文化。虽然凡具有自身特色的价值与观念都可以作为文化多样性的表现形式，都是多元文化中的一个组成部分，但是在诸多的文化中，真正建立在一定的族群心理、族群历史与记忆、族群关系基础上的文化才使得自身与他者之间产生了明显的区分。

从以上对于族群的界定可以看出，集体辨识感以及在此基础上建立起来的文化归属感等原生要素是其最典型的特征，是使它具有强大内聚力的根本原因，正是各种原生要素导致了对于族群特性[亦称族性（ethnicity）][1]的自觉意识和强烈认同，"民族认同尤其适合作为'认同的原始焦点'，因为它是基于归属，而不是基于养成。如果认同不是基于养成，那么就会更加安全，更不容易受到威胁"。[2]族群作为特定"血缘与文化的共同体"的拥有者，族群认同包含着"我们的人民，我们的族源"之意，族群认同之所以在被动员时能够转化为行动的强大动力，是因为无论对于整个共同体还是每个个体，族性都能够成为一种全方位的意识。[3]尤其是处于传统向现代转型的后发展多民族国家，现代化进程又很大程度上加剧了族群对其自身的认同意识，"在传统社会中，民族或宗教集团之间相处本来相安无事，而作为社会和经济现代化所产生的相互作用、紧张和不平等的结果，民族与宗教集团之间产生了剧烈的冲突。因此，现代化增加了传统集团之间、传统集团和现代集团之间，以及现代集团之间的冲突。受西方现代教育的新上层，同靠承袭得势的传统上层发生冲突"。[4]

二战后，在现代化进程中的后发展多民族国家引发冲突的可能性大为增

---

[1] "族性"是个外来语，来自"ethnicity"。"ethnicity"是个新词，20世纪50年代才有人使用，但60年代以后已成为西方人类学、民族学和社会学等领域中最流行的术语之一。据研究，第一次在学术意义上提出并使用"ethnicity"这个词的是美国学者内森·格拉泽和莫伊尼汉。1962年，在一本名为《远离熔炉》（*Beyond the Melting Pot*）的书中，他们提出了这个概念，用于描述"族裔集团的性质和特点"。

[2] [加]威尔·金利卡：《多元文化的公民身份——一种自由主义的少数群体权利理论》，马莉、张昌耀译，中央民族大学出版社2009年版，第130页。

[3] [英]斯蒂夫·芬顿：《族性》，劳焕强等译，中央民族大学出版社2009年版，第124页。

[4] [美]塞缪尔·P.亨廷顿：《变动社会的政治秩序》，张岱云等译，上海译文出版社1989年版，第43页。

第一章　国家能力、公共权威与族际整合的理论解析

加。许多有过殖民地经历的后发展多民族国家,殖民主义者随意划定疆界,合并部族,给国家的解决族群问题造成了障碍,埋下了族际冲突的因子。在一个新建立的国家中,不同的传统民族共同体之间形成利害关系,冲突的机会也随之增加,其中直接引发冲突的,是这些民族共同体在新的政治框架中各自占有的地位、权力和财富的分配、官方语言的确定、有关宗教信仰的政策等,例如,"1975 年以后黎巴嫩没有任何一个中央政府能控制整个国家,反之,不同的党派、组织、势力控制着国家的不同部门,并在军事上相互竞争、抗衡。在国家的层次上,因为没有任何一个派系或派系联盟具有打败对手的实力,从而留下了政治真空,这是内战的实质。这种惨剧在北爱尔兰继续上演着。在爱尔兰遗留的政治真空比黎巴嫩要少,然而政治制度受到自身力量的强烈限制。北爱尔兰的中央权威缺乏解决问题的政治途径,政府机构脆弱不堪也就势所必然"。[1]以上讨论揭示出,在后发展多民族国家现代性目标的实现过程中,有两对矛盾需要同时解决,一是以多元族群为载体的社会异质性程度较高和现代政治发展要求的同质化方向的矛盾,另一个其传统性和现代性目标的矛盾。这两对矛盾是国家现代性目标与族群传统性冲突与矛盾的具体展开。归根结底,两对矛盾产生的根源是,族群所承载的传统性、多元性以及对于地方权威的认同与国家现代性目标所依托的统一的现代文化及对政治共同体的认同之间的紧张关系。

尤为值得关注的是,冷战结束以后第三次民族主义浪潮席卷全球,发生于 20 世纪 90 年代的第三次民族主义浪潮与发生于 20 世纪的前两次民族主义浪潮相比在全球表现出一种新的演变倾向,即从反对殖民主义和帝国主义的爱国主义转向威胁主权国家的民族分离主义,而世界民族分离主义的激化表现为历史宿怨、宗教因素、领土纷争、外交政策等多样性的表层原因。然而,从欧洲前社会主义阵营传统区域的政治动荡到伴随着民主转型在阿富汗、巴尔干地区、索马里、中东地区、外高加索等地演变成种族暴力,冷战后世界范围内后发展多民族国家的族群冲突进一步表明,族群冲突最本质的原因则是对政治共同体认同的缺失。具体而言,自 20 世纪 90 年代以来现代化进程中后发展国家族群冲突爆发的根本原因是,在现代国家还未形成统一的现代

---

[1] [美]罗伯特·W. 杰克曼:《不需暴力的权力——民族国家的政治能力》,欧阳景根译,天津人民出版社 2005 年版,第 8 页。

文化时族群成员就已经保存了对自己族群的集体意识和认同感，这种集体意识和认同感表现的传统性、原生性和天然性加剧了多元族群对政治共同体的认同的难度。更加值得关注的是，自20世纪90年代以来，多元族群对政治共同体的认同危机主要源于为多元族群民众所广泛认可的公共权威的缺失，而国家政治能力的衰弱及其根由国家制度的脆弱性是公共权威缺失的关键因素，"无论是对政治事件的平常的讨论还是在学术争论中，政治真空的概念一直得以使用"。[1] 由此看来，一方面，20世纪90年代以来许多后发展多民族国家制度的脆弱性导致了"政治真空"地带的存在，而"政治真空"则带来了国家政治能力的衰弱以及公共权威建构的缺失，在这些后发展多民族国家没有形成所有族群对公共权威的认同；另一方面，在后发展国家的前现代时期，各个族群生活在各自封闭的环境中，对传统权威的认同属于一种基于血缘、宗教和语言等历史记忆而在族群之间形成的亲和力。由于后发展国家仍然处于现代化的起步阶段，族群的传统性和原生性特征还比较鲜明，而这些传统价值与现代化进程所依托的现代公民文化发生了冲突与摩擦，在安东尼·史密斯看来，"尽管国家的建立可能培养了一种强烈的民族主义（无论是忠于还是抵制这里所说的国家），但其不可与多种文化组成的人口中民族文化和政治认同的形成相互混淆起来。建立多元合成的国家机构并不能保证人们在文化上对国家的认同，或接受主体'族裔'的'民族神化'，精英们发明一种包括大范围的民族神化来支持该国的合法性，而实际上可能使人口中重要的部分没有被触及或被孤立"。[2] 上述两方面因素共同作用的结果是加剧后发展多民族国家的多元族群更加保有对以各个族群、宗教为载体的传统地方权威的认同，而多元族群对现代公共权威以及政治共同体的认同意识难以形成，并成为引发国家与族群之间、族群与族群之间冲突的根源。

正如派伊指出的那样，从传统向现代转型的国家一共存在六种危机，"社会科学研究理事会比较政治委员会的一些成员曾经提出，把政治发展的概念过程化为六个重大的危机是有益的，这些危机会按照不同的次序出现，但一个社会要想成为现代化的民族国家，就必须成功地解决所有这些危机"。这六

---

[1] [美] 罗伯特·W. 杰克曼：《不需暴力的权力——民族国家的政治能力》，欧阳景根译，天津人民出版社2005年版，第8页。

[2] [英] 安东尼·D. 史密斯：《全球化时代的民族与民族主义》，龚维斌、良警宇译，中央编译出版社2002年版，第43页。

第一章　国家能力、公共权威与族际整合的理论解析

种危机分别是：认同危机、合法性危机、贯彻危机、参与危机、整合危机以及分配危机，在这些危机中，"第一位、并且也是最基本的"，就是民族国家的认同危机，即"一个新国家的人民必须把他们的国家领土视为家园，他们必须认识到作为个人，他们的人格认同在某种程度上是被其领土划界的国家的认同所定义的。在大多数新国家中，传统的认同方式都是从部族或种族集团转到族群和语言集团的，而这种方式是与更大的国家认同感相抵触的。人们一旦感到处于两个世界之间，感到在社会上处于无根的状态，他们就不可能具有建立一个稳定、现代的民族国家所必需的那种坚定的认同了"。[1]显而易见，这种对国家的政治认同并非根源于共同血缘、族群或任何其他文化共同体，而是基于后天养成而不是先天归属感的国家公民身份，哈贝马斯对这一问题进行了深刻阐释，"一种是由公民权利确立起来的身份，另一种是文化民族的归属感"。[2]在后发展多民族国家普遍存在的认同危机集中体现在原有的宗教、种族、语言等感情在民族国家建立之后仍然占据主要地位，现代民族国家的观念无法取代它们。这导致了多元族群对统一民族国家的感情疏离和国家认同的脆弱，具体体现在种族仇视、族群冲突、教派斗争和极端意义上的国家分裂。

以上分析可见，现代化进程中多民族国家内部结构和凝聚力的基础来源于对多民族政治共同体认同的形成，但是，国家内部不同族群之间，尤其是主体族群和少数族群之间存在着对政治共同体的认同差异，这在全世界范围内的后发展国家都是一个普遍现象。因此这类国家在政治发展中族际整合最本质的内容是，建构所有族群对政治共同体的认同，具体而言，本书中的族际整合即是，国家适应统一和稳定性的固有要求把多元族群宗教统一到一套现代意义上的一体化的社会政治系统之中，以达成多元文化社会对政治共同体的认同，即族群、宗教等多元社会力量通过获得一体化的社会政治系统来维护，最终达成维护复杂社会的秩序和稳定。可见，就其实质意义而言，族际整合是把多元族群力量动员进政治体制之内，"人的共生共在已经成了人们自我存在和开展行动时无可选择的现实，社会的高度复杂性和高度不确定性

---

[1] [美]鲁恂·W.派伊：《政治发展面面观》，任晓、王元译，天津人民出版社2009年版，第80~85页。

[2] [德]尤尔根·哈贝马斯：《包容他者》，曹卫东译，上海人民出版社2002年版，第133页。

要求人们必须把人的共生共在作为一种基础性的理念建立起来。唯有确立起了这一理念,才能使人立足于这个多样性的世界,才能在行动中找到自己适合的位置和行动方式。"[1] 简而言之,族际整合是现代化进程中后发展多民族国家及其政府应当具备的一项基本功能,这项基本功能需要通过制度建设、利益分配、意识形态引导来实现,其目标是通过国家公共权力的作用使多元族群在文化、社会和制度等诸多层面纳入到国家的制度体系之中,以保证后发展多民族国家的族群和谐、国家统一和可持续发展。

(三) 公共权威与族际整合的互动关系

现代公共权威是人类进入近代社会以来主权国家和民族国家为了适应现代社会的同质性和可规格化的需求而应运而生的,是先发展国家和后发展国家实现政治现代化共同要求。现代国家的政治体制是关于"公共"的制度,它是涉及所有人的公共秩序,而不是保障和实现某个人或某些人利益的制度。现代国家的公共权威也是如此,它具有与每个人有关系的公共性特质。在此,以实现公共利益、维护公共秩序为目标和任务的公共权威成为人们产生同意和认同的对象,也由此得到广泛的社会服从。这种共同利益是社会中的人们能够借此共生共在、和谐共存于国家政治生活之中的共有资源的综合,如安全的环境和正义的秩序等,因为现实中的每个人都无法超越国家这一共同体而独立生存。国家并不是狭义的、单纯的统治机器,而是由多元社会力量如多元民族和多元利益集团构成的政治共同体。理想意义上而言,公共权威建构的目标指向是政治共同体中所有人的福祉以及为实现所有人的福祉需要采取的一种共同行动,因此公共权威的建立有助于促进政治稳定,形成政治秩序。

在后发展多民族国家,由于族际整合的实现主要来自多元文化社会人们的认同,最为根本地,公共权威又是多元文化社会对政治共同体认同的现实载体,因此,公共权威的有效形成进而多元族群对政治共同体的认同是族际整合实现不可或缺的条件,"政治现代化涉及权威的合理化,亦即以单一的、世俗的、全国性的政治权威取代各种传统的、宗教的、家族的和种族的政治权威。这种变化意味着政府是人的产物,而不是自然界或上帝的产物,而一

---

[1] 张康之:《为了人的共生共在》,人民出版社2016年版,第15页。

第一章　国家能力、公共权威与族际整合的理论解析

个组织良好的社会一定要有一个明确的、根源于人的最高权威"。[1]具体而言，公共权威与以多元族群和宗教为载体的多元社会力量之间的关系是，它通过其吸纳能力提升各种多元社会力量的同质性，同时降低存在于其间的异质元素。在后发展多民族国家复杂性和异质性高的社会中，公共权威的有效形成在很大程度上决定了多元社会力量对于政治共同体的认同程度。这种认同是公共权威通过对多元社会力量进行调节和引导，最终导致一种社会力量与其他多元社会力量协调一致而达成的，它可以促使多元异质社会力量彼此共存于国家政治生活之中，从而促进族际整合的实现。必须要强调的是，后发展多民族国家族际整合实现的过程即多元文化社会对国家的认同也是一个公共权威建设的过程，公共权威建构和多元文化社会对国家的认同之间存在着经验层面和规范意义上的良性互动关系。公共权威建构和多元文化社会对国家的认同两者之间具有相互重叠特性的紧密联系，在政治体制之内"为一国人民提供认同感的基本的政治社会化过程，也为承认该体系中所有形式可接受的权威提供了一个合法性范围。反之，一国人民也可能通过逐渐接受特定体制和权威的合法性形成一种国家认同"。[2]

首先，从规范意义上审视公共权威建构和族际整合之间的互动关系。现代化是人类历史上不可回避的一场社会变革，政治现代化是现代化的一个重要组成部分，各国政治现代化的道路各有自己的特点，这是由于各国具体的社会、经济、政治、文化等各方面影响因素所决定的。现代化进程中国家的历史环境、社会制度和文化传统使其政治现代化道路肯定不同于原发型现代化国家。具体到对于政治现代化进程中多民族国家的族际整合而言，既要确保政治发展中多元族群可以通过民主制度的途径有效表达其利益诉求，也能通过国家公共权威确保其政治参与的有序进行。进一步来看，在某种意义上，民主、平等等现代元素为族际整合提供政治现代性来源，公共权威为族际整合提供秩序基础，二者结合才能成就一个强大的现代国家，也只有二者的同比增长和均衡发展才能在族际整合问题上实现长久的善治；既要建构一体的权威，又要保证多元的存在；既保证族际整合中统一性的方面，同时又确定

---

[1] [美]塞缪尔·P.亨廷顿：《变动社会的政治秩序》，张岱云等译，上海译文出版社1989年版，第37页。

[2] [美]鲁恂·W.派伊：《政治发展面面观》，任晓、王元译，天津人民出版社2009年版，第222页。

差异的合理存在，在国家与族群、族群与族群之间达成相互协调的状态，最终的理想状态是把处于分散状态中的多元族群力量吸纳进政治体制之内。

现代公共权威的建构对政治发展和政治现代化进程中族际整合之所以至关重要，是因为现代化进程中多民族国家的族际整合的实现必须满足一系列的文化、社会和制度条件：在文化层面上，既要培养国家认同，又要尊重原生情感；在社会层面上，既要注重起点平等，又要注重实质平等；在制度层面上，既要推进政治发展，又要维护政治秩序。相比之下，这些发展任务在原发型现代化国家是在自生自发中逐步得到解决的，从文化角度而言，美国在20世纪60年代（即"熔炉时代"）以前基本不存在国家认同与族群认同的紧张关系，这一紧张关系是随着20世纪70年代多元文化主义民族政策的产生才进入美国现代国家建构视野的；从社会角度而言，英国在顺利完成两百多年资本原始积累之后才关注结果平等、进入密尔新自由主义的发展阶段；从制度角度而言，美国早在18世纪末制宪会议上即显现出政治秩序优先于民主政治发展的国家建构序列。然而，在现代化进程中后发展国家的族际整合中，上述各种发展任务是叠加的，必须通过国家权力适度干预社会发展、运用公共权威的力量才能同时完成多重发展任务。

其次，在经验层面的公共权威供给与族际整合的互动问题上，权威短缺和权威危机是世界范围内绝大多数后发展多民族国家族际整合陷入失序状态的原因。尤其在后发展多民族国家相对集中的非洲和亚洲地区，"旧形式的权威已经丧失了有效组织生活的基础，国家也发现它并非必须同其他权威明确进行竞争，而是它甚至都不能在古老的权力神话中找到足够的资源去帮助确立自己的权威感。确实，总的历史趋势似乎正朝着在所有社会制造日益广泛的权威危机方向演变。这当然是因为，作为劳动力更加专业化和分工更细之结果的差别化的扩展，以及作为交通和意识发展结果的平等的扩展，已经消蚀了各种形式的权威要求"。[1] 深层次来讲，后发展国家的权威危机与现代性困境紧密相关，现代社会崇尚理性，相信任何问题都可以通过理性化的制度设计予以解决，理性成为评判一切的标准，而现代性的特征就是人类利用自己的理性来评判一切，人类不仅可以通过理性活动来获取科学知识，还能

---

[1] [美] 鲁恂·W. 派伊：《政治发展面面观》，任晓、王元译，天津人民出版社2009年版，第227页。

第一章　国家能力、公共权威与族际整合的理论解析

以合理性为标准达到对自然的控制。现代性实际上在社会生活的各个方面体现出来对整齐划一的追求。就对权威的认同而言，现代性对于社会的改造颠覆了传统的价值体系，从而导致政治权威传统源泉的逐渐枯竭和人类对自身归属认同的危机，尤为重要的是，现代性极大改变了以共同体为价值原则和规范的社会生成模式，消解了传统社会中存在的情感交流、互助网络和道德约束等，代之以独立个体的集合模式，形成了基于利益关系和有利于提高社会效率的社会分工体系。现代性困境是一个具有普遍性的全球性问题，在后发展多民族国家尤为严重，一方面在全球化和现代化进程中后发展多民族国家传统权威的断裂导致权威短缺和权威认同危机，另一方面，在这种情况下，后发展多民族国家的社会成员比以往更加强烈地寻求自身的归属，而族群认同和以族群为载体的宗教认同由于天然性和稳定性自然成为人们的认同目标。当国家、领袖和制度无法为公民创造出稳定的环境，当恐惧和失望成为一种社会共识，人们转而向各自的族群寻求自我保护，族群间的信任从此瓦解，族群间的战争由此爆发。[1]总之，"过渡社会里存在着一种深刻的权威危机，因为一切统治的努力都会受到来自不同人不同原因的挑战，领导人无法获得具有合法权威的全面的支配权力"。[2]权威供给之所以会陷入缺失状态，终极原因是缺乏制度供给的有效体系结构。从先发展国家到后发展国家，从北美到东南亚，这一作为"准政治问题"而同时又具有重大政治涵义的族际整合问题，越来越成为现代政治学面临的一个重大课题，而后发展多民族国家族际整合面临的问题则更为严峻。

先发展国家的政治发展和现代化动力来自政治体制内部的内源性动力，这类国家通过其制度建设中经济和社会的自然演变，开拓出了一条自发型政治现代化发展模式，这一过程所带来的一体化和秩序给现代民族国家建设奠定了基础。在这条现代国家的发展道路上，先发展国家在由经济社会的普遍交往带来的政治一体化的过程中，获得了远高于后发展国家的秩序和稳定性，从而为政治现代化的进一步发展奠定了坚实的基础。也就是说，先发展国家在实现现代化的初期，就通过制度建设获得了稳定和秩序，这同时也是一种

---

〔1〕参见关凯：《族群政治》，中央民族大学出版社2007年版，第77页。
〔2〕[美]鲁恂·W.派伊：《政治发展面面观》，任晓、王元译，天津人民出版社2009年版，第82页。

先发展国家公共权威建构的过程。当然，公共权威在不同的先发展国家由于发展模式的多样性有着不同的表现，在英国表现为自由秩序权威的制度建设，在法国表现为理性秩序权威的制度建设，在美国则表现为自治秩序权威的制度建设。比较而言，后发展多民族国家一方面由于历史原因和落后现状造成其民族的异质性程度较高，另一方面国家建构和制度建设还远未完成。在后发展多民族国家，现代国家形成于民众动员之后，族群意识更多的是由原始神话形成的。由于居民的杂居，族群界限与国家界限并不一致。此外，由于在国家还很弱时原始性的族群集团就已经被赋予了政治上的意义，所以常常再无法形成一种新的民族国家意识来取代原始性的忠诚感。现代化进程给后发展多民族国家带来的变化"削弱了政治权威的传统源泉，也削弱了传统的政治体制；这些变化使建立新的政治联系的基础问题，以及创造新的既具合法性又具高效能的政治体制问题，都大大复杂化了"。[1]与先发展国家相比较，权威危机和权威短缺给后发展多民族国家政治发展带来的不可避免的结果就是，在协调新的民族国家意识和对多元族群原始性忠诚感的基本矛盾问题上，后发展多民族国家不可避免地面临着比先发展国家更大的挑战。当然，在绝大多数后发展多民族国家的族际整合中，不存在绝对的权威缺失和整合失效。但是，经验事实证明，低效度的公共权威建设即使能对族际整合起到作用，这种整合也是一种低度的和有限的整合。以上分析表明，公共权威建构是决定后发展多民族国家族际整合的关键因素，后发展多民族国家族际整合的当务之急是建构公共权威和国家认同与政治认同的形成。

二、公共权威与国家能力的理论连接

后发展国家的公共权威不是政治主体单方面的建构可以完成的，而是在与社会互动的过程中所达成的一种共识，这种互动是在一定的政治、社会和文化发展的不同程度下展开的，不同的政治、社会和文化发育程度会催生不同的公共权威载体。只有各方面要素都具备，才能把包括多元族群在内的多元社会力量动员进政治体制之内、同化于政治发展进程之中。由此可见，公共权威渗透到政治、社会和文化等层面，国家能力建设作为公共权威建构的

---

[1] [美] 塞缪尔·P. 亨廷顿：《变动社会的政治秩序》，张岱云等译，上海译文出版社1989年版，第5页。

第一章　国家能力、公共权威与族际整合的理论解析

必经途径，也应从这些层面进行回应。与这些层面的要求相适应，国家能力建设水平需要从政治、社会和文化三个维度进行考量和提高。

（一）国家能力的理论内涵

有关后发展国家国家能力建设的内涵和定义，很多政治理论家都从不同的角度进行过阐述，但是比较政治学界以亨廷顿的论述最具代表性，国家能力是国家力量的强度，用亨廷顿的术语来表达是"政治上的发达"，亨廷顿就是从政治体制的结构角度阐释后发展国家国家能力建设这一后发展国家政治发展中的重要理论和实践问题的。亨廷顿理论的侧重点是政治体制的结构在政治发展中的重要作用，他提出，政治结构即政治体制的结构主要由参政水平和政治制度化水平两个要素构成，[1]只有拥有相对较强能力的、制度化水平较高的政治体制才能吸收政治发展进程中后发展国家新增集团的政治参与，从而维持政治稳定和政治秩序。可见，后发展国家的政治制度化水平和国家能力水平在亨廷顿看来就是政治体制的发达程度即政治体制的进化层级及解决问题的能力，重点指向了政治体制的容纳能力。亨廷顿基于政治体制结构的优化及其自身功能完善而阐发的国家能力建设思想对后发展国家的政治发展有着重要的价值，其中关于政治发展问题分析模式的原创性体现在从政治体制结构的视角关注政治发展和政治现代化问题，从而对政治发展和宽泛的社会变迁的边界作了一个清晰的界分。同时，亨廷顿的这一关于政治体制结构的思想对后发展国家现代化道路具有重要的现实意义，即后发展国家政治发展的关键要素是国家能力的建设。正如有学者指出"亨廷顿（Sameul Huntington）在1968年的《变动社会中的政治秩序》（*Political Order in Changing Societies*）一书中提出了'到底什么是政治发展'的问题，并回答说：政治发展就是高效的、能确保秩序和稳定的政治制度的创建，简单地说就是政治制度化（1968，Ⅶ）。亨廷顿努力寻求一个关于政治发展的一般模式：'国家之间的最重要的差别不是它们的政府形式，而是政府制度化的水平'……拥有相对较强制度能力的国家，它的政府的层次也就相对较高"。[2]

---

[1] 亨廷顿认为，在政治体系结构优化的政体（如公民政体）中，参政水平与政治体系的制度能力保持一致或低于政治体系的制度能力，政治动荡不太可能。比较而言，在政治体系结构脆弱的政体（如执政官政体）中，参政水平超出政治体系的制度能力，容易产生政治动荡。

[2] [美]罗伯特·W.杰克曼：《不需暴力的权力——民族国家的政治能力》，欧阳景根译，天津人民出版社2005年版，第6~7页。

具体地，亨廷顿通过政治制度化的理论来阐述后发展国家国家能力建设的内涵，他认为制度化是指组织和程序获得价值和稳定性的过程，[1]而政治制度化是指政治体制（政治主体、政治行为、政治关系）的结构和功能经由非正式的惯例规则向正式的、具有约束力的法律规则的转化过程。在这一概念中，政治主体主要包括国家、政府、政党、阶级等主体，政治行为主要包括政治竞争、政治统治、政治管理、政治参与等行为，政治关系主要包括统治关系、管理关系、权威与服从等关系。[2]亨廷顿进而提出，实质意义上的政治体制制度化能够使政治活动摆脱高度个人化的统治，并且使有序的、进化的政治变迁成为可能。[3]具体而言，政治制度化的水平和国家能力水平可用组织和程序在适应性、复杂性、自主性和凝聚力四个标准来衡量，这四项标准的程度越高，政治体制的制度化水平也就越高，该国的国家能力水平也就越高。适应性是与僵硬性相对而言的，是指政治体制适应复杂社会政治环境变化的能力，其中政治组织的职能适应性是最重要的标准，即政治组织的具体职能如政治职能、社会职能和文化职能等为了适应环境的变化而做出调整；复杂性是与单纯性相对而言的，是指政治体制的组织结构分化即组织上和功能上的下级单位，这一衡量标准的决定因素是政治组织的分支在层次和职能上的多样化，各分支的层次和职能越具有多样性，作为整体的政治组织的制度化水平就越高，这实际上是政治体制在其内部的自我更新和自我调整的应变手段，因为具有相对复杂性的政治体制更有可能适应社会政治环境变化提出的新要求；自主性是与从属性相对而言的，是指政治体制由于具有独立的地位和价值、自主开展政治活动的能力，其最核心的价值是政治组织的独立性和整体性，这些价值通过政治组织独立于其他社会集团如家族、部族、地区等及其利益和准则同时去追求超脱于所有社会集团利益的公共利益而存在，可见，政治体制的自主性利益是公共利益而非个人利益，这种公共利益在绝大多数情况下等同于国家的整体利益和长远利益；凝聚力是与不统一性

---

[1] 参见[美]塞缪尔·P.亨廷顿：《变动社会的政治秩序》，张岱云等译，上海译文出版社1989年版，第12页。

[2] 参见吴辉：《政党制度与政治稳定——东南亚经验的研究》，世界知识出版社2005年版，第11页。

[3] Robert A. Scalapino (eds.), *Asian Political Institutionalization*, Berkely: Institute of East Asian, University of California, 1986, p.1.

相对而言的，是指政治体制之内的成员和权力主体对政治体制的认同，决定一个组织有无内聚性最重要的先决条件是该组织是否能够发展出成为具有明显标志的组织成员精神上的统一性，而组织成员之间的协调性和组织内部的纪律性只是组织成员精神一致性的表征而已。应当指出的是，适应性是这四个特征中最重要的特征，是决定政治体制制度化水平和国家能力水平的最关键因素，适应性与其他三个衡量指标之间存在着紧密的逻辑关联，具体表现在，适应性是政治体制制度化和国家能力建设的总体目标，其他三个衡量标准都是围绕适应性设定的。复杂性和凝聚力是为了实现适应性这一总体目标而设计的政治体制内部结构区分化以及组织成员精神的统一性的两个必要手段，而自主性则是政治体制的价值取向，这种自主性体现在政治体制追求的利益是公共利益。

　　亨廷顿进一步提出，政党正是由于在政治与社会之间的动员功能，才成为现代政治体制的产物，政党之所以存在于现代政治体制中，是因为"它们使自己适应于政治体系的现有结构，而且，它们自身的运转也总是反映了体现于该政治体系中的组织原则和程序原则。它们通过扩大对于传统体制的参与，从而使这些体制适应于现代政体的需要。它们根据人民主权原则促使传统体制合法化，但是它们本身并不是合法性的源泉。它们本身的合法性来自他们对该政治体系所做出的贡献"。[1]可见，政党是政治体制框架内的政治动员机制，它们使得政治体制具有了现代性特征。因此，现代政治体制最重要的标志是政党，对于后发展国家而言尤为如此，其政治体制制度化水平的高低和国家能力的强弱取决于该国的政党体制，后发展国家在政治建设过程中，必须建立起强有力的有效的政党体制，因为一个强有力的政党体制"能节制和引导新动员起来的集团的参政，使之不至于打乱整个体系。这样，强有力的政党体制为接纳新集团的加入提供了制度化的组织和程序。发展这样的政党体制，是现代化国家政治稳定的先决条件"。[2]

　　后发展国家国家能力建设水平的高低取决于该国的政党体制，这是由后发展国家的政党产生的历史背景及所担负的历史使命等方面都与西方国家的

---

[1]　[美] 塞缪尔·P. 亨廷顿：《变动社会的政治秩序》，张岱云等译，上海译文出版社1989年版，第98页。

[2]　[美] 塞缪尔·P. 亨廷顿：《变动社会的政治秩序》，张岱云等译，上海译文出版社1989年版，第444页。

政党制度迥然有别所决定。在西方国家，政党是在这类国家的制度框架内才产生的，政党被规定为一种整合和表达各种社会群体利益诉求的机制和途径，在政治发展中承担的是"选举机器"的历史角色。纵观先发展国家政治发展的历程，"'政党'指在一个政治实体中分裂、冲突和对立。从语源学上讲，'政党'源于'部分'，所以自中世纪后期这种含义第一次出现在政治文章中以后，人们就习以为常地把政党看作是一部分因素，它们在某些联合统一体中与另一部分因素相互对立，彼此各不相让"。[1]可见，西方国家政党是适应民众政治参与和议会政治的要求，随着经济社会的逐步兴起而自然成长的，所担负的历史使命是代表和表达分化的利益，是政治参与的主要工具。在政治参与过程中，政党是特定集团利益的集中代表，它代表这些特定集团的根本利益，为达到政治目的，特别是为了取得政权和保持政权而建立的一种政治组织，如代表集团执掌政权；对政府施加政治影响；控制议会；制定和推行符合本集团利益的方针；操纵选举；控制团体和舆论宣传等。出现上述现象的原因正如有学者指出的，在西方国家"由于各个政党在它们所代表的利益与宗旨上的差别，它们之间常常会发生分裂乃至冲突，即使在同一个党中，也可能形成不同的派别和分裂。引起不同政党或政治力量之间的分裂和冲突的原因是多种多样的，或起因于对传统宗教和文化不同的理解和信仰，或起因于经济发展或工业革命中的利益错位，或起因于地方利益与国家利益的冲突，或起因于民族关系中的对抗，等等"。[2]相比而言，大多数后发展国家政党面临着确立政治权威和推进社会现代化等多项任务，政党是国家的创造者，为加速推进国家的现代化，需要主动地运用各种方式，动员和发挥全民的积极力量。后发展国家政党在政治发展和政治现代化中起着主导的作用，政党政治与国家建设具有了同时性的特征，在政治现实中，政党政治担负着比西方国家中作为"选举机器"的政党重要得多的历史角色，后发展国家的政党之所以具有这样的功能是因为"有着高度发展的传统政治体制的社会……政党是组织和构造扩大的参政所必不可少的，但这些政党只起到补充体制力量的次要作用，而不能填补它的空白。然而，大部分后起的现代化国家，缺乏

---

〔1〕［美］西摩·马丁·李普塞特：《一致与冲突》，张华青等译，上海人民出版社1995年版，第136页。

〔2〕［美］西摩·马丁·李普塞特：《一致与冲突》，张华青等译，上海人民出版社1995年版，第5页。

能成功地适应现代国家需要的传统政治体制。因此，要减少由于扩大政治意识和参政而引起政治不稳定的可能性，就必须在现代化过程初期建立现代政治体制，也即政党体制"。[1]

另外，需要说明的是，罗伯特·杰克曼在研究后发展国家国家能力时从政治体制的合法性出发强调，对以亨廷顿为主要代表的国家能力建设理论作了必要的补充。杰克曼首先将政权的绩效功能引入国家能力建设理论，这也构成了国家能力建设不可缺少的组成部分，因为"一个政府可以从其良好政绩中获得合法性。保证经济增长和就业以便人们可以养家糊口有助于政府建立合法性"。[2]更为重要的是，杰克曼提出，政治体制必须要获得公众的认可和尊重即价值共识，这是国家能力形成的前提基础。在杰克曼看来，国家层面的意识形态和获得社会层面忠诚和支持的价值共识对于国家能力水平的提升是不可或缺的，"一旦我们承认权力是政治的中心，承认权力必定是相关性的（relational），那么很明显，制度只有在它们被普遍认为是合法的情况下才能取得成功。换言之，在权威实施者和权威服从者之间必须存在一种关系，凭借这种关系，权威的服从者才会承认前者是实际上的权威"。[3]杰克曼认为，对一个组织体系而言，价值共识的重要性一方面在于它在构建组织认知的框架和组织自身中的成员对目标和自我认同中的作用，另一方面体现在组织体系的生存和发展需要来自全体社会成员的合法性认同。这种认同感的形成既有赖于政治体制向社会输出与主流意识形态相契合的价值观念，又来源于社会向政治体制输入对主流价值观念的支持与认同，亨廷顿对这一问题没有给予足够的重视，在政治体制制度化水平的四个衡量标准中对这一问题没有进行充分论证。虽然亨廷顿在政治体制的凝聚力这个衡量标准中涉及了政治体制的价值功能，但是，亨廷顿关注的只是政治体制自身的制度化来源于国家层面的意识形态和价值观，即政治体制向社会输出与主流意识形态相契合的价值观念，却在很大程度上忽视了社会层面向政治体制输入对主流价值

---

[1] [美]塞缪尔·P. 亨廷顿：《变动社会的政治秩序》，张岱云等译，上海译文出版社1989年版，第430页。

[2] [美]迈克尔·罗斯金等：《政治科学》（第9版），林震等译，中国人民大学出版社2009年版，第7页。

[3] [美]罗伯特·W. 杰克曼：《不需暴力的权力——民族国家的政治能力》，欧阳景根译，天津人民出版社2005年版，第53页。

观念的支持与认同对国家能力建设的影响。另外，对于传统文化等因素对后发展国家国家能力建设的重要性，至少是不明确的，这是亨廷顿国家能力建设理论的缺陷。

重视政治意识形态因素在国家能力建设中的作用，是作为马克思主义继承者的西方马克思主义学说的理论特质，从葛兰西首次提出意识形态领导权理论之后，西方马克思主义者都非常重视意识形态在国家职能中的重要作用，结构主义马克思主义者阿尔都塞、波朗查斯，工具主义国家观的代表人物密利本德，法兰克福学派代表人物霍克海默、阿多诺、马尔库塞和哈贝马斯等，也都对现代国家政治体制的意识形态职能进行了充分阐述。其中，最有代表性的是葛兰西的意识形态领导权思想和结构主义马克思主义者阿尔都塞的意识形态国家理论。葛兰西认为，政治意识形态是一种特殊的、拥有某种物质力量的上层建筑的观念体系，"意识形态是具体的'思想体系'或'是通过艺术、法律、经济活动以及个人和集体生活中的方方面面所体现出来的观念世界'。但意识形态还不仅仅是观念世界或思想体系；它还能激发特定的态度并为行为提供方向"，"因此，意识形态被视为某种世界观以及相应的行为准则之间的联合"。[1]在葛兰西看来，意识形态和经济基础的关系是形式与内容的关系，具有内在的统一性，"如果没有形式，物质力量在历史上就会是不可设想的，而如果没有物质力量，意识形态就只会是个人的幻想"。[2]阿尔都塞运用结构主义的观点分析国家并提出了意识形态国家机器的观点，即不同意识形态中的意识形态功能是相同的，其共同之处在于以意识形态的方式执行国家职能，阿尔都塞所谓的国家机器实质上就是亨廷顿意义上的政治体制。在阿尔都塞看来，现代国家政治结构可以分为镇压性国家机器和意识形态国家机器，镇压性国家机器的统一性是由国家官僚机构组织来保证的，意识形态国家机器的统一性是由占统治地位的意识形态来保证的。意识形态国家机器，就是以宣传、教育、说教这样的意识形态方式，统一复杂社会中人们的思想意识，将来自各种社会力量的人们的思想意识统一到占统治地位的意识

---

[1] See [UK] Gorge Larrain, *Marxism and Ideology*, London and Basingstoke: The Macmillan Press Ltd., 1983. p. 80, 转引自欧阳英：《马克思之后的政治哲学思想——从恩格斯到"后马克思主义"》，中国社会科学出版社2019年版，第235页。

[2] [意] 安东尼奥·葛兰西：《狱中札记》，曹雷雨等译，中国社会科学出版社2000年版，第292页。

形态下面，从而从思想文化层面保证复杂社会的政治共同性。尽管镇压性国家机器和意识形态国家机器是各自以不同的方式执行职能，归根到底都是为了加强国家能力建设和保证基于政治共同性的国家自主性。

综合以亨廷顿和其他政治理论学者对后发展国家国家能力建设这一问题的阐述，本书认为，后发展国家国家能力建设是政治发展的核心，是国家以公共性为价值准则对政治体制内部和外部各种关系进行规制，并形成复杂社会政治共同体赖以生存和发展的规范化和程序化的过程。显然这里的"规范化、程序化"属于形式正义的范畴，而"公共性"属于实质正义的范畴，两者的有机结合才能形成国家能力建设完整的理论内涵。深层次讲，后发展国家国家能力建设最突出的实践价值是促进政治体制通过其动员、组织和吸纳功能缓和社会冲突，最终目的是使复杂社会中的各种力量同化、同化于政治发展进程之中。在这个意义上，后发展国家国家能力建设本质上是政治主体为获得高水平的复杂社会的政治共同性而采取的程序和组织手段的政治行为，体现的是政治体制对社会的自主协调能力。以亨廷顿为主要代表的后发展国家国家能力建设理论由于强调政治体制对社会的自主性，因此，这一理论与回归国家学派的国家自主性理论和国家力量理论具有相同的旨趣。

(二) 国家能力建设是公共权威建构的实现路径

公共权威建构是后发展国家国家能力建设的实践目标。现代公共权威是人类进入近代社会以来主权国家和民族国家为了适应现代社会的同质性和可规格化的需求而应运而生的，是先发展国家和后发展国家实现政治现代化的共同要求。这里的公共权威绝不是一个独揽大权的独裁者，而是比较稳定的、可预期的、承担公共利益责任的政治体制。正如福山指出的那样，与现代公共权威相对的，"是依附主义（clientelism）。依附主义，顾名思义，就是以'私利'的逻辑取代'公益'的逻辑。其表现是权力被各种局部的、特殊的利益所绑架——在美国，可能是那些组织性非常强的游说集团，在非洲，可能是某个强大的部落甚至家族，在希腊、意大利，则可能是积重难返的共有部门。总之，当政治家和官僚机构不能从局部的、特殊的利益当中挣脱，而是被其俘获，依附主义就产生了。依附主义是'政治衰败'的重要标志"。[1]国家能力

---

[1] [美] 弗朗西斯·福山：《政治秩序与政治衰败：从工业革命到民主全球化》，毛俊杰译，广西师范大学出版社2015年版，第2页（导读）。

建设是公共利益存续的前提条件，因此也就成为公共权威建构的实现途径。"道义需要信任；信任涉及可预知性；可预知性需要规则化和制度化的行为模式。社会没有强有力的政治体制，也就没有界定和实现公共利益的手段……具有高度制度化的统治组织和程序的社会能够更清楚地表达和实现其公共利益。"[1] 可见，国家能力建设追求的利益是公共利益而非个人利益，这种公共利益在绝大多数情况下等同于国家的整体利益和长远利益，最终会导致以政治共同体为实体目标的公共权威的建立，这是国家能力建设成为公共权威建构的必经途径的逻辑前提。

同样重要的是，公共权威是以法律权威为构成要素的，社会分歧和社会冲突的指向不是具体的政治决策者，而是产生政治决策者的程序规则，这些程序规则是以法律法规的形式体现的。"政治现代化……意味着政府是人的产物，而不是自然界或上帝的产物，而一个组织良好的社会一定要有一个明确的、根源于人的最高权威，对这一权威的成文法的服从，超过了其他各种义务。"[2] 政治主体在政治现代化进程中建立的现代公共权威是制度性的，是制度化权威，它是现代公共权威建构的目标指向，因而，政治行为变得更加规则化、程序化和理性化。由此，在后发展国家的国家能力建设过程中，公共权威是政府在履行职责及其在与社会的互动中逐渐树立起来的，政府自身也在政治体制提供的规则程序和运行机制框架内管理自己和管理社会。理想意义上的政治共同体正是由于人们对行为的规则的认可而联合起来的共同体，这些公共规则规定了作为政治共同体的人们的行动时的行为规范，正是对这种规则的认同才可能产生普遍的政治同一性，从而政治共同体的存在成为可能。毋庸置疑，政治行为的规则化、程序化和理性化背后所蕴含的价值追求是政治体制的公共性，从而政治体制的稳定性也变得可欲和可求。这意味着现代公共权威不是来自神圣的指向、个人的魅力等，而是来自制度的明确规定。在由各种政治主体组成的政治体制之中，制度化权威要求各个政治主体的行为规范化，政治主体要在法律的框架下进行，作为公共权威载体的国家意志要通过一定的法律程序加以表达。那么，在这一角度上讲，公共权威也

---

[1] [美] 塞缪尔·P. 亨廷顿：《变动社会的政治秩序》，张岱云等译，上海译文出版社 1989 年版，第 26~27 页。

[2] [美] 塞缪尔·P. 亨廷顿：《变动社会的政治秩序》，张岱云等译，上海译文出版社 1989 年版，第 37 页。

第一章　国家能力、公共权威与族际整合的理论解析

必须经由国家能力建设的途径才能得以完成，从而国家能力建设是公共权威建构的关键因素。

以上表明，国家能力建设作为公共权威建构的必经途径，在后发展国家和政府形成国家意志的过程中，第一方面政治主体要通过制定普遍规则和法律规范，力求使制度听到多元社会的声音；第二方面政治主体要增进普遍规则的有效性，这种有效性表现为有序表达和理性回应，这两方面对于公共权威建构都是必不可少的。第一方面的内容指向的是政治行为的规则化、程序化和理性化，第二方面的内容指向的则是政治行为背后所蕴含的价值是政治体制的公共性，追求的目标则是政治体制的稳定性。深层次意义上，真正现代意义上的理性化的政治行为必然带来公共性的价值目标，反过来，公共性的价值目标又以理性化的政治行为为程序前提。只有两方面要素都具备，才能把多元社会力量动员、组织进政治体制之内，强大的公共权威建构才能得以实现。

对于国家能力和公共权威二者之间的关系，在帕森斯看来，国家能力建设的过程正是公共权威形成的场所和展示的空间，"权威是控制与参与实现集体目标有关的社会成员行动的制度化权利的综合体"[1]，这是因为"不论一个社会的情况多么复杂，各集团之间的力量对比总是处于变化之中，如果社会要成为一个共同体的话，那么每个集团的力量应通过政治体制而发挥，而政治体制则对这种力量进行调节、缓和并重加引导，以便使一种社会力量的支配地位与其他社会力量协调一致"[2]这里的"政治体制"指向的正是国家能力形成的介质。在这个意义上说，公共权威建构是国家能力建设的实践目标，同时，国家能力建设也是公共权威建构的实现途径。政治主体在与社会互动过程中形成的执政体系，其理性化和制度化的程度既取决于政治主体的理性化水平，也取决于社会系统的理性化水平。公共权威也不是政治主体单方面的建构可以完成的，而是国家能力形成过程中政治主体在与社会互动的过程中所达成的一种共识，这种互动又是在一定的制度、社会和文化发展的不同程度下展开的。恩格斯指出，每一个国家和社会的政治发展是这个

---

[1] [美] 帕森斯：《现代社会的结构与过程》，梁向阳译，光明日报出版社1988年版，第151页。

[2] [美] 塞缪尔·P. 亨廷顿：《变动社会的政治秩序》，张岱云等译，上海译文出版社1989年版，第10~11页。

国家全体社会成员意志交互作用的结果，既体现在社会成员的经济诉求中，也体现在社会成员的政治和意识形态诉求中，而作为全体社会成员的意志既包括每一个人的意志又包括政党，阶级和阶层的意志，这些基于每种社会意识产生的力量大小不一，作用的方向也不同，以集合力量的形式共同作用于政治发展，"历史是这样创造的：最终的结果总是从许多单个的意志的相互冲突中产生出来的，而其中每一个意志，又是由于许多特殊的生活条件，才成为它所成为的那样。这样就有无数相互交错的力量，有无数个力的平行四边形，由此就产生出一个合力，即历史结果，而这个结果又可以看作一个作为整体的、不自觉地和不自主地起作用的力量的产物……相反地，每个意志都对合力有所贡献，因而是包括在这个合力里面的"。〔1〕因此，"现代化是经济、社会、政治、文化等的综合体，经济、技术和社会的发展必然会引起政治的变化，而没有政治的协调发展，经济和社会也是不可能发展的"。〔2〕而"试图把政治发展同其他方面的发展完全分离出来，也是没有必要和不合理的。尽管从有限的意义上说，政治领域跟社会的其他领域之间有相对的独立性，但持续不断的政治发展只能是在一个社会变迁多元过程的背景前提下进行的，其中任何社会部分和方面都不能长期落后"。〔3〕

对于后发展多民族国家而言，不同的文化、制度和社会发育程度催生出不同的公共权威建构模式和国家能力建设模式，这类国家必须适应当时本国文化、制度和社会环境的变化，不断调整和优化公共权威建构模式和国家能力建设模式，并在此基础上实现有效的族际整合。后发展多民族国家公共权威建构的过程就是为政治现代性目标的实现奠定基础的过程，在其公共权威建构中政治现代性元素会逐渐增多，这些元素积累到一定的程度就会发生质变，在这类国家独立初期，强调国家一致性的公共权威建构模式是在多元族群、多元宗教、多元文化中实现族际整合的必然要求，也是传统政治文化、传统政治结构作用的必然结果。但随着全球化、现代化进程的不断推进，后发展多民族国家必须从强调一致性公共权威建构模式，有度、有序和可控地

---

〔1〕《马克思恩格斯选集》（第4卷），人民出版社1995年版，第697页。

〔2〕［美］塞缪尔·P. 亨廷顿：《变动社会的政治秩序》，张岱云等译，上海译文出版社1989年版，第3页。

〔3〕［美］鲁恂·W. 派伊：《政治发展面面观》，任晓、王元译，天津人民出版社2009年版，第61~62页。

向注重多元族群权利的宽松式公共权威建构模式调整。就东南亚地区而言，公共权威模式大致可以分为威权政体下的一致性公共权威模式、民主转型中的宽松式公共权威模式，国家能力建设也相应地可以划分为威权政体下的一致性国家能力建设、民主转型中的宽松式国家能力建设。两种公共权威模式和两种国家能力建设模式也揭示了政治主体和复杂社会间关系不断演变的特征。由于公共权威建构是渗透到政治、社会和文化等层面的，因而国家能力建设也应从这些层面进行回应，这实质上对政治体制提出了很高的要求，"传统社会要想顺利地调整其政治体制以适应现代化的要求，几乎直接取决于人民的组织才能……发展和现代化问题的根基，在于必须建立效率更高、适应性更强、更为复杂和更为合理的组织……发展的最大考验，是一个民族建立和维持庞大、复杂而又灵活的组织形式的能力"。[1] 这里"庞大、复杂而又灵活的组织形式"指向的正是影响国家能力建设的体制基础。为了适应以上要求，概括地说，国家能力建设需要从规范制度体系、增进有效性和建构政治认同三个层面去考量和提高。也就是说，政治主体必须从以上三种路径入手推进国家能力建设，建立起强大公共权威，才能把后发展多民族国家中的多元社会力量吸纳进政治体制之中，从而促进后发展多民族国家族际整合的实现。

（三）国家能力的衡量维度：政治吸纳能力、政权有效性水平和政治意识形态功能

后发展国家的政治体制必须适应复杂社会政治环境的变化，不同国家和同一国家在不同发展阶段中应该在具体职能上如政治职能、社会职能和文化职能之间作出调整；其次是政治体制在其内部应该进行自我更新和自我调整，使作为整体的政治体制达成在层次和职能上的多样化目标；最后是政治体制的三种具体职能政治职能、社会职能和文化职能的共同价值追求是政治体制的自主性利益，即独立于所有社会集团利益的公共利益，在绝大多数情况下公共利益等同于国家整体利益和长远利益。结构主义马克思主义代表人物波朗查斯认为，政治体制作为社会形态的统一因素在由政治、经济和意识形态组成的复杂社会整体中，只有通过政治体制一般职能或公共职能的发挥从而

---

[1] [美] 塞缪尔·P. 亨廷顿：《变动社会的政治秩序》，张岱云等译，上海译文出版社1989年版，第34~35页。

起到一种调节作用，才能保持复杂社会整体的统一，"这正是马克思主义关于国家概念的原意，即国家是一种社会形态的'秩序'或'组织原则'……而是就它能够起着一个复杂的统一体的各方面调合的意义而言，并且是作为调节这个体系综合平衡的因素而言"。[1]这里的"国家"指向的正是作为政治上层建筑和政治体制的国家。关于政治体制是维持复杂社会统一的因素，阿尔蒙德同样认为，政治确实具有严格的边界维持功能并且负有一定的责任来维持自己是其中一部分的那个制度，伊斯顿的《政治生活的系统分析》和多伊奇的《政府的神经》都具有同样的观点阐释，简言之，政治体制就是要维持复杂社会的平衡统一。

可见，对于后发展国家来讲，维持复杂社会整体平衡与秩序是非常重要的，而要维持复杂社会的统一就要求政治体制必须在政治职能、社会职能和文化职能之间作出适应性调整。政治体制只有具备这样的复合职能，才能实现政治体制对社会的自主协调能力，才有利于公共权威的建构，也才能把多元社会力量动员、组织进政治体制之内、同化于政治发展进程之中。因此，后发展国家国家能力建设水平需要从政治、社会和文化三个维度进行考量，即政治维度、社会维度和文化维度。在政治维度上，国家能力建设水平体现为政治吸纳能力，这是政治体制自主协调能力的政治基础；在社会维度上，国家能力建设水平体现为政权的有效性水平，这是政治体制自主协调能力的社会基础；在文化维度上，国家能力建设水平体现为政治意识形态的功能，这是政治体制自主协调能力的文化心理基础。

首先，在政治维度上，国家能力建设水平体现为政治吸纳能力。这是政治体制自主协调能力的政治基础，体现为政治发展过程中政治主体和社会成员在政治层面的互动。后发展国家在政治发展中必须发挥政治体制的吸纳功能以缓和各种社会冲突，而作为国家能力建设政治层面的政治吸纳和有效参与最直观的功用就是，通过有序参与来实现政治社会成员的政治表达以增强政治体制吸纳各种社会冲突的能力，这是因为现代化进程"产生了一些在传统社会中或不存在、或处于其政治活动范围外的社会集团和经济集团，并使它们具有政治意识和参与政治活动。它们要么被吸收同化进整个政治体系中，

---

[1] [希]尼科斯·波朗查斯：《政治权力与社会阶级》，叶林等译，中国社会科学出版社1982年版，第38页。

第一章　国家能力、公共权威与族际整合的理论解析

要么就成为针对这个政治体系的对抗和革命的源泉。因此，在进行现代化的社会中，政治共同体的成就既包括公共性集团的'横向'一体化，又包括社会和经济阶层的'纵向'同化。"[1]这里的"公共性集团的'横向'一体化"指向的正是作为国家能力建设政治层面的政治吸纳的目标。

具体地，后发展国家的政治吸纳能力是指社会成员在政治表达中的利益诉求在体制内设定的规则程序中能够得到有序合理的表达。从系统论的角度讲，"政治吸纳是指掌握政治系统的社会政治精英，对于政治系统外部的公民诉求输入，所采取的一系列政治措施，来'容纳—消化'公民的政治参与诉求，并体现在输出的政治决策与执行当中。政治吸纳是公民政治参与活动能否有效、延续和发展的前提"[2]。在此过程中，政治体制达到吸收和同化社会多元力量的目的。可见，作为国家能力建设的政治基础，政治吸纳能力具体表现为两个基本向度，其中一个基本向度是政治体制能否为保障社会成员利益实现提供规则程序和运行机制，另一个基本向度是政治参与能否受到合理规制和规范，即社会力量能否通过制度化途径参与政治，实现有序参与。可见，后发展国家的政治吸纳是一种制度化的吸纳，是公民政治参与可持续性的基石，它是"政治体系基于功能实现而对社会的一种制度安排，体现为政治体系的社会吸纳功能"[3]。本质上讲，对于该类国家而言，政治吸纳强调的是自下而上的民众表达和自上而下的决策执行之间的协调统一，体现的是国家和政府的效能和水平，这是因为"国家之间政治上最重要的区别，不在于政府的形式，而在于政府的水平，有些国家政治上体现了一致性、共同性、合法性、组织、效率和稳定，而有些国家却缺乏这些特性"[4]。

可见，政治吸纳的目的在于通过"高水平的政府"真正能够使公民政治诉求直接进入政治决策议程，建构起能够容纳各种社会力量的政治决策机制，拓宽制度化政治参与的方式和渠道。在这个意义上，政治吸纳体现的是政治

---

[1] [美]塞缪尔·P.亨廷顿：《变动社会的政治秩序》，张岱云等译，上海译文出版社1989年版，第428~429页。

[2] 王华华：《政治参与、政治吸纳与政权合法性的相生机理——重读李普塞特的〈政治人〉》，载《理论导刊》2017年第7期。

[3] 肖存良：《政治吸纳·政治参与·政治稳定——对中国政治稳定的一种解释》，载《江苏社会科学》2014年第4期。

[4] [美]塞缪尔·P.亨廷顿：《变动社会的政治秩序》，张岱云等译，上海译文出版社1989年版，第1页。

层面上政治体制对社会的自主协调能力,是国家自主性的体现和国家的政治行为,是政治体制进行政治资源配置的制度安排,它通过把社会成员吸纳进政治体制之内实现政治参与的制度化和有序化,促进政治权力和社会系统之间的有效沟通,从而达到政治稳定的效果,因为只有"有效的政治参与有利于表达社会底层的政治诉求,提升政府治理的有效性,促进社会经济的发展,增加社会容纳冲突的张力,从而为现政权的合法性提供更好的说服力和延续力"。[1] 在现代政治社会中,任何政权的合法性延续,都必须通过与社会互动的路径来实现政权的稳定性和可持续性。对于后发展国家来说,把不合法、无序、无效的非制度化参与降低到最小化,建构容纳各种多元社会力量参与的政治吸纳机制,保障政治层面上政治体制的自主协调能力,是后发展国家减少社会冲突、促进社会和谐和提升国家治理能力的有效途径,也是以公共性为价值取向的国家能力建设水平得以提升的政治基础。

其次,在社会维度上,国家能力建设水平体现为政权有效性水平,这是政治体制自主协调能力的社会基础。政权有效性涉及绩效合法性,这是社会层面上政治体制自主协调能力的具体衡量标准,在很大程度上取决于政权施政的表现,尤其在经济发展上的表现。政权有效性(治理绩效)是多方面的,最核心的有两点:一是经济发展的速度;二是社会的公平度。政权有效性水平发挥的目标是经济现代化,是现代国家为了适应现代社会的同质化和可规格化的需求而设定,因此也是后发展国家社会层面上政治体制自主协调能力的目标。对于现代化进程中的后发展国家而言,在经济现代化进程中,发挥政权有效性功能、寻求起点平等和结果平等的平衡,建立同质性的经济社会结构,在经济社会领域培育关于国家政治规则的共识,这是政治体制自主协调能力得以提升的社会基础。

在后发展国家政治发展中政治主体和社会成员需要在多层次上达成互动,当然也包括经济社会的互动。这种互动的主要体现是,通过政权有效性水平的发挥、经济的发展和社会结构的变化,培育关于国家政治规则的共识,这是国家普遍规则程序制定并得以有效实施的社会基础,因此成为后发展国家国家能力建设的社会条件,这也是亨廷顿所谓的"社会和经济阶层的'纵向'

---

[1] 王华华:《政治参与、政治吸纳与政权合法性的相生机理——重读李普塞特的〈政治人〉》,载《理论导刊》2017年第7期。

第一章　国家能力、公共权威与族际整合的理论解析

同化"手段，其目的是把现代化过程中产生的处于政治活动之外的社会集团和经济集团吸收同化进整个政治体制之内，以避免其成为政治体制的社会对抗力量。毋庸置疑，在社会差别大、同质性程度低的后发展国家社会结构模式中，政治体制必须具备在经济上同化社会成员的有效手段。在这个意义上讲，通过发挥政治体制在社会层面上的自主协调能力，提高整个复杂社会的同质性水平，保障社会层面上政治体制的自主利益即公共利益，从而成为以公共性为价值取向的国家能力建设水平得以提升的社会基础。

最后，在文化维度上，国家能力建设水平体现为政治意识形态功能。这是政治体制自主协调能力的文化心理基础，也是政治发展过程中政治主体和社会成员在文化层面的互动。政治意识形态功能是政治体制的灵魂和精神命脉所在，是文化层面政治体制自主协调能力的具体衡量标准。政治意识形态之所以能够成为国家能力建设的思想基础，是因为政治体制供给的规则程序正是国家政治价值理念的体现，这些规则程序通过实现政治体制对社会关系的调节和对社会资源的分配，从文化层面把多元社会力量吸收、动员到政治体制之内来提升国家能力的水平。那么，基于统一价值观的政治意识形态何以从文化层面上提升政治体制的自主协调能力，正如有的研究者指出的那样，"合作行动将会是马克思所构思的那种人的自由自觉的活动，人在合作行动中不仅通过他人的承认而在合作者之间建立起了共识，而且在共识以及基于共识的行动中时时都是与自己相遇的；合作行动中的自我也就是达成共识中的自我，自我也是一个以整体的形式出现的，始终在合作行动中在场，再也没有旁观者与行动者的区别。合作行动将不再会出现任何对人的制度化排除，反而在合作行动中去建构制度。或者说，制度就是存在于合作行动之中的，一切置身于合作行动中的人，都获得了制度化在场的资格，因而不会缺席"。[1] 由此可见，政治体制只有具备凝聚智慧和凝聚共识的价值功能，才能从文化层面上提升政治体制的自主协调能力，并达成多元社会力量对政权体系的认同和对多元社会的文化整合。总之，形成价值共识是国家能力建设的重要文化基础，政治体制只有具有价值整合功能，才能提升政治体制的自主协调能力，也才能提升国家能力的水平。布莱克在《比较现代化》中提出："如果一个国家的人民缺乏能够赋予先进制度以生命力的广泛的现代心理基

---

[1] 张康之：《为了人的共生共在》，人民出版社2016年版，第17页。

础，如果掌握和利用先进制度的人本身在心理、思想、态度和行为上还没有经历一场向现代性的转变，那么失败和畸形的发展就是不可避免的。"[1]

马克斯·韦伯在此问题上的观点同样给世人以非常深刻的启迪，他在系统阐述三种合法性权威统治观的同时，也彰显了他对各种统治类型的政治体制都必须承载价值观的理念的确信。他认为，任何类型的统治必须拥有为统治者和被统治者共同接受的"有效规范"，这种"有效规范"实际上就是政治体制的运行和建构的理念基础，是政治体制能够为社会所认可或接受的规范基础。可见，在韦伯看来，价值规范体系的有效形成是政治体制获得合法性的基石，尽管任何一种类型的政治体制都是由一套具有强制力的完善权力机构所组成的，政治共同体成员服从于某种政治统治固然有强制性的因素，但是，作为政治共同体的国家又是一个文化历史共同体，合法性涉及的是社会成员对政治统治的自愿服从，这种自愿服从实质上是对政治共同体具有最高权威性的心理认同，而这种心理认同的源泉就是上述"任何类型的统治必须拥有为统治者和被统治者共同接受的'有效规范'"，是一系列建构起来的对政治共同体认同的价值体系或信念体系。本迪克斯也提出："这些信念可以有助于稳定一种权威关系，而且它们还标志着各种统治制度之间非常真实的差异。"[2]也就是说，具有正当性的信念基础对于任何统治类型政治体制的极端重要性都是毋庸置疑的。[3]显而易见，价值功能是国家能力水平提升的非制度性的精神要素，这为国家能力建设的理论研究和实践发展开拓了更为广阔的空间，在理论研究层面上，拓宽了学术界关于国家能力建设理论的研究视野；在实践发展层面，是以公共性为价值取向的国家能力水平得以提升的文化心理基础，从而为现代化进程中后发展国家的国家能力建设提供了更为丰富的运作路径。

三、国家能力建设是促进族际整合的实现条件

族际整合在终极意义上是一个对公共权威的政治认同问题，同时，对于

---

[1] [美] 西里尔·E. 布莱克编：《比较现代化》，杨豫、陈祖洲译，上海译文出版社1996年版，第14页（译者前言）。

[2] [美] 莱因哈特·本迪克斯：《马克斯·韦伯思想肖像》，刘北成等译，上海人民出版社2002年版，第310页。

[3] [澳] 马尔科姆·沃特斯：《现代社会学理论》，杨善华等译，华夏出版社2000年版，第237页。

第一章　国家能力、公共权威与族际整合的理论解析

政治发展中的后发展多民族国家而言，族际整合和现代公共权威是渗透到政治、社会和文化等层面，国家能力建设作为公共权威建构的实现路径，也应从这些层面进行回应，建构政治认同从而促进族际整合的实现。首先是政治层面，通过增进政治吸纳能力，推动有序政治参与，从而把多元族群彼此吸收进政治体制之内。这是国家能力建设促进族际整合的政治前提条件。其次是经济社会层面，通过提高政权的有效性水平，在经济社会领域包括经济发展和分配领域降低社会的差异程度，建立同质性的经济社会结构，在社会中培育关于国家政治规则的共识，这有利于多元民族对国家政治认同的形成，从而有利于族际整合。这是国家能力建设促进族际整合的社会前提条件。最后是文化层面，由于价值输入对于国家能力水平具有重要影响，因此需要通过强化政治意识形态功能，整合多元文化社会的思想意识，在建构政治共识的基础上建构政治认同，从而有利于族际整合的实现。政治认同最终体现在对法律权威的认同，法律权威既包括宪法至上的权威也包括一般法律的权威。这是国家能力建设促进族际整合的文化前提条件。

（一）增进政治吸纳能力，提升有序参与水平

后发展国家首先需要从政治层面提高国家能力水平以加强公共权威建设，更多地体现在先发展国家和后发展国家政治发展道路的比较上，这种比较具有着浓厚的比较政治学和发展政治学的研究旨趣。先发展国家早期现代化过程中的市场力量对传统社会结构起到了一个分化和瓦解的作用，而市场经济也造成了非自主个体的无序化状态。在先发展国家中成熟的市场经济条件下形成的市场秩序和约定俗成的价值准则可以对社会起到整合作用，但是在后发展国家的早期现代化进程中，市场发育程度较低，市场秩序不够强大到足以维系整个社会政治秩序的安定，从而缺乏国家制度的整合机制，在现实政治发展中导致了社会失序，"现代性产生稳定，而现代化却产生不稳定性。一面是贫困和落后，另一面是不稳定和暴力，它们之间这种表面上的关系是虚假的。产生政治混乱并非由于没有现代性，而是由于要实现这种现代性而进行的努力……纯粹传统的社会总是愚昧、贫穷和稳定的"。[1]在派伊看来，"因为世界文化的扩散能够削弱并破坏传统社会的结构，但无法如此轻易地再

---

[1] [美]塞缪尔·P. 亨廷顿：《变动社会的政治秩序》，张岱云等译，上海译文出版社1989年版，第45页。

建一个更为现代化的社会,所以国际影响的结果更经常地导致的是动乱和紧张,而非一个新秩序"。[1]后发展国家在现代化中因为各个阶层社会动员程度的不同、对稀有资源拥有多少的不同,经济差距不是缩小,反而有扩大的趋势,从而产生不稳定。因此,对于后发展国家而言,"基本的问题不是自由,而是创立一个合法的公共秩序。当然,人类可以有秩序而没有自由,但他们不能有自由而没有秩序。必须先有权威,然后才能对它加以限制。而在那些现代化的国家中……缺少的恰恰就是权威"。[2]在政治发展实践中,通过加强政治体制的吸纳功能以达成公共权威和政治秩序就成为后发国家一种必然的选择,东亚与拉美的后发展国家如墨西哥、新加坡、韩国选择了通过加强政治体制的吸纳功能以达成政治秩序的现代化发展模式,政治发展比较成功,而且一些国家的经济在二战后也取得了较为迅猛的发展。

由于后发展国家的现代化不可能是一个自然的发展过程,会呈现"历史浓缩"和"时空交叠"的特征,是一种被压缩的过程,也就是说,后发展国家必须在当代集中应对现代化过程中出现的所有重大挑战,解决所有重大问题。我们应该看到:"新兴国家同时经历了民族建构和国家建构(nation and state building)、巩固政治制度、满足广泛的政治参与的要求的过程。用阿尔蒙德和鲍威尔的话来说就是:'新兴国家今天遇到的主要问题就是它们必须面对累积的革命要求。人们要求参与、要求国家民族的统一、经济状况的好转、要求法治和秩序,并且立即、同时予以解决。'"[3]在后发展国家政治发展中的几大"转型问题"即"现代化"问题中,有几个问题比较明显和表层化,诸如由于先发展国家的示范效应[4],后发展国家容易犯急躁病;先发展

---

[1] [美]鲁恂·W.派伊:《政治发展面面观》,任晓、王元译,天津人民出版社2009年版,第24页。

[2] [美]塞缪尔·P.亨廷顿:《变动社会的政治秩序》,张岱云等译,上海译文出版社1989年版,第8页。

[3] [美]罗伯特·W.杰克曼:《不需暴力的权力——民族国家的政治能力》,欧阳景根译,天津人民出版社2005年版,第13页。

[4] 在新独立的后发展国家,先发展国家对后发展国家的示范效应集中体现在民主观念在赋予民族主义合法性和削弱殖民统治中的重要作用,任何一个要求独立的殖民地对殖民统治的最大不满是殖民统治者既不来自也不代表被它统治的人民,因此削弱宗主国合法性的一个途径便是提高建构民主制度的呼声,而建构民主制度也就成了用它来赋予自己作为本国居民代表的合法性的殖民地精英的一个力量源泉。参见[美]罗伯特·W.杰克曼:《不需暴力的权力——民族国家的政治能力》,欧阳景根译,天津人民出版社2005年版,第2~3页。

第一章　国家能力、公共权威与族际整合的理论解析

国家的民主属原发型民主，后发展国家的民主意识觉醒晚；先发展国家独步世界舞台，外在条件比较好，后发展国家的外部压力比较大，大部分国家都经历过殖民地、半殖民地的压迫；先发展国家掠夺财富，后发展国家靠自己积累，等等。然而，对于现代化进程中的后发展国家而言，最深层次和最为实质性的问题则是权威力量的断裂等问题。这就决定了后发展国家必须通过加强现代制度化公共权威的建设，同时解决先发与后发的问题。应当指出的是，在二战后后发展国家政治发展落后于经济发展和社会发展的问题上，"尽管亨廷顿比他的前辈们对政治结构明显给予了更多关注，但在早期的研究中就已经有了这种普遍性观点的萌芽。例如，多伊奇就曾说过，在政治能力匮乏的国家，社会流动可能导致不稳定，因而社会流动的步子要适中。奥尔森也曾有过近似的论述，他说，迅速增长会引起严重的社会和经济的混乱，而这又加剧不平等并最终引发政治动荡（Olson，1963年）。根据这类论述（Geertz，1963年；Almond，Powell，1966年），可以说，过快的增长不一定会带来政治能力的同步、协调增长，期望的增长超出了整合和满足这些期望的制度能力的范围"。[1]更值得注意的是，面对后发展国家政治发展与经济发展没有同步进行的问题，亨廷顿指出后发展国家现代化进程中的政治体制同时面临着集中权威、区分结构和扩大参与的问题，而在这其中最为重要的是加强公共权威的合理性，即由单一的世俗化全国的政治权威取代各种传统、宗教的或种族的权威。

　　从以上分析可以看出，后发展国家在现代化进程中加强国家能力建设、实现公共权威建构是谋求政治秩序和政治稳定的必然选择。这一点对于政治现代化进程中的多民族国家尤为重要，因为后发展多民族国家是以多元族群和宗教为载体的多元文化国家，其实现族际整合和谋求政治秩序的发展任务比先发展国家更为艰巨，显而易见，这是后发展多民族国家所面临的社会异质性和一体化方向的矛盾所造成的，"全球化、后工业化进程中的社会高度复杂性和高度不确定性也以社会构成因素的多元化这一形式表现了出来，并让我们看到了一个差异化的社会正在生成的客观趋势。于此之中，我们还看到自己的任务，那就是需要按照这一多元化和差异化的现实去做出社会以及社

---

[1]　[美]罗伯特·W. 杰克曼：《不需暴力的权力——民族国家的政治能力》，欧阳景根译，天津人民出版社2005年版，第11页。

会治理的安排"。[1]当然，这里的"多元化"不仅指向了多元族群，也包括多元利益集团等社会力量。然而，在安东尼·史密斯看来，由于后发展多民族国家的多元族群作为一种社会力量区别于其他力量的特征是其原生性和天然性，原生认同的对象是种族、宗教等，因此，在全球化浪潮中以多元族群为介质的社会异质元素是和现代化的一体化方向冲突最严重的力量。正是全球化中相互依存的不断增长使得多元族群文化"密切接触并公开揭示它们的差异，促进了族裔的和历史的比较，促进了族裔民族主义的不断裂变繁殖……突出了文化间的差异，使许多人更紧密地依附于他们觉得可能受到威胁的族裔——历史和文化遗产。当全球一致变得更加突出时，人们所具有的自身文化价值的不可替代之感变得更为强烈。但这不只是大众或者精英对感受到的威胁所产生的反应。保存古老的价值和传统的愿望皆不是文物收藏式的怀旧，而是一种激情，一种对失去了的共同体进行修复、重新体验它的'黄金时代'通过排除杂质使其净化更新共同体以及重新利用其鲜明的文化遗产的激情"。[2]

　　族群认同现象最显著的特点是在族群成员与外部社会发生联系时会得到强化，与外部社会的比较将会加剧族群之间的差异，即如果失去了"他者"（others）的对照，"自我"（self）也就会失去大部分的意义。尤其在全球化浪潮中，不断增加的对其他族群的认识强化了各个族群关于自身身份的意识，使其不断认识到族群内部成员的相同之处以及与其他族群的不同之处，族群必须保持自身清晰的边界，消除来自非本族群的外来影响，尤其当某一族群身份受到威胁的意识产生以后，这种族群成员共同的体验能够增进族群的集体认同，并为族群的集体抗拒性行为提供有力的支持。另外，我们还应当看到，在现实的利益竞争层面，全球化浪潮也加剧了以族群和宗教为载体的社会异质元素和现代化的一体化力量之间的冲突。伴随经济一体化进程而不断增加的族际互动加剧了族群之间的相互竞争，导致不同的族群基于不同的历史及现实的原因在社会竞争的网络中形成不均衡现象，有些族群无论在受教育程度、市场竞争力以及社会地位诸方面均占有更多的社会资源，而有些感

---

[1] 张康之：《为了人的共生共在》，人民出版社 2016 年版，第 4 页。
[2] [英] 安东尼·D. 史密斯：《全球化时代的民族与民族主义》，龚维斌、良警宇译，中央编译出版社 2002 年版，第 171 页。

到"失落"的族群在上述许多方面明显处于劣势。在这种情况下，处于"失落"地位的个体常常向自己所在族群寻求利益保护，这就导致族群的重要性凸显，族群成员利用其所共同拥有的历史记忆、神话传说和宗教文化等族群性特征形成社会关系网络，作为强化族群认同和增强族群内部凝聚力的手段，因而族群认同意识、族群利益的一致性被放大。因此，全球化和现代化进程中的族群互动不但没有消除多元族群所承载的原生性差异，更加强化了原生族群保有对自身多元宗教与文化的认同，这可以从三个层面加以诠释：

第一，后发展多民族国家多元族群所固有的原生性和天然性特点。在后发展多民族国家还很弱的时候，多元族群集团就被赋予了政治上的意义，导致后发展多民族国家中各个族群的传统性和异质性程度较高。这种现象的产生在很大程度上根源于，殖民主义时期西方殖民者为了便于统治，从殖民利益出发挑拨离间殖民地内部族群宗教群体之间的关系，并主观故意地将殖民地国家领土与民族进行任意分割，以划分强权在全球范围内的"势力范围"。这种做法为去殖民化浪潮中独立的后发展多民族国家留下了引发族群冲突的许多隐患，并增加了这些国家独立后政治发展和政治现代化进程中处理和解决族群冲突问题的复杂程度。由此可见，当后发展多民族国家还未形成统一的现代文化时，多元族群就已经保存了传统的民族文化认同，这自然就加大了原生族群对后发展国家认同的难度。也就是说，在后发展多民族国家，在以族群为单位的自然共同体向国家这一政治共同体的发展过程中，各个族群的成员没有真正地把其对家庭、种族或宗教的认同扩展到对超越这些特殊团体的统一民族国家的认同，他们更多保留的是一种对其族群和宗教的集体记忆，"现代化保存了复古主义，并使之具有了新的内容。集中化过程和现代主义一方面产生了文化同一性、国家政治整合，另一方面也产生了种族觉悟，在比民族社会更不明显也更非人格化的社区产生了一种不断增长的要取得该社会的认同与成员资格的愿望"。[1]明确这一点的重要意义在于能更准确地把握和理解纷繁复杂的族群现象，以便更好地应对后发展多民族国家国内的族群冲突问题。

第二，全球化所带来的"种族民族主义"。全球化浪潮中的世界经济一体

---

[1][美]西摩·马丁·李普塞特：《一致与冲突》，张华青等译，上海人民出版社1995年版，第278页。

化和劳动力的自由流动，从而带来了文化和价值观念的碰撞，这是全球化浪潮中的剧烈社会变迁所引发的社会文化后果，导致这一文化变迁的主要原因是全球化过程中的移民浪潮，全球化中的大规模人口迁移"以一种难以估计的程度推动了民族主义的增长和传播。国内的移民进一步打破了国内各地区的界限而对本民族进行了一次整合；移居国外的人们，要么与其他民族的移民共同组合成为新的民族，要么在当地民族中间形成特殊的聚居地并形成特殊的民族观念；接受移民的国家要么成为形成新民族的'熔炉'，要么产生拒斥外来移民的情绪，甚至出现当地居民与移民的对立"。[1]全球化的历史变迁过程诱发了大规模的国内与国际移民，劳动力人口向经济发达地区迁移导致了族际交往的大规模增加，族际互动便成为后发展多民族国家人们社会生活的重要组成部分，这些国家以族群宗教为载体的原生型多元民族文化充分展露在世人面前，有些相对落后、封闭和保守的族群特性因现代化过程中的发展不平衡而更趋突出，在全球化面前感受到了自身生存的危机。现代化大潮带来的新的游戏规则不断进入后发展多民族国家的势力范围，原生族群感觉到自己的族群特性越来越少，害怕自己被"外族"吞没，感觉自己的文化会被外来族群取代或消灭，这些族群反而更加重视保存自己的宗教、文化根基和实体存在，对现代价值体系和一体化产生抗拒情绪作为对全球化和现代化的反弹，从而形成"种族民族主义"，这是全球化对族群冲突的直接刺激结果。

在亨廷顿看来，当代世界已陷入"全球认同危机"，现代化、经济发展、城市化和全球化使得人们重新思考自己的特性/身份，从较狭窄、较亲近、较社群的角度重新界定身份和特性。国民层次以下的文化身份和地区身份比广泛的国民身份更受关注。人们认同于那些最像他们自己的人，那些被认为有着共同的原生族群属性、宗教信仰和传统以及传说的共同祖先和共同历史的人。[2]在世界范围内，卢旺达的胡图族人、津巴布韦的黑人族群、印度尼西亚的原住民族群和南斯拉夫的塞尔维亚人，这些族群在其国内是贫困的弱势族群，它们由于少数富有的外来族群所带来的深深的"被剥夺感"导致了对

---

[1] [英]安东尼·D.史密斯：《全球化时代的民族与民族主义》，龚维斌、良警宁译，中央编译出版社2002年版，第10页。

[2] 参见[美]塞缪尔·亨廷顿：《我们是谁？——美国国家特性面临的挑战》，程克雄译，新华出版社2005年版，第12页。

第一章　国家能力、公共权威与族际整合的理论解析

这些外来族群的深深的种族仇恨、进而爆发了种族暴力和种族清洗，就是受到上述因素刺激的"种族民族主义"，这种民族主义是在原生族群"自我保护"和"自我防卫"的名义下进行的，其"思想意识基础是种族或血统，它对于所欲求的统一体的界定，更少地依据区域或政体，而是更多地依据一个实存的或假想的'种族'文化，即原始的和代代相传的神话、记忆和符号。或自以为祖先是共同的，即使在世人看来不存在什么种族问题的地方，他们也要从宗教、文化中找出问题，制造问题"。[1]

第三，全球化所导致的"远程民族主义"。这是全球化浪潮中的剧烈社会变迁所引发的文化和意识形态后果，即安德森意义上的"远程民族主义"，[2]也是亨廷顿意义上的具有族性政治特征的"移民社群"，[3]现代的通信联络和交通运输使这些流动人口成为原有文化和社群的一部分。因此，他们的身份与其说是移民，不如说是散居海外的群落，保持着跨国的共性。他们既与所在地区的人杂处，又自己抱成一团。[4]"远程民族主义"是一种以跨国族群认同（transnational ethnicity）为核心构成要素的民族主义，它起源于全球化移民浪潮中的族群，而现代通信手段又使得那些相距遥远但有着类似语言和宗教文化背景的人彼此认同，即在移民浪潮中地理与政治的分离导致了"移民社群"文化认同与对所在国政治忠诚的割裂。其具体表现是，全球化浪潮中天然的族群边界与主权国家边界的非对称性产生了跨界族群的问题。正如阿克顿所言，流放是民族主义生长的土壤，而裹挟在后发展多民族国家这种"远程民族主义"中产生分化力量的动力要远远大于单一民族国家和先发展国家。

这种"远程民族主义"在现实中的具体表现分为两种情况：一种情况是

---

[1]　周淑真：《政党和政党制度比较研究》（第2版），人民出版社2007年版，第128~129页。
[2]　本尼迪克特·安德森在其《想象的共同体：民族主义的起源与散布》中以"哥白尼精神"独辟蹊径，从民族情感与文化根源来探讨不同民族属性的、全球各地的"想象的共同体"，认为这些"想象的共同体"的崛起主要取决于以下因素：宗教信仰的领土化、古典王朝家族的衰微、时间观念的改变、资本主义与印刷术之间的交互作用、国家方言的发展等。
[3]　亨廷顿在《我们是谁？——美国国家特性面临的挑战》一书中专门论述了这种具有族性政治特征的"移民社群"与各国政治的关系问题。他为移民社群（diasporas）给出的定义是"民族属性和文化上跨国的社群，其成员认同于自己的祖国或已不存在的故国"。
[4]　参见［美］塞缪尔·亨廷顿：《我们是谁？——美国国家特性面临的挑战》，程克雄译，新华出版社2005年版，第13页。

"族群母国"对其他国家同一族群分离主义运动的支持；另一种情况是境外族群对"族群母国"同一族群分离主义运动的支持。前一种情况的典型代表是阿尔巴尼亚支持科索沃的阿族，伊斯兰国家支持其他国家的穆斯林族群，印度泰米尔人支持斯里兰卡境内的泰米尔族群等。

新左派学者本尼迪克特·安德森指出，这是某些先发展国家实施多元文化主义民族政策[1]导致的政治生活族群化的产物，而它们把这种族际政治的政策导向也指向了后发展多民族国家，安德森对此表现了鲜明的批判立场，"今天的远距民族主义让人感到或许是未来的一种险恶预兆。首先，它是资本主义对一切人类社会实施的冷酷无情、日甚一日的改造的产物……这些参与者的政治既非时断时续的，亦非心血来潮的。他深切意识到，他的流放是自我选择的；他在电子邮件中主张的民族主义，也是在他依然决议定居于斯的那个族群化民族-国家里，塑造一种严阵以待的群群认同的基础。就是把他那个边缘化、污名化的宗主国，同时能够让他在地球的另一面，顷刻间装扮成民族英雄"。[2]由此可见，"远程民族主义"是全球化对后发展多民族国家族群冲突的政治后果，这是一种封闭的、狭隘的族群自我意识，对于群族分离权利和建立单一制民族国家持有一种偏执的欲求。"远程民族主义"基于这样一个基本政治信念，即政治疆域应与文化、语言疆界相一致，其恶性发展是族群主义的极端政治化，其明确的政治诉求是与国界另一面他们的同族统一，为此引发的族群冲突是在所有社会冲突中最剧烈的，是伤亡最大、持续时间最久的社会冲突。

可以看出，全球化和现代化加剧了后发展多民族国家以族群和宗教为载体的多元异质性特征。那么，对于文化异质性远高于先发展国家、现代性目标实现所需要的现代公共性质的社会文化还未形成的后发展多民族国家而言，如何在现代化进程中追求统一性和现代性目标的同时，创造一种凝聚力、一

---

[1] 相当多的学者认为，以威尔·金利卡为主要代表的多元文化主义（这一思想体系在金里卡《少数的权利：民族主义、多元文化主义和公民》得到了集中阐释）对国家来说，它将削弱国家的整体性，加强以民为基础的地方性，甚至会使地方以自己的整体性为借口向国家讨价还价，以获取地方的利益。不仅如此，国家成员间结合需要一种共同的文化纽带。如果按多元文化主义的思路发展，必将把人们对国家的认同转移到对少数族群的认同上，这势必削弱国家的凝聚力。上述问题的存在反映了多元文化主义思想的重大缺陷。

[2] [美]本尼迪克特·安德森：《比较的幽灵——民族主义、东南亚与世界》，甘会斌译，译林出版社2012年版，第93页。

第一章　国家能力、公共权威与族际整合的理论解析

种社会纽带以整合不同原生民族、族群和宗教，达成一体与多元的协调统一，成为这类国家政治发展中族际整合的核心问题。政治发展实践表明，"政治上发达的社会和政治上不发达的社会的关键性区别，在于其组织的数量、规模和效率。如果社会或经济的变化削弱或破坏了传统的联合基础，要实现高水平的政治发展，还须依靠人民发展新形式的联合的能力……缺乏联合组织，组织发展水平低下，就是政治混乱和无序化的社会的特点"。[1]在去殖民化浪潮以后的后发展多民族国家，多元民主政体受挫的直接原因就是，基于后发展多民族国家异质性程度高的基础，多党制为代表的政治制度形成多元化的政治力量，分解了政治效能，这些国家传统政治结构盘根错节，缺乏推行西式多元民主政体的社会生态环境，即后发展多民族国家不具备先发展国家的同质化社会条件，"异中加异"的西方多元民主政体不仅不能适应现代化进程中存在的以族群和宗教为载体的多元异质社会力量的政治现实，反而加剧了这些国家的社会异质性程度，降低了其政治吸纳能力，从而也导致了其国家能力的衰弱，因此无法对多元异质社会实现有效整合。在本书中涉及的有些东南亚多民族国家，战后突出多元社会利益的西方多党制对它们起到了分裂作用，使得各种多元社会力量不能被动员和吸纳进政治体制之内，没有有效达成（国家）一体与（族群）多元的统一，导致多元化民主政治中族际整合的失败。

应该指出的是，传统政治结构在独立后不可避免地崩解之后，后发展多民族国家内部与传统社会生态相适应的社会政治结构模式，都没有因此发生根本性变化，仍然是传统政治结构，现代多元民主政体对与传统社会生态相适应的传统政治结构不能起到协调、吸纳和整合的作用。无论在先发展国家还是在后发展国家，只有在与社会生态环境彼此配合和协调的情况下，政治结构和政治体制才能产生被绝大多数被统治者认可的政策措施，才能协调、吸纳、整合多元化社会，也才能产生调节多元社会力量之间利益交换和利益综合关系的制度性公共权威并维系政治稳定。以上分析可见，对于现代化进程中的多民族国家普遍而言，必须增进政治吸纳能力以整合多元文化社会力量，避免社会陷入无序化和无组织化状态。对于以多元族群和多元宗教为载

---

[1]　[美]塞缪尔·P. 亨廷顿：《变动社会的政治秩序》，张岱云等译，上海译文出版社1989年版，第34页。

体的后发展多民族国家的多元文化社会而言，政治吸纳能力的功用在于，多元文化社会力量的政治参与和利益诉求在体制内设定的规则程序中能够得到有序合理的表达。在此过程中，政治体制达到动员、吸纳和协调多元社会力量的目的，并使其和谐共存于国家的政治生活之中，从而实现（国家）一体与（族群）多元的协调统一。

由此，作为后发展多民族国家族际整合的国际能力的政治基础，政治吸纳能力的增进有两个前提条件，其中一个前提条件是政治体制能否为保障多族群社会成员利益表达和利益实现提供规则程序和运行机制，即"能否参与"的问题；另一个前提条件是多族群社会成员的政治参与能否受到合理规制和规范，即多元族群能否实现"有序参与"的问题。可以看到，后发展多民族国家族际整合中政治体制的社会吸纳能力和有序参与指的是，通过各个族群有序的政治参与来实现多族群社会成员的政治表达、增强政治体制吸纳功能、谋求政治稳定的能力，因此，族际整合中政治吸纳能力的功用在很大程度上是为缓解多族群社会力量之间的冲突。应该强调的是，有序参与指的是政治体制设计并及时供给多族群成员参与政治的制度框架，并确保人们参与政治生活。显而易见，"有序"本身是一种处于"应然"层面的理想状态，包括规则化、规范化和法规化的内容。当然，多元族群有序参与的终极价值追求是通过公共权威建构寻求后发展多民族国家的政治秩序和政治稳定。

与有序参与相对的处于"实然"状态的"无序"参与大致包括两种类型：第一种类型是参与不足导致的无序参与，即政治体制不能为保障多族群社会成员利益表达和利益实现提供相应的规则程序和运行机制；第二种类型是参与过度导致的无序参与，即多族群社会成员的政治参与不能受到合理规制和规范，多元族群不能通过制度化途径参与政治。在第二种类型中，过度参与导致无序参与又通常与以下两种情况紧密相关，其中一种情况是多元族群政治参与的非法性和暴力性，导致政治参与成为无序性的参与，如街头政治和政治参与中的暴力行为；另一种情况是政治体制能够提供多元族群政治参与的规则程序，但形同虚设，从而导致政治参与的非理性和无序性特征，如在贿赂选民和买卖选票中的选举欺诈和庇护制下政治参与中的"政客政治"现象。后一种情况在东南亚国家尤为值得关注。可见，后发展多民族国家多元族群的参与不足和过度参与都与无序参与有着密切的关联，两种无序参与

第一章　国家能力、公共权威与族际整合的理论解析

方式都会削弱政治吸纳能力和有序参与水平，从而降低国家能力的水平和延缓族际整合的进程。从根本上讲，两种无序参与都与后发展多民族国家没有"适度"运用国家权力有着密切关联，具体而言，国家权力的过度强化会由于政治权力的垄断而引发政治参与不足，进而削弱政治吸纳水平，而国家权力的过度弱化会导致政治参与过度，同样会降低政治吸纳能力。

　　深层次地讲，政治吸纳是一种制度化的吸纳，是后发展多民族国家社会成员政治参与可持续性的基石。对于这类国家而言，政治吸纳的实现途径是达成自下而上的政治参与和自上而下的政治调控之间的协调统一。自下而上的政治参与强调的是政治参与使得政府对投票人负责，在这个角度上看，政治参与最重要的功能是汇集投票人正式表达的意见和偏好并传送给政党和政府，因为选择和责任是大众政治参与的关键特征。必须看到，集中体现为民主政治的大众政治参与是将对立、对抗、冲突控制在一定的原则下、一定的框架中进行，不是将对立、对抗、冲突取消掉，不允许对立、对抗、冲突的存在，"一个健康的民主程序需要诸多政治力量的震荡冲突和众多利益的开放性的矛盾斗争"。[1]而"一旦我们承认政治是必要的，并且不可能存在一个没有对抗的世界，那么需要正视的就是在这些条件下如何可能创立或维持一种多元民主秩序。这种秩序基于对'敌人'和'对手'（adversary）的区分之上"。[2]如果把对立、对抗、冲突的力量排斥在大众政治参与之外，就可能使这些力量最终成为民主的敌人。因此，民主政治不是建立在完全统一、一致的基础上，完全统一、一致只会导致民主的灭亡。相反，民主必然承认多样性和差异性。自上而下的政治调控强调的则是增加政治精英的合法性，政治精英的统治不是出于私利而是出于公共利益，而政治调控功能也是在实现公共利益的过程中实现的，因此政治精英必须具有决策执行的行动效力以增加公共权力的公共性。在派伊看来，这种政治调控力量是现代化进程中后发展国家政治吸纳和国家能力建设的最为根本的层次，政治调控力量作为后发展国家国家建设过程中"建立具有内聚力的政治力量，这些政治力量能够使一个民族的政治认同感具有实际意义。现在我们才开始懂得，正如过去需要超

---

　　[1]　[英]尚塔尔·墨菲：《政治的回归》，王恒、臧佩洪译，江苏人民出版社2005年版，第7页。

　　[2]　[英]尚塔尔·墨菲：《政治的回归》，王恒、臧佩洪译，江苏人民出版社2005年版，第5页。

越法律体系的繁文缛节、建立种种行政能力以维护法律和秩序并推行公共政策那样,现在需要超越行政技巧和技术的灌输而致力于形成作为正式政府基础的政治环境"。[1]

在这个意义上,政治吸纳体现的是国家和政府的效能,其目的在于通过真正能够使后发展多民族国家社会成员的政治诉求进入政治决策议程,建构起能够容纳多元社会力量的政治决策机制,在这里,政治吸纳是一种体现国家自主性和国家能力的政治行为,是代表公共利益的政治精英对国家权力"适度"运用的必然结果,是政治体制进行政治资源配置的制度安排,它通过把多族群国家社会成员吸纳进政治体制之内以实现政治参与的制度化和有序化,促进政治权力和社会系统之间的有效沟通,从而达到后发展多民族国家政治稳定的效果。从后发展多民族国家族际整合的普遍实践来看,多元族群政治参与不足和多元族群政治参与过度都是导致这类国家族群冲突的原因。具体而言,国家权力的过度强化和向社会领域的过度扩张会导致多元族群政治参与不足,从而制约政治发展的现代性水平、降低政治吸纳能力和有序参与水平,而国家权力的过度弱化则会引发多元族群政治参与过度,从而削弱国家的一体化程度、弱化政治吸纳能力和有序参与水平。由此可见,在后发展多民族国家国家能力建设与族际整合中,必须适应政治现代化的发展程度,通过国家权力的"适度"运用,在自下而上的政治参与和自上而下的政治调控方面实现协调统一,增强政治吸纳能力,实现多元族群政治参与的有序性,这是强化国家能力水平的必由之路,这也是后发展多民族国家在现代化进程中从政治层面建构公共权威以实现族际整合的必然选择。

(二) 提高政权有效性水平,增强社会同质化程度

对于现代意义上的国家而言,在经济现代化进程中,发挥政权有效性功能、兼顾经济发展与经济平衡两种价值取向,建立同质性的经济社会结构,在社会中培育关于国家政治规则的共识,这是以公共性为价值关怀的国家能力建设得以有效实施的社会基础。兼顾经济发展与经济平衡的经济现代化是现代国家为了适应现代社会的同质化和可规格化的需求而设定的,因此也是先发展国家和后发展国家国家能力建设的社会基础,正如有学者指出,在先

---

[1] [美]鲁恂·W. 派伊:《政治发展面面观》,任晓、王元译,天津人民出版社 2009 年版,第 45 页。

第一章　国家能力、公共权威与族际整合的理论解析

发展国家"一个政府可以从其良好政绩中获得合法性。保证经济增长和就业以便人们可以养家糊口有助于政府建立合法性。1949年二战战败后成立的联邦德国政府一开始几乎没有什么合法性可言。但正确的经济政策逐渐为波恩政府赢得了合法性。另外，一战后的德国魏玛共和国遇到了一系列的经济和政治灾难，从而损害了它的合法性并让希特勒攫取了权力"。[1]后发展多民族国家，完成这一发展任务所面临的挑战要远高于先发展国家。在后发展多民族国家的传统社会中，"民族与宗教集团之间相处本来相安无事，而作为社会和经济现代化所产生的相互作用、紧张和不平等的结果，民族或宗教集团之间产生了剧烈的冲突。因此，现代化增加了传统集团之间、传统集团和现代集团之间，以及现代集团之间的冲突"。[2]

后发展国家族群冲突的增加与经济全球化及其所导致的全球人口流动有着密切的关系，经济全球化浪潮中后发展多民族国家的少数外来族群的先进性和现代性尤其是掌控市场的能力，往往会远远高于原生族群。经济全球化中完全放任的自由市场体系具有这样一种惯性，即它在一国扩展的最终结果是强化强者的财富和其主导地位，同时使弱者在相对意义上更为贫困、受挫和被排斥，既无流动性也很难得到提升自己地位的机会，如果强者和弱者又分别作为不同的族群存在，就愈加容易引发弱势族群对强势族群的集体仇恨，正如有学者指出，诸如"社会经济因素与民族主义的产生及过程毫不相干，或者认为它们在产生族裔冲突以及对待族裔少数群体上没有重大作用"[3]的此类观点是错误的。显而易见的是，在遵循放大强者与弱者差距的悬殊、强者更强和弱者更弱惯性依赖的完全自由放任的市场体系中，若一个国家中存在着相当高比例的生活在贫困中的弱势群体，是对政治秩序与政治稳定的极大威胁，尤其与后发展多民族国家具有原生性和天然性文化特质的弱势族群结合在一起，将会大大加深这种威胁的程度。

---

[1] [美]迈克尔·罗斯金等：《政治科学》（第9版），林震等译，中国人民大学出版社2009年版，第7页。

[2] [美]塞缪尔·P.亨廷顿：《变动社会的政治秩序》，张岱云等译，上海译文出版社1989年版，第43页。

[3] [英]安东尼·D.史密斯：《全球化时代的民族与民族主义》，龚维斌、良警宇译，中央编译出版社2002年版，第81页。

在第二次和第三次经济全球化浪潮中[1]，自由市场在后发展国家不仅带来了明显的经济飞跃，与此同时，在现代化程度较低的后发展多民族国家也出现了一种普遍现象，即存在着少数富裕族群和多数贫困族群。在世界范围内的后发展多民族国家中，一些族群在市场条件下在经济上起主导作用，趋向于控制其他族群。这些主导市场的族群，如津巴布韦的白人、西非的黎巴嫩人、肯尼亚的基库尤人、卢旺达的图西人、东非的印度人、拉美的浅肤色人种、塞尔维亚的克罗地亚人、斯里兰卡的泰米尔人都属于具有创业精神的少数富裕族群。另外，在某些后发展多民族国家的有些地区也会存在严重的地区性族群不平衡现象，如在印度北部盛产石油的阿萨姆邦存在着孟加拉少数富裕族群。因此，在经济全球化的浪潮中，"令人难堪的现实是，市场在发展中社会不仅对一些人比另一些人更偏向，而且对一些族群比另一些族群更偏向。更糟糕的是，市场往往让一个招惹众怒的少数族群受益，而任由国内广大多数族群处于受挫的贫困境地……未加约束的市场——将之置于原本就在金融和人力资本上存在巨大的种族不平衡现象的后殖民地社会——促使这些社会出现难耐的、动荡的条件"。[2]毋庸置疑，在这些国家和地区，如果单纯追求以起点平等为价值取向的经济政策，势必会导致经济发展与政治发展之间越来越严重的张力关系，"市场在主导市场的少数族群手中聚敛财富，经常是令人咋舌的巨额财富，而民主赋予贫困的大多数人政治力量。在此情况下，对自由市场民主的追求成为启动潜在的灾难性民族国家主义的发动机，造成倍感挫折的'本土'多数族群——那些很容易被拉选票的投机政客煽动

---

[1] 人类社会到目前为止经历了三次全球化浪潮的冲击。第一次经济全球化浪潮出现在19世纪后半期到20世纪初，最后被第一次世界大战打断。国际贸易的繁荣和国际资本、劳动力的大规模流动成为这个时代的特征。据估计，当时欧美主要国家国际贸易和国际资本流动量占国内总产量的比例，比21世纪内绝大多数年份中的这个比例还要高。第二次经济全球化浪潮发生于20世纪50、60年代，这次全球化浪潮加深了发达国家经济的融合，但却使贫穷国家严重依赖于初级产品的出口。这次浪潮在宏观上的特征是以美国实力支撑的国际金融和国际贸易体制，在微观上则是跨国公司，尤其是美国跨国公司活跃于世界经济舞台。第三次经济全球化浪潮形成于20世纪80、90年代，这次浪潮的宏观特征是西方国家经济政策的调整、新技术的创新和扩散、发展中国家的经济自由化改革和开放政策、企业经营活动的国际化等。

[2] [美]蔡爱眉：《起火的世界——输出自由市场民主酿成种族仇恨和全球动荡》，刘怀昭译，中国大百科全书出版社2005年版，第269页。

第一章　国家能力、公共权威与族际整合的理论解析

的人们——起而对抗他们所仇视的富有的少数族群"。[1]

在实行竞争性选举的民主政治的后发展多民族国家，从印度尼西亚到塞拉利昂，从津巴布韦到委内瑞拉，从俄罗斯到中东，完全放任的自由市场经济与选举民主的多数决定制相结合致使贫穷而失落的多数族群获得了权力，带来了强大的种族民族主义，在现实世界中由集体仇恨甚至逐步发展到族群暴乱的爆发，最极端的例子如前南斯拉夫地区发生的塞尔维亚人对克罗地亚人的种族清洗和在卢旺达发生的胡图族人对图西族人的种族屠杀。在南斯拉夫地区，克罗地亚人和斯洛文尼亚人一直都比人口更多的塞尔维亚人富有，塞尔维亚人是这一地区最大的族群，大约930万人，占整个人口的1/3强，相较而言，南斯拉夫地区只有大约40万克罗地亚人。1992年前南斯拉夫地区的完全市场化改革和即时民主化将压抑已久的种族仇恨释放出来，并催生了自大狂式的种族主义政治煽动家，以及巨大的愤怒、嫉妒和耻辱感所导致的野蛮的种族主义运动。占人口多数的塞尔维亚人冲在了种族清洗和野蛮暴力的第一线，"驱逐"或"清洗"克罗地亚人等少数富裕族群。[2]与南斯拉夫如出一辙，卢旺达的悲剧所体现的，是多数族群支持的、借助民主去灭绝完全市场化改革中经济上占主导地位的少数族群之行为的最极端形式，约占卢旺达人口85%的胡图族人在经济上处于劣势，而约占人口14%的图西族人在经济上处于绝对优势地位。1994年，胡图权力运动组织开始发布全国性的号召，呼吁杀掉卢旺达的图西族人。图西族人全民性地参加了这次种族屠杀行动，在短短100天内，普通胡图族人屠杀了大约80万图西族人。在本质意义上而言，这些暴行是在大规模贫困、殖民屈辱、被政治煽动所操纵、对富裕族群心怀怨恨的情境中发生的。[3]

我们可以看出，对于后发展多民族国家而言，不能单纯地追求完全市场化改革的经济发展模式，要同时兼顾经济发展与经济平衡两种价值。只有这样，才能提高政权的有效性水平和经济社会结构的同质化程度，避免多元族

---

[1] [美]蔡爱眉：《起火的世界——输出自由市场民主酿成种族仇恨和全球动荡》，刘怀昭译，中国大百科全书出版社2005年版，第8页。

[2] 参见[美]蔡爱眉：《起火的世界——输出自由市场民主酿成种族仇恨和全球动荡》，刘怀昭译，中国大百科全书出版社2005年版，第185~190页。

[3] 参见[美]蔡爱眉：《起火的世界——输出自由市场民主酿成种族仇恨和全球动荡》，刘怀昭译，中国大百科全书出版社2005年版，第179~185页。

群之间的贫富两极分化,才能有效缓解经济发展与政治发展之间的张力,这是后发展国家国家能力建设和族际整合得以有效实施的社会基础。尤为重要的一点是,后发展多民族国家的经济社会结构的同质化程度提升的关键在于国家和政府作用的有效发挥即国家权力的"适度"运用,"软弱的政府和糟糕的制度是冲突和贫穷的根本原因。许多失败或脆弱的国家掉入低层次的陷阱:它们衰弱的制度无法控制暴力,由此造成贫穷,进一步削弱政府的施政能力……发展的经济、社会和政治诸方面,自有不同的轨道和时间表,没有理由一定会循序渐进。尤其是政治发展,独立于经济发展,只遵循自己的逻辑。成功的现代化还得依靠政治制度、经济增长、社会变化和思想的并行发展。绝对不能说,有了发展的某个方面,其他方面就一定会伴随而来。实际上,为了启动经济增长,强大的政治制度往往是必需的;恰恰是它的缺席,使失败或脆弱的国家进入了冲突、暴力和贫穷的恶性循环"。[1]

国家权力的"适度"运用在后发展国家经济现代化进程中的作用,具体体现在发展理念的形塑、发展决策的制定和发展决策的实施等诸多方面。这种关于"发展型国家"的概念源自20世纪80年代对东亚崛起的研究,但是其思想渊源可以追溯到更早的19世纪。"发展型国家"其实是解释后发展国家的一整套发展战略,从本质上回应的是"国家与市场的关系"。从这一角度出发,早在19世纪40年代,就有学者开始探讨"国家"对经济现代化进程中经济发展或者工业化的重要作用。德国经济学家李斯特在其《政治经济学的国民体系》一书中,通过分析欧洲国家工业化的经验教训,提出了国家在保护、培育工业生产力以及建立规模市场等方面的重要作用,"历史向我们指出,干预政策不是出于空中的理想,而是出于现实的分歧。由于国与国都在追求独立与优势,由于存在国家竞争和战争,各国经济必须由国家保护。因此在国家利益上的这种冲突还不能结束以前,这种干预政策是不能放弃的"。[2]俄裔美籍经济史学家格申克龙在其著作《经济落后的历史透视》中也提出了后发展国家经济现代化进程中以国家为中心的发展路径。从以上的讨论可以看出,在很大程度上,后发展国家的经济现代化遵循的是国家逻辑和国家意志,

---

[1] [美]弗朗西斯·福山:《政治秩序与政治衰败:从工业革命到民主全球化》,毛俊杰译,广西师范大学出版社2015年版,第43~44页。

[2] 转引自何新:《新国家主义的经济观》,时事出版社2001年版,第470页。

第一章　国家能力、公共权威与族际整合的理论解析

体现为政府行为。因此，后发展多民族国家经济现代化的首要任务是通过"适度"运用国家权力干预经济发展，核心是发挥政权有效性功能以实现经济发展的可持续性，从而提高其经济社会的同质化水平和奠定对多元族群整合的经济社会基础。

在经验意义上而言，世界范围内后发展多民族国家"适度"运用国家权力，通过政府的力量介入市场发展，有意识地改变多元族群之间财富不平衡的状态，关照弱势族群利益，对于从经济发展和经济平衡两个层面提升政治体制的有效性水平来讲，促进后发展国家经济同质化程度，有着显著的效果，例如南非的黑人、玻利维亚的克丘亚人都从本国倾斜性的多元族群经济发展政策中受益。正如有的研究者指出的那样："威廉·伊斯特利（William Easterly）表明，如果控制制度的因素，种族多样性和冲突的关联就会烟消云散。詹姆斯·费伦和大卫·莱廷也表示，如果控制人均收入的因素，种族或宗教的多样化并不会引起更多冲突。毕竟瑞士有三个语言群体，由于它强大的制度，自19世纪中叶以来一直是稳定的政治体。"[1]另外，需要说明的是，后发展多民族国家政府还需将受教育的机会扩展到弱势族群中，这里的弱势族群可能是多数族群，也可能是少数族群。由于弱势族群通常处于较低的社会阶层，因此国家需要从民族文化和教育政策上提高弱势族群的受教育水平，使弱势族群的个体成员在社会中具有更高的竞争能力以便使其拥有流动到更高社会阶层的机会，从而使一国内部的社会阶层不兼具族群特性。例如，在南非给黑人多数族群以均等的教育机会成为这个国家的头等大事，改变了几十年来一直存在的黑人教育只局限在落后的班图学校教育的状况。经验事实表明，如果后发展多民族国家政府给本国的贫穷尤其是原生血统的族群进行教育改革和机会均等，提升其在经济现代化中的市场竞争力（这种能力包括在市场经济条件下的谋生技能和文化适应能力），在多元族群之间提升经济同质性程度，有利于从社会层面强化国家能力，因而对于族际整合是一种非常有效的政策选择。

（三）强化政治意识形态功能，整合多元文化社会意识

在后发展多民族国家的政治意识形态功能这一问题上，有两对矛盾需要

---

[1] William R. Easterly, "Can Institution Resolve Ethnic Conflict?", *Economic Development and Cultural Change*, Fearon and Latin, 2001.

同时解决,"一个新国家中的人民必须把他们的国家领土视为家园,……在大多数新国家中,传统的认同方式都是从部族或种族集团转到族群和语言集团的,……认同危机还包括我们业已强调过的一些传统习惯与现代实践,狭隘的本土情感与全国统一实践之间的两难困境等等问题的解决。人们一旦感到处于两个世界之间,感到在社会上处于无根的状态,他们就不可能具有建立一个稳定、现代的民族国家所必需的那种坚定的认同了"。[1]可见,这两对矛盾一个是社会异质性和一体化方向的矛盾,即后发展多民族国家由于社会文化的原生性和异质程度大大高于先发展国家,"统一与分裂、扩散与解体的趋势同时并存……一种情况是,精英族裔文化通过强大的、融合的科层制国家传播到精英之外的阶层和下层民众之中,这一过程在西欧特别显著。在欧洲以及亚洲的其他地区,一种大众的、依附性的、受抑制的本土文化,作为一种活的储存器、一种取之不竭的资源,一直受到本土知识分子的动员和政治化"。[2]这种历史进程为在全球化相互依赖不断增长的同时坚持族群文化特色的主张奠定了基础。另一个是其传统基础和现代性目标的矛盾,不同族群自身的各自文化与现代价值体系之间既有着共同的方面,也存在着不同程度的差异。全球化进程很大程度上加剧了族群自身的各自文化与现代价值体系之间的差异性,"经济上的相互依赖以及大众传播日益增强,时间与空间不断缩小,所有这些都对人们形成刺激,使那些惊讶地发现他们的传统结构和文化正在扭曲动摇的人做出反应……由于他们与地方的联系中断,巨大的经济变迁与人口流动带来的结果使许多人感到十分脆弱,处境危险。难怪他们要在传统语言、族裔联系以及宗教中寻找慰藉。随着世界一体化程度不断加深,越来越多的无根之人会在他们熟悉的种族联系与文化传统中寻求庇护"。[3]以上分析可见,后发展多民族国家处于从传统向现代转型的历史阶段,其发挥政治意识形态功能和整合多元文化社会意识的思想资源不同于先发展国家。两对矛盾具有时空交叠的特征,本质上说,这两个问题是一个问题的两个维

---

〔1〕[美]鲁恂·W. 派伊:《政治发展面面观》,任晓、王元译,天津人民出版社2009年版,第81页。

〔2〕[英]安东尼·D. 史密斯:《全球化时代的民族与民族主义》,龚维斌、良警宇译,中央编译出版社2002年版,第170页。

〔3〕[英]安东尼·D. 史密斯:《全球化时代的民族与民族主义》,龚维斌、良警宇译,中央编译出版社2002年版,第2页。

度，社会异质性和一体化方向的矛盾是（国家）一体与（族群）多元之间紧张关系的量和空间的维度，传统基础和现代性目标的矛盾是（国家）一体与（族群）多元之间紧张关系的质和时间的维度。由此可见，同时，两对矛盾的同时并存也决定了后发展多民族国家国家能力建设和族际整合的文化层面将呈现出诸多与先发展国家不同的特征。

以上分析表明，首先必须提及的问题是，对任何一个发展阶段和任何一种意识形态类型的国家而言，发挥政治意识形态功能、有效整合社会意识，是国家能力得以有效提升和公共权威得以有效建构的重要文化基础，尤其对作为多元文化共同体的后发展多民族国家更是如此，这是由这类国家在政治现代化进程中所面临的一体与多元之间的矛盾所决定的。后发展多民族国家是以多元族群和多元宗教为载体的多元文化共同体，当后发展国家还未形成统一的现代文化时，国家的各个族群就已经保存了对自己族群的文化认同，这自然就加大了各个原生族群对核心政治价值认同的难度。在后发展多民族国家，在以族群为单位的自然共同体向国家这个政治共同体的发展过程中，族群成员没有真正地把其对家庭、种族或宗教的认同扩展到对超越这些特殊团体的统一民族国家的核心政治价值体系的认同，"那些缺乏稳定和有效的政府的社会，同样也缺乏公民之间的相互信任，缺乏对国家和公众的效忠，缺乏组织的技能。人们常说，这种社会的政治文化的特点是，多疑、嫉妒，以及对本家族、本村庄或许本部落之外的人所抱的潜在或实际的敌意……人们确实并能够忠于他们的家族，或许也能忠于他们的部落，但不会忠于范围更广的政治体制。在政治上先进的社会中，对那些比较直接的社会集团的忠诚从属于并被纳入对国家的忠诚之中"。[1]

更为关键的是，现代化进程不但没有消除后发展国家各个族群所承载的原生性差异，更加强化了原生族群保有对传统族群、宗教文化的认同，因为工业化和现代化会引起与传统社会相比更加迫切的对于传统集团的认同和忠诚的需要，"现代化不仅引起了阶级意识，还在阶级、行业、社团中，以及在部落、地区、家族、宗教和种姓中，引起了各种新的集团意识。现代化意味着：一切新的和老的、现代和传统的集团，越来越意识到它们自己是集团，

---

[1] [美]塞缪尔·P.亨廷顿：《变动社会的政治秩序》，张岱云等译，上海译文出版社1989年版，第31~33页。

越来越意识到它们相对于其他集团的利益和权利。确实，现代化最惊人的现象之一是，它们在许多社会力量中所产生的觉悟、内聚力、组织和活动的增强，而这些社会力量在传统社会中自觉认同和组织的水平都低得多"。[1]因此，对于现代化进程中后发展多民族国家而言，多元族群对自身的自觉认同是现代化和工业社会对传统社会冲击的产物，当步入现代化时，族群自身的社会结构和传统文化不可避免地受到震动，从而产生对外来文化的抗拒。族群为了保存其自身文化的特色，就形成了对族群特性的强烈认同。这些族群所承载的传统性、宗教性以及对于地方权威的认同意识，与现代化进程中的现代公民文化、现代世俗文化以及对于现代公共权威的认同意识，发生了矛盾与冲突。在这一意义上，后发展多民族国家在政治发展中文化层面的主要挑战来自国家内部国民群体的族群多样性——那些与"国族"（nation）相比次一级的"族群"（ethnic group）所具有的内部凝聚力，这些族群的内部凝聚力使其保持超越国家认同的族群认同。

基于上述这些特点，伊斯顿提出，多元文化社会的"成员可以从那种使他们的系统发达起来的诺言中得到满足；甚至从有意制造出来的感觉中知足，以为自己是一个伟大历史进程中的一个重要部分，这个进程要求成员为了政治系统这个他们开始完全与之认同的一个实体的长远利益而约束眼前的要求……如果抛开我们为那些限定散布性支持的情感所定的许多名称不管，那么散布性支持的一个主要特征就在于，由于它是为了本身的缘故才依附于一个政治对象的，所以它构成了大量的政治好感。就这点来说，它诱发了牢固的政治情感并且不会因为对输出失望而轻易耗尽"。[2]由此可见，只有后发展多民族国家的多元文化社会成员从价值和理念上建构起对所在政治共同体制度体系的政治共识，才能从思想层面促进族际整合和实现政治秩序，"有时，社会现象的起因非常模糊不清，以至于任何人们以为与一个令人满意的环境相关的制度，都可能被看成是与那些环境有某些因果联系。无论如何，东港人（the men of Eastport）因事业和家庭的某些方面而得到的满足，在某一个或所有这些程序看来，的确延及了政治和社会秩序，在这一秩序中，他们的

---

[1] [美] 塞缪尔·P. 亨廷顿：《变动社会的政治秩序》，张岱云等译，上海译文出版社1989年版，第41页。

[2] [美] 戴维·伊斯顿：《政治生活的系统分析》，王浦劬译，华夏出版社1999年版，第329~331页。

事业硕果累累，他们的家庭幸福和睦"。[1]因此，在多元文化异质性较高的后发型多民族国家，政治意识形态功能更加成为这类国家的精神命脉所在，政治体制只有具备凝聚智慧和凝聚共识的价值功能，才能实现多元社会力量对政治体制的认同和多元社会的整合。可以看到，价值整合的过程实质上是引领族群文化分歧和达成价值共识的过程，而这种价值共识是在族群文化多样性基础上形成的共识。显然，这种共识是从异质性"族群认同"到一体性"国家认同"相统一的政治文化体系，即协调族群认同的亚文化归属，在国家认同建构前提下实现关乎一个国家文化安全内生性根本要素的"认同"。在这一问题上，李普塞特认为，现代政治社会秩序得以存在的一个重要条件是人们对一个政治体制的信仰的能力，这一课题是当代众多多民族国家和社会面临的难题，这里既包括先发展多民族国家也包括后发展多民族国家，人们在形成对政治体制信仰能力的过程中必须要处理好分歧和共识的关系，这也是社会全方位"形成分歧和共识的根源，因为这两个方面是社会政治运作的基本条件。分歧在一定范围内有助于社会和组织的统一，但是超过了一定的界限，对社会政治的发展就构成威胁。共识有利于社会政治的协调发展，但是社会往往不是那么容易达成共识"。[2]

另一个必须提及的问题是，处于从传统向现代转型的后发展多民族国家，发挥政治意识形态功能、整合多元文化社会的思想源泉不同于先发展国家，这是由这类国家在政治现代化进程中所面临的现代性与传统性之间的矛盾所决定。这一对矛盾同样值得后发展多民族国家高度关注，后发展多民族国家必须处理好现代性与传统性的关系，在寻求传统与现代性的平衡中建构核心政治价值体系，强化意识形态功能。

在这一问题上，后发展多民族国家有几个基本要点必须把握：

第一，以族群文化为载体的传统文化是实现一个政治共同体现代化不可缺少的媒介，是一个政治共同体的集体经验，"国家制度以及指导国家建立的价值准则从来不是抽象的，而是多数人的民族的价值观念的体现。尽管在人权保护的国际要求下，国家对少数民族的文化权利予以承认和保护，但这也

---

[1] [美] 戴维·伊斯顿：《政治生活的系统分析》，王浦劬译，华夏出版社1999年版，第330页。

[2] [美] 西摩·马丁·李普塞特：《政治人——政治的社会基础》，张绍宗译，上海人民出版社1997年版，第5页。

是在国家所允许的范围内的承认和保护"。[1]同时，社会历史文化不是一种机械的东西，也不是各个部分既可互换、又可分离的机器。社会在文化的结合和功能的相互关系两个方面都是有机的，就社会文化随着时间的推移而产生的必然和不可逆的累积性发展而言，也是有机的。因此，后发展多民族国家在进行国家能力建设中，尤其需要在尊重各个族群集体经验的基础上，渐进推进社会变迁。这类国家必须在传统文化规范中寻求重新整合秩序的文化资源，即只有在尊重历史连续性的基础上，充分利用现存体制内的传统文化资源，后发展多民族国家才能摆脱现代化过程中"失范综合征"（即派伊提及的"发展综合征"中最大的困境"坚守与适应间的困境"[2]）才能避免现代化的断裂。社会变革必须保持历史变迁的连续性，必须在新旧制度、规范与秩序之间，寻找某种积极的中介，并从文化意义上肯定传统资源在社会变迁中的积极价值。

第二，后发展多民族国家要反对崇尚某种抽象的中心象征符号如某种政治价值观，并以这种符号与理念作为一劳永逸、整体地解决所在国问题的思维模式。这是一种以某种抽象原则来推演和涵盖解决具体问题的途径的普遍主义和"制度决定论"的思维模式，它认为，一旦人们认为某种抽象原则是合理的，有功效的，就要用人们自认为符合某种抽象原则的制度与理念，迅速、激进地取代传统秩序。这种以主观情感为核心内容的思想诉求是建立在乌托邦主义色彩的政治神话的基础上的，它完全脱离了社会存在的客观条件，试图为所有的社会和所有的政府进行谋划、在理论科学的抽象原则之上建立政治制度，因此很难避免现实中的失败。这种思维模式在现实中失败的原因在于它"威胁到了人民在他们的政治和社会生活的所有方面进行有效行动的能力"，因为"文化移入过程要求建立支持与现代生活有关的社会的、政治的

---

[1] 常士訚主编：《异中求和：当代西方多元文化主义政治思想研究》，人民出版社2009年版，第39页。

[2] 派伊提出："同外部世界的根本对立，往往会开启发展进程，而这不可避免地向国家领导人提出了一个痛苦的选择：要么坚持传统规范以保持稳定，要么接受适应外部压力的需要并采取新规范。这一选择是残酷的，因为无论哪一立场都会损害现存当局的合法性，使得人民缺乏某些最重要职能的有效运作，而这些职能对于政治体系的运作是不可或缺的。领导的最基本品质，一方面是坚定不移，另一方面是变革中的创新及指导，是二者的融合；然而在任何时候，被视为不当的融合会损害人类领导的魔力。"[美]鲁恂·W.派伊：《政治发展面面观》，任晓、王元译，天津人民出版社2009年版，第241~242页。

和经济的活动所需要的许多组织形式，但同时文化移入的经历使人民殚精竭虑地去创建并维持各种现代组织"。[1]因此，后发展多民族国家在社会政治制度的顶层设计中，既需要来自纯粹理性领域的政治价值指导，又依赖于来自国家疆域内主流族群情感、情绪和经验的政治价值体验，这种价值体验存在于传统中的权威和智慧在个人精神中的集体体现。

第三，后发展多民族国家要引导现代化进程中社会有机体内部新因素的发展，从传统价值与文化因素中提取出积极的现代元素，这是前两个要点的有效连接之处，也是任何一个处于现代化转型中国家建构起核心价值体系的理想境界。只有根据社会有机体内部新因素的发育与成熟的程度，把传统文化作为现代化的载体和中介体的条件下，对传统文化进行调解与更新，后发展多民族国家的政治体制才能有效承载强大的价值功能。

由上可见，后发展多民族国家社会异质性与一体化方向、传统性与现代性之间矛盾的同时并存决定了这类国家在发挥政治意识形态功能和整合多元文化社会意识上，有两个条件需要满足：

第一个实现条件是，建构政治意识形态，用核心价值体系引导多元族群文化、培养政治认同和国家认同，从文化层面寻求社会异质性与一体化方向的统一与协调，即从多元族群和宗教的多元文化认同走向统一国家的政治认同。后发展多民族国家需要通过各种方式使所有族群认识到自己与其他族群一样拥有共同的历史命运与共同的理想信念，"有了文化归属的共同性，不同的族群或群体才能相互认同，从而使族群与这种整体的国家形式的共同体相嵌合"。[2]只有从文化层面建构有利于强化对国家政权产生正向政治认同的政治文化，才能达到维护国家和社会稳定的效果，而后发展多民族国家的核心价值体系作为核心文化资源有利于激发多元文化社会力量的政治情感，并由此上升为共同的政治信念和动力源泉。马克思、恩格斯明确强调了以核心价值体系为内容的政治意识形态建构的重要意义，"政治、法、哲学、宗教、文学、艺术等等的发展是以经济发展为基础的。但是，它们又都互相作用并对经济基础产生作用。这并不是说，只有经济状况才是原因，才是积极的，其

---

[1] [美]鲁恂·W. 派伊：《政治发展面面观》，任晓、王元译，天津人民出版社2009年版，第25~26页。

[2] 韩震：《全球化时代的文化认同与国家认同》，北京师范大学出版社2013年版，第81页。

余一切都不过是消极的结果,而是说,这是在归根到底不断为自己开辟道路的经济必然性的基础上的相互作用"。[1]

可见,后发展多民族国家要获取多元文化社会全体成员对国家政权系统的广泛认同并作为国家能力建设的不可或缺的文化和心理基础,就需要塑造核心价值体系和建构政治意识形态,这有利于激发多元文化社会力量的政治情感,把分属于不同文化圈与不同利益集团的族群统一到对国家政治体制的认同上来,培养超乎于族群认同之上的国家认同和政治认同。后发展多民族国家既要做到对多元族群文化精华的继承和保护,更为重要的是在国家政治共同体中形成共享的核心价值体系,因为只有这种"共享的价值观、象征符号以及彼此接受的法律——政治秩序,才能提供必要的、广泛流行的合法性:顶层的一项协议和国际上的承认,都不足以构建或确认一个国家"。[2]因此,后发展多民族国家致力于达成使所有族群认识到自己与其他族群一样拥有共同的历史命运和共同的理想信念的目标,这是这类国家政治发展中从思想层面提升国家能力水平和促进族际整合的重要任务。在这一过程中,后发展多民族国家必须在各个族群中进行核心价值观念的政治社会化教育,也就是说,后发展多民族国家既要促进文化建设的一体化进程,使各种管理机构承担起倡导核心价值体系的责任,使社会各项政策都有利于核心价值体系培育和政治意识形态建构;又要反对以强制同化的方式改造多元文化社会成员的灵魂和信仰,要通过积极的教育引导、舆论宣传和文化熏陶等等方式,要做到润物细无声,使那些在思想文化上距离核心价值体系较远的族群,逐渐地接受和认同核心政治价值观。[3]

第二个实现条件是,后发展多民族国家必须着力挖掘传统社会内部的内源性的现代化质素,寻求传统基础与现代的协调统一,并使之逐步、稳健地生长、发育与成熟,使之成为核心政治价值观形成和整合多元文化社会意识的重要思想资源,成为多元文化社会政治共识的新的基础和凝聚民族人心的力量,这样才能在多民族国家现代化转型的每一个阶段始终保持有效的文化

---

[1]《马克思恩格斯文集》(第10卷),人民出版社2009年版,第668页。

[2][俄]瓦列里·季什科夫:《苏联及其解体后的族性、民族主义及冲突——炽热的头脑》,姜德顺译,中央民族大学出版社2009年版,第465页。

[3] 参见常士訚主编:《异中求和:当代西方多元文化主义政治思想研究》,人民出版社2009年版,第482页。

整合状态，并形成以内源性为主的文化发展机制。有鉴于此，后发展国家要使传统价值与文化承担起现代化的中介和杠杆作用，致力于对传统文化进行创造性的改造与转化，这是因为，"传统文化是族性的基本要素，也是民族存在的外在表征。正是由于这一点，族性张扬在当代世界最重要的表现之一便是各国各民族对自身传统文化的重视和弘扬。一份较有代表性的国际社会调查资料表明，各国民族把包括自身历史和艺术文学在内的'文化的成就'看作是民族自豪感的最重要的理由，而不是人们想象中的政治经济和军事上的成就。……随着一大批经济上得到飞跃的发展中国家的崛起，努力从文化上树立自己的民族认同，抗拒处于霸权地位的西方文化也由此成为文化民族主义的主要内容"。[1]由此可见，现代化转型中的多民族国家只有对传统文化进行调解与更新，使传统文化成为核心意识形态建构的宝贵资源，这类国家的政治体制才能有效承载强大的政治意识形态功能和整合多元文化社会功能。

综上所述，后发展多民族国家国家能力建设促进族际整合实现必须满足一系列的政治、社会和文化条件：在政治层面上，既要推进政治发展，又要维护政治秩序；在社会层面上，既要注重起点平等，又要注重实质平等；在文化层面上，既要培养国家认同，又要尊重原生情感；这些发展任务在先发展国家是在自生自发中一一得到解决的。相比之下，在后发展多民族国家的族际整合中，上述各种发展任务是叠加的，"后起的进行现代化的国家有一个特殊的问题，那就是它们将同时面临较早进行现代化的国家在相当长的历史时期内先后碰到的种种问题"。[2]由此可见，后发展多民族国家国家能力建设促进族际整合的实现，关键要点在于要同时处理好三个层面的关系：在政治层面要处理好政治参与和政治调控的关系，在经济社会层面要处理好经济发展与经济平衡之间的关系，在文化层面要处理好族群多元文化与核心政治价值之间的关系。根本上讲，后发展多民族国家的国家能力建设促进族际整合的三个实现条件或有益元素涉及制度体系自身、利益协调和意识形态的广泛支持等后发展多民族国家族际整合的多重要素。由于政治现代化本身就是一个政治主体与多元社会在政治、社会和文化等层面进行全方位互动的过程，

---

[1] 王希恩：《全球化中的民族过程》，社会科学文献出版社2009年版，第133页。
[2] [美]塞缪尔·P.亨廷顿：《变动社会的政治秩序》，张岱云等译，上海译文出版社1989年版，第430页。

所以国家能力建设促进族际整合的制度体系自身、利益协调和价值观这三个有益元素，作为一个综合的整体对于有效避免族群冲突必不可少。

国家能力建设促进族际整合实现的这三个条件具有紧密的逻辑关系，通过政治吸纳功能可以提升社会同质化水平和整合多元文化社会意识；同时，通过社会同质化水平的提升，又可以从文化层面整合多元文化社会意识和增强政治吸纳能力；再者，通过多元文化社会意识的整合，无疑又可以从文化和心理层面促进社会同质化水平的提升和增进政治吸纳能力。政治吸纳能力、政权有效性水平和政治意识形态价值功能三个条件之间具有突出的"交互增强性"特征，后发展多民族国家政治发展中的国家能力建设只有同时具备了这三个条件，才能达成一体与多元的协调统一，才能顺利推进族际整合的实现。在以上三个条件需要相互支持的条件背景下，缺乏任何一个条件都会产生难以成功导向族群和谐的危险。

可以看出，国家能力建设和族际整合都不是简单的问题，同时二者之间又有着有机复杂的联系。后发展多民族国家的国家能力建设要促进族际整合实现，都必须满足一定的条件。离开了这些条件，族际整合的实现便无从谈起。值得关注的是，一些研究者和政治活动家关于国家能力建设促进族际整合哪种有益元素要比其他元素更为重要持不同的见解，"塞缪尔·亨廷顿强调在一个强大国家权力框架下开拓公民参与的必要性，以达成灵活的、规则化的和解。相反，罗伯特·帕特南就像很多现在的非政府组织活动团体，强调通过参与非政治性志愿团体以建立绵密社会关系网络的必要，才能建立起让民主和解能够运转所需要的某种信任。很多致力于国际民主和平的作家都强调大自由主义规范的角色，作为战争的解毒剂，而不只是民主程序本身。专注拉美民主化的学生们，则会强调自由化威权国家和社会利益集团之间富有建设性的政治谈判的重要性"。[1]可见，以上研究者和政治活动家对于哪种有益元素要比其他元素更为重要持不同的见解，基本上涵盖了本书所涉及的三个层面的内容即制度体系自身、利益协调和价值观。显然，罗伯特·帕特南更加重视国家能力建设中非政府组织的活动和社会关系网络的支持背景，国际民主和平论者在这一问题上强调的是自由主义价值观的重要角色，拉美地

---

[1] [美]杰克·斯奈德：《从投票到暴力：民主化和民族主义冲突》，吴强译，中央编译出版社2017年版，第326~327页。

第一章　国家能力、公共权威与族际整合的理论解析

区研究的学者则认为利益集团的讨价还价具有高于其他因素的优先性。

需要指出的是，在一个缺乏由规范和制度构成的吸纳和同质性体系的支持性背景下，离确保在后发展多民族国家建构持久性政治认同以及在此基础上达成的族际和谐状态相去甚远。在这个意义上，亨廷顿的观点是最具说服力的，他所强调的国家能力建设中"在一个强大国家权力框架下开拓公民参与"的有益元素要比其他元素更为重要，这里"强大国家权力"指向了政治吸纳能力，即后发展国家自下而上的大众参与只有同自上而下的国家权力实现有机结合，才是加强国家能力建设和推进族际整合最为重要的路径。在此亨廷顿所强调的要点正是，政治主体和社会在政治层面的互动对于国家能力建设建设具有最为关键的作用，先发展国家和后发展国家"两者的经历都表明，及早注意政治组织和建立现代政治体制这两个问题，可以使现代化的进程比较顺利和稳定……加纳政治上的衰败突出了恩克鲁玛没有遵循自己箴言的恶果。不过，政治之国是无法找到的；它必须被创造出来"。[1]由此看出，政治吸纳能力、政权有效性水平和政治意识形态功能三个条件的序列非常重要，正确的序列不仅影响能否短期避免族群冲突，而且关系到是否最终能够以积极的方式塑造多元族群持久性的政治认同。强的政治吸纳能力是后发展多民族国家政治发展中族群冲突的第一层绝缘体，也就是说，政治吸纳能力是政权有效性水平和政治意识形态功能的前提和基础。后发展多民族国家国家能力建设中政治序列的优先性是一种体现在影响族际整合效果诸条件的重要性程度上的优先性，而不是简单地体现在各个条件先后出场时间顺序上的优先性。

---

[1]［美］塞缪尔·P. 亨廷顿：《变动社会的政治秩序》，张岱云等译，上海译文出版社1989年版，第431页。

第二章
东南亚国家政治发展中国家能力建设的基础与历程

东南亚国家独立后政治发展中国家能力建设的政治、社会和文化基础非常薄弱，这几个国家国家能力建设的基础来自民族独立运动前殖民地时期的政治、社会和文化诸种条件，这使得独立后东南亚国家能力建设和族际整合的任务非常艰巨。国家能力建设的艰巨性主要来自民族独立运动前纵向的传统政治结构和传统政治文化、经济社会发展的不平衡性及多元族群和多元宗教带来的社会文化的多元异质性。东南亚国家政治发展中国家能力建设的历程大致包括三个主要阶段：第一个国家能力建设阶段是独立初期的多元化国家能力建设，从战后独立到20世纪50、60年代末；第二个国家能力建设阶段是威权政治时期的一致性国家能力建设，从20世纪50、60年代末到80年代末；第三个国家能力建设阶段是民主转型中的宽松式国家能力建设，开始于20世纪80年代末、90年代初以来的后威权政治时期。

一、政治发展中国家能力建设的基础

后发型现代化国家的国家能力建设是在一定的政治、社会和文化基础上展开和不断推进的，同时国家能力的形成也不是一劳永逸的，而是一个循序渐进的发展历程。对于东南亚国家来说，独立后政治发展中国家能力建设的基础来自民族独立运动前殖民地时期的政治、社会和文化诸种条件。东南亚国家民族独立运动前所形成的诸种社会生态条件直接影响到独立后国家能力建设的路径和模式，而这些国家独立后政治现代化进程中不断变化的社会生态条件，又影响着国家能力建设路径和模式的持续变迁。总体而言，东南亚国家独立后国家能力建设的政治、社会和文化基础非常薄弱，这是由后发型现代化国家所面临的种种复杂因素所决定的，这些复杂因素使得独立后每一个东南亚国家国家能力建设和族际整合的任务都非常艰巨。首先，国家能力建设的艰巨性来自传统政治结构和传统政治文化，纵向的传统政治文化结构成为东南亚国家能力建设的政治生态基础；其次，国家能力建设的艰巨性来自经济社会发展的不平衡性，这种不平衡性既包括贫困也包括公正的严重缺失，传统社会结构内部的资源稀缺和分配两极化成为东南亚国家能力建设的经济社会基础；最后，国家能力建设的艰巨性还来自多元族群和多元宗教作为社会文化实体存在所导致的社会文化的多元异质性，各种族群宗教之间的矛盾和对立成为东南亚国家能力建设的异质文化基础。

(一) 政治发展中国家能力建设的政治生态基础

总体而言，东南亚地区虽然经历了长期的西方殖民地历史，西方的政治、经济、文化开始进入该地区，初步建立了世俗教育制度，对传统社会造成一定的冲击，原有的政治结构、社会结构、经济结构和思维观念出现少许变化，也出现提倡现代化的社会精英，但是东南亚整个社会仍然处于传统社会结构中。在派伊看来，"起初欧洲强国扩张势力干预传统社会的生活并发动变迁过程时，它们总是依赖于仅仅抓住古老而固有的传统势力来维持社会的基本组织。殖民统治给政府的正式组织带来了根本的变化，但是只有在传统秩序有能力维持社会的结构和形式时，殖民统治才有可能存在。统治亚洲和非洲绝大部分的少数欧洲人之所以能这样做，是因为他们所统治的人民其整个生活仍然处在传统体系统治之下"。[1]因此，从政治生态角度看，民族独立运动后大多数东南亚国家政治文化结构的主体部分仍然具有非常鲜明的传统特征，民族独立运动前原有的政治文化结构没有被打破，原有的政治格局没有消失，政治认同的权威对象是行政首脑、宗教领袖、传统家族和地方首领等，这种传统政治文化在形式上表现为上下等级关系的存在或庇护关系在社会政治生活中发挥着重要纽带作用，是一种纵向的政治文化结构。在这种传统政治文化结构中，处于群体顶层的是家长、行政首脑、政党领袖或宗教领袖等。[2]

---

〔1〕 [美] 鲁恂·W. 派伊：《政治发展面面观》，任晓、王元译，天津人民出版社2009年版，第24~25页。

〔2〕 参见赵海英：《现代化进程中东南亚国家建构研究——基于族际整合视角》，中国政法大学出版社2016年版，第116页。

东南亚国家"纵向的政治文化结构"的形成受到在这一地区存在久远并先后占据统治地位的各种宗教文化体系的深刻影响。在伊斯兰教传入东南亚地区之前,这一地区深受婆罗门教(后来是印度教)和佛教(既包括大乘佛教也包括小乘佛教)的影响。由于神化国王的宗教思想对于确立统治者至高无上的地位十分重要,印度教中的神王思想和佛教中的法王及转轮王思想都对东南亚国家的统治者有着极大的吸引力,因此印度教和佛教逐渐在东南亚某些国家具有了国教的地位。在此之后,伊斯兰教于13世纪传播到东南亚地区、15世纪在半岛部分地区和群岛沿岸立足、17世纪在东南亚内陆地区扎根,并在马来半岛地区、印度尼西亚群岛地区和菲律宾群岛南部地区成为占据绝对优势地位的意识形态。由于伊斯兰教中的波斯王权观念和苏菲神秘主义中的"完人"(perfect man)观念吸引了东南亚各国的统治者,所以伊斯兰教在东南亚的传播方式是自上而下的,从国王到王室、贵族最先皈依伊斯兰教,最后普通百姓才随之皈依。在伊斯兰教传入东南亚以后,东南亚地区的统治者也逐渐接受了伊斯兰教中这些象征神化王权的思想,最有代表性的是"苏丹"这一封号的引入,很多马来人相信苏丹是安拉的继承人,服从苏丹就等于服从安拉。另外,东南亚地区的统治者也接纳苏菲神秘主义中的"完人"观念,"完人"就是能够与安拉进行对话的人,东南亚的君主们认为自己是"完人",具有超自然的威力,"完人"的观念对于这些君主从思想文化上确立自己至高无上的统治地位十分重要。其结果是,伊斯兰教中这种神化王权的思想在不同时期和不同地区对东南亚国家的君主国都产生了不同的影响,在这些国家,国王被认为是安拉的化身并具有至高的权威,"在马来社会中,伊斯兰教表现为对当地统治者的夸大的忠诚以及维持太不像样的现状的一种支撑物"。[1] 神化王权思想所导致的对苏丹的忠诚以及苏丹是伊斯兰教保护人的思想文化观念,使得独立前大多数东南亚国家政治文化结构的传统性特征极其鲜明,处于传统的"纵向的政治文化结构"顶层的是行政首脑、宗教领袖和家族首领等传统权威结构中的统治力量。

当殖民体系在民族独立运动之下不可避免地崩解之后,东南亚国家内部与传统政治生态相适应的纵向政治文化结构和纵向社会关系模式,并没有因

---

[1] [英]黛安·K.莫齐主编:《东盟国家政治》,季国兴等译,中国社会科学出版社1990年版,第176页。

第二章　东南亚国家政治发展中国家能力建设的基础与历程

此发生根本性变化，各种社会力量仍然在原来纵向隶属的传统权威结构中。传统的小农经济生产方式及其生产关系是民族独立运动前东南亚国家的经济基础，在传统小农经济基础之上人与人之间彼此隔离，农民个体之间的横向社会联系及全国性的联系非常薄弱，取而代之的是，农民通过直接向统治权威交纳劳动成果而形成的与统治权威之间的纵向社会联系。传统小农经济社会结构最显著的特点是，"在这种传统社会结构中占主导地位的是传统政治势力，如政治精英、宗教团体和地方家族，这些传统政治势力成为独立后各国重要政治势力的不可或缺的组成部分"。[1]由此看来，东南亚国家在独立后发展的初期阶段客观上仍然需要一种相应的上下相维的组织模式以推动社会力量之间的一体化和现代化实现，"由单一的、世俗化的、全国性的政治权威，取代各种传统的、宗教的、家族的或种族的政治权威"。[2]简言之，在民族独立运动前东南亚大部分地区仍然保留着地方传统政治权力，传统政治文化及价值观念和传统社会结构仍占主导地位，以皇权主义、等级观念、尊崇权威为主要内容的传统政治文化和以上下等级关系及庇护关系为主要内容的传统社会结构，成为这些国家政治层面的国家能力建设即政治吸纳功能所面临的最重要的现实条件，这种纵向传统的政治文化和社会结构也就成为独立后东南亚国家能力建设的政治生态基础。

在印度尼西亚，荷兰殖民者为了完成扩张，[3]通过殖民地行政改革把具有现代意义的政治制度移植进印度尼西亚，包括政党制度、立法机构、行政机构和司法机构的三权分立模式等。这一时期，荷兰在印度尼西亚实行的是直接统治和间接统治相结合的殖民统治体系。在爪哇和少部分外岛地区实行直接统治，在这些地区印度尼西亚总督作为殖民地最高官员向荷兰统治者负

---

[1] 史少秦、常士闇：《东亚国家的"竖向民主"辨析》，载《云南行政学院学报》2010年第5期。

[2] [美]塞缪尔·P.亨廷顿：《变动社会的政治秩序》，张岱云等译，上海译文出版社1989年版，第1页。

[3] 16世纪末拥有"海上马车夫"之称的荷兰开始入侵印度尼西亚。1595年第一支荷兰远征船队启程前往"香料群岛"，先后到达西爪哇、雅加达和巴厘岛，自此荷兰殖民者逐渐将整个印度尼西亚纳入其殖民体系之中。1602年荷兰成立了兼具政府职能和武装力量的东印度公司，以商业联合的形式将印度尼西亚各地统一联系起来，并逐步将其变为其殖民地。1682年荷兰东印度公司成功地将整个爪哇岛纳入了荷兰殖民地统治体系。在征服爪哇岛的同时荷兰东印度公司也对印尼群岛的其他王国发动了一系列殖民侵略战争，1913年荷兰强迫苏丹下台，废除了苏丹制，至此整个印尼群岛（除帝汶岛外）几乎全部沦为荷兰的殖民地，实现了对印度尼西亚各地的殖民统治。

责、殖民地各地方政府向印度尼西亚总督负责,"层层负责的集权体制便利了殖民者进行经济掠夺和政治控制";[1]在大多数外岛地区实行间接统治,这些地区则在形式和内容上都保留了传统的政治结构。总的来看,"荷兰人对当地政治的影响非常有限,因为他们以经济掠夺为目的,并不像西班牙和葡萄牙一样热衷于'教化使命',荷兰人不把传播基督教、荷兰语言、文字和欧洲文化当作一件必要而严肃的事业"。[2]由此可见,虽然荷兰殖民者从形式上在印度尼西亚引入了西方现代政治制度,但是西方现代政治制度只具有外部框架的意义,在这种现代政治框架下运行着传统政治的内核。作为外部框架的现代政治结构"就像挟着层层波浪和泛着阳光的浪花,表面上波澜壮阔,无边无际,但历史的阳光永远照不到'大海'底部的沉默之处;而正是那深处的传统,才是促进或阻碍历史发展的本质"。[3]对独立后印度尼西亚政治发展发挥实质性作用的却是"那深处的传统",即印度尼西亚的传统政治势力和集团。

在菲律宾,西班牙殖民者从16世纪开始把菲律宾变成在亚洲的第一个殖民地,西班牙于1571年占领马尼拉,第二年占领吕宋全岛,"西班牙对菲律宾的征服是以墨西哥为依托的,他们把在拉丁美洲的统治经验搬到菲律宾来,把在墨西哥的殖民制度移植到菲律宾来:一是在政治上实行专制主义的统治方式,自上而下地建立一整套殖民行政机构;二是实行政教合一,天主教会成为西属菲律宾殖民地的重要统治支柱;三是引进封建的赐封制度,把殖民掠夺与封建剥削结合起来"。[4]到17世纪初,菲律宾的北部和中部全部置于西班牙的殖民统治之下。美西战争一结束,美国取代西班牙成为菲律宾的宗主国,19世纪末美国就为菲律宾制定了初步的三权分立的政治体制。美国殖民者废除了西班牙的传统殖民机构,名义上对菲律宾实行"自治训练",成立"文治政府"和"菲律宾会议",但是实际上实行的是吸收以穆斯林上层人士为主要代表的少数精英阶层的"民主政治",美国殖民当局拉拢菲律宾精英阶层,由少数精英阶层来代表民意,"1907年,美国允许两名菲律宾委员常驻美

---

[1] 潘一宁等:《国际因素与当代东南亚国家政治发展》,中国社会科学出版社2004年版,第38页。

[2] D. K. Fieldhouse, *The Colonial Empire: A Comparative Survey from the Eighteen Century*, London: Macmillan, 1996, p. 328.

[3] 潘一宁等:《国际因素与当代东南亚国家政治发展》,中国社会科学出版社2004年版,第53页。

[4] 梁志明主编:《殖民主义史》(东南亚卷),北京大学出版社1999年版,第84页。

国国会，以保护菲律宾的利益；之后逐渐任命一些菲律宾人担任殖民文治政府的高级职务，如审判长、最高法院成员、菲律宾委员会成员等。1912年以后，在殖民政府中的菲律宾人逐渐增多，逐步达到除教育部部长外，政府各部部长全部由菲律宾人担任"。[1]

必须指出的是，由于西班牙殖民统治时期实行的政教合一的统治制度使得菲律宾在部落联盟时期就已存在的庇护关系呈现出世俗与宗教交融的特点，所以美国殖民统治时期由少数精英参与的"民主政治"也只是以庇护关系为核心的家族首领和宗教首脑之间的政治游戏。诚然，引进菲律宾殖民地的民主政治制度只是其宗主国政治制度的形式而已，它所产生的实际效果与现代民主政治所承载的价值与工具双重意义上公民有序政治参与的功能相去甚远。总的来看，民族独立运动前菲律宾政治文化结构最鲜明的特征是传统家族主义的庇护政治，这一特征贯穿了从西班牙到美国对菲律宾近400年的殖民统治时期，"在菲律宾传统社会结构中占主导地位的是传统政治势力，而传统家族势力是菲律宾政治社会势力中不可或缺的组成部分。以家族为联系和纽带是菲律宾进入殖民地时期以前的最重要的传统政治资源，家族纽带从经济领域延伸到政治领域，从西班牙殖民时期经过美国殖民时期到独立后一直存在"。[2]虽然西方现代性的政治价值取向的天主教在殖民地时期存在已久并使得传统与现代政治文化体系在菲律宾相互撞击，但是独立之初菲律宾建立的具有现代性意义的民主政体只具有形式的价值，独立后在政治制度化建设中能够起实质作用的仍然是以传统势力和地方家族为载体的传统政治文化。家族主义的传统政治结构使得家族、宗教和地方成为政治效忠和政治认同的对象，显然不利于消除身份和地位方面的限制，不利于菲律宾普通社会成员平等地、机会均等地参与政治生活。因此，家族主义的政治结构对独立后国家能力建设所需要的权威合法性认知的同一性、政治共同体意识的培养和现代国家的一体化建构都具有消极影响，尤其不利于独立后政治层面的国家能力建设即政治吸纳功能的发挥。当菲律宾独立后进入政治发展和政治现代化进程时，家族主义传统政治文化使得其缺乏政治吸纳的内在机制和动力。

---

[1] 房宁等：《民主与发展——亚洲工业化时代的民主政治研究》，社会科学文献出版社2015年版，第23页。

[2] 赵海英：《现代化进程中东南亚国家建构研究——基于族际整合视角》，中国政法大学出版社2016年版，第117页。

在泰国，军人、官僚和国王等传统政治资源构成了泰国战前传统政治结构的重要组成部分，这些组成部分作为泰国政治社会的基本元素根深蒂固，对二战后泰国政治发展的影响持久深入。尤其需要指出的是，国王在泰国政治生活中具有极端重要的地位，泰国第十八任总理克立认为，泰国的政治制度几十年、几百年基本上没有改变，即泰国是一个以国王为头脑，以政府和官僚机构为其组织器官的有机体。社会分成严格的等级，在这种机构中，每个人都完成自己特定的职责，而社会流动性受到限制。国王有绝对权力，以便使秩序、和平、安全以及进步得以维持。[1]王室和军人集团建立密切联系，形成利益共同体。长久如此，在泰国就塑造了一种以国王为核心，军人和官僚等为主体的社会等级结构，国王和军人集团在整个社会中居于政治体制的高位，使普通民众臣服。泰国虽然是本书涉及的东南亚五国中唯一没有沦为西方殖民地的国家，泰国从1932年就进行效仿西方的政治改革并开始实行多党制，然而泰国的多党制具有鲜明的传统庇护主义特征，多党选举在很大意义上成为了庇护主义社会结构中庇护主之间的选举，普通民众在实质上并不能真正参与竞争，"泰国政党通常是由保护人和被保护人所构成的单一集团或网络。这些保护人和被保护人只是迫于政党法的压力才走到一起的。选举过后，几乎所有政党都没有重大的纲领把它们和普通党员联结在一起。而且对于泰国政党来说，党的纲领或政策并不是最重要的，重要的是赢得大选"。[2]总之，泰国的传统政治文化结构在很大程度上是现代化进程中国家能力建设的政治生态基础，具有政治现代性形式的多党制反而没有成为泰国政治发展的主体力量。

在马来西亚、新加坡这两个马来半岛国家，17世纪开启了西方殖民者侵略东南亚的时代，西方殖民者给这两个马来半岛国家留下了现代政治的统治制度，"英国在其殖民地马来亚实行直接统治和间接统治，建立了现代政治制度。英属马来亚的行政区划被分为三部分：（1）海峡殖民地（Straits Settlement），1826年设立，包括新加坡、马六甲和槟榔屿。英国在海峡殖民地实行直接统治，1867年成立立法会议，这是马来半岛历史上第一个立法机构……

---

[1] 参见张锡镇、宋清润：《泰国民主政治论》，中国书籍出版社2013年版，第55页。
[2] 吴辉：《政党制度与政治稳定——东南亚经验的研究》，世界知识出版社2005年版，第239页。

（2）马来联邦（Federated Malay States），1896年设立，包括霹雳、雪兰莪、森美兰和彭亨，英国在此实行间接统治，早在1877年霹雳州就建立了参议会……1896年马来联邦成立后，行政机构和立法机构体系建立起来"。[1]但是，同其他东南亚国家相似，原宗主国的现代政治制度框架只具有形式的意义，在英属马来西亚，"马来属邦（Unfederated Malay States），1914年设立，包括柔佛、玻璃市、吉兰丹、吉打和丁加奴。这五个州在行政上各自为政，比联邦各州保留了更多实权和传统的政治形式……1895年柔佛州颁布了一部由英国律师起草的成文宪法，宪法规定成立部长会议作为苏丹的咨询机构，其成员必须是信仰伊斯兰教的马来人"。[2]

自西方近代宗教改革和文艺复兴运动以来，西方国家形成了以大陆法系和英美法系为规范内容的现代法律制度。17世纪开启了西方殖民者侵略东南亚的时代，随着殖民统治的巩固，为了回应西方法律的挑战，也为了使沙里阿法适应现代环境，西方殖民者在马来半岛殖民地引进一系列现代法律制度。殖民当局、苏丹和伊斯兰学者合作，努力使伊斯兰法律制度化，其方法是在制度上接受西方法律体系的形式，但是在实质内容上仍然是中东伊斯兰思潮的主张。[3]可见，独立前马来半岛国家的传统政治文化的主体内容是传统伊斯兰教的政治文化。毋庸置疑，西方法律制度规范是建立在西方国家政治社会文化结构基础之上的，但是，马来半岛政治文化的主体是以伊斯兰教法为核心的传统伊斯兰教政治文化，伊斯兰教法不同于西方现代意义的法律，更多的是一种建立在马来半岛传统社会结构基础之上的宗教伦理型行为规范，其结果是对马来半岛国家独立后政治发展起实质性作用的仍是其传统政治资源。这些传统政治资源就是作为马来西亚传统政治文化主体内容的传统伊斯兰教政治文化，具体体现为在马来社会中具有优势地位的权威主义和集体主义，以及民族独立运动前马来人的传统社会结构中伊斯兰教倡导的对真主"安拉"的绝对服从的统治观念和等级观念。新加坡社会中占据主导地位的政治文化是儒家传统政治思想，这是由殖民时代华人是新加坡移民的大多数而

---

[1] 范若兰等：《伊斯兰教与东南亚现代化进程》，中国社会科学出版社2009年版，第77~78页。

[2] 范若兰等：《伊斯兰教与东南亚现代化进程》，中国社会科学出版社2009年版，第78页。

[3] 参见范若兰等：《伊斯兰教与东南亚现代化进程》，中国社会科学出版社2009年版，第105页。

导致的结果。儒家传统政治思想的核心内容是家长本位、权力本位和清官意识等,"君为臣纲,父为子纲,夫为妻纲"则是儒家传统政治思想的精神内核。新加坡、马来西亚两国在去殖民化浪潮后,一方面以传统政治价值为依托,把传统政治文化中对秩序、等级和权威的推崇作为塑造政府和整合社会成员的价值基础,另一方面又对传统政治价值进行现代化转型。两国政府在政治现代化进程中提出的诸多国家层面的政治价值,如马来西亚政府提出的"国家原则"和"亚洲价值观"等观念和新加坡政府提出的国家利益至上、家庭本位和"好政府主义"等理念,对两国文化层面的国家能力建设即政治意识形态功能起了很大的促进作用。在政治结构上,马来西亚、新加坡独立后对传统政治结构进行现代化转化,平稳、渐进地推进政治现代化进程。与泰国、印度尼西亚、菲律宾等其他东南亚国家相比,这两个马来半岛国家政治发展中国家能力建设显现出比较顺畅的特点,这与两国在政治现代化进程中挖掘传统资源的同时致力于达成传统与现代之间的平衡密不可分。

(二) 政治发展中国家能力建设的经济社会基础

东南亚国家独立以前处于传统社会结构和传统社会秩序中,其典型特征是经济的不发展和分配的两极化。因此,去殖民化浪潮以前东南亚国家传统社会结构内部经济的不发展和分配的两极化,构成了独立后这些国家经济社会层面的国家能力建设即政权有效性功能发挥的最重要现实条件,也成为独立后这些国家政治化建设的经济社会基础。

首先是经济的不发展问题。东南亚地区在前殖民地时代处于封建社会的发展阶段,"现代意义上的一体化任务还远远没有完成,独立以前的许多东南亚国家处于封建王朝的历史发展阶段,有的地区如泰国南部以及印度尼西亚的诸多地区甚至处于刀耕火种的原始时期"。[1]前殖民地时期这一地区的主体经济方式是自然经济即传统的小农经济生产方式及其生产关系,具体而言,经济基础以农业为主,另外还有少量的锡矿业和商业。例如,在前殖民地时期和殖民地早期,马来半岛的经济结构构成是生产力水平低下的小规模稻米生产和经济作物生产(樟脑、胡椒和橡胶等作物),马来农民除了缴纳税金和维持基础生活以外一无所有。进入19世纪以后,随着世界资本主义殖民体系

---

[1] 赵海英:《现代化进程中东南亚国家建构研究——基于族际整合视角》,中国政法大学出版社2016年版,第115页。

第二章　东南亚国家政治发展中国家能力建设的基础与历程

的形成，东南亚殖民地国家被动进入世界资本主义市场经济体系之内，这使得原来的经济结构遭到很大破坏。到19世纪末，随着西方殖民主义国家进入垄断资本主义阶段，东南亚殖民地国家的经济结构和经济发展模式都要依附于西方资本主义国家经济发展的需要。西方殖民主义国家资本大量输入东南亚地区，开发种植园、矿山等，控制金融业，其宗旨是使殖民地国家的经济发展服从宗主国及世界市场的需要。例如，20世纪初西方汽车业的快速发展及其伴随的对橡胶的大量需求，使得英属马来半岛殖民地成了著名的橡胶生产基地，相同的原因也导致了荷属东印度殖民地经济结构构成的改变，在前殖民地时期荷属东印度的农业产品以稻米为主，进入世界殖民主义经济体系之后荷属东印度的糖和橡胶上升为主要产品，这两个事例充分体现了殖民地国家在殖民主义经济体系中的高度依附性及畸形发展的特征。概而言之，东南亚殖民地国家对其宗主国经济的高度依附性导致了殖民地国家经济结构不健全，经济基础薄弱，因为以一两种产品为支柱的殖民经济体系，是完全根据宗主国的经济发展需要，以及相伴随的国际市场的需求而建立起来的，很容易受到国际经济形势的影响，其脆弱性在1929年至1933年世界经济危机中充分体现了出来。显而易见，虽然殖民地经济开启了东南亚国家经济现代化的进程，出现了许多与世界市场密切结合的现代经济部门，如工厂、商店、银行、种植园等，但是它的单一产品模式决定了殖民地经济的脆弱性，这成为战后东南亚国家独立后政治发展中国家能力建设经济层面面临的重大难题。

　　在马来半岛，殖民统治时期半岛的橡胶和锡产品高度依赖美国市场，向美国出口的橡胶占橡胶出口总量的2/3或4/5，锡占1/2或2/3。在1929年至1933年世界经济危机时期，美国汽车工业衰退，导致生产汽车轮胎所需的橡胶价格大跌，锡价也大幅下跌，"1929年每磅橡胶平均价格在0.35元，1932年跌到7分（6月份最低价仅为5分），同时期锡价从每担104.32元跌到69.75元。橡胶和锡价急剧下跌导致橡胶园和锡矿场大量倒闭，进而引发其他行业如银行和商店的不景气……超过100万元资产的破产者1家，10万元以上100万元以下资产的破产者5家，5万元以上10万元以下资产的破产者12家，1万元以上10万元以下资产的破产者42家，破产者55%是华人，同时大量工人失业。一直到第二次世界大战战火燃到东南亚，这个地区仍然笼罩在萧条的阴影下"。[1]因此，独立之初马来西亚国民经济最明显的缺陷是经济结构的单一，在英国殖民者的长期统治下，马来西亚成为一个依赖出口橡胶和锡的农业国，橡胶和锡的出口占出口总量的绝大部分比重。另外，以家庭作坊为基本单位的制造业发展极其缓慢，制造业当中以橡胶业加工、锡业加工、食品、饮料为主，其他工业几乎没有，这种单一出口型的经济结构使得马来西亚成为世界上经济发展最不稳定的国家之一。值得指出的是，殖民统治时期马来西亚经济的畸形发展及其脆弱性，对民族独立运动后经济社会层面上国家能力建设的进程产生了重大影响。

在印度尼西亚，自17世纪初有"欧洲的海上马车夫"之称的荷兰国会授予"东印度公司"从好望角到麦哲伦海峡之间地区的贸易垄断权之后，印度尼西亚就沦为荷兰的殖民地。17世纪中叶，荷兰殖民统治者控制了雅加达（后将其改名为巴达维亚）、马鲁古群岛（香料群岛），到18世纪中叶，荷兰基本控制了爪哇地区。荷兰东印度国内公司对印度尼西亚的贸易垄断是从确立对马六甲、马鲁古群岛、爪哇的港口等重要港口的控制权开始，进而获取印尼群岛香料贸易的垄断权。荷兰殖民者为了实现在印度尼西亚的殖民统治，通过"强征税贡""强征劳役""强迫供应制"等具体方式在印尼群岛获得最大的贸易利润，据统计，荷兰人"1750—1759年间，从印尼汇往荷兰的利润每年平均250万盾，1770—1779年间平均每年从印尼汇往荷兰400万盾，金银、宝石还没有计算在内，估计其价值大约是汇款的两倍"。[2]可见，荷兰东印度公司在印度尼西亚的贸易活动使荷兰获得了巨额利润，但是对其印度尼西亚殖民地国家而言，这种经济发展模式只是单方面服从宗主国的需要。这成为民族独立运动后印度尼西亚国家能力建设的经济层面所面临的重大难题。

在菲律宾，西班牙和美国殖民者对其近400年的殖民统治中致力于建立起一套"依附性"殖民经济体系和相应的经济政策，菲律宾成为西方殖民者实现其经济利益的重要基地。西方殖民者掠夺了菲律宾大量的自然资源，把菲律宾变成西方殖民者的原料供应地、商品销售市场和投资场所。在殖民主

---

[1] 范若兰等：《伊斯兰教与东南亚现代化进程》，中国社会科学出版社2009年版，第87~88页。
[2] [印尼]萨努西·巴尼：《印度尼西亚史》（上册），吴世璟译，商务印书馆1972年版，第359页，转引自范若兰等：《伊斯兰教与东南亚现代化进程》，中国社会科学出版社2009年版，第59~60页。

义时期，菲律宾首先沦为西方殖民者的廉价原料供应地，菲律宾"在农业方面，'畸形'发展宗主国需要的'经济作物'，形成单一的种植园经济，主要经济作物为4种，即甘蔗、椰子、马尼拉麻和烟草……从1910年到1950年，稻谷播种面积缩小了12%，粮食从自给转为大量依靠进口。1937年四大经济作物的出口比重高达80，其中3/4出口到美国"。[1]不仅如此，菲律宾也成为西方殖民者工业品的倾销市场，"菲律宾民族工业极其落后，只有一些手工业和小规模经营的工业。菲律宾所需要的工业品，大都从美国进口"。[2]在西方殖民者统治时期，尤为制约菲律宾经济发展的重要因素是西方殖民者控制了菲律宾的经济利益，"美国资本几乎垄断了菲律宾的主要经济命脉。从矿山、大种植园、农矿产品加工、交通运输和电力等行业到银行、保险等金融行业，美国资本无处不在"。[3]除了对菲律宾本岛经济资源掠夺之外，西方殖民者还实行贸易垄断政策，即通过垄断殖民地的贸易，获取更多的财富，例如，西班牙殖民政府规定，殖民地只允许同宗主国进行贸易往来，不能同包括西属殖民地在内的其他任何国家进行贸易，西属菲律宾殖民当局从中获得巨大的商业利益。所有这些因素导致了民族独立运动前菲律宾经济结构不健全，经济基础薄弱，从而给菲律宾经济社会层面的国家能力建设带来了很大的负面影响。

其次是分配的两极化问题。东南亚国家传统社会中分配两极化最根本的原因是，建立在资源和出身基础上的传统社会等级关系导致了传统利益格局根深蒂固和既得利益集团对社会经济生活的垄断地位，这与存在于泰国、印度尼西亚、菲律宾、马来西亚几个国家传统社会中的庇护主义政治经济文化有着密切的关系。在庇护主义的"庇护—侍从"关系模式中，庇护主掌握着巨大资源，而被庇护者拥有资源的能力极其有限，从而使得庇护主义的社会结构关系成为东南亚传统社会不平等资源分配的最主要原因。如泰国在阿瑜陀耶时期就形成了庇护制等级关系，这种庇护制等级关系主要由"奈"和"普莱"两个阶级构成，"奈"是由王公和贵族等统治阶级构成，"普莱"由

---

[1] 房宁等：《民主与发展——亚洲工业化时代的民主政治研究》，社会科学文献出版社2015年版，第25页。

[2] 房宁等：《民主与发展——亚洲工业化时代的民主政治研究》，社会科学文献出版社2015年版，第25页。

[3] 房宁等：《民主与发展——亚洲工业化时代的民主政治研究》，社会科学文献出版社2015年版，第25页。

平民和奴隶等被统治阶级构成。

在菲律宾，西方殖民者在其长期殖民统治期间，采取了地方相对自治的统治策略，其结果是形成了相对固化的社会结构，即以"家族"为核心的地方精英掌握政治权力、为地方民众提供支持的庇护主义关系网络。西班牙和美国对菲律宾的统治，总体上采取的是间接统治方式，即通过以家族为核心的精英进行统治。为了生产西方殖民者所需要的产品，菲律宾形成了一个个相对独立和封闭的种植园经济体，土地集中于种植园主，这些种植园主大多是以家族模式存在的。在殖民者的支持下，菲律宾的家族精英大多拥有巨额的土地和财富，"根据1948年所作的调查统计，菲律宾1/5的耕地为占地规模达到43.4公顷~251.5公顷的地主所有，而地主阶级的少数上层更是达到了每人占有土地1000公顷以上的惊人规模"。[1] 农村人口绝大部分处于贫困之中，许多农民被迫成为佃农，任凭少数家族的剥削和压迫。

在马来半岛，民族独立运动前的经济结构构成的主体是农业和种植业，乡村地区的组织主要是以血缘关系为纽带的经济共同体，大部分马来裔族群成员与外部世界的联系都是通过同族内的世袭地主完成的。这种社会经济模式虽然从英国殖民者在马来半岛开发锡矿和种植橡胶开始受到了某些冲击，并慢慢解体，这些地区主要指那些给英国殖民者提供原材料、被开发为种植园的地区，但是英国殖民者在这些地区之外的其他地区为了便于实行统治，仍然维护马来西亚传统的政治社会结构。因此，在大部分马来裔乡村地区，权力分配和财富占有仍然掌握在马来裔土地贵族手中。马来裔族群聚居的乡村社会是以伊斯兰教为中心的，在这些地带苏丹的统治根深蒂固，许多马来裔土地贵族与佃农、雇工之间存在着庇护主义意义上的依附关系，马来裔土地贵族和佃农、雇工之间的收入差距非常大。马来裔土地贵族与佃农、雇工是通过"赞助人-委托人"的社会关系网络来实现二者之间的庇护主义依附关系的，在这个关系网络中马来裔土地贵族作为地方权贵是"赞助人"，佃农、雇工是这个关系网络中的"委托人"，在"1957年，从事农业的人口占全国就业人口的56.4%，这些人包括土地贵族、佃农、小块土地持有者和其他在

---

〔1〕［苏联］Н. 沙维里耶夫、О. Г. 巴列什涅柯娃：《菲律宾的土地和农业问题》，张乃坚编译，载《东南亚研究资料》1963年第3期，转引自房宁等：《民主与发展——亚洲工业化时代的民主政治研究》，社会科学文献出版社2015年版，第25~26页。

农业中受雇的人和渔民,他们生活在广大的农村,按血缘关系结成一个相对独立的共同体,维持着自给自足的生活形态和前资本主义的生产方式。在城市就业的人口当中,中产阶级只占很少份额——15.5%,其中又分为上下两层,上层中产阶级包括专业和技术人才占从业人员的 4%,下层中产阶级占 11.5%,包括一般职员和营业人员"。[1]更为重要的是,民族独立运动前英国殖民统治者为了维护在马来半岛的殖民利益,防止下层人民反抗,通过制定法律来加强土地私有制,确立佃农关系,这使得马来裔土地贵族的根本权益得到了维护,也导致了由于缺乏土地所有权、租佃制以及欠债的马来裔佃农与雇工的极端贫困问题。因此,从某种意义上说,独立前马来西亚传统社会中存在的庇护主义意义上的依附关系是一种以少数马来裔土地贵族根本利益为依托的社会网络关系模式。

(三) 政治发展中国家能力建设的异质文化基础

在民族独立运动前的东南亚地区,由于政治共同体是在漫长的历史过程中自然形成的,社会文化异质性程度非常高。东南亚国家的社会文化异质性主要体现在多元族群宗教关系的存在,多元族群和宗教关系是东南亚国家异质文化社会形成的基础,族群问题尤其与宗教问题相互重叠,使族群矛盾和冲突更加复杂,进一步加剧了社会文化的异质程度或多元程度,加之大多数东南亚国家的"界限常由地理和殖民历史的偶发事件所决定,它常常是一个包含众多宗教、人种、民族和语言集团的'多元'社会"。[2]具体地,这些国家异质文化社会形成的最重要因素是宗教、语言、经济结构等方面的多重差异性。尤为重要的是,这些差异性是高度重合的。总体来看,民族独立运动前的东南亚多元族群社会主要由原住民、华人、印度人和西方殖民者构成,其社会文化结构的特点是隔离而不是融合,每一个族群都有自己的宗教、语言和文化,而且每一个族群都处于独立的经济结构当中。各个族群趋向于族内联系,而很少与其他族群互动往来。

由此可知,东南亚国家民族独立运动前社会文化异质性的形成是宗教、

---

[1] 陈晓律等:《马来西亚——多元文化中的民主与权威》,四川人民出版社 2000 年版,第 315~316 页。

[2] [美] 塞缪尔·P. 亨廷顿:《变动社会的政治秩序》,张岱云等译,上海译文出版社 1989 年版,第 428 页。

语言、经济结构等因素综合作用的结果。首先，在宗教领域，大多数马来西亚和印尼群岛的原住民信仰伊斯兰教，少部分人信仰基督教；华人大多数信仰道教和佛教，少部分人信仰基督教；印度人大多数信仰印度教，有少部分穆斯林和锡克教徒。各种宗教形成了不同的世界观和生活方式，而世界观和生活方式的某些层面是互相冲突和相互对立的。这些因素在相当大程度上阻碍了不同族群之间的交流往来。其次，在语言层面上，原住民的语言大不相同，如印尼群岛的爪哇族、亚齐族、米南加保族、巽他族都操不同的语言；华人的语言可分为潮汕方言、客家方言、海南方言、福建方言等；印度人如泰米尔族和锡克族由于来自不同的地域也操不同的语言。语言作为人类社会沟通和交流的媒介，语言不通的现实使各个族群之间的隔离加剧。最后，在经济结构层面上，不论在马来西亚、印尼群岛，还是菲律宾，民族独立运动前都存在着原住民经济、外来移民经济和西方殖民者经济的封闭经济结构。原住民保持着传统的生产方式和经营方式，属于依附于土地和以家庭为单位的小农经济体系，经济产品以稻米为主，也有少数原住民家庭生产橡胶和甘蔗等作物；外来移民经济主要以华人经济和印度人经济为主，华人经济的特点是投资范围广，但是资本较小，主要投资领域是种植业、制造业、采矿业、交通运输业和商业；西方殖民者经济由于资本雄厚、投资规模广泛和大规模的经营方式而支配了东南亚地区殖民地的经济体系，投资和经营的主要领域有银行、矿业、交通运输业和大种植园。

  概而言之，民族独立运动前东南亚国家内部原住民、华人、印度人和西方殖民者在宗教、语言、经济结构等方面存在着多重差异性。这种多重差异性形成了东南亚社会结构的族群隔离特点，导致以多元族群和宗教为载体的异质文化社会的形成，"东南亚最引人注目的现象是人种的大杂烩，即欧洲人、华人、印度人和土著人。但是，这个混杂社会有严格的界限，他们居住混杂，但相互并不融合，各个种族都有自己信仰的宗教，有自己的文化和语言，还有自己的思想和行为方式。作为个人，他们有时相互见面，但这种情况不会发生在做买卖的市场。在这个多元社会里，不同种族的人在同一政治框架内相互独立地毗邻而居"[1]。从以上分析可以看出，东南亚国家内部各种

---

〔1〕［新西兰］尼古拉斯·塔林主编：《剑桥东南亚史》（Ⅱ），贺圣达等译，云南人民出版社2003年版，第90页。

第二章　东南亚国家政治发展中国家能力建设的基础与历程

族群宗教之间的对立、冲突和彼此隔离对民族国家独立运动后政治现代化进程产生了重大影响，构成了这些国家文化层面的政治制度化即政治体制的价值整合功能实现的重要现实条件，各族群、宗教之间的矛盾和对立也就成了东南亚国家能力建设的异质文化基础。

在菲律宾，民族独立运动前菲律宾的多元文化社会主要是由天主教多数族群、华裔少数族群和穆斯林少数族群构成，这种多元文化构成是伊斯兰教和天主教先后传入菲律宾所导致的结果。伊斯兰教于13世纪传入东南亚，16世纪初菲律宾的伊斯兰化进程的结果是伊斯兰教成为主流政治文化，伊斯兰教在菲律宾南部的棉兰老岛和苏禄岛已经占据统治地位并建立了苏丹国，并向北部吕宋岛传播伊斯兰教。[1]16世纪中后期，西班牙殖民者遏制了吕宋岛的伊斯兰化进程。在西班牙对菲律宾进行军事征服的同时，传教士也向菲律宾人传播天主教，因此随着西班牙殖民者的到来，天主教开始在菲律宾传播，可以说，在巩固西班牙对菲律宾的殖民统治方面，西班牙传教士起了至关重要的作用。事实证明，西班牙殖民统治者对菲律宾传播天主教的活动取得巨大成功，16世纪末到17世纪中叶，天主教在菲律宾迅速扩展，取代伊斯兰教成为主体文化。西班牙殖民者进入菲律宾是伴随着西方资本主义国家宗教改革运动和文艺复兴而来的，在欧洲国家资产阶级在宗教政策上确立了政教分离和信仰自由两个基本原则。当时奉行伊斯兰教的菲律宾是一个苏丹国，即教权与王权紧密结合在一起，因此，西班牙殖民者将政教分离原则引入殖民地的结果是，削弱了伊斯兰教的政治性作用，而西班牙殖民者提倡宗教信仰自由原则的目的则为殖民地信仰天主教提供了支持。

美西战争以后，美国殖民者替代西班牙殖民者于20世纪初确立了对菲律宾的完全统治，其标志是摩洛省的建立，并于1916年成立了负责"异教徒"与穆斯林事务的非基督教徒属，摩洛省隶属于内政部，其第一任省督"对穆斯林首领极其鄙视，认为穆斯林的法律、习俗完全没有保留价值"。[2]应该强

---

[1] 伊斯兰化对菲律宾南部各族的影响是巨大的，文化上最重要的影响是人们从信仰"万物有灵"转向一神论的伊斯兰教，伴随宗教而来的阿拉伯历法、文字和各种先进技术。伊斯兰学校成为当地人民获得知识的主要场所，艺术、民间文学等方面南部也都受到伊斯兰文化的影响，具有本土特色的"摩洛文化"逐渐形成。菲律宾南部的伊斯兰化使其内部产生了凝聚力，共同的信仰为不同部族的穆斯林提供了认同的基础。在统一的宗教信仰下，菲律宾南部的伊斯兰群体自认为是一个与菲律宾其他族群群相区别的、不可分割的整体，并在这一认知基础之上产生了摩洛民族分离主义问题。

[2] 金应熙主编：《菲律宾史》，河南大学出版社1990年版，第470页。

调的是，菲律宾从西班牙殖民时期到美国殖民时期就存在着两大宗教文化差异，即信仰天主教的主体族群和信仰伊斯兰教的少数族群之间的差异，这种宗教文化差异延续了几百年的时间。从地域分布上看，具有西方政治价值取向的天主教族群主要集中在菲律宾的中部和北部地区，而具有伊斯兰原教旨主义的穆斯林族群主要集中在菲律宾南部。需要指出的是，民族独立运动前菲律宾天主教主体群族和南部穆斯林少数族群的矛盾和冲突已经成为菲律宾异质文化社会最主要的体现，独立后菲律宾政治体制的价值功能发挥所面临的异质多元文化挑战，就是由这两大族群宗教文化集团之间的分歧和对立所造成的。以"棉兰老岛独立运动"和"摩洛民族解放阵线"为主要内容的南部穆斯林少数族群分离主义，成为独立后菲律宾文化层面推进国家能力建设的最大障碍。

在印度尼西亚，民族独立运动前的多元文化社会主要由穆斯林多数族群、华裔少数族群和印度裔少数族群等构成。印度尼西亚作为多元文化社会最重要的特征是存在着"伊斯兰国家内对穆斯林的反叛"的奇特现象。民族独立运动前印度尼西亚就形成了基于伊斯兰教信仰程度差异的不同伊斯兰教派别，其中一派是被称为"桑特里"（Santri）的正统穆斯林派别，具有较多的原教旨主义色彩，属于印度尼西亚穆斯林中的少数派别，这一派别包括分布在西爪哇的巽他族、分布在苏门答腊沿海地带的马来族、分布在苏门答腊北部的亚齐族等。在民族独立运动前的几个世纪中亚齐[1]等苏丹国与马来半岛之间的关系比它与印尼群岛其他地区的关系更为密切，这对以后亚齐人对伊斯兰教信仰程度的差异是有影响的。另一派是被称为"阿班甘"（Abangan）的名义穆斯林派别，具有较多世俗色彩，属于印度尼西亚穆斯林中的多数派别，这一派别包括分布在东爪哇和中爪哇人口最多的爪哇族、分布在苏门答腊的米南加保族、分布在马都拉岛和东爪哇的马都拉族。这两派依据信仰伊斯兰教的虔诚程度而在印尼群岛逐渐形成的不同派别是中东地区伊斯兰现代主

---

[1] 随着伊斯兰教的传入，16世纪初亚齐出现了第一个统一的伊斯兰苏丹政权。17世纪亚齐进行了大规模的领土扩张，占领了苏门答腊岛东、西两岸，并征服了马来半岛的部分地区，成为西部群岛地区最强大的和文化最发达的国家。亚齐族由于地处苏门答腊岛的最北端，更多的是与马来半岛上的族群和国家产生诸多关联，与爪哇族的关系则仅仅限于贸易往来。荷兰殖民者统治时期，荷兰对外岛征服战争中持续时间最长的战争就是亚齐战争。亚齐的独立政权一直持续到1903年。民族独立运动以后，亚齐族绝大多数人信奉伊斯兰教，严格遵守伊斯兰教规，族群文化带有浓厚的伊斯兰特色，是印度尼西亚国内信仰伊斯兰教最虔诚的一派。

第二章　东南亚国家政治发展中国家能力建设的基础与历程

对东南亚社会影响的结果。伊斯兰现代主义是19世纪后半叶产生于伊斯兰教的中心——中东地区影响重大最大的思潮之一，是中东地区伊斯兰教社会抵抗西方文化入侵的思想武器，他们强调伊斯兰的原教旨，通过学习西方文化改革伊斯兰教并使之适应现代社会的发展。中东地区的伊斯兰现代主义思潮在20世纪初对印尼群岛的伊斯兰教社会产生了重大影响，随着伊斯兰现代主义思潮在印尼群岛的传播，出现了较多的伊斯兰现代主义组织，其中最著名的组织是于1923年在万隆建立的"伊斯兰教联合会"（Islamic Unity）。

在中东伊斯兰现代化主义思潮的影响下，很多印尼群岛的伊斯兰教现代主义者认为东南亚伊斯兰教不正统，其结果是，在印尼群岛穆斯林依据伊斯兰教的虔诚度被分为了"桑特里"正统穆斯林和"阿班甘"名义穆斯林两个派别，在宗教信仰上，"桑特里"正统穆斯林热衷于维护正统的伊斯兰教信仰，比较严格遵守每日五次礼拜，关注伊斯兰教义（如他人的道德和生活方式是否符合伊斯兰教义）。对这一派别来说，伊斯兰教义既是个人的道德规范，也是社会准则，认为自己是真正的穆斯林。这一派别的穆斯林普遍具有穆斯林共同体（乌玛）的意识；"阿班甘"名义穆斯林深受印度教、[1]万物有灵论和母系传统的影响，不严格遵守伊斯兰教义和义务（如一日五次礼拜的义务），对伊斯兰教的宗教信仰比"桑特里"正统穆斯林宽容，不去指责他人的行为是否符合宗教要求。这一派别热衷于各种仪式诸如生日时吃喝粥、葬礼时供薄饼等，在对周围世界的看法上，关注的范围局限于家庭和家族。[2]诚然，分布在印尼外岛的"桑特里"正统穆斯林派别对伊斯兰教信仰的虔诚程度，远高于分布在爪哇中心地带的"阿班甘"名义穆斯林派别，前者有着更为强烈的宗教感情。爪哇中心地带的名义穆斯林是主体族群，而外岛的正统穆斯林是少数族群，两个派别之间对伊斯兰教的信仰不同所导致的文化传统差异，在民族独立运动前已经延续了很长时间，两个派别之间的对立和冲突给印度尼西亚独立后政治现代化进程中共有文化价值观体系的形成带来了重大挑战，外岛正统穆斯林地区如亚齐、伊里安查亚、马鲁古和加里曼丹的少数族群分

---

[1]　印度诗人泰戈尔曾经访问爪哇并写过一首长诗，强调了印度文化对东南亚深刻而长远的影响。在这首诗中，泰戈尔写道："在那阴暗的、遥远的、未被记录的年代里/我曾经和你相遇/那时候我的语言混杂在你的语言中/我的生命融合在你的生命里。"

[2]　参见范若兰等：《伊斯兰教与东南亚现代化进程》，中国社会科学出版社2009年版，第122页。

离主义运动成为文化层面政治制度化建设面临的最大难题。就位于苏门答腊岛最北端的亚齐地区而言,"1946年后,连贯的上层人士在亚齐的牢固统治和单一的思想意识(伊斯兰教),使亚齐在革命期间成为印度尼西亚最稳定的地区。但是它也使亚齐同印度尼西亚其他地区保持一定的距离,因为在后来的年代里当其他地区争论伊斯兰教是否应该统治国家时,在亚齐伊斯兰教早已占据统治地位了"。[1]民族独立运动前亚齐地区的社会文化变迁为独立后的"自由亚齐运动"民族分离主义运动奠定了社会文化基础。

在泰国,战前泰国的多元文化社会主要是由信仰佛教的泰裔多数族群、华裔少数族群和穆斯林少数族群族构成。泰国战前多元文化社会的最重要部分是以佛教为宗教信仰的主体族群,另外也存在着信仰伊斯兰教的泰国南部穆斯林少数族群和信仰原始宗教的泰国北部山民。泰裔多数族群与泰南穆斯林少数族群、泰北山地族群二者之间的文化差异延续了几百年的时间,正如有学者指出的那样,"在泰国,民族文化的差异在很大程度上源于宗教信仰的不同,这种不同又与各民族在现代化进程中所处的阶段相关联。泰族的现代化程度较高,因而其宗教信仰与社会生活的关系基本上是建立在现代性基础上的。马来族的传统性特别顽强,其伊斯兰教信仰与社会生活完全交织在一起而难以区分,但与此同时也不能不受现代性的影响。山地民族总的来说是原始宗教信仰与封闭落后的生活相适应,现代性的影响极其有限"。[2]可见,泰国的佛教主体族群与泰南穆斯林少数族群、泰北山地少数族群之间的文化差异构成了战后泰国在多元族群社会中进行国家层面价值体系建构的现实基础,它们之间的对立和冲突则成为影响战后泰国政治发展中国家能力建设的异质文化基础。

在马来半岛,民族独立运动前马来西亚的多元文化社会构成与印度尼西亚相似,主要是由马来裔多数族群、华裔少数族群和印度裔少数族群构成。但是,事实上由于印度裔少数族群对马来化政策较容易接受,内部成分复杂,对自身族群的认同感不像华裔族群那样强烈,再加上印度裔族群比华裔族群更具有流动性和不稳定性,因此自殖民地时期马来西亚族群关系的主导因素

---

[1] [澳]梅·加·李克莱弗斯:《印度尼西亚历史》,周南京译,商务印书馆1993年版,第298页。转引自陈衍德等:《全球化进程中的东南亚民族问题研究——以少数民族的边缘化和分离主义运动为中心》,厦门大学出版社2008年版,第76页。

[2] 陈衍德等:《全球化进程中的东南亚民族问题研究——以少数民族的边缘化和分离主义运动为中心》,厦门大学出版社2008年版,第162~163页。

是马来裔多数族群和华裔少数族群两大族群之间的关系,印度裔少数族群在三大族群之间的关系中不起决定性的作用。从13世纪开始,伊斯兰教开始在马来半岛逐渐得到传播,到15世纪中叶以后,实行封建君主制的马六甲王国发展成为东南亚地区的海上商业中心,并对伊斯兰教在半岛地区和海岛地区的传播起到了极大的推动作用。马六甲王国作为东南亚伊斯兰教的中心曾被称为"小麦加",其众多属国也皈依伊斯兰教,包括半岛地区的彭亨、吉打、丁加奴、北大年和海岛地区的苏门答腊、爪哇部分地区。这一时期,马来半岛的原住民接受伊斯兰教既有政治利益的考虑也有商业利益的因素,从政治上看,马来半岛地区统治者是为了摆脱暹罗的控制、海岛地区统治者则是为了摆脱室利佛逝的控制;从商业上看,无论马来半岛地区还是海岛地区统治者的利益都与海上贸易相关,接受伊斯兰教有利于吸引更多穆斯林商人以获取更多商业利益。17世纪西方殖民者开启了侵略马来半岛的时代,但是西方现代政治制度只具有外部框架的意义,在现代政治框架下运行着的仍然是伊斯兰教的政治文化。诚然,马来半岛的伊斯兰文化传统与中东正统的伊斯兰文化存在着一些区别,其区别主要表现在宗教仪式和行为方式上,这是因为,马来半岛的伊斯兰文化传统是13世纪传入马来半岛的中东正统伊斯兰教和本土万物有灵观念、祖先崇拜等观念相融合的产物。

马来西亚民族独立运动前马来裔族群和华裔族群二者之间的宗教文化差异延续了较长时间,马来族和华族两大族群分立的现象,是与英国殖民者为了便于统治对马来西亚采取的"分而治之"的种族分工体制紧密联系。在英国殖民者"分而治之"的种族分工体制中,一方面任命有势力的华人为"甲必丹",负责从事商业、服务业以及矿业等的华人社会;另一方面任命苏丹贵族统治马来农民,并吸收马来精英在政府机构任职。这一种族分工体制导致了在马来西亚政治、经济、宗教和语言多种叠加型异质社会的形成,也导致了马来裔族群和华裔族群两大民族关系的不平等[1],"马来亚三大种族不但

---

[1] 这种不平等地位在1957年8月31日马来亚联合邦独立时由宪法的形式正式确定下来,这种现象在东南亚其他国家乃至世界各国都是罕见的。马来亚联合邦独立时,联盟党内代表三个种族的三个政党,即1946年成立的马来族政党巫统、1949年成立的华族政党马华公会和印度族政党印度人国大党,经过激烈的讨价还价最终达成妥协:马来人对非马来人的公民权要求作出让步,非马来人则无限期地承认马来人的特殊地位。这一原则成为马来西亚独立建国的基石,直接反映在《马来西亚联邦宪法》中。

在语言、文化、宗教等各方面的差异继续存在，而且在职业分布和居住区域方面也形成各自的特点，在政治权利方面也不平等，种族分裂的社会特征日益明显，马华两族在政治、经济及文教等领域基本上都是各自发展，各自都保留了自己传统的社会生活，彼此之间接触交流很少"。[1]马来裔族群和华裔族群两大族群矛盾在英国殖民统治时期形成的根本原因是，华人在殖民经济中及时抓住发展机遇，积累了大量财富，取得了在商业和制造业领域的主导地位，因此贫困的马来裔族群认为是华裔族群剥夺了自己的财富，于是把对资本统治的不满发泄到华裔族群身上。在二战期间，马来裔族群和华裔族群之间的矛盾在日本对马来亚三年多的殖民统治时期日益凸显，这是因为这一时期日本殖民者"以马来人抑制华人"的政策导致了华裔族群对马来裔族群的仇视和马来裔族群对华裔族群报复的恶性循环，两大族群之间的尖锐对抗继续恶化。应该指出的是，马来西亚殖民地时期的族群关系在很大程度上决定了二战后马来西亚多元族群关系的发展脉络，即马来多数族群和华裔少数族群之间的矛盾和对立构成了马来西亚独立后政治发展中文化价值观整合面对的核心挑战，也使马华族群关系问题成为独立后马来西亚国家能力建设的重要异质文化基础。

二、政治发展中国家能力建设的历程

应该说，东南亚国家政治发展和政治现代化真正开始于二战结束和民族国家独立之后，随着东南亚各国政治发展的演进，国家能力建设也经历了不同的发展阶段，主要包括独立之初的国家能力建设、威权政治时期的国家能力建设和民主转型中的国家能力建设三个阶段。第一个国家能力建设阶段是独立之初的多元化的国家能力建设，从战后独立到20世纪50、60年代末。在这个阶段，东南亚国家实施了西方式议会民主制的国家能力建设形式，即多元化的国家能力建设，其政治体制的特征为竞争性与多元化政治结构的引入。第二个国家能力建设阶段是威权政治时期的国家能力建设，从20世纪50、60年代末到80年代末。在这个阶段，东南亚国家运行了强化国家权力的国家能力建设方式，即一致性国家能力建设，其政治体制的特征为集中的强

---

[1] 陈衍德主编：《多民族共存与民族分离运动——东南亚民族关系的两个侧面》，厦门大学出版社2009年版，第192页。

制性权力的行使。第三个国家能力建设阶段是民主转型中的国家能力建设，开始于20世纪80年代末、90年代初以来的后威权政治时期。在这个阶段，东南亚国家采纳了国家权力相对弱化的国家能力建设路径，即宽松式国家能力建设，其政治体制的特征为国家权力向社会开放的现代元素的增加。

必须指出的是，对于从传统向现代转型的后发展国家来说，政治发展和政治现代化的终极目标是获取政治秩序、防止政治衰败，政治发展的核心问题是国家能力建设，但是国家能力建设方式的选择应该有所不同，各个国家的不同的历史、社会、文化的生态环境决定了不同国家能力建设方式都有存在的合理性。自人类进入现代化进程以来各国的国家能力建设方式可以分为两种类型，即先发展国家的国家能力建设方式与后发展国家的国家能力建设方式。先发展国家的发展动力来自政治体制内部的内源性动力开拓出一条西方式民主政治体制发展模式，现阶段这些国家的国家能力建设方式，表面上存在着弱化国家权力的多元化国家能力建设方式优先于强化国家权力的一致性国家能力建设方式的选择，有学者在对先发展国家和后发展国家政治发展道路进行对比后发现"老牌国家或平坦或曲折的政治发展都花了几百年的时间。它们的政治发展道路并不完全一样，但在大众政治参与的要求产生之前，它们的领土已经通过军事征服或其他手段得到固定，制度已经形成并日趋完备"。[1]相比之下，后发展国家由于落后的社会经济基础，其发展的动力主要来自先发展国家的示范效应的推动，其结果是，后发展国家政治发展中的国家能力建设形成了"转型问题"即"现代化"问题或称"发展综合征"，其中最为值得关注的是权威力量的断裂以及传统与现代价值原则的冲突，等等。因此，对后发展国家而言，首要的是，加强国家能力建设以强化国家公共权威力量和形成现代化转型期的政治秩序。至于在后发展国家政治发展的不同阶段，选择强化国家权力的一致性国家能力建设方式，还是选择弱化国家权力的宽松式国家能力建设形式，则要取决于各个后发展国家现代化发展的不同阶段。后发展国家政治发展中的国家能力建设只有符合一国的发展实际，才能在宏观社会政治环境中加强公共权威力量，也才能实现族际整合中（国家）一体与（族群）多元的协调统一。

---

〔1〕［美］罗伯特·W. 杰克曼：《不需暴力的权力——民族国家的政治能力》，欧阳景根译，天津人民出版社2005年版，第12页。

(一) 独立之初的多元化国家能力建设

第二次世界大战加速了殖民体系的崩溃，战后东南亚国家纷纷取得独立地位。1945年印度尼西亚宣布独立，1946年菲律宾宣布独立，1957年马来亚独立，1963年马来亚、新加坡、沙捞越和沙巴组成马来西亚联邦，1965年新加坡脱离联邦，成立独立的新加坡共和国。泰国是本书涉及的东南亚五国中唯一没有遭遇西方殖民者统治的国家。东南亚国家在二战结束和民族独立运动以后，最初选择了西式竞争性民主政体的多元化国家能力建设模式。这一时期是东南亚国家能力建设的初步发展时期，多元化国家能力建设是国家能力建设的初始阶段。多元化国家能力建设从战后独立持续到20世纪50、60年代末。虽然东南亚各国所选择的国家能力建设方式存在差别，但是独立之初东南亚国家的多元化国家能力建设具有鲜明的共同特征，即效仿西方式议会民主制与多元化政治结构。在民族独立运动以后的大约20年时间里，马来西亚、泰国、印度尼西亚、菲律宾等东南亚国家照搬西式竞争性的多元民主政体。马来西亚独立后从1957年开始实行英国式的君主立宪制。泰国在二战结束后开始实行西方多党制政治制度。印度尼西亚在1945年建立了多元政治结构，实行多党议会制度。[1]菲律宾独立后在1946年实行了两党制和总统制，与美国的政治制度非常相似。

马来西亚在民族独立运动后建立了君主立宪制政体，基本上是英国议会制度的翻版，国家元首是苏丹，属虚位元首，国会分为上下两院，政府是最高行政机构，总理是最高负责人、由下议院多数党领袖担任。在政党政治方面，马来裔族群领导人、华裔族群领导人和印度裔族群领导人分别建立了自己的政党，1946年马来裔族群的民族主义政党"马来民族统一机构（UMNO，United Malays National Organization，简称"巫统"）成立，1949年华裔族群政党"马来亚华人公会"（MCA，Malayan Chinese Association，简称"马华公会"）和印度裔族群政党"印度国大党"成立。从1955年开始，巫统、马华公会和印度国大党组成"马华印联盟"，三党联盟执政，由巫统主席东古·拉

---

[1] 印度尼西亚于1945年宣布独立后议会民主制作为国家的政体就已经被确立下来，然而由于国家在其后的几年中 依旧处于反殖与争取独立的战争状态，从1945年到1949年议会民主并没有得到真正付诸实践，这一时期政治发展最重要的体现是政党政治的不断发展，如印度尼西亚民族党、伊斯兰教士联合会、马斯友美党等很多民族独立运动前的民族主义组织成为独立后政党的前身。

赫曼组成政府。在族群政策层面上，联盟执政的三党之间达成了协议，即马来民族统一机构（即巫统）对华裔族群的经济优势给予保护，作为交换条件，华裔族群政党马华公会承认马来裔族群在政治和文化上的传统特权地位。这样，"马来西亚独立后，东古·拉赫曼政府奉行的是温和的种族平衡政策，即使马来人掌握政治上的优势，让华人专心从事经济生活，让印度人在劳工界表现实力，以此来维护这个新生的多元族群国家的统一与稳定"。[1]

马来西亚这一族群平衡原则承袭的是从殖民地时期就存在已久的马来西亚传统族群关系，然而，这种传统族群关系却与当时马来西亚所实行的英国式多元民主政治发生了冲突。按照英国式民主制度，各个族群都可以通过民主选举程序参与政治、分享权力，这显然与族群平衡政策中要保持马来裔族群的政治特权相矛盾，有可能打破在马来西亚传统的族群平衡原则。因此，英国式民主制度很难维护传统族群关系和马来裔族群的传统特权地位，这给刚刚进入政治现代化进程中的马来西亚带来了族群冲突和政治不稳定的威胁。事实证明，在反对党影响力日益扩大的情况下，英国式民主制度的游戏规则使得马来西亚的族群矛盾进一步扩大，"1969年大选时出现的最具破坏性的是种族政治。在这方面，马来西亚最少倒退20年。即使在殖民地时代，宗族及宗教问题并不像1969年选举时那么受到注意和强调"。[2] 在1969年大选中，巫统和马华公会的这两个马华印联盟中主要政党的支持率急剧下降，英国式的多元民主制度又为反对党提供了施展政治影响的空间。对巫统和马华公会形成挑战的主要反对党，既包括夺走马华印联盟党核心巫统在丁加奴、吉打等地区大部分选票的伊斯兰教党，也包括代表华裔族群民间力量的民主行动党，民主行动党在吉隆坡所在地的雪兰莪和槟城占有了将近全国一半的选票。这一大选结果被马来裔族群认为是对其政治特权地位的威胁，从而刺激了马来裔族群，最终导致了"5·13"种族流血冲突的爆发。1969年5月13日，获胜的非马来裔反对党在吉隆坡举行选举庆祝游行，巫统极端分子纠集马来裔族群以武力对付华裔族群，马华族群流血冲突就此爆发。此后，马来裔族群在吉隆坡到处纵火屠杀，华裔族群死伤惨重，1969年5月15日马来西亚全

---

[1] 韦红：《东南亚五国民族问题研究》，民族出版社2003年版，第101页。

[2] ［马来西亚］谢诗坚：《马来西亚华人政治思潮演变》，友达企业有限公司1984年版，第151页，转引自陈衍德主编：《多民族共存与民族分离运动——东南亚民族关系的两个侧面》，厦门大学出版社2009年版，第192页。

国进入紧急状态。这一事件使马来西亚各个族群深切地感受到，维持族群和谐对国家稳定和经济发展具有重要的意义。此后，马来西亚国家领导人和各族群领导人经常以该事件为前车之鉴，提醒全社会必须维护和加强族群和睦共处，促进多元社会的和谐稳定。[1]这是马来西亚历史上最严重的族群冲突事件，这一事件迫使马来西亚从西方式民主议会制转向强化国家权力的一致性国家能力建设方式，1970年9月，拉赫曼被迫辞职，拉扎克接任马来西亚总理，开始了以"一党独大制"为核心内容的威权政治时期的国家能力建设。

在泰国，二战后初期国王、内阁、佛教及军人集团等传统政治势力使西方多党制度的存在空间受到很大限制。在泰国的民主政治试验中，政党成为了传统政治势力谋求派系利益或私人利益的工具，而与任何广泛的政治体制的自主性公共利益脱离联系。泰国政党在这一时期尤其成为立法机构内部的一个临时组合，政党竞争的目的在于控制议会，而不是作为具有现代性特征的政治体制框架内的政治动员机制。在民主政治试验中的泰国，"当政党存在的时候，'也很少或者没有议会以外的组织。通常，每个党员必须在自己的活动范围内尽力争取当选；政党标签不是主要的。政党从来也不代表有实力的社会势力，而只是统治阶级上层内部的小集团或一批个人'……派系都着眼于操纵议会而不着眼于选区的竞选活动。派系是议会的组织而不是选举的组织。通常它们由在议会内部胜利当选的候选人组成，而不是选区内抱有当选希望的候选人为争取当选而组成。候选人是根据他们的社会或经济地位、号召力而被作为个人当选的"。[2]这里的"统治阶级上层"即指国王、强内阁、佛教及军人集团等传统政治势力，传统政治势力的存在使得战后初期泰国西方多党制度的发展受到了很大限制，最终导致民主政治试验遭遇失败和多元化国家能力建设遭遇挫折。1958年10月军人沙立建立起以沙立为核心的威权主义政权，使军人统治成为威权政治时期泰国政治的重要特征。

印度尼西亚于1949年同荷兰签署《圆桌会议协定》，这标志着荷兰在印

---

[1] 参见陈衍德主编：《多民族共存与民族分离运动——东南亚民族关系的两个侧面》，厦门大学出版社2009年版，第201~204页。

[2] [美]塞缪尔·P.亨廷顿：《变动社会的政治秩序》，张岱云等译，上海译文出版社1989年版，第446页。

第二章 东南亚国家政治发展中国家能力建设的基础与历程

尼300多年殖民统治宣告结束。[1]印度尼西亚在独立后开启了多元主义的政治制度化建设阶段,实行议会内阁制政体,这是荷兰放弃对印度尼西亚主权的条件之一,即在独立后的共和国内建立一个联邦的国家结构形式。印度尼西亚国家的大部分权力掌握在以总理为首的内阁手中,而内阁由议会中的多数党组成,这是一个以政党为基础的内阁制政府结构。在这种政体形式下,各党派之间分歧很大,政党基本上不代表利益集团的诉求,更多地代表多元族群宗教的力量,如"伊斯兰教师联合会"是印度尼西亚历史上最悠久的政党,属于原教旨主义穆斯林或正统穆斯林;"印度尼西亚民族党",由印度尼西亚的"开国之父"苏加诺创建,属于具有浓厚世俗色彩的名义穆斯林。印度尼西亚民主政府认为族群问题可以通过让各团体在开放的政治氛围中加以解决,各个族群可以通过多党制来表达自己的观点,族群冲突也可以在议会中通过协商和妥协来解决。但是,事实上"印尼这一时期并没有因为民族国家独立而真正统一起来,幅员辽阔、族群众多和政治、经济利益不一致使印度尼西亚处于分崩离析的状态,政党斗争、军队斗争和打着伊斯兰旗号的地方叛乱加剧了这种分裂"。[2]应该说,多党制难以形成统一意见,未能如想象中那样有效化解族群矛盾和冲突,印度尼西亚独立初期的政党冲突和传统族群宗教冲突结合在一起,传统族群宗教因素的介入使得政党政治的分裂程度进一步加深,这无疑削弱了国家权力的公共性和国家政治共同体的公共利益。无论是从1950年到1956年印度尼西亚历届政府的多党联合执政时期,还是从1957年到1965年印度尼西亚进入苏加诺"有领导的民主"的体制时期,政党之间以及政治势力之间的分歧都使得政府更迭频繁,导致国家权力过于弱化和政府效能降低,很大程度上降低了政治制度化水平。1966年,大规模种族冲突——"9·30事件"爆发,以苏哈托为首的军人集团夺取了政权,印度尼西亚进入威权政治时期,开始了强化国家权力的一致性国家能力建设阶段。

---

[1] 尽管1945年8月17日苏加诺已向全世界宣布印度尼西亚独立,但是从1945年9月起荷兰在英国的帮助下开始重返印尼并快速发动战争镇压新独立的印尼政权。1949年联合国安理会出于稳定东南亚的战略目的要求荷兰释放印尼领导人,并与荷兰进行谈判。1949年8月23日召开由印尼共和国、印尼各邦区、荷兰和联合国印尼委员四方共同举行的圆桌会议,并于11月2日会议达成了《圆桌会议协定》,协定规定荷兰最迟在1949年12月30日前向印尼共和国移交国家主权。在经过长期的民族独立战争及运动后,1950年8月15日苏加诺总统宣布统一的印度尼西亚共和国成立。

[2] 范若兰等:《伊斯兰教与东南亚现代化进程》,中国社会科学出版社2009年版,第147页。

"菲律宾第三共和国"在1946年7月4日由美国宣布独立,其政治体制效仿美国的三权分立,国会拥有立法权,总统拥有行政权,法院拥有司法权。在此后到1972年的26年的多元化政治制度建设中,菲律宾由自由党和国民党两党轮流执政,从形式上形成了两党政治的政治格局,[1]在政党体制上完全继承了美国殖民统治时期的政治遗产。诚然,美国在其前殖民地菲律宾政治生活中发挥着巨大影响,"菲律宾实行的是美国人主持制定的宪法,美国式的两党制,美国式的总统制,定期的议会和总统选举……尽管这些舶来货在菲律宾的再版已经与原版相去甚远,有了很大程度的失真,然而这套制度所带来的美国牌号和印记仍能使它的设计者津津乐道……如果一个刚刚获得独立的第三世界国家能够成功地移植西方的民主制度,并能独立地、顺利地、有效地运转,那的确是一种奇迹。然而,遗憾的是,在菲律宾独立以后的最初26年里,政治发展的方向盘并没有掌握在菲律宾人手里。政治舞台上的演员是菲律宾人,而后台的导演却是美国人。在这期间的每一次总统大选中,我们都会看到在每一个雄心勃勃的菲律宾总统候选人身后都站着美国总统"。[2]美国历届政府通过对菲律宾这个仿照美国实行总统制的国家的总统以及总统大选的控制,操纵菲律宾政党政治的运行以维护美国在菲律宾的政治利益。美国对菲律宾总统以及大选控制的主要方式包括给亲美总统人选以极大的经济支持、操纵美国和菲律宾两国的媒体大力宣传亲美候选人以及利用军队、外交等途径对菲律宾大选进行控制。可见,菲律宾两党制的一个重要特征是它不是菲律宾政治现代化的内生产物,而是美国在菲律宾实现其政治利益的一种政治安排。菲律宾从1946年独立建国到1972年马科斯开始威权主义的政治发展阶段为止,共有六任总统(包括四任总统和两任位继任总统),其中五位总统都是亲美总统,这五位总统是罗哈斯、季里诺、麦克塞塞、马卡帕加尔和马科斯。唯一的一位提出"亚洲人的亚洲"口号的民族主义总统加西亚,由于在其任期内推行以限制美国商品进口的外汇管制和进口

---

〔1〕 这是一种"只为选举而选举"的政党政治,以国民党和自由党为例,两党都没有明确的政党纲领和意识形态划分,党内分裂频繁,叛党和转党现象屡见不鲜。比如在1953年大选前,季里诺和麦格赛赛在总统候选人问题上发生冲突,麦格赛赛退出自由党,加入了国民党以参加竞选,麦格赛赛战胜季里诺。1965年总统竞选前,马卡帕加尔和马科斯在自由党内因总统候选人发生矛盾,马科斯退出自由党,转而加入国民党,并击败马卡帕加尔成为总统。每次总统选举都存在着收买选票、选民登记和计票作弊、暴力威胁、流血冲突等现象。

〔2〕 张锡镇:《当代东南亚政治》,广西人民出版社1995年版,第200页。

第二章　东南亚国家政治发展中国家能力建设的基础与历程

管制，遭到了美国成立的反加西亚联盟的政治压制，其结果是由亲美势力的总统马卡帕加尔取代。

从以上对菲律宾独立之初的国家能力建设分析可见，由于菲律宾宗教、家族和人情等多元、异质的传统因素占据很大优势地位，没有西方发达国家同质化程度很高的社会政治文化特征，这使得竞争性的两党制最终成为在美国政治控制下的各个派别间争权夺利的工具，这加剧了社会原有的分化。正如菲律宾独立之初民主政治试验政治领导人所言："菲律宾的政界领袖经常在两个主要政党之间来回转移。地方领导人常常参加赢得全国选举的政党，国家一级的领导则根据自己的选举前景，由一个政党转至另一个政党。'你了解我们这儿的情况'，有个领导人这样说：'……我们只有私人利益，没有对党的忠诚。只要符合我们的利益，我们就转党。人人都是这么办的。'"[1]马科思在1972年开始了以"军管"为主要内容的威权主义的政治发展阶段，菲律宾的美式两党制时代正式终结。

总体而言，从战后初期东南亚各国多元化国家能力建设的效果看，绝大部分国家独立之初民主政治试验普遍遭遇失败，给东南亚国家带来了族群冲突和政治动荡，这致使独立之初选择的西式竞争性的多元化国家能力建设遭遇挫折。究其根源，多元化国家能力建设在东南亚国家面临水土不服的问题，独立之初的东南亚国家有着自己的政治、社会和文化基础，即民族独立运动前纵向的传统政治结构和传统政治文化、经济社会发展的不平衡性及多元族群和多元宗教带来的社会文化的多元异质性，在独立初期的国家建设中突出表现为马来西亚的族群隔离、印度尼西亚的族群分裂、菲律宾的家族政治等问题，这些重大问题在以多元民主制为载体的多元化国家能力建设中难以形成一致意见，并进行有效统治。概而言之，多元民主政治体制的引入带来了社会多元力量表达过度的结果，导致独立之初东南亚国家民主政治试验不利于政治共同体的"横向"一体化并带来社会的断裂，集中表现为这一时期处于竞争中的政党只代表各个党派中的私人利益而不代表国家的公共利益，致使西式竞争性的多元化国家能力建设遭遇挫折，"民主和民主化甚至是鼓励了断裂和身份政治的产生。他们还会以多数至上（majoritarianism）和怨恨的方

---

[1] [美]塞缪尔·P. 亨廷顿：《变动社会的政治秩序》，张岱云等译，上海译文出版社1989年版，第444页。

式表现出来。如果在民主的过程中，宗教、种族和民族上的少数派没有觉得自己得到了代表，冲突就可能发生。特别是在存在种族裂痕和民族统一要求压力的情况下，民主过程会因为身份政治的复兴而受到威胁"。[1]

应该说，多元民主政体在独立之初东南亚国家受挫的直接原因是"无根"的民主"滥用"民主的形式所导致的政体缺陷。由于后发展多民族国家社会文化异质性程度高的特征，以多党制为核心内容的政治体制形成了多元化的政治力量，分解了政治效能。独立之初东南亚国家传统政治结构盘根错节，缺乏推行西式多元民主政体的社会生态环境即先发展国家的同质化社会条件。突出多元社会利益的西方多元民主政治体制本身是一种分化的力量，它的成功展开需要同质性的社会文化生态环境，正如在弗雷泽看来，"时至今日，虽然每个人都宣称支持民主，但'民主'仍然是一个备受争议、见仁见智的语汇……民主参与的两种不同障碍：一种障碍是社会不平等；另一种障碍是对差异的错误承认"。[2]也就是说，在西式民主制度的生成路径中，预设了对某些不应该承认的差异的承认，也就是弗雷泽所谓的"对差异的错误承认"，这也是西式民主政体的最大缺陷，即放大了多元社会的差异性，使西式民主政体具有撕裂社会的"异中加异"的政治效能。美国多元民主理论代表人物罗伯特·达尔认为，由于现代化进程的复杂性产生了对不同利益集团之间妥协与合作的需求，现代西方民主政体下国家应当承担起协调与平衡社会各利益集团之间力量的功能，罗伯特·达尔早就注意到了存在于美国民主政体中的重大缺陷，"政治阶层各个部分的独立性、渗透性和异质性几乎保证了任何一个有不满情绪的群体都会在政治阶层中找到代言人，但是拥有代言人并不能确保这个群体的问题可以借助政治行动得到解决。政治家们也许不明白如何能通过采取支持某项议题的立场来获益；由政府采取的行动似乎看上去完全不合时宜；用来处理不满情绪的政策可能会受到阻挠；解决方案的设计或许并不恰当"[3]。

---

[1] [日]猪口孝、[英]爱德华·纽曼、[美]约翰·基恩：《变动中的民主》，林猛等译，吉林人民出版社1999年版，第17页。

[2] [美]南茜·弗雷泽：《正义的中断——对"后社会主义"状况的批判性反思》，于海青译，上海人民出版社2009年版，第183页。

[3] [美]罗伯特·达尔：《谁统治？——一个美国城市的民主和权力》，范春辉、张宇译，江苏人民出版社2011年版，第102页。

第二章　东南亚国家政治发展中国家能力建设的基础与历程

从独立后东南亚国家多元化国家能力建设遭遇挫折的现实可见，西方多元民主政体不仅不能适应后发展多民族国家现代化进程中存在的多元异质的传统社会力量的政治现实，反而由于后发展多民族国家在传统社会中原本存在的较高社会异质性超出了民主制度能够容纳的限度，从而加剧了这些国家的社会差异程度，降低了政治吸纳能力和国家能力水平，因此无法对多元异质社会实现有效整合。现代多党民主制对这些后发展国家起到的分裂作用，使得各种多元社会力量不能被吸纳进政治体制之内，不能有效达成现代与传统、一体与多元之间的协调统一，于是导致了多元化民主政治试验的失败并引发了族群冲突的后果。必须指出的是，后发展多民族国家的政治发展是从传统政治向现代政治转型的政治现代化的结果，表现为以现代性为核心的社会秩序不断展开的过程，关于传统的和现代的社会秩序之间的差异，帕森斯认为，"在传统社会里地位是由归属因素决定的，而在现代社会里，则以成就标准为主。传统体系下的角色关系在行为的所有方面对于任何关系都是重要的这一意义上，倾向于是功能扩散的。而现代体系中的关系则在只以维持体系的效能为限的意义上，倾向于是功能专业化的。同样，在传统体系里，正常关系的基础是特权的，而在现代社会中则是平等的"。[1]因此，在后发展多民族国家的政治发展中，这些国家要想随着现代化进程的不断深入处理好现代与传统二者之间的关系，就必须在国家能力建设中使得传统性与现代性二者之间达成一种动态平衡和协调统一，只有这样的政治发展模式才能更好地适应各个后发展国家的社会生态环境，也才能推动政治发展中国家能力建设的持续和有序展开。

相比之下，在工业社会中西方多元民主政治能够形成整合社会秩序的效果，是因为社会内部已具备了一系列历史发展过程中自然产生的支持性条件。这些条件包括市场经济导致的社会结构的分化和分工，在这种社会分工基础上产生的独立的利益集团和代表不同利益集团的政党，大众传播手段的多元化及国民高度的政治参与程度和参与能力。这些基本条件可以概括为两点：一是个体高度自治的契约性人际关系的充分发展；二是社会结构的高度分化

---

[1]　[美]鲁恂·W.派伊：《政治发展面面观》，任晓、王元译，天津人民出版社2009年版，第79~80页。

和多元化,即罗伯特·达尔意义上的民主社会的先决条件。[1]只有在上述社会条件彼此配合和协调的情况下,诉诸公意表达的多元民主制度,才有可能产生得到被绝大多数被统治者认可的执政党及其政策措施,并由此整合多元化社会,维系社会稳定。工具意义上的民主政治是一种用来调节社会个体及群体之间利益交换和利益综合关系的制度设计,它必须"建立在一种讨价还价过程的基础上,在此过程中,各方面的特殊利益都得到尊重,政治家则寻求再把各种利益汇总到各个政策混合体中扮演一个经纪人的角色。从特殊利益和一般利益之间的紧张斗争中,既会产生出民主政治的动态基础,也会产生出能把多样性和灵活性塑造成为一个现代政治体的统一和力量的基本共识"。[2]

由此可见,西方民主政体在东南亚地区后发展国家失败的原因是,在这些国家现代化进程中普遍存在着"发展综合征",这种"发展综合征"产生于先发展国家对后发展国家的示范效应,在新独立的后发展国家"创造了新兴国家的民族主义、反殖民主义的斗争建构在源于老牌帝国主义国家强调代表制的民主理念的基础上。对代表制的强调本身引发了大众参与的要求并使它日趋高涨"。[3]但是当传统政治结构在独立后不可避免地崩解之后,这些国家内部与传统社会生态相适应的社会关系模式,都没有因此发生根本性变化,"它也反映了直接依靠独立获得权力的西化领导阶层,在自己的社会中没有很深的根基。世界主义的因素在缅甸、印度尼西亚、柬埔寨甚至印度这些国家,已不得不对各自社会更为地方化的因素作出让步"。[4]在这样一种情况下,先发展国家的发展历程并不能为后发展国家提供一个清晰的蓝图,这是因为"新国家中没有足够的权力适应政府的全部要求。一旦统治者意识到自身的缺

---

[1] 达尔提出了"多元政体"(Polyaychies)的理论。在多元政体中,团体利益多元化是达尔多元民主理论的基础,利益集团最终指向个人选择,个人通过所属团体追求自身利益,团体是放大了的个人,利益集团是个人利益的代表,参与选择公共决策者,其根本点在于保证社会意见表达的多样性。在西方国家,只有在此基础上的民主选择才是合理和公正的,这也是西方民主秩序的社会先决条件。(参见[美]罗伯特·达尔:《民主理论的前言》(扩充版),顾昕译,东方出版社2009年版。)

[2] [美]鲁恂·W.派伊:《政治发展面面观》,任晓、王元译,天津人民出版社2009年版,第41页。

[3] [美]罗伯特·W.杰克曼:《不需暴力的权力——民族国家的政治能力》,欧阳景根译,天津人民出版社2005年版,第13页。

[4] [美]鲁恂·W.派伊:《政治发展面面观》,任晓、王元译,天津人民出版社2009年版,第212页。

第二章　东南亚国家政治发展中国家能力建设的基础与历程

陷时，其他人也会随即意识到它们。一段时间里似乎相对稳固的法律和习俗准则，现在日益受到不受惩罚的挑战或忽视"。[1]这导致以多党制为核心内容的西式民主政治体制不但不能整合非自治的多元文化个体，它还过快过猛地取代了原来垂直隶属的传统权威结构，其结果是"一个又一个国家中深刻的权威危机。国家领导人和民族主义运动不容置疑的权威，已让位于更为有限的权力。未能实现许诺的目标使它对曾经自命不凡的权力的合法性产生了怀疑"。[2]正是这种"权威危机"无一例外地使得实行西式民主政体的国家陷入无序化和无组织化状态，可见，独立之初的东南亚国家客观上仍需要一种相应的上下相维的组织模式和权威模式，来实现彼此之间的社会整合。

（二）威权政治时期的一致性国家能力建设

在经历独立之初短暂"无根"的多元民主失败之后，东南亚国家在20世纪50、60年代开启了威权主义的政治发展阶段。为应对直接效仿西方议会民主制受挫带来的政治失序和社会动荡，东南亚国家开始了威权政治时期的一致性国家能力建设。一致性国家能力建设阶段从20世纪50、60年代末持续到80年代末，其普遍特点是强调自上而下的国家权力的行使，这一调整是东南亚国家从国家权力由分散到集中、从多数人参政到少数精英执政的调整。在经验意义上而言，战后世界范围内许多后发展国家存在着成功发展威权政体的实例。二战后在原有旧王朝或殖民统治崩溃基础上建立起来的新兴工业国家，最初采取了直接效仿西方多元民主制度的治国纲领，但是由于这些国家多元民主条件的不成熟，新建立的"无根"的多元民主政体没有达到整合国家政治秩序的作用。这是因为，后发展国家由于其发展动力是外源性的，在政治发展进程中的转型问题导致了传统权威的缺失。国家社会政治的无序和混乱最终必然会损害社会稳定和经济发展，"基本的问题不是自由，而是创立一个合法的公共秩序。当然，人们可以有秩序而没有自由，但他们不能有自由而没有秩序。必须先有权威，然后才能对它加以限制。而在那些进行现

---

[1]〔美〕鲁恂·W.派伊：《政治发展面面观》，任晓、王元译，天津人民出版社2009年版，第212页。

[2]〔美〕鲁恂·W.派伊：《政治发展面面观》，任晓、王元译，天津人民出版社2009年版，第213页。

代化的国家中，政府被离心离德的知识分子、飞扬跋扈的上校们以及骚乱闹事的学生所左右和摆布，少的恰恰就是权威"。[1]由此可见，后发展国家应该加强公共权威力量以保证社会的稳定和基本的秩序，力求维护一个新的具有现代化取向的、强调自上而下的国家权力的政治体制。

东南亚国家独立之初的多元化国家能力建设并没有发挥整合多元文化和维护多民族国家政治秩序的功效，这是因为多元化国家能力建设中实施的多元民主政体忽视了这些国家进入现代化进程的基础条件，即东南亚国家存在已久的权威主义政治传统、经济发展缓慢以及复杂族群宗教文化等。多元民主试验的失败为威权政治时期的一致性国家能力建设提供了契机，这种国家能力建设方式既是对自上而下的传统权威因素的承袭，同时又具有现代化取向。东南亚国家在威权政治时期取得了不同程度的经济增长和政治的基本稳定，这说明一致性国家能力建设方式在东南亚国家现代化进程的初始阶段普遍发挥了一定的积极作用。威权政治虽然不是东南亚各国政治发展的目标，在东南亚国家的现代化转型初期，面对着复杂的族群宗教文化和经济基础薄弱的现实，在维护政治秩序与社会稳定成为政治发展优先选择价值的前提下，一致性国家能力建设方式的选择成为东南亚国家政治现代化进程不可逾越的过渡阶段。必须指出的是，东南亚地区这个阶段所实施的"权威政治似乎是一种倒退，其实，那是符合社会历史进程的进步。……赢得人们的认可，关键是这种制度适应了当时……的社会条件和要求，诸如缺乏社会安全感、权威文化的根深蒂固、政治家素质的低下、民主意识的淡薄、中产阶级的不成熟……采用任何超越社会条件的制度都难免失败"。[2]概而言之，东南亚国家在经历近30年的威权主义政治发展后，均不同程度地实现了族群和谐、经济发展和政治稳定的目标。诚然，威权政治时期的一致性国家能力建设成效在本书所涉及的五个东南亚国家呈现出较大程度上的差异。

就政治体制的特征而言，东南亚国家威权政治时期的一致性国家能力建设方式是在结合本地区尊重自上而下权威政治传统的同时，又结合了现代性因素的一种特殊的建设方式。这种一致性国家能力建设方式是集传统性和现

---

[1] [美]塞缪尔·P.亨廷顿：《变动社会的政治秩序》，张岱云等译，上海译文出版社1989年版，第8页。

[2] 张锡镇、宋清润：《泰国民主政治论》，中国书籍出版社2013年版，第43页。

第二章　东南亚国家政治发展中国家能力建设的基础与历程

代性于一身的独特模式。威权政治时期的国家能力建设方式的出现是以传统主义的消亡为历史前提的，它与现代化进程相联系，代表新兴工业化势力的利益，担负着推进后发展国家或地区政治现代化的历史使命，选择一致性国家能力建设方式的国家大多都在形式上保持着现代民主制框架，国家能力建设主要是以执政党为依托发挥作用的。[1]也就是说，一致性国家能力建设与先发展国家的现代政治制度建设相比带有东方传统主义的特征，与传统主义统治相比又具有政治现代性特点，是政治现代性原则与东南亚国家传统社会资源相融合、并与后发展国家发展实际相结合的产物。一致性国家能力建设方式是在东南亚国家长期形成的东方政治文化传统和西方政治现代性二者之间长期兼容和结合的产物。由此可见，东南亚国家一致性国家能力建设方式兼具传统性和现代性的双重特征，某种程度上可以说，这种特殊的国家能力建设方式是传统的继续与现代的展开。就政党体制而言，这种一致性国家能力建设方式所依托的政治体制的核心内容是一党独大制的政党体制。有学者指出："这时出现的政治结构往往是把权力集中在少数人手中。统治精英在规模上已经缩小了，但与此同时，政府取得了尽可能大的影响力。"[2]

在新加坡，威权主义领导人强调良好政治秩序与稳定极其重要，只有社会处于稳定有序的良好状态中，经济发展才能有效地进行。李光耀认为，在东方，最重要的目标是建设一个井然有序的社会，让每一个人都能够享受到最大的权利和自由。[3]为达到经济发展所需要的社会稳定和有序秩序的目的，人民行动党强调良好的纪律和法治的重要作用。在独立后国家能力建设方式的选择问题上，李光耀认为，多元民主政治是在西方国家政治文化基础上产生的，不一定适合每个国家。李光耀强调政治上的独立自主性和政治发展道路应该符合本国发展实际，在如何评价西方式民主政体的问题上，他主张政治发展道路的选择必须与本国现代化进程的发展阶段相符，只有这样的国家能力建设方式才能带来良好的社会政治秩序，才能有效地整合多元族群和建

---

[1] 参见贾都强：《东亚政治发展的一种过渡形态：威权政治与现代化》，北京大学1999年博士学位论文，转引自陈峰君：《东亚与印度：亚洲两种现代化模式》，经济科学出版社2000年版，第84~85页。

[2] [新西兰] 尼古拉斯·塔林：《剑桥东南亚史》(II)，贺圣达等译，云南人民出版社2003年版，第335页。

[3] 参见 [新加坡] 李光耀：《李光耀回忆录：经济腾飞路1965—2000》，外文出版社2001年版，第525页。

构现代国家，在李光耀看来"除了几个例外，民主并没有给新的发展中国家带来好政府。民主没有导致经济发展，是因为政府并没有建立经济发展所需要的稳定和纪律"。[1]"我们不能把西方的政治发展过程和西方的标准全盘搬到新加坡的社会结构中。"[2]

在马来西亚，威权主义领导人马哈蒂尔面对独立后多元民主政体给马来西亚带来的政治失序和不稳定，坚决主张"亚洲不能全盘照搬西方的道德观念。相反，亚洲应当对它需要哪些方面的民主做出选择。一致性不应当成为亚洲民主的特色。应当容许每个国家实行符合本国人民特点和需要的民主。人民应当通过基本的民主进程决定他们需要什么样的和何种程度的民主"。[3]在马哈蒂尔看来，西方式的自由民主体制显然不适合经济尚不发达、族群问题突出的马来西亚。西方式的民主只有在与经济发展水平、社会结构变化一致时，才能有利于政治稳定和经济发展，威权政治时期马来西亚的经济社会发展情况还未达到与西方式民主相一致的水平，而且这类民主模式也不利于马来西亚族群宗教问题的解决。在一个过分民主自由的环境下，多元族群之间的矛盾很容易借助民主程序或各种民主手段变得更为尖锐。[4]马哈蒂尔提出，政治稳定是社会和经济发展的前提条件，他指出："倘若我们只是照搬一种在其他地方能够充分发挥作用的不同的民主体制，那么今天我们很可能会陷入极度困难的境地。我敢肯定，如果我们采用现成的民主体制，如美国的那种，那么今天马来西亚的总理可能就不会站在你们的面前了。他将忙于处理在马来西亚首都出现的骚乱和炸弹事件，揣度一个叫马来西亚的国家是否仍然存在。"[5]正是因为威权政治时期马来西亚的国家能力建设既结合了本地区尊重自上而下权威政治传统的同时，又结合了现代性的元素，才使马来西亚在这一时期维护了政治秩序和社会稳定，从而也为经济发展提供了一个较为理想的外部环境。

在泰国，威权主义者对"威权政权是政治秩序的保障"这一问题的认识，

---

[1] [新加坡]李光耀：《李光耀40年政论选》，现代出版社1994年版，第569页。

[2] [新加坡]李光耀：《李光耀40年政论选》，现代出版社1994年版，第203页。

[3] 北京外国语大学中国马来语教学中心编译：《马来西亚总理马哈蒂尔演讲集》，世界知识出版社1999年版，第41页。

[4] 参见韦红：《东南亚五国民族问题研究》，民族出版社2003年版，第115~116页。

[5] 北京外国语大学中国马来语教学中心编译：《马来西亚总理马哈蒂尔演讲集》，世界知识出版社1999年版，第19页。

也是从评价西方式民主政体开始的。泰国在对西方民主政治体制进行改造的同时，威权体制的领导人沙立对西方多元民主政治进行了批评，主张政治体制应该符合本国发展实际，主张民主的程度需与国家的物质文化条件相适应，他认为民主的本土化很有必要，因为事实表明，西方式多元民主给泰国带来的是政治和社会的失序，所以，"希望我们的民主就像一棵植物一样深深扎根泰国的土壤之中"。[1]沙立认为，战后泰国所实行的西方民主制没有为泰国带来发展，他反复强调发展的重要性，甚至明确地将发展同民主进行了排序，"国家最重要的是发展，而不是民主。换句话说，就是'发展先于民主'"。[2]在泰国的威权主义领导人看来，任何制度都必须服务于一个目标，这一目标就是社会发展，其具体体现就是经济增长和国家现代化。泰国威权政治时期政治体制最典型的特征就是总理沙立倡导的家长制。父-子家长式统治制度盛行于泰国素可泰王朝时期，素可泰开国之君西·因陀罗提（Sri Indraditya）的尊称是"国家之父"，他把君主和百姓比作父子关系，君主依靠德行来统治国家，保障人民的生活，而百姓要忠于君王，并服从君王的权威。这就是后来延续了几百年君主专制制度的传统文化基础，也是说，其总理沙立从家长政治的原则中去寻求权威政治的合法性，强调家庭对父权的认同与服从，使整个社会遵循"家庭服从家长、下属服从上级"的理念。在泰国威权政治时期的政治发展中，总理沙立把国王推到至高无上的地位，使国王成为凝聚国家各派力量的最高权威，政府就是王室权威体制中的重要组成部分。

总体而言，东南亚国家威权政治时期实施的一致性国家能力建设暂时缓解了多元冲突，政治效能明显提升，国家能力水平有了较大提高。从国家能力建设的特征而言，在威权政治时期东南亚国家实施了少数精英执政的、强调自上而下的国家权力的国家能力建设模式。具体来说，东南亚地区各国运用国家权力干预社会发展，既包括国家自身制度体系的建立、经济社会的发展，也包括国家核心价值体系的建构。在一致性国家能力建设模式中，对自上而下国家权力的强化主要体现在少数精英分子政治参与度高，其他社会政

---

[1] [新西兰]尼古拉斯·塔林主编：《剑桥东南亚史》（Ⅱ），贺圣达等译，云南人民出版社2003年版，第346页。

[2] [泰]素吉·彬明甘：《泰国政治的发展与演变：军人、政治组织与民众的政治参与》，朱拉隆功大学出版社1999年版，第221页，转引自任一雄：《沙立的民主尝试及其"泰式民主"》，载《东南亚》2001年第3期。

治力量参与度较低。需要指出的是，东南亚国家一致性国家能力建设方式强调的是国家权力的一致性，强调一致性优于多样性，显现出某些强制性的特征。显然，这种一致性国家能力建设方式与多元文化社会中多元利益要求存在着内在的必然矛盾，这决定了国家权力的强制性既有积极的作用，也存在着消极的影响。从一致性国家能力建设在新加坡、马来西亚、泰国、印度尼西亚、菲律宾这五个国家所取得成效的差异来看，在"适度"强化国家权力的国家，对国家能力水平的积极影响高于消极影响，国家能力水平较高；但是在过度强化国家权力的国家，国家权力过度干预社会发展，对国家能力水平的消极影响则更为明显，国家能力水平则较低。

具体地说，新加坡、马来西亚、印度尼西亚（威权前期）的一致性国家能力建设相对成功，泰国、菲律宾、印度尼西亚（威权后期）一致性国家能力建设不太成功。根据国家权力的"适度"运用对国家能力建设效果的正向和反向影响，威权政治时期的一致性国家能力建设大致可以分为"适度"强化国家权力的国家能力建设模式和过度强化国家权力的国家能力建设模式。前一种模式以新加坡、马来西亚、印度尼西亚（威权前期）为代表，后一种模式以泰国、菲律宾、印度尼西亚（威权后期）为代表。在现实政治发展中，在东南亚地区的不同国家抑或同一国家的不同发展阶段，国家能力建设产生了不同的效果。新加坡、马来西亚、印度尼西亚（威权前期）在以一党独大制为核心的政治体制中国家权力"适度"干预社会发展，主要体现为三个层面的统一与协调，即政治层面上政治参与与政治调控的协调统一、社会层面上经济发展和经济平衡的协调统一、文化层面上核心政治价值与多元文化意识的协调统一等方面，都取得了相对较好的效果，因此国家能力水平相对较高。相比而言，泰国、菲律宾、印度尼西亚（威权后期）虽然也运行了以一党独大制为核心的政治体制，但是由于国家权力过度干预社会发展，具体表现为政治层面上自下而上的政治参与不足与统治集团对政治权力的垄断，社会层面上垄断集团通过政治控制力垄断公共财富与实施忽视利益均衡的社会经济政策，文化层面上推行以行政手段人为消除少数族群与主流社会文化差异的"强制同化"的文化整合政策，这导致了这三个国家与新加坡、马来西亚相比国家能力水平相对较低。

（三）民主转型中的宽松式国家能力建设

第三个国家能力建设阶段是民主转型中的国家能力建设，开始于20世纪

80年代末90年代初的后威权政治发展阶段。在这个阶段,东南亚国家采纳了国家权力相对弱化的国家能力建设路径,即宽松式国家能力建设。宽松式国家能力建设,又可以分为"适度"弱化国家权力的国家能力建设模式和过度弱化国家权力的国家能力建设模式,前一种模式以渐进式民主转型的新加坡、马来西亚两国为代表,后一种模式以急进民主化转型的泰国、菲律宾、印度尼西亚三个国家为代表。总体而言,东南亚国家威权政治的民主化转型有多种表现形式,比如,实现从军人政府向文官政府的过渡、立法机构作用的加强以及民众和利益集团的空前活跃。不过,民主化转型最根本的标志是政党政治的迅速发展。20世纪80年代末以来,东南亚国家的政党政治开始朝向竞争型的多党政治发展。这表现在,在东南亚国家的民主化转型中,"一方面,反对党的力量日益增长,政党政治由一党独大向竞争性多党政治发展,大大推动了政治社会的转型进程;另一方面,随着政治社会转型的深入,政党的独立性和自主性日益增强"。[1]

在新加坡,民主化转型以一种"渐进式"的方式进行,同时它也是民主化进程中国家能力建设效果较好的国家。新加坡的民主化进程显示新加坡出现了向真正竞争性政党政治过渡的趋势,随着现代化的发展,新加坡政党政治发生了较大变化,表现为反对党在1988年大选以后日趋活跃,呈现出以一党为主的政党体制内多元化的趋势。在1990年的大选中,反对党获得了4个席位。新加坡国会于1991年1月在宪法中规定总统由选民直接选举。1993年8月,新加坡首先进行总统直选,这标志着新加坡在政治现代化方面迈出重要的一步,即向精英与制度并重的方向发展。[2]这说明,新加坡的政治现代化中的民众从威权政治时期政治生活的间接参与者向直接参与者的角色过渡,民主化转型中现代元素和竞争机制的增加给长期执政的人民行动党带来了压力。为了应对这一严峻的挑战,人民行动党从20世纪90年代中期开始注重提高自身的制度化水平。人民行动党采取的相关措施维护了其占压倒优势的政治地位,在1997年的大选中,人民行动党成功扭转了得票率不断下降的趋势,得票率达到65%。进入21世纪以来从人民行动党的选举结果可以看出,

---

[1] 李文主编:《东南亚:政治变革与社会转型》,中国社会科学出版社2006年版,第92页。
[2] 参见贺圣达等:《战后东南亚历史发展1945—1994》,云南大学出版社1995年版,第360页。

尽管国家形势严峻，但是新加坡人民对人民行动党依然充满了信任。[1]值得指出的是，在未来一段时间内，人民行动党由于在经济发展成就方面展现出来的强大竞争力，在政治发展方面人民行动党的执政地位还没有其他政党能够与之竞争，但是，与此同时政党内部的多元化因素逐渐加重，尤其是自2011年第12届国会选举以来这种趋势日趋加强，[2]在2011年新加坡大选中，人民行动党的全国得票率是60.1%，在新加坡2015年大选中，人民行动党的全国得票率略有提升，但是也只达到69.9%。[3]

在马来西亚，民主化转型同新加坡相似，也是以一种"渐进式"的方式进行，这也为马来西亚带来了国家能力建设比较好的效果。马来西亚的民主化转型开启于1988年处于执政党联盟国民阵线核心地位的巫统的分裂，在这一事件中，具有几十年历史的巫统分裂为两个政党，[4]即以马哈蒂尔为首的主流派"新巫统"和以反对派拉扎利为首的四六精神党。也就是说，巫统遇到了来自内部竞争对手，反对派四六精神党和其他反对派——泛马来西亚伊斯兰教党和非马来裔人为主的民主行动党于1990年组成反对党联盟人民阵线，以抗衡长期居于执政党地位的国民阵线。尽管反对党联盟尽了很大的努力，但1990年大选的结果还是执政党联盟国民阵线获得了180席中的127席。在接下来的1995年的议会大选中，执政党联盟国民阵线又取得了192个席位中的161席的压倒性胜利。1999年11月，国民公正党等四个主要的反对党结成了联盟，即"替代阵线"，其含义为接替国民阵线上台执政。[5]自此"替

---

[1] 参见吴辉：《政党制度与政治稳定——东南亚经验的研究》，世界知识出版社2005年版，第136~138页。

[2] 为适应新的社会和政治生态，巩固执政地位和夯实执政基础，在2011年第12届选举大选结果揭晓之后李显龙坦言："这次大选是新加坡历史的分水岭，标志着新加坡政治已经进入一个新时代。在大选之后，各方和全国人民都应该去适应新的政治环境。"并且宣布"我向新加坡承诺，要在这个新的时代打造出一个全新的人民行动党"，"行动党必须有好的政策，也有好的政治"。（参见陈文、黄卫平：《长期执政与政党适应能力建设：新加坡与马来西亚政局发展的比较分析》，载《经济社会体制比较》2015年第3期。）

[3] 参见储建国、李江：《新加坡人民行动党与马来西亚国阵联盟长期执政的原因及启示》，载《深圳大学学报（人文社会科学版）》2017年第3期。

[4] Joel S. Kahn and Francis Loh Kok Wah, *Fragmentation Vision*, University of Hawaii Press, 1992, p. 30.

[5] 参见吴辉：《政党制度与政治稳定——东南亚经验的研究》，世界知识出版社2005年版，第120~126页。

代阵线"成为最大的反对党联盟,成为执政的国民阵线的有力反对者。从马来西亚政治发展来看,由于反对党活动的空间越来越大,与执政党的力量对比日趋平衡,执政党也越来越接受反对党发展的这一现实。虽然进入 21 世纪以后的最初几年中执政党联盟国民阵线以压倒性多数的优势取得大选胜利,但是,2008 年第 12 届和 2013 年第 13 届的马来西亚大选则反映出民主化进程的加速发展,在这两次大选中,执政党联盟国民阵线都没有在马来西亚议会下院成功获得三分之二的多数议席,尤其是 2018 年第 14 届马来西亚大选标志着出现了向真正竞争性政党政治过渡的趋势。[1]

泰国于 1992 年经历了频繁的军事政变和长期的军人统治后,重新回归文人政治,开启了民主化转型的进程。1992 年 9 月,泰国举行了全国大选,由于没有一个政党获得众议院的绝大多数席位,因此组建了多党联合政府。在 1992 年之后泰国民主化转型期的多党制度中,[2] 政党制度表现出缺乏自主性和凝聚力的特征,而国家体现出"弱政权"的特点。实际上,中小政党林立也是战后以来泰国政党格局的典型特征。正如派伊所言,"假如不因为其他东南亚国家政党制度的缺陷,很难说泰国有完整的政党制度"。[3] 泰国从 1995 年开始扩大了公民选举权的范围,规定年满 18 岁的公民拥有选举权,在 20 世纪 90 年代以前的威权政治时期,选民的年龄限制是年满 20 岁。在 1997 年颁布的新宪法中又扩大了民众的参选范围,规定参议院全部由民众选举产生,而在威权政治时期参议院全部由军人政府任命。泰国多党政治中这种政党数目多、政党力量分散的缺陷,在进入 21 世纪以来得到了改善,随着他信创立

---

[1] 马来西亚向真正竞争性政党政治过渡的趋势集中体现在巫统最近三届大选中连续下滑的选举表现。在 2008 年马来西亚第 12 届大选中,巫统所在的国民阵线得票率仅为 50.38%,而反对党赢得了 47.79% 的得票率,由上届的 20 席一跃增至 82 席。在 2013 年第 13 届大选中,国民阵线仅获得 47.37% 的得票率,反对党"民联"获得 50.87% 的选票。2018 年举行的第 14 届大选,国民阵线仅获得 35.59% 的得票率,反对党"希望联盟"获得了 54.95% 的得票率,赢得执政地位,结束了巫统长期执政的历史。(参见陈家喜、滕俊飞:《比较视域中的马来西亚政治体制转型:执政惰性的理论视角》,载《河南社会科学》2020 年第 1 期。)

[2] 从 1992 到 2001 年,泰国经历了四届民主政府,这四届民主政府更替频繁,分别是 1992 年 10 月到 1995 年 5 月的民主党川立派政府,1995 年 7 月到 1996 年 9 月的泰国党班汉政府,1996 年 11 月到 1997 年 11 月的新希望党差瓦立政府,1997 年 11 月到 2001 年 1 月民主党川立派政府。

[3] [美]卢西恩·W.派伊:《东南亚政治制度》,刘笑盈等译,广西人民出版社 1993 年版,第 81 页。

的"泰爱泰党"于 2001 年以压倒性优势赢得选举——他信当选为泰国总理,[1]泰国的多党制度开始出现了由多党制向一党独大制的转型,并于 2005 年基本完成了这一政党格局的转型。[2]但是,2006 年成为泰国民主化转型的一个节点,军方再次开始"合法"地干预政治。2006 年泰国发生军事政变后,军方政变被临时宪法赋予合法性。2007 年他信创立的"泰爱泰党"彻底解散。2008 年国内安全法规定国家安全受到威胁时军方可直接介入。2013 年法律规定军方可独立于民选文官政府的控制。[3]2014 年巴育将军通过军事政变上台执政。在 2019 年的泰国大选中,参与选举竞争的三方势力是代表军方势力的公民力量党、代表他信势力的为泰党和代表新兴势力的未来前进党,选举的结果是公民力量党赢得大选,军方势力的代表巴育当选为泰国新一届民选政府总理。从 2020 年 2 月起,代表新兴势力的未来前进党举行示威行动,抗议巴育代表的军方势力对泰国政局的控制。[4]由于对于民主化转型以来的泰国国家能力建设而言,民主化转型中出现的主流政党需要在兼并众多小党的基础上实现众多政党派系的最大整合,并在其自身优势地位的基础上有效扩大自身的社会基础。这对于泰国民主化转型中的国家能力建设来说是至关重要的因素。

在印度尼西亚,民主化转型中由于多党联合执政造成了不稳定的"少数派政府",而政党的划界又基本与不同族群的重合,从而导致了"弱国家"现象,为印度尼西亚的政治制度化建设的推进设置了障碍。在经历亚洲金融风暴之后,统治印度尼西亚 30 年的苏哈托被迫于 1998 年下台,结束了专业集团党长期垄断印度尼西亚政坛的局面,取而代之的是竞争性的多党政治。苏哈托之后执政的哈比比执掌政权以后,不久就进行了宪制改革。在苏哈托威权政治时期民众不允许自由组建政党,而哈比比时期的政党法则明确规定了

---

[1] 1997 年亚洲金融危机重创泰国后,泰国电信大亨他信创建"泰爱泰党",迅速吞并多个小党,获得了以泰国北部农民和中低收入阶层(号称"红衫军")为主的选民的高度支持,并形成了"泰爱泰党"一党独大的局面,并于 2001 年以压倒性优势赢得选举,他信当选为泰国总理。

[2] 参见吴辉:《政党制度与政治稳定——东南亚经验的研究》,世界知识出版社 2005 年版,第 91~92 页。

[3] 参见郭雷庆:《聚居型多民族国家民主转型进程中的民族分离问题研究——以我国周边五国为例》,山东大学 2017 年博士学位论文。

[4] 从 2020 年 2 月起泰国的数万青年聚集在首都曼谷,在街头竖起三根手指,以表达他们推翻泰国军政府统治的决心,被称为"三指革命"。

第二章　东南亚国家政治发展中国家能力建设的基础与历程

民众拥有自由组建政党的权利。因此，从 1998 年 5 月以来，印度尼西亚在短时间内成立了 140 多个政党，真正符合参选资格的只有 48 个。这样，印度尼西亚在民主化转型中很快就步入了小党林立的多党政治阶段。在 1999 年大选中，共有 48 个政党参加角逐，选举的结果是没有一个政党在国会和人民协商会中取得绝对多数，在随后组成的联合政府中民族觉醒党领袖瓦希德显然是一个"少数总统"。[1] 2001 年 7 月，人民协商会议特别会议以渎职罪罢免瓦希德的总统职务，由副总统梅加瓦蒂接任总统。在接下来的 2004 年中，民主党领袖苏西洛当选为印度尼西亚总统。自 2004 年以来印度尼西亚共举行了（2004年、2009 年、2014 年和 2019 年）四次大选，每次大选政党之间的竞争都十分激烈，先后产生了 2004 年到 2014 年的苏西洛政府，2014 年到 2019 年的佐科政府。在 2019 年大选中，[2] 佐科·维多多与玛鲁夫·阿敏组合获得 55.5%的选票而当选正副总统。[3] 总体而言，进入 21 世纪以后，由于大多数执政党未能在国会中取得多数席位，因此组成政府的政党领袖仍是一个"少数派总统"。

菲律宾与印度尼西亚相似，其民主化转型中所组成的政府基本上是多党联合执政的不稳定的"少数派政府"，而且政党的划界又基本与不同传统势力（宗教或家族）重合，从而导致了政党分化的根深蒂固以及造成了"软政权"或"弱国家"的现象。1986 年菲律宾"人民革命"推翻了马科斯长达 20 年的家族统治，走上了多党政治之路。在 1986 年的总统选举中，为共同抗衡执政的新社会运动党，反对党实现了最大限度的联合。[4] 在大选中，反对党联盟取得了胜利，阿基诺当选为总统。在阿基诺政府时期，菲律宾政党制度开始向多党制转型。阿基诺获得多党联合支持的唯一基础是击败马科斯，这样

---

[1] 参见吴辉：《政党制度与政治稳定——东南亚经验的研究》，世界知识出版社 2005 年版，第 113~115 页。

[2] 印度尼西亚 2019 年大选得到全国选民的积极参与，选民投票率为历届最高，同时印度尼西亚这届大选也成为世界各国高度关注的问题。其主要原因是：第一，这届总统选举的两位竞争者与上届（2014 年）大选相同，只是各自换了新的搭档。上届总统佐科执政后，提出建设强大印度尼西亚的政治目标，以及惠及中下层民众利益的社会政策，从而获得了广大选民的好评，同时也遭到富裕阶层、右翼党派和穆斯林极端势力的反对和攻击。第二，同时进行国会议员和地方议会议员的选举，选民在同日分别从候选人中选出国会议员和地方议会议员，选举规模宏大，程序复杂。

[3] 参见梁英明：《印度尼西亚 2019 年大选评析》，载《东南亚研究》2019 年第 4 期。

[4] 作为一个多党联合政府的阿基诺政府主要由四大部分组成：一是"人民力量党"，该党为当时阿基诺夫人执政，是执政联盟中的第一大政党；二是自由党，该党为执政联盟中的第二大政党；三是"统一民族民主组织"；四是军队势力。

一个执政基础是比较脆弱的。[1]阿基诺执政6年期间在政治上最主要的措施是恢复菲律宾的民主体制，重新确立行政、立法、司法的分权政体。在1992年的大选中，作为人民力量党—全国基督教民主联盟总统候选人拉莫斯获得当选，不过，他所组成的政府也是一个"少数派政府"。[2]而后在1998年的大选中，爱国民众党总统候选人埃斯特拉达当选新一任菲律宾总统，这仍然是一个"少数派政府"。2001年1月，埃斯特拉达因涉嫌贪污被迫下台，副总统阿罗约接任总统。2004年5月，阿罗约在新一轮全国大选中战胜对手，从而连任总统。从2004年到2016年，菲律宾经历了几届民主政府，这几届民主政府更替频繁，分别是2004年到2010年的阿罗约政府，2010年到2016年的阿基诺三世政府，2016年到现在的杜特尔特政府。[3]总的来说，民主化转型中菲律宾选民基础缺乏广泛性，政党分化组合相当迅速，而且有越分越小的趋势，政治吸纳能力不足导致了这个国家较低的国家能力水平。

整体而言，东南亚国家20世纪80年代末90年代初开始的民主转型中国家能力建设到目前仍在进行。在这个阶段，东南亚国家采纳了国家权力相对弱化的国家能力建设路径，即宽松式国家能力建设，其普遍特点是，随着现代化进程的深入，国家权力干预社会发展的"弱化"特征明显。民主化转型期社会同质性增加，可以容纳政治体制设计中的多元元素，而在东南亚不同国家又有不同的表现。这种宽松式国家能力建设，又可以分为"适度"弱化国家权力的国家能力建设和过度弱化国家权力的国家能力建设，前一种模式以渐进式民主转型的新加坡、马来西亚两国为代表，后一种模式以急进民主化转型的泰国、菲律宾、印度尼西亚三个国家为代表。比较而言，新加坡、马来西亚在民主化转型中由于国家权力的"适度"弱化和国家权力对社会发

---

[1] 在1987年5月的国会选举中，虽然支持阿基诺的政党共获得149席。但是，在这些席位中没有一个政党超过半数席位。从这次国会选举开始，菲律宾的政党制度开始步入多党林立局面，政党分化组合相当迅速，而且有越分越小的趋势。（参见吴辉：《政党制度与政治稳定——东南亚经验的研究》，世界知识出版社2005年版，第102~103页。）

[2] 在1992年的菲律宾总统及国会选举中，拉莫斯的人民力量党—全国基督教民主联盟党只获得23.58%的选票。这种执政基础导致拉莫斯执政后不久执政联盟就开始分裂，其他政党也重新组合，政党在国会数量达到100多个。（参见吴辉：《政党制度与政治稳定——东南亚经验的研究》，世界知识出版社2005年版，第103~104页。）

[3] 在这几届民主政府中，当选总统与副总统分属不同党派，实际上形成了以总统和副总统为分野的执政联盟与反对党联盟。虽然限制了总统权力，但从一方面却造成了行政权的分离，更容易形成"弱政府"，办事的效率必将受到影响。

展的"适度"干预，国家能力建设也和威权政治时期一样取得了相对较好的效果，主要体现为政治、社会和文化三个层面的统一与协调，即政治参与与政治调控的协调统一、经济发展和经济平衡的协调统一、核心政治价值与多元文化意识的协调统一等。相比而言，泰国、菲律宾、印度尼西亚由于民主转型中国家权力的过度弱化、国家权力对社会发展的干预不足，在政治层面上，自下而上的大众政治参与过度和自上而下的政治调控能力缺乏，在社会层面上，公共权力异化阻碍了经济发展并弱化了协调多元社会力量利益分配的能力，在文化层面上政治体制的价值整合功能降低，因此，与新加坡、马来西亚相比，泰国、菲律宾、印度尼西亚民主转型中的国家能力水平较低。

第三章

东南亚国家政治发展中政治吸纳能力与族际整合

后发展国家的政治发展是现代化的结果，表现为以现代性为核心的社会秩序不断展开的过程，在这一过程中，传统与现代二者之间必须达成一种动态平衡，才能适应各自的社会生态环境。所以，在后发展国家的政治发展中，要随着现代化进程的不断深入处理好传统和现代性二者之间的关系，"现代性不能经由与传统决裂而获得，只能经由对传统实行创造性转化而获取。任何外来的优秀文化如果不与本土的优秀文化找到结合点，这种外来优秀文化就难以生根、长大、开花、结果"。[1]东南亚国家正是由于独立之初忽视了政治结构的传统性和传统政治资源，才导致现代多元化民主政治试验的失败，于20世纪50、60年代末进入了威权主义的政治发展阶段，"这在当时的社会政治生态环境下是合理的。威权政治国家建构维护了社会政治秩序的稳定，为国家发展提供了最基本的环境条件，这也是东南亚国家在威权政治时期没有发生大的民族冲突和国家分裂的重要原因，这一点是不容否认的，也是威权政治国家建构的最重要的效果"。[2]

一、威权政治时期的政治吸纳能力与族际整合

总体而言，在威权政治时期东南亚国家实施了强化国家权力的政治吸纳路径，具体而言，可以分为"适度"强化国家权力的政治吸纳路径和过度强化国家权力的政治吸纳路径，国家权力在政治领域的"适度"强化体现为自

---

[1] 吕元礼：《政治文化：传统与现代的会通》，人民出版社2004年版，第56页。
[2] 赵海英：《现代化进程中东南亚国家建构研究——基于族际整合视角》，中国政法大学出版社2016年版，第185页。

下而上的政治参与与自上而下的政治调控的协调统一，而国家权力在政治领域的过度强化则表现为自下而上的政治参与不足与统治集团对政治权力的垄断。前一种模式以新加坡、马来西亚、印度尼西亚（威权前期）为代表，后一种模式以泰国、菲律宾、印度尼西亚（威权后期）为代表。在威权政治时期的国家能力建设中，东南亚国家两种不同的政治吸纳模式对族际整合产生了不同的效果。

（一）新、马、印尼（威权前期）政治吸纳能力与族际整合

新加坡、马来西亚、印度尼西亚（威权前期）是威权主义的政治吸纳能力较强的情境下族际整合相对成功的几个国家。这几个国家在政治层面推进族际整合的共同做法是，通过运用国家公共权力推行强制性的国民一体化措施，谋取社会政治的稳定。这几个国家在20世纪50、60年代末到80年代的国家能力建设过程中，通过"适度"强化国家权力提升了政治吸纳能力，推动了和谐族群关系的形成。

尤为值得关注的是，殖民地时期在这几个国家植根的西方政治制度只具有形式的意义，由于在这一地区的现代政治制度之外还存在着一个传统政治取向的最高中央权威，即宗主国对其拥有最高的支配权，例如，对独立后马来半岛国家政治发展发挥实质性作用的仍是传统政治文化和社会结构，正如有学者指出，虽然"二战后，交通条件改善了，从二战到独立的这段时间，马来西亚全国交通网除了不能达到吉兰丹和彭亨等极其不发达的内陆地区外，到其他地区都已比较便利，这使中央政权能够触及传统的农村社会，中央、州等各级的各个部门收归了许多专项职能"，但是，"真正从结构上改变传统社会还是到独立之后，特别是新经济政策执行之后，政府加强了管理职能，使农村基层组织的各项职能遵循高效能的法律和秩序的制约，使其政治化了（politicization）"。[1]

在独立之初的东南亚大部分地区，纵向的传统政治文化结构和传统社会结构仍占主导地位，以皇权主义、等级观念为主要内容的传统政治文化结构和以庇护关系为主要内容的传统经济社会结构，成为这些国家国家能力建设的社会生态基础。基于东南亚地区的传统社会政治生态结构，新加坡、马来

---

[1] 陈晓律等：《马来西亚——多元文化中的民主与权威》，四川人民出版社2000年版，第340页。

西亚、印度尼西亚（威权前期）政府在独立后国家能力建设路径的选择问题上认为，西方式民主政治是在西方文化根基上产生的，不一定适合每个国家，新加坡威权领导人李光耀强调政治上的独立自主性和国家建设应该符合本国发展实际，他认为后发展国家不能把西方的政治发展过程和西方的标准全盘搬到自己的社会结构中，"尤其在我们这个多元种族、多元宗教和多元文化的国家……政体的制定必须根据一个国家的风俗习惯，并符合其人民的特性。就像鞋子一样，穿得越久，就越觉得合适。我们可以把鞋皮扩大，变软，可以换上新的鞋底，并加以修补，这会比一双新鞋更好穿……当我们了解到年轻一代对鞋子的外形和舒适度要求不同而需要改变时，最好还是把旧鞋子弄松弄软，使其变得更好穿"。[1] 在马来西亚威权领导人马哈蒂尔看来，"西方式的自由民主体制显然不适合经济尚不发达、民族问题突出的马来西亚。西方式的民主只有在与经济发展水平、社会结构变化一致时，才能有利于政治稳定和经济发展。而他认为目前马来西亚的发展情况还未达到与西方民主模式相一致的水平，而且这类民主模式也不利于马来西亚民族问题的解决。在一个过分民主自由的环境下，民族间的矛盾很容易借助民主程序或各种民主手段，如新闻媒介、舆论渠道等变得激化"。[2] 在如何评价西方式民主政体上，印度尼西亚威权政府对独立后实行的西方议会民主制进行改造后，主张国家建设道路的选择必须与现代化进程的发展阶段符合，只有这样的国家建设方式才能带来良好的社会政治秩序，才能有效地建构统一多民族国家，苏哈托倡导"潘查希拉民主"（即"建国五基民主"）和"协商一致的民主"。

具体地，为了与传统政治社会生态相适应，新加坡、马来西亚、印度尼西亚（威权前期）在国家能力建设中采取尊重传统政治资源即"强政府"的制度模式，同时结合现代元素即去殖民化以后所保留的具有现代性的西方行政和法律制度。这几个国家在国家能力建设中提升政治吸纳能力的核心内容是一党独大制的实施，其特征由竞争性与多元化政治结构转变为"适度"集中的强制性权力的行使。显而易见，这当中的一个重大调整是从多数人参政到一党独大制下的少数精英执政、国家权力由弱化到强化的"适度"调整，"这时出现的政治结构往往是把权力集中在少数人手中。统治精英在规模上已

---

[1] ［新加坡］李光耀：《李光耀40年政论选》，现代出版社1994年版，第195页。
[2] 韦红：《东南亚五国民族问题研究》，民族出版社2003年版，第115~116页。

第三章　东南亚国家政治发展中政治吸纳能力与族际整合

经缩小了,但与此同时,政府取得了尽可能大的影响力"。[1]在这几个国家一党独大制的政党体制内,大党得到社会力量的支持也可能不占全体社会力量的绝大多数,但是其他社会力量分散,这使得大党处于政党体制和政治力量系列的支配地位,"在东南亚国家,无论是军人政府还是非军人政府,都致力于把政府的权力和影响最大化,都由少数精英掌握权力,行政权大于立法权,技术官僚受到重视;权力的分离和平衡、政党的大量存在和反对派的激增等,都被视为对政府权力和效率的削弱"。[2]具体到族际整合中,这几个国家的政党领导人把多元族群集团组织进一个以一党为主的政党框架中,以建立组织机构来吸纳多元族群宗教群体。事实上,这一问题是世界范围内诸多现代化进程中多民族国家政治体制面临的既重大又普遍的问题。实践证明,这几个国家以政党体制为核心内容的政治体制在协调与容纳多元族群力量问题上,显示了较强的组织能力,较为成功地把多元族群吸纳进政治体制之内,其中最重要的因素是这几个国家的政治领导人建立了具有较强吸纳能力的政党体制,这主要体现为三个层面的内容:

首先,这几个国家的政治精英力求做到通过国家权力力量使反对党力量降到最低程度,大大降低了公开政治对抗发生的可能性。这几个国家根据客观实际的需要,推行有序和渐进地参与把多元族群宗教群体整合进国家的政治过程,从而维护社会的稳定和形成良好的政治局面,把族群冲突和动荡控制在最低限度的社会秩序内。在新加坡,在一党独大制下政府和政党的决策过程中,几乎完全是在以人民行动党一党为主的政党体制内进行,当然,也存在代表特定社会势力的反对力量并影响政府内部及政党内部的决策过程。也就是说,在一党独大制下的人民行动党对政治生活形成垄断地位,在一定程度上对社会力量的政治行为作出反应。但是,只有一个大党即人民行动党对国家政治生活和政治决策有统治能力及组织政府的能力,其他社会力量无足轻重,对大党内部的决策过程不能施加重大影响。可见,与东南亚国家独立之初相比较,新加坡威权政治时期实施的"一党独大制"虽然也拥有较为广泛的社会基础,但是具有较少的竞争机制,处于绝对优势地位的执政党限

---

[1] [新西兰]尼古拉斯·塔林主编:《剑桥东南亚史》(Ⅱ),贺圣达等译,云南人民出版社2003年版,第335页。

[2] 李文主编:《东南亚:政治变革与社会转型》,中国社会科学出版社2006年版,第29页。

制反对党的参与。在马来西亚，执政党国阵联盟与1969年"5·13"事件之前的马华印联盟相比是一个拥有更广泛社会基础的、得到更多来自不同族群、阶层选民支持的执政党联盟，到1974年国阵联盟已经包括了10余个政党。除了原来马华印联盟中的巫统、马华公会和印度人国大党外，国阵联盟还先后吸收了代表华裔族群利益的马来西亚人民运动党、代表印度裔族群利益的马来西亚人民进步党、代表原马来裔族群反对派的泛马来亚伊斯兰党，此外还包括沙捞越人民联合党、沙捞越国民党、沙捞越联盟和沙巴联盟等政党。自1974年起国阵联盟长期处于执政党地位，尽管后来国阵联盟内部的政党数量有所变化，然而由于这一政党联盟的运作模式使得反对党的力量降到最低限度，使马来西亚这个多元族群宗教国家一直维持着政治稳定的局面，"国阵的大门一直敞开，使其随时能充分吸纳各新兴政治力量的党派加入到国阵中来，这就尽可能地减少和化解了反对派的力量"。[1]可见，这几个国家的多元族群力量有序和渐进地政治参与"是通过政治体制而组织起来的，是结构性的"，在这种政治参与中，"每种社会力量必须将它的力量来源和行动方式——不论数量、财富、知识，还是采用暴力的潜在能力——转变成为这一政治体系中的合法的和制度化的力量来源和行动方式"。[2]在印度尼西亚，苏哈托于1964年正式成立了超越族群、宗教、地域、阶级等差异的专业集团党，新的政党成立之初包括印度尼西亚社会中的多个群体。1970年苏哈托通过首次政党改组使专业集团党逐渐演变成一个完全代表苏哈托军人集团的政党。1973年苏哈托再次进行政党改组并操纵了其他两大反对党即政党建设团结党和印尼民主党，由于在反对党党内对政府政策多有挑战，苏哈托不希望反对党领导人出任党主席，便在党内选举时减少反对党领导人人数，使其失去党内的控制地位，因此这次的政党改组使两大反对党实力大大削弱，并沦为代表苏哈托军人集团利益的专业集团党的附属，逐渐被纳入专业集团党一党独大的政党政治框架中。

其次，这几个国家都在某种程度上努力达成政治精英自身内部的政治平衡。在马来西亚，出于维持社会稳定和缓解族群冲突的需要，1969年"5·

---

[1] 徐罗卿：《马来西亚民族政治发展的经验与启示》，载《广西师范大学学报（哲学社会科学版）》2008年第2期。

[2] [美]塞缪尔·P.亨廷顿：《变动社会的政治秩序》，张岱云等译，上海译文出版社1989年版，第96页。

13"种族冲突后组建立了执政党联盟国民阵线（简称"国阵联盟），国阵联盟的目标是多族群政党联合的稳定政府，该政党联盟在政党竞争中采取了非对称协商的运行机制。[1]国阵联盟的非对称协商机制一方面表现出国阵联盟自上而下的政治权力运作方式，集中体现为巫统主席在国阵联盟的协商过程中处于主导地位，对存在争议的重要协商事项拥有最终决策权，巫统实际上成为一个执政党，而执政联盟内部的其他成员党成为参政党。与1969年"5·13"事件之前的马华印联盟相比，巫统的地位上升，执政联盟中其他成员党的地位进一步下降，"在'国民阵线'领导的新政府中，23名内阁成员中只有7名非马来人，一向由华人控制的财政部和工商业部转归了马来人，非马来人只控制着公共事业，如科教、卫生、劳工等部门。军队和警察领导人全部由马来人担任……'巫统'的最高权力机构为最高理事会。通常理事会成员也是联邦内阁成员，他们在大选中负责挑选本党的议会候选人，在'国民阵线'内部分配内阁议席时也享有主要发言权。'巫统'主席是当然的总理人选。'巫统'在'国民阵线'中的主宰地位反映出马来西亚政党制度的威权主义色彩"。[2]国阵联盟的非对称协商机制的另一方面则表现出国阵联盟内部政党之间的协商与合作关系，有助于就协商事项达成妥协与共识。处于执政党联盟国民阵线核心地位的巫统在与反对党联盟进行竞争时，也不得不依靠执政联盟内部其他非马来裔党派的选票才有可能获得多数。由于反对党联盟对马来裔选票的争夺，使巫统认识到只有与执政联盟内部其他非马来裔政党保持合作，才能维持自己执政党的地位。正是因为巫统需要依靠非马来裔族群的选票，也使得它在一定的限度上关注非马来裔族群的利益和诉求。这样，巫统在执政联盟内部实施偏向马来裔族群利益的政策时，也在一定程度上关照了非马来裔族群的利益，从而较为妥善地解决了马来西亚国家多元族群的利益矛盾，也有利于实现参与协商的所有政党认同的共同利益。在印

---

〔1〕 非对称协商是指现实中的协商参与方在资源占有上是不平等的，占资源优势地位的主导者对协商效果常产生更大的影响。参与者的非对称协商一方面能协调各方的利益冲突，另一方面又能在不同程度上实现共同利益，而前者的实现常以后者的实现为前提。在威权政治时期的马来西亚执政联盟中，由于巫统在该国拥有广泛的群众基础，也掌握该国多个重要部门的领导职务，所以巫统主导着执政联盟的协商过程，也能最终决定执政联盟协商结果的内容。因此，巫统与执政联盟的其他成员党之间属于非对称协商。（参见李江、储建国：《马来西亚执政联盟的非对称协商研究》，载《比较政治学研究》2018年第1期。）

〔2〕 韦红：《东南亚五国民族问题研究》，民族出版社2003年版，第115页。

度尼西亚，20世纪80年代以前印度尼西亚政府通过在族群处理问题上奉行"铁腕"政策实现国民一体化，也有助于获得多元族群关系的和谐。印度尼西亚政府为了增进政治吸纳能力和提升国家能力水平，在政治上提出"潘查希拉"民主，即"协商一致民主"，提倡协商和服从，对不服从的少数族群实行限制政策。

最后，当面对国家与多元族群之间的矛盾时，这几个国家的执政党致力于通过政治精英的力量独立、灵活地进行决策和调控。一般而言，政治稳定和政治秩序较好的后发展多民族国家，执政党都具有把包括族群冲突在内的社会冲突控制在最低限度的能力，从而有助于促进多民族国家的族际整合。在马来西亚，政府在1969年"5·13"种族暴力事件后为了维护政治秩序、族群和谐和社会稳定采取了很多新措施，1969年实行的《国内安全法》一直延续了很长的时间，《国内安全法》涉及对有关种族等敏感问题的政治辩论和大众媒介限制的很多领域。同时，执政党联盟国民阵线修改了关于选举法的补充规定，以便执政党能够在选举中获胜。政治精英之所以具有诸上作用是因为："后起的进行现代化的国家有一个特殊的问题，那就是它们将同时面临较早进行现代化的国家在相当长的历史时期内先后碰到的种种问题。然而，同时性既是一种挑战，也是一种机会。它至少使那些国家的领导人能选择他们愿意优先处理的问题。对较早进行现代化的社会来说是由历史决定的课题，对后起的现代化社会来说就成了自觉抉择的事情了。"[1]在印度尼西亚，为维护政治稳定和族际和谐，苏哈托禁止反对党制度，印度尼西亚很多反对党大都是由带有族群色彩的政党组成，这些政党党内以族群为载体的宗教主义色彩浓厚，因此对印度尼西亚政府族群和谐关系的推进举措形成诸多挑战，由此苏哈托把所有反对党合并为两个政党，[2]这样在印度尼西亚政坛上出现了专业集团党和两个政党的局面。由于苏哈托采取了各种措施限制其他两党，在印度尼西亚政治生活中起决定作用的只有专业集团党，专业集团党成为印

---

〔1〕［美］塞缪尔·P.亨廷顿：《变动社会的政治秩序》，张岱云等译，上海译文出版社1989年版，第430~431页。

〔2〕苏哈托在1973年把原来的伊斯兰教士联合会、印度尼西亚穆斯林党、印度尼西亚伊斯兰联盟和白尔蒂伊斯兰党等四个伊斯兰政党合并为建设团结党，而把原来的印度尼西亚民族党、基督教党、天主教党、平民党和印度尼西亚独立拥护者联盟合并为印度尼西亚民主党。

第三章　东南亚国家政治发展中政治吸纳能力与族际整合

度尼西亚威权主义时期"一党独大制"的主导力量。[1]在独立后面对复杂而紧张的宗教、族群关系的情况下，印度尼西亚实行了政治上强有力的"横向"一体化措施，提升了政治吸纳水平并为建构超越多元族群亚文化认同的政治忠诚奠定了基础，从而有利于维护社会政治大局和多元族群关系的稳定，因为在现代化早期阶段只有一个具有自上而下统治权威的政府才有可能控制社会因急剧变革所产生的各种紧张关系，并能在现代化的过程中提供一个稳定的发展环境，尤其在族群宗教异质性程度较高的后发展国家，这种因变革所造成的紧张关系更为严重，也就更加需要一个国家权力"适度"强化的政府来加以控制。

概而言之，在威权政治时期新加坡、马来西亚、印度尼西亚（威权前期）通过以上三个层面的做法，使政党体制的吸纳能力逐步提升从而逐渐成为强有力的政党体制，并成为结合多元族群力量的纽带，由此为超越多元族群的亚文化忠诚和政治共同体的"横向"一体化奠定了基础。因此，在威权政治时期的新加坡、马来西亚、威权政治前期的印度尼西亚这几个国家，社会关系和谐、社会政治稳定，几乎没有发生严重的族群冲突，这与这几个国家一党独大制下较高的政治吸纳能力紧密相关。与独立之初相比，这几个国家在威权政治时期的国家能力建设中，导向其政治吸纳功能和有序参与最强大的动力来源是自上而下的政治调控能力的加强以及国家自主性的提升，其威权主义政体的优势也在于暂时在自下而上的民众表达和自上而下的政治调控之间初步达成了统一。这种调适性是由具有调适能力同时又代表公共利益的政治精英履行政治调控功能达成的，具体表现是，这几个国家政治吸纳能力最重要的支持性特征是一党独大体制下的少数精英执政模式。在这一问题上，正如有学者指出："在自由选举和言论自由能够充当一个稳固、生机、和平的社会基础之前，还有一个长长的条件清单需要完成。他们强调一定程度的财富、有知识的公民的发展、权势精英的支持以及建立一整套法治和公民权利的制度等的重要性。"[2]

作为"回归国家"学派主要代表人物的后马克思主义学者斯考切波认为，

---

〔1〕　参见韦红：《东南亚五国民族问题研究》，民族出版社2003年版，第234页。
〔2〕　［美］杰克·斯奈德：《从投票到暴力：民主化和民族主义冲突》，吴强译，中央编译出版社2017年版，第325页。

国家精英是具有支配社会的个别权力的，国家是一套以执政权威为首、并在相当程度上受该权威良性协调的组织体系。国家是一个理性的行动者，其出现的面貌或是"服务者"或是"偏袒者"，但是国家本质上是"自我利益"的恪守者，这里的"自我利益"是国家的特殊利益即维护自己的统治秩序。显然，由于在这几个国家威权政治时期的国家能力建设中存在着代表公共利益的政治精英，国家的自主性利益即公共利益才能得以维护。

（二）泰、菲、印尼（威权后期）政治吸纳能力与族际整合

比较而言，泰国、菲律宾、印度尼西亚（威权后期）是威权政治时期政治吸纳能力较弱和多元族群有序参与水平较低的背景下族际整合不太成功的国家。虽然这几个国家政治体制的特征也由竞争性与多元化政治结构转变为集中的强制性权力的行使，但是国家权力的强化不是表现为"适度"的强化，而是表现为过度的强化。这三个国家在威权政治时期的国家能力建设中，国家权力的过度强化主要体现在对多元社会力量限制政治参与、关闭公共渠道，实现统治阶层对政治权力和公共生活的垄断，这几个国家威权主义政体的缺陷表现为自下而上的大众政治参与不足和政治权力向社会领域的过度扩张，统治集团不代表公共利益，只代表庇护主义关系网络的利益，导致了政治吸纳能力的降低和政治发展的非制度化特征。以维护私人集团利益的庇护关系网络在独立后的后发展国家是一种较为普遍的存在，"在多数过渡社会中……这些客观的问题似乎都被政治家们关于凡是接受地方主义都将带来灾难的顽固信念所大大地放大了。精英时常仅仅害怕丢失它自己的传统地位。由于精英把自己的幸福与国家的未来等同起来的缘故，他们就趋向于把对自己的任何威胁都看作是对国家统一的威胁"。[1]显而易见，后发展多民族国家庇护关系网络的存在不利于作为公共权力根本属性的公共性的实现，公共权力欲求的目标应该是为所有人的利益服务，而不是保障和实现某个人或某个群体的利益，因此不利于以实现公共利益、维护公共秩序为目标的公共权威的建立，从而不利于族群和谐关系的形成。

首先需要指出的是，具有深厚传统基础的庇护主义是威权政治时期这几个国家政治现代化进程中盛行的主流政治文化，三个国家的政治发展被深深

---

[1] [美] 鲁恂·W. 派伊：《政治发展面面观》，任晓、王元译，天津人民出版社2009年版，第41页。

地烙上了由恩主-附庸关系构成的庇护网络的特征。恩主-附庸网络是泰国、菲律宾、印度尼西亚（威权后期）三国威权政体统治者在国家层面建构政治吸纳的核心途径，而庇护主义是用来描述恩主-附庸关系的社会网络及基于这种社会网络的政治活动，即强者一方（恩主或庇护者）向弱者一方（附庸或被庇护者）提供保护和资源以换取弱者的政治忠诚。在各种政治体制中都存在庇护主义关系网络，有的庇护主义关系网络的性质是现代的和工具性的，而有的庇护主义关系网络则是传统的和目的性的。在从传统向现代转型的现代化进程中国家，现代化和工业化进程是与传统社会结构解体、大规模社会流动以及现代社会结构模式产生相伴随的，但是这三个国家的社会结构在威权政治时期并没有因为现代化和工业化的发展而受到根本性的动摇。由于威权政治时期泰国、菲律宾、印度尼西亚（威权后期）这三个国家传统政治生态和传统政治文化根深蒂固，并为庇护主义社会关系网络提供了丰厚的土壤，因此三个国家的恩主-附庸网络属于一种私人性和传统的政治准入形式，统治集团通过对权力和财富的双重欲求最大程度实现其利益最大化，从而导致了公共权力的异化。尤其值得注意的是，庇护主义关系网络存在于三国最高级别的政治生活中，并扩散到整个政治文化中，在这三个国家庇护关系网络是执政党的重要执政资源，其具体表现为或执政党以支付现金方式直接酬劳支持者、向其支持者提供工作职位和商务合同等，而其支持者则向执政党提供政治支持，甚至存在政治企业家向执政党提供整批交易的极端情况。威权时期庇护主义的重心在中央政府层面，具体表现为政治权力与经济资本的结合，也就是说，那些拥有经济发展特权的资本成为威权政治时期最主要的庇护资本，而政治权力的垄断者则成为这一时期最主要的庇护者。

在20世纪80年代以后即苏哈托政权后期的印度尼西亚，苏哈托在与其政治企业家集团结盟中形成了庇护关系网络。苏哈托通过让政治企业家集团投资他的私人项目进行资本的原始积累，其家族在很多行业建立了自己的垄断地位，并且拥有庞大的商业资本，20世纪80、90年代以后苏哈托家族的财富呈指数级增长。作为对政治企业家集团的回报，苏哈托除了向这些集团提供有利可图的商务合同外，还同他们签订众多所谓的"非营利性"合同（其中大部分通过慈善组织进行），而这些"非营利性"投资的特点是很方便获得税收和审计的豁免权。在苏哈托庇护关系网络中受益的政治企业家主要是华裔，"华人主公通过保护者的关系取得大量的经济利益。如获得政治上的庇护，获得银行贷款、进出口许可证、购买土地、垄断价格、承包合同和建筑、森林租赁权、垄断承包对政府机关和军队的各种后勤和军需物品的供应，等等，反之他们给予保护者以经济回报以支撑其官僚机构"。[1]这种庇护关系在日后使华裔资本处于危险的境地并遭受到极为严重的破坏，这是因为，庇护关系网络使得印度尼西亚社会的贫富差距加大，占人口大多数的本土马来族群将矛头对准华裔族群，"印尼的社会人士却单方面地认为这种不平等的根源在于华人企业，在于政府为华人提供了优厚的待遇和政策，可以说华人企业家成为了当地政治权力斗争的牺牲品和替罪羊"。[2]印度尼西亚威权体制下庇护主义关系网络的私人性特征及其公共权力的异化，在很大程度上削弱了政治体制的吸纳能力。

菲律宾在威权政治时期也拥有强大的传统庇护制结构，这是一种以家族为核心的庇护关系网络，也被称为"家产制威权体制"，即个人通过威权政权建立起家族制政权，其典型特征是政治庇护体系具有私人家族性而不具有公共性。由于家族权力是菲律宾威权政权的基础和政治体制的核心构成要素，因此在威权时期的政治现代化进程中存在着家族集团与中下层社会阶层之间根本利益的冲突。马科斯政权建立起了庞大的庇护主义政治关系网络，在菲律宾威权体制的庇护-侍从关系网络中，马科斯官僚集团成为提供特权的庇护主，而商业和资本集团成为提供支持的被庇护者。马科斯将大批产业的专卖权提供给其庇护的商业和资本集团，其中有菲裔也有华裔，华裔和东南亚地区其他国家的华人处境十分相似，经济相对富裕而政治地位较低，华裔们情愿或者不情愿地成了菲律宾家族政治游戏的"金主"和后援团，而本质上成为了各级贪官污吏敲诈的"肥羊"和贫富差距加大引发社会冲突的"替罪羊"。商业资本集团由此对马科斯政权保持着长久的政治忠诚，当然马科斯家族也得到了丰厚的回报，比如其家族几乎成为每个大企业的合伙人，而这些企业是由其庇护的商业资本集团所拥有，这是一种对公共财富和公共资源的垄断和掠夺行为。可见，菲律宾庇护主义关系网络的私人性特征与印度尼西亚相比有过之而无不及，从而也带来了公共权力的异化，并在很大程度上削

---

[1] 韩田田：《印度尼西亚庇护主义与华侨华人群体》，华中师范大学2015年硕士学位论文，第40页。

[2] 韩田田：《印度尼西亚庇护主义与华侨华人群体》，华中师范大学2015年硕士学位论文，第43页。

第三章 东南亚国家政治发展中政治吸纳能力与族际整合

弱了其政治吸纳能力。

泰国在威权政治时期建立的是一种个人化程度很高的"家长制"模式的庇护侍从关系,而个人化的变化主要源于泰国文人政权与军人政权的交替更迭。[1]泰国庇护主义同大多数东南亚国家相似的一个重要特征是,也是一种以私人性为主的关系模式,即其庇护-侍从关系网络是由军人-官僚与华裔资本集团构成的,在这个关系模式中,华裔资本为了在频繁的政权更替中免于遭受排斥甚至掠夺,通过资金支持的交换条件寻求军人-官僚集团加以庇护。正如有学者指出:"作为'贱民'的商业阶级影响国家政策的方式主要是直接行贿或与军队-官僚领袖建立庇护-侍从主义关系,主要通过邀请后者加入董事会或不需任何代价地持有公司股份。"[2]在威权政治时期的十六家商业银行中,十二家有军队-官僚集团的存在。值得注意的是,泰国由于深受佛教文化和庇护-侍从模式中"家长制"特征的影响,其庇护主义关系网络的私人性特征对政治吸纳能力的削弱与菲律宾和印度尼西亚比较相对较轻,泰国在威权体制与资本集团合作中一定程度地制约了公共权力的异化。

其次需要指出的是,威权政治时期庇护主义的政治文化扩散到这几个国家,在政治实践中也产生了负面后果,在各个国家有着不同的表现形式,但是不同表现形式的表象下其本质上的共同之处是削弱了政治吸纳水平和多元族群有序参与水平。

菲律宾在威权时期建立的军人政权试图在政治阶层建立起其支持基础,其手段是利用民众对其的尊崇。由于1972年开始的马科斯军人政权不代表公共利益,而只代表庇护关系网络的利益,因此其统治集团的核心是一个具有支配型人格的统治者,对大众政治参与采取了排斥手段,主要表现是马科斯不仅在没有大众参与的条件下进行统治,而且试图消除一切大众反对的潜在可能,将权力完全集中于自己的军事集团之中,防止出现对军人政权的任何威胁。从1978年解除党禁到1986年马科斯下台,一直是马科斯所控制的新社会运动党

---

[1] 沙立依靠暴力机器废除了几乎所有的程序和实质意义上的民主机制:政党被禁,议会形同虚设,军人占据政府和国会的关键职位,议员全部由总理任命产生,未举行选举,全部的国家权力集中在总理一人之手。言论自由受控,集会示威游行被禁,司法体制被架空,革命委员会和总理可以依据自己制定的政策法令就可随意羁押嫌犯和异已人士,缺乏监督,民主的领导层都极其腐败。

[2] Anek Laothamatas, "Business and Politics in Thailand New Patterns of Influence", *Asian Survey*, Vol. 28, No. 4 (Apr, 1988).

"一党"执政,执政党占据了绝对统治地位。可见,菲律宾马科斯军人政权对多元族群政治参与的限制导致了政党体制,从而政治体制的吸纳能力较低,这主要是由于马科斯政权中没有或者少有容纳多元族群利益表达和利益诉求的空间,使得它没有获得来自多元族群群体的广大社会基础,削弱了多元族群成员对国家的认同意识,从而造成了现实的和潜在的族群矛盾与冲突。在马科斯军人政权执政期间,"摩洛民族解放阵线"[1]的民族分离主义政治诉求倾向愈演愈烈,这一组织明确提出以建立单一族群和单一宗教国家为其政治目标。

在20世纪80年代以后的苏哈托政权后期,印度尼西亚的政治体制不具备较强政治吸纳能力和多元族群政治参与空间,而是集中表现为总统专权和苏哈托及其庇护关系网络对利益的垄断行为。苏哈托通过其军人集团掌握的武装力量和专业集团党反对体制内必要的竞争,主张"一党"在政府中的绝对统治地位,在议会中通过扩大专业集团党的势力并使之成为军人统治的工具,同时裁并其他政党,"在地方行政机构中,任命大批军官担任从省长、县长直到乡长的各级行政首长,剥夺资方的自主权"。[2]在苏哈托看来,他应该吸取前任苏加诺的教训,将地方政府作为中央政府在地方上的延伸。结果是,在苏哈托政权后期,专业集团党在实行威权主义政治的新秩序时期牢牢控制了政权,而印度尼西亚民主党和印度尼西亚建设党事实上成为政府的附庸。虽然在专业集团党的统治下,印度尼西亚的投票率一般都很高,但是专业集团党统治下的投票与实质意义上的多元族群参与完全是两回事,苏哈托政权后期印度尼西亚的投票和选举只不过是总统意志的表达而已,这种投票选举徒具选举的形式而没有选举的内容。这种做法堵塞了印度尼西亚政党和多元族群成员正常沟通的渠道,使得政治体制中缺少容纳多元族群利益表达和利益诉求的空间,地方性族群和少数族群不能以正常的手段表达自己的利益诉求,从而刺激了印度尼西亚外岛穆斯林族群在威权政治后期民族分离主义倾

---

[1] "摩洛民族解放阵线"1969年在菲律宾南部成立,其创始人利用"摩洛"这个曾经是贬义词的名称来概括菲律宾南部穆斯林的共同特征,在伊斯兰教基础上强调摩洛的族群特性,其欲建立的并非伊斯兰教国而是世俗的摩洛国家,希望在摩洛国家建立后进行社会改革,改变南部穆斯林社会财产分配和政治权力分配的封建性质。这一重塑摩洛形象的分离行为,在于重构摩洛认同,将宗教信仰与族性认同结合在一起,追求建立唯一的、历史性的、独特的单一民族单一宗教国家。

[2] 张洁:《"自由亚齐运动"的形成、发展及其影响》,载梁志明主编:《面向新世纪的中国东南亚学研究:回顾与展望——中国东南亚研究会第六届年会暨学术研讨会论文集》,中国社会科学出版社2002年版,第406页。

向的发展。[1]

泰国威权主义领导人沙立所强调的"泰式民主"虽然是对西方传统民主基本概念的颠覆，但是在沙立的思想当中，没有了平等、自由、权利等政治现代性的理念，也没有了对权力制约和监督的理念，以沙立为核心的军人集团处于政治权力的绝对优势地位。尤其在泰国传统的等级观念和庇护制关系占统治地位的社会土壤中，只能生长出专制和独裁的政府。泰国威权政治时期国家权力过度强化的具体体现是军人集团对政治权力和公共生活的垄断。沙立集团1957年执政后，解散旧议会，任命123名议员组成新议会，实则扶持其亲信掌权。1958年沙立集团彻底废除国会，其政府颁布的临时宪法仅有20个条款，规定国会议员全部由任命产生，没有经过任何选举程序。政府权力集中在总理手中，政府权力凌驾于国会等机构之上。政党仅仅存在了一年多（1957年9月21日至1958年10月20日）。在沙立任总理期间的泰国威权政府中，政府和国会的重要职位全部由军人拥有，正常的选举被取消。[2]泰国军人集团对政治权力和公共生活的垄断在很大程度上限制了多元族群社会力量的政治话语权，自1948年泰南穆斯林分离运动产生之后的穆斯林政治精英和宗教精英不断地积蓄力量，发展自身势力，其分离主义的力量逐渐扩大。1959年，"北大年民族解放阵线"作为泰南第一个伊斯兰分离主义组织正式建立，该组织寻求的政治目标是建立一个拥有主权的、独立的北大年伊斯兰国，这标志着泰南穆斯林的分离运动的组织化程度愈发加强。[3]

从以上对于泰国、菲律宾和威权后期印度尼西亚的政治吸纳水平和多元

---

[1] 亚齐穆斯林民族分离主义运动领导人在1976年成立自由亚齐运动组织，1982年自由亚齐运动基本陷入沉寂。随着20世纪80年代苏哈托执政后期总统专权并通过其军人集团掌握的武装力量实现对利益的垄断行为，自由亚齐运动组织的分离诉求得到了各种阶层的越来越多亚齐人的支持。1989年，自由亚齐运动重新死灰复燃，随即受到苏哈托军事独裁统治的残酷压迫。亚齐穆斯林民族分离主义运动对印度尼西亚国家的稳定和统一造成了长远的恶劣影响。

[2] 参见［泰］沙立·他那叻：《在宪法及人权纪念集会上的讲话（1960年12月10日）》，载《沙立演讲集》第301页，转引自任一雄：《东亚模式中的威权政治：泰国个案研究》，北京大学出版社2002年版，第89页。

[3] 1957年马来亚独立，1960年在泰南实行了12年的紧急状态法令终止，1963年马来西亚建立，这一系列国内外形势都使得泰南穆斯林分离主义势力蠢蠢欲动。马来西亚北部为泰国南部的分离主义组织提供避难所，叙利亚和比利亚为它提供活动经费，马来西亚的反对党"泛马伊斯兰党"也与之交往甚密。（参见郭雷庆：《聚居型多民族国家民主转型进程中的民族分离问题研究——以我国周边五国为例》，山东大学2017年博士学位论文。）

族群有序参与水平的分析可见，这几个国家与新加坡、马来西亚政治体制相比最明显的缺陷是，面对多元族群和多元文化的严峻现实，庇护主义关系网络带来了较低政治吸纳水平，并导致政治体制中没有或者少有容纳多元族群利益表达和利益诉求的空间。虽然在威权政治时期由于统治者掌握的政权力量的强大（在泰国是军人–官僚主政，在菲律宾是军人当政，在印度尼西亚则是总统专权），没有爆发严重的族群冲突。但是这种稳定和秩序不是一种可持续的、稳定的秩序，在稳定外表下隐藏的是错综复杂的尖锐族群矛盾，一旦外部强制力量弱化或者矛盾积累到一定程度，族群矛盾和冲突就会集中爆发。这几个国家由于政治吸纳能力较低，没有获得来自多元族群宗教群体的广大社会基础，从诸多方面造成了潜在的族群矛盾和冲突，削弱了多元族群宗教群体对国家的认同意识。威权政治时期族群冲突虽然有所显现，有代表性的有泰国南部的民族分离主义运动、菲律宾南部的穆斯林分离运动和印度尼西亚的"自由亚齐运动"，这些矛盾和冲突大部分为威权政权强大的统治力量所掩盖。然而，20世纪90年代以后随着东南亚地区民主化转型过程的开启和威权政权的不复存在，这几个国家存在的族群冲突隐患则暴露无遗，尤为值得关注的是印度尼西亚的"自由亚齐运动"和菲律宾南部的"摩洛运动"。

二、民主转型中的政治吸纳能力与族际整合

冷战后，美苏两极霸权格局瓦解，第三次民族主义浪潮席卷全球。从全球角度看，20世纪民族主义出现过三次浪潮，简言之，第一次浪潮导致了两次世界大战的爆发；第二次浪潮表现为20世纪中期第三世界的非殖民化进程；第三次浪潮在20世纪末与苏联解体、东欧剧变同时出现，造成了国际格局的又一次重大变化。第三次民族主义浪潮所要解决的，大多是在历史上曾经提出过、但尚未获得解决的问题，它们长期以来为众多其他因素所掩盖，只是在20世纪末新的历史条件下被重新激发出来。[1]然而，发生于20世纪末的第三次民族主义浪潮与发生于20世纪的前两次民族主义浪潮相比在全球

---

〔1〕 在第三次民族主义浪潮中的后发展多民族国家，民族主义或者是反映了对本国在国际体系中重新定位的要求，或者体现了对全球化这把"双刃剑"带来的负面效应所作出的反应，或者发生在全球化和现代化所冲击不到的地方，在这些地方，民族主义的趋势和要求掩盖着现代化的趋势和要求，而在这些地方民族主义现象不是一种新的勃兴，而是一种持续存在。（参见［英］安东尼·D.史密斯：《全球化时代的民族与民族主义》，龚维斌、良警宇译，中央编译出版社2002年版，第15页。）

第三章　东南亚国家政治发展中政治吸纳能力与族际整合

表现出一种新的演变倾向，即从反对殖民主义和帝国主义的爱国主义转向威胁主权国家的民族分离主义，在20世纪人类的时空迁移中从民族性作为整合国家的黏合剂演变为不断强化着国家内部族群多样性的国家统一的威胁。在这次伴随着亨廷顿所谓的"第三波民主化浪潮"的民族主义浪潮中，人类社会的政治版图再次发生变更，出现了许多"新"独立的民族国家，最具有代表性的是，中东欧国家在结束了苏联模式的社会主义政治制度以后，就即时向西方式多党议会制民主化转型，族群冲突非但没有解决，反而以更激烈的方式表现出来，发生了族群分裂和国家解体的严重后果，苏联一分为十五个独立国家、南斯拉夫则一分为五、捷克斯洛伐克一分为二。族群冲突对政治的影响不仅体现在欧洲前社会主义阵营传统区域的政治动荡，这个时期族群冲突也伴随着民主转型，在阿富汗、巴尔干地区、索马里、中东地区、外高加索等地演变成种族暴力、导致流血冲突。因此，如何协调族际关系、隔绝族群冲突成为20世纪90年代以后全世界范围内后发展多民族国家政治现代化进程中需要解决的重大政治问题。

在第三次民族主义浪潮和"第三波民主化浪潮"中，处于民主转型中的东南亚地区没有出现大规模的族群分裂（威权政治时期印度尼西亚东帝汶的独立不属于这里讨论的问题），没有发生苏联、南斯拉夫和捷克斯洛伐克在民主化转型过程中的多民族国家分裂和国家解体的重大事件。总体而言，在东南亚国家20世纪90年代以后威权政治的民主化转型中，民主转型有利于化解族际冲突，体现了民主手段在解决族际冲突中的价值所在。但是，不同东南亚国家的族际整合又显现出较为明显的个体差异，在很大程度上，族际整合效果上的差异取决于民主转型中政治吸纳能力是否具备以及由此带来的国家水平高低。比较而言，族际整合比较成功的国家是新加坡、马来西亚，而族际整合不太成功的国家是泰国、菲律宾、印度尼西亚。对于民主化转型中的东南亚国家而言，政治吸纳能力体现为在民主化进程中扩大合法政治参与的同时，仍然需要"适度"运用国家权力，以保障合法政治参与的有效与有序进行。只有在国家政权力量的保障下，才能使合法、有序的政治参与得以实现。从根本上讲，虽然民主化转型中的东南亚国家比威权政治时期更加朝向现代性目标的实现，但是它仍然没有达到现代性所要求的同质性和政治秩序的目标，传统势力仍然在很大程度上制约着这些国家的民主化进程。因此，这些国家仍然需要国家政权的力量发挥作用，在寻求传统与现代的平衡中实现一体与多元的协调统一，从政治层面推进政治发展中族际整合的实现。

(一) 新、马政治吸纳能力与族际整合

新加坡、马来西亚是民主化转型期政治吸纳能力较强的情境下族际整合相对成功的两个国家。这两个国家在以民主机制表达多元族群利益诉求的同时，通过与威权政治时期相比国家权力"适度"弱化的国家能力建设路径，致力于达成自下而上的多元族群民众表达和自上而下的政治调控能力之间的协调统一，而这种调控能力是由代表公共利益的政治精英完成的。这两个国家的国家能力建设和族际整合实践表明，在后发展多民族国家，只有政治参与和政治调控协调同步发展，才能容纳民主化产生的分化力量，也只有政治体制能够容纳民主化产生的分化力量，才能有效吸纳社会成员扩大的政治参与，从而促进多元族群关系的和谐。

新加坡、马来西亚在威权政治时期政治吸纳能力的提升有助于国家政治的稳定，相同的因素也促进了两国民主化转型中族群关系的稳定。政治吸纳能力是新加坡、马来西亚在政治发展中两个国家最鲜明的标识，也是这两个国家保持政治稳定和族际和谐最好的解释。事实证明，政治发展中政治吸纳能力是有助于后发展多民族国家族际和谐的极其宝贵的政治资源，尽管这种吸纳能力是很难形成的。政治体制的这种通过有效吸纳大众参与隔绝族际冲突的机制一旦建立起来，就不再完全依赖于政治体制的类型，这使得处于民主化转型中的新加坡、马来西亚两国政体也能够拥有类似于威权政体所拥有的吸纳能力。民主化转型期的这两个国家"一方面，保障国民的经济社会权利，扩大社会自由；另一方面，集中国家权力，实现战略性发展。从政治发展角度看，政治发展或曰民主政治建构的两条路径——权利与权力的开放是相向而行的，即在开放权利通道的同时关闭权力通道，形成权利与权力发展进程的'对冲'"。[1]这里，"权利与权力发展进程的'对冲'"实际上指向了政治吸纳能力中的政治参与与政治调控的协调统一。与威权政治时期不同的是，随着现代化程度的不断拓展，新加坡、马来西亚民主化转型中的政党政治比威权政治时期获得了较大幅度的发展，经济增长带来的政治现代性因素的增加使政党政治的运行具有了较多的竞争机制，政党政治是在选举的公正性和广泛性的基础上进行的，通过组

---

[1] 房宁等：《民主与发展——亚洲工业化时代的民主政治研究》，社会科学文献出版社2015年版，第8页。

第三章　东南亚国家政治发展中政治吸纳能力与族际整合

织多元族群民众有序参与政治并使多元族群民众获取比威权政治时期更多的权利，政党由此获得了广泛的社会基础，政治体制和政党体制获得了较高的吸纳水平。也就是说，在民主化转型期"政治安定的先决条件，是要有一个能吸收同化因现代化而产生的新社会势力的政党体制"。[1]事实上，新加坡、马来西亚在威权主义向民主化的转型中正是由于具备了"权利与权力发展进程的'对冲'"机制，才继续保持了政治吸纳能力，族际整合效果比较显著。

具体而言，在族际整合效果比较理想的新加坡、马来西亚，民主化转型过程中多元族群民众合法政治参与得到了较大幅度的发展。民主化以来"一党独大制"体现了现代元素的增加和宽松性政治发展的特点，具体表现在政党体制具有了较多的竞争机制以及在选举的公正性和广泛性上获得了一定程度的保证，有助于各个族群的利益诉求，因而有利于政治层面上族际整合的实现。两国执政党在民主化转型中相应调整自身的运行规则和运作程序，增加多元族群民众合法参与的机会，同时扩大自身的社会基础。进一步来看，在两国的威权政体和"一党独大制"内已经发生了重要的多元的政治变化，执政的独大党虽然仍是维系现存政党体制中政治权威的最坚定力量，而与之并存、参与竞争的反对党也并非反对现存政党体制的力量，现存政党政治框架给它们留下了参与政治的空间。[2]正是通过这种途径，两国的政党体制在民主化转型中获得了较高的吸纳能力。

由于多元族群民众拥有更多的合法和广泛参与政治的渠道，有利于他们表达自己的利益诉求，从而有助于两国族际整合的推进。新加坡、马来西亚两国的执政党通过提高政党体制的吸纳能力取得较好族际整合效果有两个重要途径。第一个重要途径是，在民主化转型中通过加强自身现代化建设提高政党体制的吸纳水平，政党体制获得吸纳水平提高的途径主要包括加强基层组织建设，加强执政党与各个族群民众的联系；利用政权的力量限制反对党实力的发展；坚持本国执政党领导地位的同时，渐进地引入均衡竞争机制。[3]通过上述途径

---

[1]　[美]塞缪尔·P.亨廷顿:《变动社会的政治秩序》，张岱云等译，上海译文出版社1989年版，第453页。

[2]　参见吴辉:《政党制度与政治稳定——东南亚经验的研究》，世界知识出版社2005年版，第232页。

[3]　参见吴辉:《政党制度与政治稳定——东南亚经验的研究》，世界知识出版社2005年版，第137页。

获得较高政党体制的吸纳水平的国家,以新加坡为代表。第二个重要途径是,针对国内多元复杂族群的现实,执政党提高政党体制的吸纳水平的途径是建立以政党联盟形式存在的"一党独大制"。在这类国家浓厚的种族政治环境下,存在着一种能够把多元族群力量联合在一起的、具有较高权威的政治组织形式,这种组织形式的载体就是多元族群的政党联盟。这种类型的国家通过实现多元族群政党的联合,使国内有了一个所有族群和谐和社会安宁的环境。民主化转型期这类国家执政党的现代性就体现在坚持开放性,充分吸纳多元族群政治力量加入到执政党中来,有效化解各个族群形成公开的政治对抗的可能性。另外,需要指明的是,在这种占有优势地位的执政党联盟内部,还存在着一个起主导和支配作用的政党,这个政党自身具有的种族色彩及其对其他成员党的统合能力,也是执政党提高政党体制的吸纳水平的关键。[1]通过以上途径获得政党体制的吸纳水平的国家,以马来西亚为代表。

(二) 泰、菲、印尼政治吸纳能力与族际整合

泰国、菲律宾、印度尼西亚是民主化转型期在政治吸纳能力不足的情境下族际整合不太成功的几个国家。在这几个国家,政治参与上升的同时政治调控能力却没有得到相应提升,存在着自下而上的大众政治参与过度和自上而下的政治调控能力不足的现象。当政治参与上升为政治调控没有得到同步发展时,政治体制就不能容纳民主所产生的分化力量,也就不能有效吸纳扩大多元族群的政治参与,这导致了民主转型中这几个国家政治吸纳能力的降低和族际整合能力的下降。

总体而言,民主转型中的泰国、菲律宾、印度尼西亚由于实施过快过猛的民主导致政治参与的上升,从而刺激了这些国家的民族分离主义情绪。自民主化转型以来,在这几个国家催生了更多的民族主义政党。20 世纪是民族主义和民族运动在全球范围内重构国际格局的时代,而在 20 世纪三次民族主义浪潮中都产生了民族主义政党。第一次民族主义浪潮发生于 20 世纪 20 年代前后。在这次民族主义浪潮中,弱小民族反抗帝国主义侵略和大国沙文主义的压迫,争取民族解放和独立。在这次民族主义浪潮中建立的民族主义政党以反对殖民统治、争取民族独立为主要目标。第二次民族主义浪潮发生于

---

[1] 参见吴辉:《政党制度与政治稳定——东南亚经验的研究》,世界知识出版社 2005 年版,第 129 页。

20世纪50年代至70年代。在这次民族主义浪潮中，亚洲、非洲和拉丁美洲的一些民族国家的相继建立和独立，民族主义成为对抗美苏大国沙文主义的有力武器。在第二次民族主义浪潮中产生的民族主义政党同第一次民族主义浪潮中产生的政党相似，也是以争取民族独立和国家解放为目标。也就是说，反对被压迫民族的民族独立和民族解放运动构成了前两次民族主义浪潮中建立的民族主义政党的奋斗目标。这些政党在民族解放运动中起着领导和政治核心的作用，其中不少民族主义政党独立后成为新建立国家的执政党。第三次民族主义浪潮发生在20世纪80、90年代，所以，20世纪80、90年代东南亚国家民主化转型的时间正好与20世纪第三次民族主义浪潮重合。然而，第三次民族主义浪潮中产生的政党与前两次有着本质上的区分，即以狭隘的族群自我意识和民族分离主义为核心精神。

20世纪第三次民族主义浪潮的产生，在很大程度上"与以民族主义势力为背景的政党团体崛起和得势有关，甚至有的政党组织，就是以部族、地区、宗教为基础建立的。民族主义的政党组织者极力激发少数民族对得不到的权利（如政治参与、自治、文化承认等问题）的不满，煽动极端的民族情绪，自称是代表某一种族集团的利益，反对现存的国家、政府对他们的控制，其目的是完全独立于现存的国家。在种族民族主义政党的宣言中，保护种族文化和种族语言常常占有重要的地位。而种族文化是易变的和有可操作性的，是野心人物为争夺财富和权力用以调动团体感情的工具。"[1] 由此可见，在20世纪第三次民族主义浪潮中出现的种族民族主义作为一种破坏性和爆炸性的力量，其最为突出的表现是地方分离主义运动，即后发展多民族国家中的一些非主体族群（或称少数族群）以民族分离主义为强化族群意识和对抗异族影响的武器，保护族群文化遗产，争取族群自治以至分离权利。

在东南亚国家的民主转型中，泰国、菲律宾、印度尼西亚政党的候选人公开以族群主义作为争取选票的手段，这使得民主政治生活中的族群多元主义色彩取得了压倒性地位。这几个国家过快过猛的民主化转型引发了两个后果：从多元族群政治参与过程看，由于过度强调多元表达，存在着民主制度的"多数原则"同少数族群权利之间的矛盾和冲突，这不利于国家认同与共识文化的形成，因此不利于有序政治参与的形成；从多元族群政治参与结果

---

[1] 周淑真：《政党和政党制度比较研究》（第2版），人民出版社2007年版，第131页。

看，由于族群裂痕与政党分野的重合等前现代元素在选举中发挥重要作用，出现了以"少数派政府"和"联合政府"为主要形式的"弱国家"和"软政府"现象，导致了政治调控能力不足的后果。也就是说，在急进民主化转型政体中，政治参与上升的同时政治调控能力却没有得到相应提升。正如有的研究者指出的那样："更经常的，是民主化本身的过程塑造着民族意识和民族对立的模式设定。这一过程如何展开，端赖（1）民主化国家的社会经济发展的水平和模式，（2）国内政治制度的强度和特性及（3）主导民族建设的集团利益。若权势集团发觉民主化特具威胁，乃因他们对新秩序下的生机几乎不抱希望，他们的民族主义动员激励故而相当强。若民主代表和言论自由制度还很脆弱，这些集团就有充分的机会劫持公共讨论，趋向好战的民族主义。"[1]在此，"国内政治制度的强度"指向的即是自上而下的政治调控能力和随之而来的政治体制吸纳能力和政治参与有序化水平。当然，多元族群政治参与过程与多元族群政治参与结果是密不可分的，这里为了清晰透彻地分析出作为政治制度化政治层面的核心内容即自下而上的政治参与和自上而下的政治调控的统一，在多元族群政治参与过程部分侧重讨论这几个国家自下而上的大众政治参与过度的问题，而在多元族群政治参与结果部分则重点考察自上而下的政治调控能力不足的问题。从时间的继起性而言，自下而上的大众政治参与可能成为影响自上而下的政治调控能力的因素，但是，从政治行为发生发展的内在逻辑来看，二者则具有同时性的特征。

首先，从多元族群政治参与的过程看，这几个国家由于过度强调多元表达，存在着自下而上的大众政治参与过度的现象。在东南亚地区实行急进民主化转型的泰国、菲律宾、印度尼西亚，存在的一个普遍性矛盾是，民主制度的"多数原则"同少数族群权利之间的矛盾和冲突。这一矛盾的存在有着深厚的社会学意涵，即这几个东南亚国家在20世纪80年代后期即民主化转型初期社会的多元异质性程度仍然较高，在社会异质性程度仍然没有使所有社会成员认同共同规则的社会发展阶段下，族群的裂痕与政党的分野是重合的，在民主制度的"多数原则"下少数族群或族群的权利得不到保障，从而导致民主制度的"多数原则"同少数族群权利之间的矛盾和冲突。这一矛盾和冲突具有撕裂社会的尖

---

[1] [美]杰克·斯奈德：《从投票到暴力：民主化和民族主义冲突》，吴强译，中央编译出版社2017年版，第324页。

第三章　东南亚国家政治发展中政治吸纳能力与族际整合

锐性，不利于国家认同与共识文化的形成。在政治实践中则表现为，多党政治框架中的政党所聚合的社会基础不够广泛，导致政党不能反映各多元族群的利益诉求，因而不利于族际整合的实现，"当大众政治参与增加，而民主制度还很脆弱，这些精英们有动机也有机会编造夸大民族主义动员需要的迷思，对抗有威胁的反对者并将其成本最小化。一旦这一进程形成势头，深陷其中的精英可能就难以控制大众的热情"。[1]"我们今天的时代，在制度化尚弱的情景下，民主化重重落入民族主义的煽动者和肆无忌惮的民粹主义者手中。"[2]显而易见，泰国、菲律宾、印度尼西亚民主转型中在国家层面存在的政治参与过度，在很大程度上给这几个国家带来了无序政治参与的后果。

我们应该认识到，民主化转型中泰国、菲律宾、印度尼西亚在国家层面存在的所有社会成员没有认同共同规则以及族群裂痕与政党分野重合的现象，归根到底是由带有传统社会烙印的庇护主义社会关系网络的深层问题所导致的。威权政治的终结并没有打破在这几个国家政治发展中具有重要地位的庇护关系网络，与威权政治时期庇护主义的重心在中央层面相比，民主转型中庇护主义主要发生在政治动员层面，这表明庇护网络进入三个国家政治体制运行的微观层面，成为一般民众与政治领域发生联络的主要途径，即政客与选民之间在执行过程中的互动方式，更准确地说，是国家与社会之间的资源流动方式。虽然民主转型中这几个国家的政党建立起动员选民的关系网络，然而支撑民主转型的政治动员方式不是具有鲜明特征的、体现政党意识形态的政治纲领，而是庇护主义政治动员样式下政治恩主与一般民众的利益交换和利益流动。这种庇护主义的民主转型社会实际上是亨廷顿所谓的"大众社会"，在这种社会中，"参政是非结构性的，不规则的，零乱的和多样化的。每一种社会力量都试图通过自己最擅长的方法和手段来达到自己的目的"。[3]族群和家族在泰国、菲律宾、印度尼西亚在一定程度上被理解为最重要的庇护主义关系网络载体，而族群身份在庇护交换中具有最容易被唤醒和人际沟

---

[1]〔美〕杰克·斯奈德：《从投票到暴力：民主化和民族主义冲突》，吴强译，中央编译出版社2017年版，第323页。

[2]〔美〕杰克·斯奈德：《从投票到暴力：民主化和民族主义冲突》，吴强译，中央编译出版社2017年版，第328页。

[3]〔美〕塞缪尔·P.亨廷顿：《变动社会的政治秩序》，张岱云等译，上海译文出版社1989年版，第96页。

· 185 ·

通中最直观的特征。民主转型中的庇护主义关系网络，则具体表现为通过政治恩主即族群和家族中一个具有较高社会地位的领导者与那些处于较低地位的众多被领导者之间的利益交换而形成的关系样式。由于缺乏资源，族群和家族关系网络中的底层被统治者聚集在其统治者周围寻求保护，统治者则在选举中控制了被统治者的选票，也就是说，占有资源（主要是经济资源）的族群和家族统治者在很大程度上决定着普通成员的投票行为。可见，民主转型中东南亚国家的庇护主义是一种通过不平等方式（主要是经济不平等）将族群或家族精英与大众联系在一起的互动方式，其实质上是拥有资源的强者以提供帮助来换取弱者的政治效忠。

因此，民主转型中刚刚露头的大众政治参与，由于受到庇护关系网络的影响，很容易被导向族群政治和家族政治，尤其在那些较为贫穷的国家，即使在形式上存在着政治平等，可是经济不平等和在国家和社会两个层面都存在的根深蒂固的传统政治文化，在很大程度上限制了具有现代性意义的多元族群政治参与场景的真实有效性。在泰国、菲律宾、印度尼西亚民主化转型中，虽然民主化将普通大众带入了政治进程，大众政治参与使投票权扩大到此前没有投票资格的社会群体，也使民主化转型前只是"游戏"的选举具有了更加程序上的意义，但是，在庇护主义政治参与模式中，由于多元族群民众投票所依据的因素是利益交换，那么大众参与在政治体制中理应发挥的聚集投票人利益偏好的功能和作用就变得微乎其微。各个族群投票人在政治参与中表达的是处于庇护关系网络中心地位的"政治恩主"的利益偏好，而不是处于网络边缘地位的他们自身的利益偏好。由此可见，在基于私利的庇护主义社会关系网络的多元族群民众政治参与中，政党体制和政治体制的公共利益取向不鲜明，这使得公共权力的公共性大为降低，公共权力在很大程度上被异化了。显然，覆盖整个多元族群社会的庇护网络中运转的竞争性民主由于受到传统基础的掣肘，在相当程度上缺乏现代性的实质内涵，没有起到民主政体应该发挥的吸纳和整合多元文化社会力量的功能，更加不能容纳民主化产生的分化力量，从而导致多元族群的庇护主义政治参与呈现出无序化的特征。

其次，从多元族群政治参与的结果看，这几个国家由于自上而下的政治调控能力的不足，存在着以"少数派政府"和"联合政府"为主要形式的"弱国家"和"软政府"现象。在泰国、菲律宾、印度尼西亚民主转型中的多党制下没有一个政党能单独组成政府，也无法大大高出其对手。在这几个国家，有些政党比别的政党大些，但要组成政府就必须联合几个政党。同时，由于政党的构成明显受到族群和宗教的影响，在庇护社会关系网络中政党是代表特定族群和宗教利益并保障其利益的政治组织，选举则加深了沿着政党分野的族群裂痕。在以上两种因素的共同作用下，在这几个国家的选举结果中出现了"少数派政府"和"联合政府"为主要形式的"弱国家"和"软政府"现象，庇护主义政治文化结构下这几个国家执政党仅代表有限的选民，缩小了执政党的社会基础，使政党体制的自主性和凝聚力受到了削弱。国家权力过度弱化与分散的同时伴随着政权不稳定，频繁的选举使依靠选票上台的执政党所制定的国家政策更多地要顾及短期利益和局部利益，而置国家的长远利益和整体利益于不顾，从而降低了承担吸纳多元族群社会力量的民主转型政治吸纳能力，从政治层面阻碍了民主政治对这几个国家多元族群的整合。正是因为庇护主义政治动员方式导致的直接后果是政党通过族群身份动员谋求选举结果，这使得族群边界更加突出。在选举中胜出的族群政党领袖只代表和实现其庇护关系网络中特定群体的利益，而不以实现国家发展和代表国家整体利益为价值和追求，也不以承担自上而下的政治调控功能为任务和目标。简言之，在民主化转型中泰国、菲律宾、印度尼西亚过快过猛的民主转型导致"弱国家"和"软政府"现象的根本原因是，在这些国家存在着自上而下的政治调控能力不足的政体缺陷，使得这几个国家不能有效地把族群冲突和动荡控制在最低限度的社会秩序内，正如相关研究者指出，"民族-宗教冲突的上升不可避免地与其持续的国家危机联系在一起。而国家危机主要是因为国家的脆弱和激进的分权机制不能很好地协调运作"。[1]

毋庸置疑，对于东南亚多民族国家来说，建构容纳多元社会族群参与的政治吸纳机制，是这一地区国家减少族群冲突、促进族际和谐的有效途径。政治吸纳是多元族群政治参与可持续性的基石，强调的是自下而上的政治参与和自上而下的政治调控的协调统一，体现的是国家和政府的政治效能，其目的在于通过真正能够使多元族群的政治诉求进入政治决策议程，建构起能够容纳各种多元文化社会力量的政治决策机制。因此，政治吸纳是国家权力"适度"运用的必然结果，政治体制必须通过促进政治权力和多元文化社会系

---

[1] Peter Searle, "Ethno-Religious Conflicts: Rise and Declines Recent Development in Southeast Asia", *Contemporary Southeast Asia: A Journal of International and Strategic Affairs*, Vol. 24, No. 1, April 2002, p. 1.

统之间的有效沟通，才能达到多元族群宗教社会政治稳定和族群关系和谐的局面。杰克·斯奈德提出："如果存在一支大规模中产阶级掌握着先进的公民技巧，如果精英利益可调适，如果民主的制度基础在政治参与扩大前业已具备，那么就有很大的可能，即民族主义会采取更审慎的公民形式，而非更鲁莽的族群的、革命的或反革命的形式。"[1]这里，"民主的制度基础"实际上指向的就是民主政治体制的吸纳能力，其核心是具有调控力的同时又能代表公共利益的政治精英集团的存在。然而，民主化转型中的泰国、菲律宾、印度尼西亚，不存在或很少存在能够代表公共利益的政治精英。因此，当政治参与上升，政治调控没有得到同步发展时，政治体制就不能容纳民主所产生的分化力量，也就不能有效吸纳扩大的多元族群政治参与。

  这里应该强调的是，在庇护网络这一传统社会结构下运转的民主政治不利于族际整合推进的深层原因是，这些国家以多党制为核心内容的民主政治体制，没有成功反映出经济基础和社会基础中现代性与传统性之间的平衡点，也就是说，现代化进程中以私人性庇护主义纵向隶属关系为主要内容的传统制约因素是制约多党政治的关键因素，使得多党政治不能有效发挥组织扩大参政和吸纳社会各种力量并把它们整合进现代政治体制的功能，也就阻碍了政治转型中民主政治体制对这些国家多元族群的整合。具体地说，虽然民主化以来多党制体现了民主政治的现代元素，但是在这些国家传统政治因素依然根深蒂固，庇护主义关系网络是传统政治势力的重要组成部分，这些国家的现代化程度还没有达到多党制能够成功运行的社会要求，这制约了民主的进一步巩固。更有甚者，政治转型中民主政治体制本身的软弱和不成熟成为激化族群冲突和矛盾的因子，导致这些国家不能有效推进族际整合的进程。由于民主化转型中政治发展的实质内容是政党政治的发展，所以在这几个东南亚国家中，民主的不巩固就表现为政党政治的不成熟及党派众多和争斗激烈，对这几个国家的政治稳定产生了严重后果。在这一过程中，尤其是转型幅度较大的国家普遍出现了政局不稳的现象。在威权政治退出历史舞台的过程中，原来威权政治下的高度统一的威权主义政党体制被民主转型政党体制所代替，而民主转型政党体制由于缺乏吸纳能力和凝聚能力造成了政治力量

---

[1] [美]杰克·斯奈德：《从投票到暴力：民主化和民族主义冲突》，吴强译，中央编译出版社2017年版，第324页。

的过度分散化,其结果常常是没有一个政党能够在大选中赢得多数席位,最后只能由若干政党组成联合政府,而这种松散的联盟所导致的直接政治后果是政府更迭频繁,影响到国家的政治稳定和族群关系的和谐。[1]

　　印度尼西亚民主化和多党政治存在着许多传统性障碍,其中最大的问题是作为公众合法参与的最主要途径的政党的选举,这是一种基于传统的自上而下的投票程序,政党所依据的意识形态的社会化功能很弱,基本没有政治纲领和政策,政党主要依靠传统意义上的领袖个人魅力进行统治。自1998年苏哈托政权终结以后政治发展进入了民主转型的进程,其政党竞争呈现出多元化的现象,"社会政治方面,随着印尼民主化进程的发展,印尼也逐渐进行着宪制改革。首先放松了对新闻出版界的限制以及逐渐取消限制言论的法律和条例,积极推动言论自由和新闻自由,民众的政治参与度逐渐提高。其次是允许多元化政党和组织的建构,根据新的政党法,在当时只要有50个人以上的成员就可以组成政党"。[2]在这种政党竞争多元化的现象背后,庇护主义政治动员方式发挥着重要作用,即族群领袖通过族群动员完成与一般民众的庇护交易而建立自己的庇护网络,形成所谓的"族群政党",即"那些代表着某个地区特定的民族、宗教、种姓、语言和文化集团利益并以此开展活动的政党"。[3]政党竞争反对来又会加强庇护关系网络的封闭性和族群身份的社会裂痕,尤其在经济发展水平较低的地区,族群领袖在建立自己的庇护关系网络时使选民的族群身份成为基于便利优先选择的工具,这在很大程度上激化了民主转型中的族群裂痕,并使之政治化。印度尼西亚民主化转型初期的政府是在大选中通过攻击少数富裕族群而得到大多数贫困族群的支持的。这是因为,威权政治后期苏哈托政权完全放任的市场经济政策导致了占人口3%的少数族群主导国家经济生活,同时不可避免带来的是占人口绝大多数的穆斯林族群对政府和国内少数富裕族群的敌意和仇视。

　　因此,印度尼西亚民主转型初期的政党在选举中获胜不是依靠具有鲜明特征的、体现现代政党意识形态的政治纲领和积极的国家发展政策,而是打

---

[1] 参见李文主编:《东南亚:政治变革与社会转型》,中国社会科学出版社2006年版,第97页。

[2] 韩田田:《印度尼西亚庇护主义与华侨华人群体》,华中师范大学2015年硕士学位论文,第49页。

[3] 陈金英:《社会结构与政党制度——印度独大型政党制度的演变》,上海人民出版社2010年版,第196页。

族群牌。事实证明，以"普选制的直接选举"为核心内容的民主政治体制并没有给印度尼西亚带来经济顺畅而有序发展的预期效果。首先是苏哈托倒台后1998年穆斯林多数族群针对华裔少数族群发起的族群暴力事件爆发。在这场族群暴力事件中，穆斯林多数族群对华裔少数族群进行了大规模生命和财产的袭击。在接下来的民主化进程中实行的直接民主制度被寻求选票数量的政党所利用，而庇护主义传统则导致了政治生活族群化的严重后果。其次是苏哈托之后在大选中取胜的原副总统哈比比，实践了在大选中向穆斯林多数族群承诺的印度尼西亚新政主张，把华裔少数族群的企业分解并将其重新分配给毫无公司经营经验的贫困的穆斯林族群。这项新政主张导致了饥荒的灾难性后果，数千万印度尼西亚民众处于灾难当中。必须指出的是，这是民主转型中印度尼西亚多数决定制的竞争性民主与庇护主义政治动员方式所带来的政治生活族群化现象共同作用的必然结果。也就是说，由于政党的构成明显受到族群和宗教的影响，由此形成了一种在不同族群内部的以政党精英为核心建立起来的社会关系网络的运行形式，在这种社会关系网络中政党是代表特定族群和宗教团体利益并保障其利益实现的政治组织，因此印度尼西亚在国家层面就缺少了代表公共利益的精英性人物，削弱了政治体制自上而下的调控能力，从而导致政治吸纳能力的降低，在很大程度上影响了国家公共权威的建构和族际整合的推进。虽然为缓和族群冲突，印度尼西亚政府进入21世纪以来着力推进地方自治改革，并以政党制度改革相配合，试图提升政治吸纳能力以增加多元族群的利益表达空间，但实际效果却有限。自民主化转型以来，印度尼西亚的民族分离主义运动可以说是风起云涌，[1]2002年东帝汶正式脱离印度尼西亚，而传统的民族分离主义运动包括亚齐分离势力和伊里安省的分离势力，仍然在致力于谋求独立或自治的分离目标，所有问题都是对印度尼西亚现在进行的民主化转型的考验。在亚齐地区，2004年印度

---

〔1〕 1997年的亚洲金融危机在印度尼西亚引发了政治危机，苏哈托"新秩序"体制崩溃，印度尼西亚进入民主化转型时期。在军队和政府严密控制下的威权政治后期受到压制的族群宗教冲突在民主化进程中爆发出来，民族分离主义运动日渐高涨。1999年1月马鲁古地区爆发了严重的宗教冲突，在1999年1到3月间马鲁古群岛的安汶地区发生的宗教冲突造成数百人丧生。2001年2月中加里曼丹省桑皮特镇外来移民马都拉人、爪哇人与加里曼丹岛上的土著达雅克人发生冲突。1998年8月以后，亚齐、伊里安省（西巴布亚）等地掀起了要求和平分离运动，与数年之前存在的"自由亚齐运动""自由巴布运动"等武装分离力量形成了巨大合力，这两地的民族分离主义运动成为民主转型时期印度尼西亚政府面临的严重的政治危机。

洋海啸给这一地区造成了重大生命财产损失，自由亚齐运动组织领导人与印度尼西亚中央政府在2005年达成《赫尔辛基合约》和平协议，这在一定程度上缓和了亚齐的冲突局势，但是2011年以来亚齐分离主义问题势头不减；在伊里安省，这一地区的分离主义问题至今未能得到解决，分离势力从未放弃独立诉求，地方自治改革屡遭失败。为应对愈益恶化的伊里安省的分离主义危机，印度尼西亚政府不断增加驻军数量。

菲律宾民主化转型以来传统家族势力仍然是政治参与和多党政治的重要力量。传统家族势力虽然在威权政治时代曾经推动了政治发展，但是它显然没有成为菲律宾民主化进程中政治体制加强吸纳能力的推动力量，民主转型政体的这些制约因素，主要表现在政治吸纳能力较低所带来的国家能力和政府能力的软弱上。1986年进入民主转型以来，菲律宾所谓的"民主选举"不过是占有庇护资源的政党或利益集团进行的权力博弈过程，普通民众并不能从民主中得到任何好处，"自20世纪80年代以来，菲律宾的经济社会发展陷入了停滞与徘徊，唯一的变化是：菲律宾社会的'前台'转化为更加程序化的'民主政治''选举政治'，但菲律宾社会的'后台'却依然如故"。[1]菲律宾的政党大多数是利益取向型的，而非基于政治纲领而形成。在选举中选民依据的是"依然如故"的候选人与个人的利益关系，掌握大量的金钱是运营政党和支撑政治家参加竞选游戏的前提条件，家族参与选举则抬高了菲律宾政党参加选举的经济成本。菲律宾社会属于"慢亚洲"国家之一的东南亚国家的典型代表，这些"慢亚洲"国家"在传统社会结构之下，工业化依然缓慢地前行，与此同时，社会的传统体制和价值观得以一定程度的保留，社会在温和地改变和进步。无论是'快亚洲'还是'慢亚洲'，出现和形成这样两类社会进程以及两种模式，从根本上说，是一系列历史与现实的客观因素导致的，并非人力所为，也绝非偶然"。[2]

可见，菲律宾的民主化转型依然受到其传统政治结构和传统政治文化的影响，传统家族势力仍然是政治参与和多党政治的重要力量。菲律宾民主转型中的政党只是作为家族政治参与的外壳而存在，成了家族的选举工具和获

---

[1] 房宁等：《民主与发展——亚洲工业化时代的民主政治研究》，社会科学文献出版社2015年版，第14页。

[2] 房宁等：《民主与发展——亚洲工业化时代的民主政治研究》，社会科学文献出版社2015年版，第16页。

取垄断权力的手段。因此，"每个家庭都希望成为上层社会的一分子，故家族间极难共同为国家的发展而相互合作"。[1]家族显然没有成为这类国家民主化进程和提升政治制度吸纳水平的推动力量。以1986年"人民力量运动"后的第一次选举为例，选举产生的200名众议员中有130位是大家族成员。这种局面自菲律宾民主化转型以来一直持续到今天，参加历届选举的候选人大都有家族背景。[2]前总统拉莫斯直言"家族主义"是菲律宾政治的祸端，新兴政治家只有尽快发展成新的"家族"，才能维持自己的政治地位，这种现实与逻辑是菲律宾政治的"宿命"。正如有的研究者指出："中央政治的寡头亦是以家族团体为基础，借家族关系引介大量人员加入官僚体制，结果不仅是家族利益超过公共利益，而且干扰政治和行政程序，减弱政治制度化的速度。"[3]也就是说，现代民主发展的这些制约因素，给菲律宾带来了政治体制吸纳能力和有序参与水平的降低，没有形成多元族群有序政治参与的局面，因此不利于族际整合。虽然历届菲律宾政府都把对摩洛民族分离势力的整合作为执政的首要任务，然而所取得的成效都非常有限，从阿基诺政府时期（1986—1992年）宪制改革与摩洛民族和解政策的失败，到拉莫斯政府时期（1992—1998年）摩洛民族分离主义运动呈现出宗教极端化和暴力恐怖化的势头，到埃斯特拉达和阿罗约政府时期（1998—2010年）摩洛分离问题引发的武装冲突进一步升级，再到2016年以来阿基诺三世政府推动的菲南和平进程基本陷入停滞，都说明民主化以来菲律宾严重的族群和宗教问题并没有解决。究其原因，在菲律宾"家族政治仍然主导着美式民主，多党竞争制又将家族政治的冲突予以放大……因为总统、国会、最高法院的制衡体系为这种多元利益表达提供了政治舞台……即使达成协议的进程比较快，然而落实协议的各项民主程序，比如经过国会同意或最高法院批准等，都被背后的反对派加以利用，最终使和谈失败，之前为达成和谈所耗费的各种资源、人力、经费等成

---

[1] 陈鸿瑜：《东南亚各国政府与政治》，翰芦图书出版有限公司2006年版，第5页。

[2] 民主化转型以来的大多数菲律宾政府是多党联合政府，这些政党尽管在实行民主、反对独裁、发展经济等一般原则性问题上有共识，但一涉及具体的问题和政策，如对土地改革、税收以及与摩解分离主义势力的和解政策等，马上就会产生意见分歧。这些政党和政治势力的背后均有一个个家族势力做后台，而在民族分离主义最为严重的在棉兰老地区，占人口多数的基督徒移民的背后耸立着一个个大家族势力，这些家族势力利用政府军与分离组织的斗争机会"渔翁得利"，这使得菲律宾政治生活的方方面面事实上呈现出了"割据状态"。

[3] 陈鸿瑜：《东南亚各国政府与政治》，翰芦图书出版有限公司2006年版，第14页。

第三章　东南亚国家政治发展中政治吸纳能力与族际整合

本都付诸东流，更严重的是破坏了摩洛民族对中央政府的信任"。[1]无疑，这加剧了菲律宾南部摩洛民族的离心倾向。尤其是自2016年以来，菲律宾南部的摩洛伊斯兰解放阵线（简称"摩伊解组织"）就明确而坚决地提出，他们的目标是在菲律宾的棉兰老地区建立独立的伊斯兰国家，分裂菲律宾。[2]

泰国民主化转型的社会基础也表现为传统政治因素依然根深蒂固，使得民主制度本身的软弱和不成熟成为了引起族群冲突的根源。具体而言，强内阁、弱议会的政治格局使其多党制度赖以活动的空间受到很大局限，而佛教在政治结构中的传统优势地位在很大程度上削弱了多党政治的现代性因素，是泰国政治势力中一支不可忽视的力量。这诸多因素制约了不成熟的多党制对于民主转型过程中泰国政治体制吸纳能力的提高。1992年以后进入民主化转型期，民主转型以来的政治生活也依然受到传统恩庇关系的影响，这种关系在选举中的表现就是对那些直接或间接给自己好处的人投票，选举就变成了庇护主与庇护主之间的选举，在形式上变成了党际竞争，而在政党内部，庇护主垄断了政党的公共资源。族群和宗教是民主转型期泰国庇护关系网络中不可忽视的重要政治势力，由此形成的弱议会的政治格局使其多党制度赖以活动的空间受到很大局限，政治呈现出明显的政客政治而非政党政治的特征。民主化转型以来，泰国选举基本上是在政客层面运行的，议席的归属在很大程度上取决于参选者本身所拥有的庇护资源的强弱，对于大多数参选者来说，利用身为庇护主的恩主地位通过仆从实施拉票，是最为常见的手段。可见，在民主转型期泰国族群和宗教在政治结构中的传统优势地位在很大程度上削弱了多党政治的现代性内涵，不成熟的多党制制约了民主转型过程中政治吸纳水平的提高和有序政治参与的有效形成，这也不利于泰国政治层面上族际整合的推进。

---

[1] 郭雷庆：《聚居型多民族国家民主转型进程中的民族分离问题研究——以我国周边五国为例》，山东大学2017年博士学位论文。

[2] 进入2016年以来，阿基诺三世政府推动的菲南和平进程基本就陷入停滞，原因在于国会两院拒不通过《邦萨摩洛基本法》，菲南相对和平的局势就此急转直下，大规模的武装冲突重新泛滥。2016年2月20日，约40名摩伊解武装分子在南拉瑙省蒂格镇对政府军发动袭击，双方持续交战，摩伊不断增兵，而政府军则出动了战机、武装直升机和火炮，双方的冲突造成至少23人死亡、6人受伤。一些极端恐怖分裂势力纷纷打着"伊斯兰国"的旗号，趁机在棉兰老岛发动更多袭击。（参见郭雷庆：《聚居型多民族国家民主转型进程中的民族分离问题研究——以我国周边五国为例》，山东大学2017年博士学位论文。）

· 193 ·

泰国民主化转型的政治实践表明,"民众对民主制的信奉程度越来越低。这是由于为数不少的政治操作者或是政治家们的行为,有意无意对这个制度制造破坏。现在,我们甚至可以说,泰国的民主制度已经走入了死胡同。因为这个制度没有显示出它能够给大多数人带来利益,相反,民众所能见到的,只是政治家之间的争权夺利、尔虞我诈"。[1]由于民主化进程受到传统庇护关系网络的影响,泰南穆斯林的有限政治参与和利益表达受到泰国政府的镇压和限制,因此,进入21世纪以后,尤其自他信政府[2]以来泰南穆斯林民族分离主义运动重新抬头并愈演愈烈。泰南民族分离主义运动在沉寂多年之后于2004年年初再度爆发,武装分子抢劫了设在泰国南部的一座军火库,大批武器落入武装分子手中,自此,泰南诸府的局势愈演愈烈。2006年成为泰国民主化转型的一个节点[3],军方再次开始"合法"地干预政治。纵观泰国2006年至今的政治局势,泰南穆斯林分离主义运动并未随着他信政府的垮台而停歇,而是以恐怖袭击为手段的分离态势持续至今。截至2013年12月,泰南民族分离主义动乱引发的死亡人数已经达到5926人,而到了2015年,死亡人数的数字已经达到6500多人,以泰南穆斯林分离主义运动为代表的族群分裂和阶级分裂交织在一起严重撕裂了泰国社会。[4]从巴育上台执政以后到2018年,巴育政府与泰南民族分离势力进行了多次谈判,但是谈判进展缓慢,效果非常有限。泰国中央政府和泰南民族分离主义组织双方互不信任,导致泰南和平进程的推进陷入了难以摆脱的困局之中。这充分说明了泰国族际整合问题的复杂性和未来走向的不明朗性,在可以预见的将来,泰国国内的族际整合的前景并不乐观。

三、政治发展中政治吸纳能力与族际整合的比较分析

新加坡、马来西亚两国的渐进民主化中族际整合相对成功的经验表明,

---

[1] 张锡镇、宋清润:《泰国民主政治论》,中国书籍出版社2013年版,第380页。

[2] 他信一上任就表明要调整中央在泰南的政策,而这些政策更多的是从执政党泰爱泰党的利益出发,而没有充分考虑到泰南地区的形势。他信政府的"草根政策"并没有惠及南方马来穆斯林的聚居区,也没有得到大多数马来农民的支持。相反,在他信执政的五年多(2001—2006年)的时间内,泰南骚乱持续不断,而且大规模的暴力冲突始于2001年。

[3] 2006年9月,泰国军方时隔15年再次发动军事政变,推翻他信政府,废除1997年《宪法》,解散宪法法院、国会,宣布戒严令,成立"国家安全委员会"接管国家政权,他信流亡海外。

[4] 参见郭雷庆:《聚居型多民族国家民主转型进程中的民族分离问题研究——以我国周边五国为例》,山东大学2017年博士学位论文。

第三章　东南亚国家政治发展中政治吸纳能力与族际整合

当政治参与扩大时，政治调控能力必须同时上升，而这两个国家是由具有调适能力的精英来履行政治调控功能的。只有政治参与和政治调控协调同步发展时，才能有效吸纳扩大的政治参与。比较而言，在泰国、菲律宾、印度尼西亚这三个国家，政治参与上升的同时政治调控能力却没有得到相应提升，当政治参与增加时，政治调控能力没有达到可以吸纳参与并将其导入有序参与的水平。在缺乏政治吸纳能力和多元族群有序参与支撑的背景下，竞争性民主的大众参与方式给这三个国家的族群和谐带来了较大威胁。

　　毫无疑问，民主化进程中引起族群冲突风险的是一整套因素，许多研究者和政治活动家关于政治制度化促进族际整合中哪种有益元素要比其他元素更为重要持不同的见解，比如，塞缪尔·亨廷顿强调国家能力建设中一个强大国家权力框架下开拓公民参与要比其他元素更为重要，罗伯特·帕特南更加重视国家能力建设中非政府组织的活动和社会关系网络的支持背景，国际民主和平论者在这一问题上强调的是自由主义价值观的重要角色，拉美地区的研究学者则认为利益集团的讨价还价具有高于其他因素的优先性。但是，东南亚国家能力建设与族际整合的实践表明，在一个缺乏由规范和制度构成的吸纳和同化体系的支持性背景下，离确保在后发展多民族国家建构持久性政治认同以及在此基础上达成族际和谐的状态相去甚远。也就是说，在后发展多民族国家的国家能力建设促进族际整合中有一系列的目标，包括作为政治目标的政治吸纳能力、作为社会目标的和谐社会秩序和作为文化目标的富有感召力的主流价值观建构。在其中，政治目标应该给予最优先考虑。政治发展实践证明，世界范围内在现代化进程中取得较大成功的国家都具备优先选择奠定政治基础和优先发展政治先决条件的共同特征，因为"一切过渡社会的文化移入（acculturation）过程的核心，在于对秩序的要求与对连续变迁的要求之间存在着一种固定的冲突。世界文化的传播对于一切社会组织的传统形式，都具有一种强烈的分化作用。但是与此同时，这个分化的过程又要求社会达到一个新的秩序水平。这样一来，秩序与变迁之间的平衡状态对于决定任何场合下过渡社会的政治情况，就都是很重要的了"。[1]可见，在关于国家能力建设促进族际整合哪种有益元素要比其他元素更为重要的不同见解

---

〔1〕〔美〕鲁恂·W.派伊：《政治发展面面观》，任晓、王元译，天津人民出版社2009年版，第93页。

中，亨廷顿的观点是最具说服力的，他所强调的国家能力建设中"在一个强大国家权力框架下开拓公民参与"的有益元素要比其他元素更为重要，这里"强大国家权力"指向了国家权力在政治领域的"适度"运用，即表现为政治调控能力。政治吸纳功能由政治参与水平和政治调控能力两个维度构成，亨廷顿所强调的要点正是，在后发展国家自下而上的大众参与只有同自上而下的政治调控实现有机结合和协调统一，才能获取族群和谐和政治稳定。

从对转型特征的比较而言，在新加坡、马来西亚这两个渐进民主化国家中，民主转型没有引发族群冲突和族群对立的后果，而在泰国、菲律宾、印度尼西亚这三个急进民主化国家，民主转型在一定程度上强化了族群意识和增加了族群冲突的概率。在深层次意义上，民主转型的渐进性对东南亚国家政治发展和族际整合的正向影响，是由于民主转型的渐进性有益于缓解制约民主转型中的传统因素与民主政治的现代元素之间的紧张关系。相比之下，急进民主化转型对东南亚国家政治发展和族际整合的负面影响，是由于过快过猛的民主化转型不利于缓解制约民主转型中的传统因素与民主政治的现代元素之间的张力。在急进民主化转型的泰国、菲律宾、印度尼西亚，执政党的构成是沿着庇护主义传统政治势力的界限而形成的，这就导致执政党仅代表有限的选民，缩小了执政党的社会基础，使政党体制的自主性和凝聚力受到了削弱，从而降低了政党体制的吸纳能力以及政治体制的吸纳能力。由于这些国家中的"少数总统"多党政治中的执政党所聚合的社会基础不够广泛，多元族群的利益诉求得不到实现。可见，民主化转型中庇护主义传统政治势力的存在是制约多党政治的关键因素，使得多党制的政党体制不能有效发挥组织扩大参政、吸纳多元社会力量并使其共存于国家政治生活之中的功能，因此也就从政治层面阻碍了民主政治对这几个国家多元族群的整合。

新加坡、马来西亚民主转型的渐进性有益于缓解制约民主转型中的传统因素与民主政治的现代元素之间的张力，归根到底是有益于达成政治上层建构与经济基础和意识形态中现代性与传统性的平衡，使得民主政治能够有效发挥使多元社会力量纳入政治体制之内的功能。作为政治上层建筑的民主制度和政党制度的成功运行是社会生态中多元因素决定的结果，这就需要上层建筑的变革是一个从传统性向现代性的渐进式过渡历程。后发展国家的政治发展是现代化中多元因素（政治、经济和意识形态）综合作用的结果，表现为以政治现代性为核心的社会秩序不断展开的过程，在这一过程中，它只有适应各自的多元因素相互作用的社会生态环境，才能逐渐在现代与传统的平衡中达成一体与多元的协调统一。正如结构主义、马克思主义代表人物阿尔都塞提出的那样，社会结构中每一种因素的相互作用是交替的、循环的，即相互决定的，社会发展的任何矛盾和构成成分都是由多元决定的，社会结构变化是社会中多种矛盾汇合而不是简单矛盾发生作用的结果，并以"反思性矛盾"和"复杂情境"指向了社会结构中相互作用和相互决定的诸种因素，"阿尔都塞在对一个既保留了过去的特征又是一个新社会的过去之残余物进行分析时，事实上是持某种具体的情境决定论立场……新社会将是完全脱离了旧社会的全新产物、是纯而又纯的新事物；但这种纯而又纯的新事物意味着死亡"。[1]这是因为"（1）结构的革命并不事实上一举改变了现存的上层建筑和特殊的意识形态（正如经济是唯一的决定因素论者会说的那样），因为它们自己有充足的一致性来超越其直接生活环境而存活，甚至是暂时性地再造和分泌其存在的替代条件；（2）革命所催生的新社会可能自身通过它的新上层建筑和具体的（国内和国际）'情况'这两种形式保证了这些旧的因素的残存，就是说，它们的再生。这种再生对一种被剥夺了多元决定辩证法而言将是完全不可思议的"。[2]上述"复杂情境"以及"反思性矛盾"在东南亚政治发展和政治现代化进程中，则反射为一系列多维复合结构中多种要素的交织存在，主要包括国家与社会、传统与现代、一体与多元等多种复杂因素。

新加坡、马来西亚的渐进民主转型中的政治体制之所以能够兼具传统性与现代性并带来族际整合相对成功的成效，是因为渐进民主转型中的政治体制具有可调适性。现代化进程中的政治主体，必须随着现代化水平的提高，适应社会发展水平和变化了的主流政治文化或价值观，逐渐增加政治体制中的现代性因素，及时调适政治体制中传统与现代、威权与民主、集中与参与的动态比例，才能提升国家能力水平和公共权威水平。杰克·斯奈德提出："简言之，通向一个快乐的民主化意味着三条律令：富裕和现代化、具调适力

---

[1] 李西祥：《多元决定辩证法思想的理论变迁》，载《南京大学学报（哲学·人文科学·社会科学）》2016年第5期。

[2] 李西祥：《多元决定辩证法思想的理论变迁》，载《南京大学学报（哲学·人文科学·社会科学）》2016年第5期。

的精英以及着手民主化过程前就已建立……制度的深厚网络。"[1]在新加坡、马来西亚两国渐进民主转型的族际整合中，政治体制的调适性是由具有调节能力同时又代表公共利益的政治精英履行政治调控功能实现的，这使得渐进民主转型能够成为一种可控和有序的民主化转型。在这两个国家，政治体制的调控功能具体体现为强有力的政党体制框架中发挥其调适作用，"强有力的政党的发展，能以制度化了的公共利益取代分散的私人的利益。在发展初期，政党以派系的面貌出现，从外表看加深了矛盾和分裂。但是，随着力量的增强，政党成了结合各种社会力量的纽带，并为超越较狭隘的集团的忠诚和一致性奠定基础"。[2]更进一步地讲，"在高度发达的政治体系中，政治组织具有一种整体性……在自主性的意义上讲，政治制度化是指政治组织和程序的发展，使其不单纯代表一些特定社会集团的利益。只是一种社会集团如家庭、家族、阶级的工具的政治组织缺少自主性和制度化"。[3]这里，新加坡、马来西亚两国具有调节能力的同时又代表公共利益的政治精英的存在，正是亨廷顿意义上的政治体制具有自主性的重要表征，因为代表公共利益的政治精英的存在，有利于从政治层面保障政治体制的自主利益和实现作为政府根本属性的公共性，有利于以政治共同体所有人福祉为目标和任务的公共权威的建立，从而有利于和谐多元族群关系的建立。

新加坡、马来西亚民主转型中族际整合的实践表明，只有存在代表公共利益的政治精英，才能在政治参与不断上升的大众民主政治中建立起以公共性为价值目标的政治发展模式，才能吸纳多元族群的政治参与，在精英与民主的关系上，"在组织的微观领域中，应当让精英拥有更好地发挥作用的平台，能够在自主性的支持下去积极地证成其精英；而在社会的宏观意义上，民主的方式将通过作为组织而不是个人的行动者去尽情地加以诠释。当然，民主的观念将深入人心，也通过这种深入人心的途径去证明它是实质民主而不是形式民主，是存在于合作行动中的民主而不是由静态规则所确认的民

---

[1]〔美〕杰克·斯奈德：《从投票到暴力：民主化和民族主义冲突》，吴强译，中央编译出版社2017年版，第324页。

[2]〔美〕塞缪尔·P.亨廷顿：《变动社会的政治秩序》，张岱云等译，上海译文出版社1989年版，第437页。

[3]〔美〕塞缪尔·P.亨廷顿：《变动社会的政治秩序》，张岱云等译，上海译文出版社1989年版，第22页。

第三章 东南亚国家政治发展中政治吸纳能力与族际整合

主"。[1]对于"能动型领导"在发展中国家政治发展中的重要价值即政治精英的作用，在派伊看来，"只有那些处于负责任位置的人提供真正的领导时，政府机构才能克服它们的弱点，赢得公众的尊重。归根到底，政府是决策的机构和激发人们的机构"，尤其是"一些新生国家的领导人在寻求建立有效的能够将本地传统和国际标准融合起来的政府机构时，正面临着一些十分残酷的困境"，这些国家的"领导人"依赖"领导能力"为了建立权威而必须频繁应对的一些基本选择困境包括，"坚守与适应间的困境""保存过去还是拒绝过去的困境""满意和奉献的困境""疏离难题与唤起承诺的困境"，等等[2]。

相比之下，泰国、菲律宾、印度尼西亚这三个国家急进民主化转型中族际整合不太成功的原因是，急进民主转型政体不具有与渐进民主转型政体相似的调适功能，最根本的原因在急进民主化转型中缺乏代表公共利益、具有调适能力的政治精英。在实行急进民主转型的这几个东南亚国家，政党的分野往往与族群的裂痕重合，所以在过快过猛的急进民主化转型中大选中胜出的政党领袖仅仅代表自己族群的利益，在有的国家则出现了"少数派"领袖联合执政的"弱政府"现象，显然，这样的"少数派"领袖实不能代表公共利益，没有能力履行政治吸纳能力达成所必需的政治调控功能，也就不能在政治参与不断上升的大众民主政治中有效吸纳多元族群的政治参与。在印度尼西亚，苏哈托专制政权垮台后，印度尼西亚开始了民主化的过程。但与此同时，由于民主化转型中"少数派政府"不能充分表达所有族群的利益诉求，印度尼西亚出现了亚齐等地区的民族分离主义运动。在泰国，民主化以来泰国"软弱"的多党制政府很难去实现变革社会中政治体制的吸纳功能，泰国民主化转型中多党制政府的这一大缺陷既给泰国的整个政治现代化进程带来了挑战，同时也给族际整合进程设置了很大的障碍。在菲律宾，也是由于多党制所带来的"弱政府"现象的存在，民主化以来严重的族群和宗教问题并没有得到解决。

关于政治体制的调控功能，理论界的诸多学者都有所著述，最具代表性的政治发展理论流派认为，"向更开放社会迈进的问题首先是对政治家的一种

---

[1] 张康之：《为了人的共生共在》，人民出版社2016年版，第176页。
[2] [美]鲁恂·W.派伊：《政治发展面面观》，任晓、王元译，天津人民出版社2009年版，第238~251页。

考验。在一个文化水平低下、公民没有安全保障的社会里,只简单地开放大众参与之门很容易导致有序能力的政府丧失。发展中地区有一个名副其实的问题,即如何建立有效行政的问题……如果一个社会要想朝某一目标前进的话,它就需要强有力的控制……强有力的控制和有效的行政管理不应被看作是民主发展的对立面,倒是权威和参与在现代国家的建设上应该携手共进"。[1] 其他诸多的现代政治学代表著作也强调政治体制通过其调控功能维持社会形态的统一,作为阿尔都塞的学生,波朗查斯直接承续了阿尔都塞结构主义的理论框架,把结构主义运用到对国家权力问题的研究上,在《国家、权力与社会主义》中反对把政治上层建筑看成像资本那样一个固有实体,主张把它看作是各种阶级和阶级派别之间的关系。社会形态是一种不稳定的平衡体系,而政治上层建筑起着一种调节功能,来维持社会形态的统一。强调政治体制通过调控功能维持社会形态的统一,也成为政治科学行为主义者和后行为主义者分析和探讨的理论重心。伊斯顿在《政治生活的系统分析》中对政治生活、政治行为和政治现象进行系统分析,他认为政治系统就是一些互动关系,而一个政治系统就是通过这些互动为社会权威性地分配价值。政治系统的总体环境由内部环境(国内)和外部环境(国际)共同构成,当这些总体环境产生干扰性影响时,就会对政治系统产生压力,使其作出相应的调适。多伊奇在其《政府的神经》中提出政治沟通是政府的神经,政治沟通对于政治系统的作用就像沟通对于生命有机体的作用一样,它是社会领域与政府领域进行互动的桥梁。他主张借助生活在共同制度环境中的政治共同体与社会成员的政治沟通来形成政治共识,并通过政府决策与价值实现完成政治体制的调适功能以及政府对社会的控制和引导功能。阿尔蒙德等在《比较政治学:体系、过程和政府》中通过结构功能主义这一当代政治学理论的重要分析范式,提出政治体制的调控功能即政治体制的强制力量是贯穿政治体制互动的主线,这使政治体制具有一个系统的重要特点即凝聚性。也就是说,强制手段以及调控功能是政治体制的明显特征,这对于应对同时面临政府能力、参政、经济发展和福利的建设任务和相应结构分化的后发展国家尤为重要。为了提高以政治调控功能为核心的政府能力,处于政治发展和政治现代

---

[1] [美] 鲁恂·W. 派伊:《政治发展面面观》,任晓、王元译,天津人民出版社 2009 年版,第 106~107 页。

化进程中的后发展国家的政治体制主要应该从结构分化考虑，不仅要分化出新的角色和结构，而且要扩大结构和角色之间或内部的自主程度，而这种自主程度的提升在很大程度上取决于是否存在具有调节能力同时又代表公共利益的政治精英。

在全球范围内，从20世纪90年代以后，急进民主转型政治体制由于政治参与上升的同时政治调控能力却没有得到相应提升的缺陷引发族群动荡是一个普遍现象。冷战结束后在世界范围内出现了急进民主化与族群多样性的社会存在之间相互碰撞的严重后果，最典型的事例发生在苏联、南斯拉夫和捷克斯洛伐克在民主化转型过程中的中东欧多民族国家分裂和国家解体的重大事件。实际上，这一现象在世界范围内民主化转型中后发展多民族国家普遍存在，在世界其他国家推行的急进民主化和自由选举也导致了严重的族群冲突和族群对立，从非洲、拉丁美洲到加勒比海地区，很多后发展多民族国家卷入了急进民主化转型和族群整合的严重悖论中，这些国家主要包括乌兹别克斯坦、乌克兰、津巴布韦、肯尼亚、埃塞俄比亚、塞拉利昂、委内瑞拉、玻利维亚，最惨烈的族群冲突是发生在南斯拉夫的种族屠杀和卢旺达的种族灭绝。有关急进民主化转型和族群整合悖论的典型案例，例如，在卢旺达，殖民主义时期的比利时政府打破了图西族和胡图族历史上形成的微妙平衡，把这两个族群分为以血缘为基础的部落，比利时殖民者又进一步认定图西族为贵族统治阶级，从而引发占人口多数的胡图族人与图西族人的冲突，而20世纪90年代卢旺达实行的以大众选举为核心内容的民主制度，更加使得胡图人觉得应该是作为多数派的他们而不是作为少数派的图西族人掌握国家权力。再如，1998年委内瑞拉民众为了剥夺原西班牙殖民者后裔以及后来欧洲移民的少数白人族群的政治、经济主导权，把前伞兵乌戈·查韦斯选为总统，这些选民是占委内瑞拉民众80%的黑皮肤的、生活在贫困线以下的多数族群。正如曾任委内瑞拉贸易和工业部长、美国《外交政策》原编辑的莫伊塞斯·纳伊姆描述，查韦斯打破了多阶层政党的传统，打破了在委内瑞拉盛行了几十年的族群和谐的幻想。在作为全球化政治维度的自由选举的急进民主化以来，"世界频繁见证着种族冲突、伊斯兰武装力量的崛起、不同集团之间的仇恨和民族主义的激化、驱逐、屠杀、充公、再国有化的呼声，以及纳粹大屠杀以来两场空前规模的种族灭绝性的血腥事件……民主化在全球的扩展反映了西方政策上和知识界的一个强大假设，即市场和民主是齐头并进的。但在世界上很多存在着少数族群的国家里，现实却与这一假设背道而驰。在市场中加入民主的成分酿造的是动荡、纷争和种族仇恨的大火"。[1]

从东南亚民主转型中族际整合相对成功和不太成功两类国家的对比分析中可以看到，民主转型国家在避免民族分离主义和族群冲突危险的解决方案上，政治吸纳功能这一支持性条件相比其他两个条件在重要性上属于优先的序列。政治吸纳功能的获取，在应对后发型国家政治现代化进程中族际整合挑战上的具体作用是，既可以确保政治发展中多元族群通过民主制度的政治参与机制有效表达其利益诉求，也能够通过国家和政府的政治调控能力实现政治参与的有序性。如果民主转型中不具备政治吸纳能力这个先决条件，其他两个条件也不会自发生成。政治现代化的进程不是政治主体单方面的建构可以完成，而是在与社会互动的过程中所达成的一种共识，这种互动是在一定的政治、社会和文化发展的不同程度下展开的，只有各方面元素都具备，才能把包括多元民族在内的多元社会力量动员和吸纳进政治体制之内。而在其中，政治主体和社会主体在政治层面的互动起到最为关键的作用。在这个意义上，"为了最小化民主转型引发民族冲突的风险，一个关于转型前提条件的厚实安全网必须牢固建立起来。如果这些条件不存在，那么推后鼓励民主化将是明智的，直到这些条件具备"。[2]这里，政治调控功能发挥作用的场域正是"一个关于转型前提条件的厚实安全网"的建立。值得指出的是，在某种意义上，民主、平等等现代元素为族际整合提供政治现代性来源，自上而下的政治调控为族际整合提供秩序基础，二者结合才能有效提升政治吸纳能力，也只有二者的协调发展才能在后发展多民族国家的族际整合问题上实现长久的善治：既保证族际整合中统一性的方面，同时又确定差异的合理存在。

---

[1] [美] 蔡爱眉：《起火的世界——输出自由市场民主酿成种族仇恨和全球动荡》，刘怀昭译，中国大百科全书出版社2005年版，第131~132页。

[2] [美] 杰克·斯奈德：《从投票到暴力：民主化和民族主义冲突》，吴强译，中央编译出版社2017年版，第324页。

第四章
东南亚国家政治发展中政权有效性水平与族际整合

在一个经济现代化进程中的国家，对政治体制的态度在很大程度上依赖于这一政治体制有效性水平的提升，尤为重要的是，如果现代化进程中后发展多民族国家的政权能真正给各个族群带来实惠，那么，它就会强化有利于维持此政权的肯定性态度。从经济发展和经济平衡两个层面提升政权有效性水平的目标是经济现代化，是现代国家为了适应现代经济社会的同质化和可规格化的需求而设定，因此成为先发展国家和后发展国家国家能力建设经济社会层面的题中必有之义。在如何提升政权有效性水平和实现经济现代化目标这一问题上，早期先发展国家发展理论突出强调的国家功能是集中权力，呼吁要有一个强有力的国家。对于现代化进程中的后发展国家而言，既要推动经济现代化的总量增长和经济规模的不断扩大，又要保障经济现代化的有序化和可持续性，更加需要国家对社会的适度干预。可见，在很大程度上，后发展多民族国家在经济现代化进程中对适度国家干预的依赖要比先发展国家更强，这被看成一种经济要素之外的现代化动力。正如有学者提出："平等和效率在任何国家都是一个很难精确把握住的'尺度'，更何况是在一个多民族的国家，问题就更加复杂。因为在这种国家，某一民族往往处在某一固定的阶层，反过来说，某一阶层的成员往往大部分或绝大部分同属一个民族。在保证社会在某一时达到平等与效率最佳平衡的同时，得首先考虑经济地位处于劣势的民族的民族情绪。"[1]

必须看到，后发展多民族国家以现代经济社会的同质化和可规格化为标

---

[1] 陈晓律等：《马来西亚——多元文化中的民主与权威》，四川人民出版社2000年版，第295页。

准的政权有效性水平，涉及经济现代化进程中的经济发展和经济均衡两个维度的问题。一方面，多民族的后发展国家发展经济，增加经济现代化带来的经济总量和经济规模，是提升后发展多民族国家经济社会同质性的物质基础，在这个层面国家权力的"适度"干预体现为为市场经济提供秩序的保证；另一方面，后发展多民族国家政府对社会经济条件处于贫困处境中的族群社区提供各种援助性的支持，逐渐缩小并最终消除基于族群性不平衡的发展状态，在这个层面国家权力的"适度"干预体现为为弱势族群提供生存的保障。

一、威权政治时期政权有效性水平与族际整合

东南亚国家在威权政治时期实施了强化国家权力的国家能力建设路径，具体而言，可以分为"适度"强化国家权力的国家能力建设和过度强化国家权力的国家能力建设两种类型。其中，一种类型的东南亚国家在经济发展战略取向上在经济领域通过"适度"强化国家权力寻求经济发展与族际平衡的协调统一，以新加坡、马来西亚、印度尼西亚（威权前期）为代表；而另外一种类型的东南亚国家则在经济领域中过度强化国家权力，在这类国家的经济现代化进程中，一方面体现为传统恩庇关系中垄断集团（族群或家族）通过政治控制力垄断公共财富，阻碍了国家整体的经济发展；另一方面则体现为使用行政手段推行"强制同化"和不利于族际利益均衡的族群经济发展政策，以泰国、菲律宾、印度尼西亚（威权后期）为代表。东南亚国家两类不同的国家能力建设模式在发展实践中对族际整合产生了不同的效果。

（一）新、马、印尼（威权前期）政权有效性水平与族际整合

新加坡、马来西亚、印度尼西亚（威权前期）是威权政治时期政权有效性水平正向支持的情境下族际整合相对成功的国家和发展阶段，这几个国家在经济发展战略取向上通过在经济领域"适度"强化国家权力寻求经济发展与族际平衡的协调统一，通过运用国家公共权力大力推进现代化进程，增进社会的一体化基础，较为成功地从经济社会层面维护作为政治体制自主利益的公共利益，并且在发展实践中对族际整合产生了良好的效果。

先看政治体制有效性水平第一个层面的问题，即经济发展的问题，其意指经济现代化带来的经济总量和经济规模，这是提升后发展多民族国家经济社会同质性的前提和基础。东南亚国家威权政治领导人普遍主张经济发展是

政治和社会稳定的前提，威权主义政治的核心是维护政治和社会的稳定以保证经济的增长，东南亚地区需要的并不是民主，最需要的是调动一切力量发展经济。沙立有句名言："谁都可以搞革命（政变），问题是你搞了革命，怎么能让老百姓承认你。"[1]他清楚地认识到，依靠武力获得的政权能够在短时间内维持政权的稳定，但这种稳定由于缺乏足够的合法性而不能持久；多年来泰国历届政府都曾尝试利用所谓的"民主"机制增加合法性，结果都未曾获得民众的认可，民众对政权的认可，是能使他们的生活获得根本改善的政权。因此，沙立主张"简而言之，提高百姓的生活水平是我们的最高目标"。[2]

应当说，现代化进程中通过对"适度"国家权力的依赖来实现发展是先发型现代化国家和后发型现代化国家的共同特点。在先发型现代化国家发展的早期阶段，政治上依靠权威专制、经济上实行市场自由竞争，这一状况说明了一个强大的中央集权的民族国家的兴起，成为近代资本主义原始积累的历史需要。因此，早期先发展国家理论突出强调的国家功能是集中权力，呼吁要有一个强有力的国家，而对于后发展国家而言，一方面要推动经济现代化的总量增长和经济规模的不断扩大，另一方面要保障有序的社会经济发展环境，更加需要在政治上保持适度干预。有学者认为，政府能力的强弱是决定后发展国家现代化成败的关键因素，"软弱的政府和糟糕的制度是冲突和贫穷的根本原因。许多失败或脆弱的国家掉入低层次的陷阱：它们衰弱的制度无法控制暴力，由此造成贫穷，进一步削弱政府的施政能力"。[3]"为了启动经济增长，强大的政治制度往往是必需的；恰恰是它的缺席，将失败或脆弱的国家锁进了冲突、暴力和贫困的恶性循环……脆弱或失败国家所缺乏的制度中，首先而又最重要的是行政上的能干政府。这意味着，首先国家在受到法律或民主的限制之前，必须先要存在。这意味着，首要建立中央集权的行政部门和官僚体系。"[4]后发展国家的特殊国情、后发展国家所处的较低的经济发展阶段以及后发展国家的特殊利益，决定了国家必须对经济发展进行干

---

[1] Frank C. Darling, "Modern Politics in Thailand", The Review Politics, April, 1962, p.171, 转引自任一雄：《东亚模式中的威权政治：泰国个案研究》，北京大学出版社2002年版，第107页。

[2] 任一雄：《东亚模式中的威权政治：泰国个案研究》，北京大学出版社2002年版，第117页。

[3] [美]弗朗西斯·福山：《政治秩序与政治衰败：从工业革命到民主全球化》，毛俊杰译，广西师范大学出版社2015年版，第43页。

[4] [美]弗朗西斯·福山：《政治秩序与政治衰败：从工业革命到民主全球化》，毛俊杰译，广西师范大学出版社2015年版，第44~45页。

预。在这个意义上，后发展国家在经济现代化进程中对"适度"国家权力的依赖要比先发展国家更强，这也同时成为一种经济要素之外的现代化动力。

新加坡、马来西亚是战后在工业化进程中实现经济现代化的比较成功的后发展国家代表，在政治发展进程中的体制功能和发展策略具有很大的相似性，两国在管理、调解和整合国民经济等领域都体现了国家权力"适度"运用的特点，两国"在工业化的初期阶段不约而同地出现了所谓'威权体制'的政治模式，'威权体制'成为这些国家快速实现工业化、现代化的体制性原因。'东亚模式'本质上是东亚地区工业化与政治发展进程中产生的一种政治—社会机制，这就是我们所概括的'权利与权力对冲'的机制"。[1]这里"权利与权力对冲"的机制中"权力"，指向的正是威权政府对"适度"国家权力的运用。新加坡、马来西亚两国在自主性工业化进程中借助国家宏观调控能力发展经济，努力使国家成为国民经济体制设计及运行的引领者、策划者、规范者、协调者。

两国经济领域中的宏观调控能力是国家权力"适度"运用的结果，这主要体现在两个层面：一方面，依靠"适度"国家权力建立了现代经济体制，实现经济起飞所需的资本积累。两国利用威权体制所具有的权力基础和政策优势，通过实施具有现代化发展取向的各种手段发展和保护资本，为资本积累提供有利条件，使两国的威权政府在现代化发展早期就成为资本发展的首要推动者。这是一种政府主导资本的模式，即通过威权政府的政策安排促进资本的发展和维护，以避免在国际资本参与本国经济发展过程中严重依赖外资后果的发生。这其中也充分体现了国家相对于社会发展的自主性原则和国家作为公共利益的功能，以及上层建筑与经济基础之间、国家与社会之间的互动和合作。尤为重要的一点是，这种互动与合作是在威权政府和国内资本之间进行的一种权威性的互动与合作。另一方面，对国家的经济发展进行调控和规划。针对市场经济中普遍存在的缺陷，两国威权政府运用所掌握的资源分配的权力，尽力弥补市场经济的不足，从而为资本有序运行提供良好的社会环境。两国领导人认为，市场有限是经济学的一个最基本的规律，所以国家在开放市场的同时，必须考虑国内市场份额有限这一原理，必须学会审

---

[1] 房宁等：《民主与发展——亚洲工业化时代的民主政治研究》，社会科学文献出版社2015年版，第7页。

慎地保护和控制市场，所谓宏观调控，在很大程度上是对市场的调控。在民族工业发展问题上，两国威权政府同样强调了国家干预的必要性，主张制定和形成一套巧妙的办法，使得既能尽最大可能地保护国内市场，同时又有效地引进和利用外资，使之首先有利于本国民族工业的发展，采取各种保护性手段建立以国家价值为发展取向的自主型民族经济体系。

新加坡在威权主义政治模式确立以后，人民行动党认识到经济发展关系国家的生存，经济发展会使威权政权获得比西方式议会民主更多的合法性。因此，独立后选择了以威权政治促进市场经济发展的经济发展优先战略。人民行动党反对在新加坡毫无节制地实施西方民主政治模式中的人民保护权、自由结社和表达的权利，"今天，不论在世界什么地方，都不能毫无节制地行使这些权利，因为盲目地运用这些概念，可能造成有组织社会的松懈"，[1]"民主洋溢会导致地区纪律和秩序混乱的局面，对发展产生不良的影响"。[2]威权主义领导人李光耀明确指出，西方议会民主制度损害新加坡的经济增长，民主的程度必须与国家的物质文化条件相适应，而且必须随着国家经济的发展、人民的教育和修养程度的提高而不断扩大。新加坡威权政府反对西方自由主义政治文化中关于政府是"必要的恶"的观点，反对其倡导个人权利、限制政府权力的观点，从而提出了"好政府"的概念。在威权主义领导人李光耀心目中，效率是高于民主的原则性目标，"效率，也就是制度运行是否能够推进对社会和多数民众的福祉来说更具实际意义的政治稳定、经济发展、社会和谐等目标"，在这种理念指导下，新加坡威权政府的高级行政官僚也是讲究实际的现代精英，这对新加坡的经济发展起到了推进作用，从而为族际整合的实现奠定了坚实的物质基础。

在马来西亚，威权主义领导人马哈蒂尔认为，发展中国家必须依靠强大的政府力量才能进行有效的经济一体化建设和整合多元族群国家，经济发展比政治民主更重要，因为经济发展符合人民的首要利益和长远利益，人民的生活水平是衡量政治制度是否合理的最重要的标准，"发达国家政府软弱或没有政府照样能行，但发展中国家如果没有一个强有力的政府则无法运转。不稳定和软弱的政府将会造成混乱，而混乱则无助于发展中国家的发展和幸福。

---

〔1〕［新加坡］李光耀：《李光耀40年政论选》，现代出版社1994年版，第320页。
〔2〕［新加坡］李光耀：《李光耀40年政论选》，现代出版社1994年版，第350页。

就像我们今天在许多发展中国家所目睹的那样，政治争斗只会浪费人们的时间和精力"。[1]此外，"一个稳固强大的政府当然可以确保一个可预见的未来，一个依赖于变幻无常的公众、为极左和极右派的种种要求搞得焦头烂额的软政府不可能是稳定的，对预见性是很难确保的"。[2]马哈蒂尔在通过"适度"运用国家权力对经济发展进行调控和规划方面，竭力反对自由贸易政策，主张实行保护关税制度。在他看来，自由贸易可以从国外买到廉价的商品，但是从长远来看将会阻碍马来西亚的经济发展，使马来西亚长期处于从属国地位，因为对于一个国家来讲，财富的生产比财富本身要重要得多，发展经济的目的应该是培育和壮大本国的生产能力，保护与扶植民族经济。马哈蒂尔的这些主张确实促进了马来西亚的经济现代化进程，从经济发展层面提升了政权有效性水平。

威权政治时期马来西亚"新经济政策"社会目标的重点虽然是通过国家权力的"适度"干预提高本土马来裔族群在经济发展过程中的收益份额，但是同时也促进了马来西亚的整体经济增长，其"在各种族共同发展的基础上加快马来人的发展步伐"的政策预期基本上也得到了实现。就是说，"新经济政策"促进经济发展目标的实现是以全社会所有族群的经济收益提高为基础的，而不是以剥夺某一族群经济利益为其代价的，所有族群都要从国家经济发展所带来的成果中受益，只是让本土马来裔族群在分享发展成果时比其他族群多一些份额。[3]华裔族群在整个国家经济发展较为顺利的大环境中的经济实力并未减少，诚然，这是马来西亚政府运用国家政权迫使社会财富在各个族群之间进行重新分配实现的，实际上也是非常必要的，因为如果让任何族群永远处于经济发展的底层，这势必会引发族群冲突和社会动荡，而各个

---

[1] 北京外国语大学中国马来语教学中心编译：《马来西亚总理马哈蒂尔演讲录》，世界知识出版社1999年版，第30页。

[2] 北京外国语大学中国马来语教学中心编译：《马来西亚总理马哈蒂尔演讲录》。世界知识出版社1999年版，第21页。

[3] 在第二个马来西亚计划（1971—1975年）中，政府明确指出，马来裔族群的股份增长将通过其积极参与扩大国家的经济蛋糕来实现。同时，马来人的就业增长也是通过创造新的工作机会来保证，而不是通过替换现有的工人以达到其目标；在第三个马来西亚计划（1976—1980年）中也指出增加马来人的资本不应通过没收非马来人的资本来实现，而是要使马来人从扩大的国家经济蛋糕中取得较大的份额。（参见陈晓律等：《马来西亚——多元文化中的民主与权威》，四川人民出版社2000年版，第213页。）

第四章　东南亚国家政治发展中政权有效性水平与族际整合

族群就都不可能从失序的社会环境中获得经济利益。"新经济政策"从1970年马来西亚的第二个五年计划开始实施，目标之一是促进经济发展以减少和消除贫困，提高所有马来西亚人的收入水平和扩大就业机会，促进农村生活的现代化和城市工商业的平稳增长。"新经济政策"在促进马来西亚经济发展、推动工业化现代化方面取得了很大成效，从1971年到1990年新经济政策实施的20年，是马来西亚经济发展最快的历史时期，这主要表现在马来西亚政府在20年的时间通过自上而下的经济改革提高了国民收入和就业机会，并且改变了社会经济结构。就国民收入和就业机会而言，农业在1970年—1980年以年均1.9%的速度提供新的就业机会，十年间共创造了21%的新增就业机会，其他现代经济部门的增长速度更快。农业生产率提高和收入增加的结果是农业人口贫困率从1970年的68%下降到1980年的46%。到1990年，低收入的马来农业人口在整个马来人中减少到37.4%。[1]就社会经济结构而言，在20世纪70年代马来西亚强调制成品的出口，在20世纪80年代则强调发展重工业，原材料的出口所占份额依然很重，但是机械工业产品的出口比例已经上升到60%。经过20世纪70、80年代20年的发展，马来西亚彻底改变了民族独立运动前以橡胶和锡为主要出口产品的殖民地经济结构，转变成为一个以制造业、农林渔业、矿业、商业、外贸等为支柱产业的多元经济结构。[2]实践证明，"新经济政策"实施20年所带来的经济快速增长和经济结构的变化，使得马来西亚各个族群都受益于经济发展的成果，基本上实现了"新经济政策"在消除贫困方面所定下的目标，政权有效性水平的提升增加了所有族群对威权政权的认同意识，从而在很大程度上消除了族群冲突的经济根源，无疑促进了这个多元族群宗教国家的族际整合。

印度尼西亚（威权前期）领导者重视民众的经济权利，虽然在政治上是少数精英执政，在经济生活中却倡导人民大众的广泛参与。威权主义领导人苏哈托认为，民主更重要的层面是经济民主，人民在其国内经济生活中应拥有更多的权利，以改善人民的实际生活水平，言论、选举等政治层面的自由只是民主的一个方面。促进民众对经济生活的参与、提高民众的生活水准，

---

[1] 参见陈晓律等：《马来西亚——多元文化中的民主与权威》，四川人民出版社2000年版，第293页。

[2] 参见陈晓律等：《马来西亚——多元文化中的民主与权威》，四川人民出版社2000年版，第349页。

是衡量一个社会制度价值的最终标准。"以'建国五基'为根本原则的繁荣公正的社会是我们奋斗的理想。"[1]苏哈托在其执政前期把经济现代化作为解决国内曾一度十分尖锐民族矛盾的根本出路和调整手段，强调"共同繁荣"之路，认为经济发展比政治民主更重要，因为经济发展符合人民的首要利益和长远利益，因此把推进经济现代化、增进一体化作为威权政治前期获取各种政治势力支持的施政纲领。总体而言，印度尼西亚在威权政治前期通过在世界经济体系中的广泛参与，力求维护一个新的具有现代化取向的政府权威，以此保证有序的社会经济发展环境，推进现代化进程和增进一体化基础。在这一基础之上，在国家和族群、族群和族群之间达成具有政治妥协性质的、符合双方利益的协议。正如贝淡宁所指出，在不那么民主的国家中"政治精英可以轻而易举地压制多数群体的民族主义。虽然政治领导人也许必须建构某种共同的国家身份认同以推进诸如政治稳定性与经济发展这样的目标，但是如果领导人认为多数群体的文化与国家的目标相冲突的话，他们并不那么受到多数群体文化的制约（与民主国家相比）"。[2]经验事实表明，在20世纪80年代以前的苏哈托政权前期，印度尼西亚通过"适度"运用国家权力不但保证了国家经济发展优先战略的顺利实施，比较顺利地推进了经济现代化进程，[3]而且改变了原先的殖民地经济结构，在较大程度上缓解了由于经济地位差异所带来的富裕族群和贫困族群之间的族群冲突，在推进多元族群和谐共处中发挥了积极的作用。

再看政权有效性水平第二个层面的问题，即经济平衡的问题，这里主要涉及的是分配意义上的族际平衡。新加坡、马来西亚、印度尼西亚（威权前期）三个国家面对独立后贫困族群在经济社会发展方面相对落后的现实，在大力促进经济现代化的同时，实施优惠和鼓励相结合的族群经济政策，既对

---

[1] [印尼]苏哈托自述，德威帕雅娜、拉玛丹执笔：《苏哈托自传——我的思想、言论和行动》，居三元译，世界知识出版社1991年版，第271页。
[2] [加]贝淡宁：《超越自由民主》，李万全译，上海三联书店2009年版，第175页。
[3] 苏哈托执政前期主要通过对外资开放、放开对华人资本限制、大力开发本国资源、推行工业化战略等诸多举措推动整个经济发展。通过这些措施印度尼西亚的经济在苏哈托政府前期得到快速发展，并实现了国家的初步工业化。从20世纪60年代末到80年代初印度尼西亚国内生产总值的增长率从1968年的4.5%上升到1973年的11.3%、1977年的7.4%、1981年的7.1%，人均国民收入从1965年的90美元上升到1982年的580美元，经济发展年均增长率超过11%，制造工业发展年均增长率超过10%。（参见郭雷庆：《聚居型多民族国家民主转型进程中的民族分离问题研究——以我国周边五国为例》，山东大学2017年博士学位论文。

贫困族群实行特殊的政策，又在推进经济发展过程中给予他们平等机会，通过提高贫困族群的收入水平和增加其就业机会，缩小族际间的经济利益差距。

马来西亚在 1969 年爆发的"5·13"种族暴力事件之后，其威权主义政治体制有效性的经济平衡层面的着力点是，政府对人口中占大多数的本土马来裔族群实施广泛性保护性政策。马来西亚在独立之初的发展阶段中其经济发展的大部分成果被外国投资者和华裔族群所获得，占人口大多数的本土马来裔族群并没有从这种发展中获得多少益处，这是造成 1969 年"5·13"种族暴力事件的主要因素。马来西亚政府在之后的威权政治时期采取了"新经济政策"，这一政策是在马来西亚国内族群冲突加剧、族群矛盾已经影响到社会政治稳定的情况下实施的，它是该国独立以来马来裔族群优先政策的持续，在这一政策的实施过程中马来西亚加大了国家权力对经济社会各个领域的干预力度。"新经济政策"试图提高本土马来裔族群在经济发展过程中的收益份额，减小华裔族群和其他族群在经济发展过程中的收益份额，积极致力于"以种族间经济均衡的改善为标志的国家团结"。"新经济政策"从长远角度看是为了减少马来西亚多元族群之间的冲突，取得马来西亚多元文化社会真正的和谐。这是因为，当时马来西亚的本土马来裔族群人口占大多数，但是本土马来裔族群拥有的国家资本却只占总额的较小比例，在全马来西亚的贫困人口中，74% 的贫困人口是马来裔族群；17% 的贫困人口是华裔族群；8% 的贫困人口是印度裔族群，而且每一个族群内的贫困人口与非贫困人口的比例的差别也很大，在马来裔家庭中，65% 在贫困线以下；在华裔家庭中，只有 26% 在贫困线以下；而印度裔家庭中有 39% 在贫困线以下。职业与族群的一些固定的模式尚未被打破，各族群在职业之间的流动性几乎不被觉察，马来裔族群很自然认为自己的贫困是受到了华裔族群在经济上的影响，这加剧了两大族群之间原本的紧张关系。[1] 可见，当时马来西亚的族群间财富分配的特征是，本土马来裔多数族群属于贫困族群，这是一种最为危险的族群间财富分配模式。马来西亚威权政府相信，假如马来裔族群仍然从事那些低收入的工作，而其他族群，尤其是华裔族群始终从事高收入的工作，那么，马来西亚的族群和谐是不可能实现的。

---

〔1〕 参见陈晓律等：《马来西亚——多元文化中的民主与权威》，四川人民出版社 2000 年版，第 289 页。

为了调整这种族群间财富分配不均衡的状况，力图使经济活动的集团与族群没有太大的联系，马来西亚政府在企业股东权益、政府授权、商业雇用及大学许可入学等方面实行了种族配额的做法。在这一族群政策导向下，很多马来西亚华裔企业被要求其企业的部分权益规定为马来裔股份，因此，华裔企业家必须选择具有马来裔身份的生意伙伴。马来西亚"新经济政策"的效果是显著的，"马来西亚政府执行了耗资巨大的计划来提高马来人在社会中各种级别的教育水平，并强迫私人企业雇佣马来族人。作为这种努力的结果，1990年时，马来人几乎已经占据了白领阶层中一半的人数和工人阶级中的一半……商业集团的构成还是发生了很大的变化，在1970年时，在各种合资的股份企业中，马来人的股份只占2.4%，而在1990年，这个比例已经上升到20.3%"。[1]"新经济政策"帮助马来西亚建立了一个具有实质意义的马来裔经济精英阶层，马来西亚政府培养马来裔经济精英阶层，马来裔族群开始参与到重要的经济部门，诸如建筑业、橡胶业、运输业以及通信部门，这在很大程度上缓解了"新经济政策"实施前马来裔族群的贫困状况以及由此带来的与华裔族群之间的紧张关系。总之，威权主义体制下的"新经济政策"让本土马来裔贫困族群受益颇多，正如马哈蒂尔坦率地承认，"新经济政策"更加偏向精英的、有背景的马来人。在"新经济政策"下，马来西亚经过数年国家主导发展改善了贫困族群的境遇。与此同时，"新经济政策"与东南亚许多国家排斥华裔族群的极端政策相比是比较温和的，"它只是要求华人大型企业在股权分配和雇员比例上执行种族限额的规定，而占华人企业90%以上的中小企业基本不受限制，华人经济发展虽然受到很多制约，但仍有一定的发展空间，在某些传统经济领域仍有较强的竞争力。为了发展经济，也为了减少华人的不满，20世纪80年代中期以来，马来西亚政府的华人经济政策进一步放宽。政府不断修订相关法规，以减少股权和雇佣限制对华人企业的影响，对于被强制与马来人合作的企业，政府则提供多种优惠"。[2]华裔族群得到了多个领域的执照和许可证从事自己的行业，也获得了进入政府担任公职和在大学获得职位的机会，"新经济政策"虽然使他们的经济地位相对下降，但

---

[1] 陈晓律等：《马来西亚——多元文化中的民主与权威》，四川人民出版社2000年版，第350页。
[2] 陈衍德主编：《多民族共存与民族分离运动——东南亚民族关系的两个侧面》，厦门大学出版社2009年版，第209页。

第四章　东南亚国家政治发展中政权有效性水平与族际整合

是在整个国家经济发展较为顺利的大环境中华裔族群的经济实力在绝对值上并未减少，在他们的容忍范围之内，这使得该国的马华族群关系进入比较和谐的历史时期。正是由于威权政治时期以国家权力对市场"适度"干预为导向的经济政策产生了相当数量的本土马来裔精英阶层，在很大程度上消除了马来裔族群和华裔族群之间族群冲突的经济根源，弱化了阶层分化与族群裂痕的重合对族际和谐的负面影响，获得了相对繁荣并推进了族际整合的进程，才使马来西亚在1998年亚洲金融危机中避开了激烈的族群冲突。在马来西亚，亚洲金融危机并没有针对华裔富裕族群的暴力冲突，也很少有针对富裕族群的种族性充公和资本外逃。上述情况表明，"新经济政策""在各种族共同发展的基础上加快马来人的发展步伐"的目标基本上得到了实现。

　　威权政治前期的印度尼西亚在以"适度"国家权力协调多元族群的经济利益上做得也比较好。一方面，印度尼西亚面对独立后贫困族群在经济社会发展方面相对落后的现实，在大力促进经济现代化的同时，实施优惠和鼓励相结合的民族政策，既对贫困的弱势族群实行特殊的政策，又在推进经济快速发展过程中努力为他们提供平等机会，引导他们发奋向上，通过自身的努力改变族群分配不公的现状。印度尼西亚政府抓住爪哇族群和外岛族群冲突这一主要族群矛盾，20世纪80年代以前投入大量资金开发外岛的族群落后地区，致力于消灭多族群地区尤其是外岛族群与爪哇族群之间的经济差距，取得了积极的成果。另一方面，印度尼西亚运用国家权力对社会财富在多元族群间进行了一定程度的实质性再分配，这种利益再分配主要是向外岛贫困族群的倾斜。这些协调差异的族群经济发展政策，促进了国家经济快速增长，也缩小了多元族群间的经济差别，这与威权政治后期贫困的马来裔多数族群对富裕的华裔少数族群的敌意与仇视形成了对比。其结果是，印度尼西亚在威权政治前期通过对差异社会的协调，提高了多元族群的和谐程度，主要体现在政府妥善处理爪哇中心地区族群与外岛族群地区的权益关系，缩小了外岛与爪哇岛之间的经济差距，以此来化解印度尼西亚的族群矛盾和冲突。[1]总的来看，印度尼西亚在威权政治前期，适应社会政治环境的变化较好地发

---

［1］　世界银行工作人员编：《东亚奇迹——经济增长与公共政策》，财政部世界银行业务司译，中国财政经济出版社1995年版，第114页，转引自陈衍德等：《全球化进程中的东南亚民族问题研究——以少数民族的边缘化和分离主义运动为中心》，厦门大学出版社2008年版，第65页。

· 213 ·

挥了政治体制的经济社会职能，通过"适度"运用国家权力协调多元族群间的利益关系，不但保证了国家经济发展优先战略的顺利实施，比较顺利地推进了经济现代化进程，而且改变了原先的殖民地经济结构，一定程度上提高了外岛贫困族群的经济地位并缓解了由于经济地位差异所带来的富裕族群和贫困族群之间的族群冲突。

（二）泰、菲、印尼（威权后期）政权有效性水平与族际整合

威权政治时期的泰国、菲律宾、印度尼西亚（威权后期）在国家能力建设推进族际整合方面发展出了不同方式，并且产生了不同的族际整合效果。这几个国家的威权政府是在政权有效性水平较低的背景下族际整合不太成功的国家和发展阶段，它们共同的特点是在威权政治时期也采纳了通过强化国家权力推进族际整合的实现，但是由于国家权力的过度强化和缺乏制约，导致了政权有效性水平的降低，阻碍了族际整合的进程。这主要体现为三个国家在威权政治时期传统恩庇关系中的垄断集团（族群或家族）通过政治控制力垄断公共财富（亨廷顿意义上的"累积不平等"），阻碍了国家层面的经济发展，从经济社会层面损害了作为政治体制自主利益的公共利益，从而降低了政权有效性水平。另一方面体现为威权政府向贫困族群推行经济上的"强制同化"的民族政策，在很大程度上忽视了贫困族群的利益。从族际整合效果看，泰国、菲律宾、印度尼西亚（威权后期）威权政治时期由于在国家能力建设中国家一致性权力的过度运用，使用行政手段推行带有"强制同化"倾向的族群经济政策，损害了贫困族群的经济利益，加大了族际间的经济利益差距，导致政权有效性水平不足，从而造成贫困族群的国家认同意识的降低。总体而言，这几个国家在推进国家的现代化和增进一体化基础上，在国家干预社会的发展的同时，没有给多元族群社会留下必要的发展空间，从而制约了这几个国家的族际整合。

先看政权有效性水平第一个层面的问题，即经济发展的问题，这是后发展多民族国家经济社会同质性的前提。在菲律宾，传统社会的庇护主义文化所形成的社会结构在威权政治时期并没有发生根本性的变化，家族政治仍然在经济社会发展中发挥着基础性的作用。马科斯家族虽然在威权政治初期的20世纪50、60年代通过参与工业化对推动工业化进程起到了一定程度的积极作用，但是更为重要的是，自20世纪70年代以后菲律宾的工业化又受到了

第四章　东南亚国家政治发展中政权有效性水平与族际整合

其家族集团集中摄取利益的负面影响,从而削弱了政治体制的经济社会职能,"当菲律宾的工业化和经济发展取得一定进展后,家族因其强大经济、政治控制力,迅速地转向垄断,利用垄断和其他超经济手段获取超额利润,家族也因此迅速地从推进工业化的力量变为食利集团,进而成为菲律宾工业化的阻力"。[1]在泰国,以沙立为核心的军人集团处于政治权力的垄断地位,尤其在泰国传统的等级观念和庇护制关系占统治地位的社会土壤中,只能生长出专制和独裁的政府。沙立威权政府在经济社会发展方面取得了一定成就,利用外资使泰国出现了自 1932 年革命以来的第一个经济快速发展时期,沙立执政时期的泰国保持了政治稳定,这为这一历史时期的经济发展创造了良好环境,沙立政府出台的经济发展措施在很大程度上调动了人们参与经济活动的积极性,并做到了对资源的有效利用,为泰国成为新兴工业化国家打下了丰厚的物质基础。[2]然而,更加值得关注的是,"有一点是相当明显的,那就是,他利用了'泰式民主'制度的天然缺陷——权力监督的缺失,自我牟利。他身后留下惊人的贪污丑闻足以说明这一点。一方面,他大大推动了国家现代化发展;另一方面,他又营造了其家族的财富帝国"。[3]据统计,沙立去世后留下1.5亿美元财产,仍控制着很多商业企业,占有8000英亩土地。此外,泰国军政高官几乎个个是百万富翁。[4]在威权政治后期,印度尼西亚的腐败问题也同样突出,尤其是苏哈托家族垄断集团和"主公"经济的出现阻碍了印度尼西亚经济的可持续发展,不仅埋下了族群冲突的根源,而且成为激化印度尼西亚民族分离主义运动的重要经济社会原因。

由此可见,作为国家政权基础的"家族式"庇护主义权力结构成为威权政治时期这几个国家政权有效性水平不足的最大影响因素,从而也成为了这几个国家国家能力建设的最大障碍。政治体制的自主性利益是公共利益而非

---

[1] 房宁等:《民主与发展——亚洲工业化时代的民主政治研究》,社会科学文献出版社 2015 年版,第 14 页。

[2] 1958—1962 年,泰国的企业从 7086 家猛增到 27 779 家,20 世纪 60 年代,泰国经济的年均增长率高达 8.4%,制造业年均增长率更是高达 11.4%。1965—1972 年,政府的农业投资,平均每年增加 10%以上。(参见郭雷庆:《聚居型多民族国家民主转型进程中的民族分离问题研究——以我国周边五国为例》,山东大学 2017 年博士学位论文。)

[3] 张锡镇、宋清润:《泰国民主政治论》,中国书籍出版社 2013 年版,第 43 页。

[4] Wyatt David K, *Thailand: a Short History* (Second Edition), New Haven: Yale University Press, 2003, p.275.

个人利益,这种公共利益在绝大多数情况下等同于国家的整体利益和长远利益,这也是以追求私人利益为目标的庇护主义权力结构导致这几个国家政权有效性水平较低的根本原因。确切地说,"公共利益就是公共体制的利益。它是政府组织制度化所创造和带来的产物。在一个复杂的政治体系内,许多政府组织和程序代表着公共利益许多不同的方面。复杂社会中的公共利益是个复杂的问题……有没有能够赋予公共利益以实质的政治体制是政治上发达的社会同政治上不发达的社会的区别,是道义共同体与非道义社会的区别。制度化水平低的政府不仅是个无能的政府,同时也是一个腐败的政府"。[1]显而易见,这种"家族式"庇护主义权力结构下产生的"制度化水平低的""无能的"和"腐败的"政府,不利于为协调多元族群的物质利益分配提供政治保障,不利于多元族群间利益分配的公平性,不利于多元族群社会经济的同质性,因此不利于多元族群社会和谐关系的建立。

再看政权有效性水平第二个层面的问题,即经济平衡的问题,主要涉及族际利益平衡问题。在泰国,威权时期政府以经济上"强制同化"政策试图将贫困的少数族群融合到主体族群中,意欲使各个贫困的少数族群均成为多族群国家的普通一员。然而,在国家主导下的具有同化特征的经济政策加剧了族群之间的不平等和利益结构上的深度不平衡,泰国首都地区及其周围中部的主体族群所占国民生产总值比重不断增加,而分布于北部和南部的贫困少数族群地区却逐渐减少,首都地区和北部、南部少数族群地区间的人均收入差距也不断拉大。在南部穆斯林族群地区,穆斯林受到不公平的对待,要求提高自身的经济比重。在北部地区,泰国政府制定的"北部地区少数民族福利发展计划"给贫困的山地族群带来真正的经济效益和分享的经济成果也非常有限。总体而言,在泰国,威权政府在南部穆斯林少数族群地区和信仰原始宗教的北部山地少数族群地区强制推行的经济同化政策,非但没有消除多元族群地区间的经济发展不平衡,反而使多元族群地区间的人均收入差距不断拉大,生活在贫困线以下的人口有85%集中在中部以外的广大少数族群地区,尤其是泰国北部、南部贫困的少数族群聚居区。[2]尤其值得注意的是,

---

〔1〕 [美]塞缪尔·P.亨廷顿:《变动社会的政治秩序》,张岱云等译,上海译文出版社1989年版,第27~31页。

〔2〕 参见赵和曼主编:《东南亚手册》,广西人民出版社2000年版,第353页。

第四章　东南亚国家政治发展中政权有效性水平与族际整合

在穆斯林地区的资源分配问题上，穆斯林族群受到不公平的对待，自身经济比重低，经济发展仍是相当落后的，这种差距尤其使得泰南穆斯林族群产生了"相对剥夺感"。[1]

在菲律宾，威权政府在推进现代化获取国家利益的同时，也忽视了贫困的穆斯林少数族群的经济权益，穆斯林少数族群聚居区仅仅被当成国土的普通部分加以治理，没有在族群政策上给予应有的倾斜和额外关照，其结果导致贫困的少数族群利益受到损害，从而背离了威权政府在对国家整合和推进现代化进程的初衷。菲律宾威权政治时期政府为了缓解北方主体族群人口的过度集中，向南部穆斯林少数族群地区强制实施移民政策和土地改革政策。"菲律宾政府的本意也许是通过移民与土著的杂居使人口均质化，但资源分配造成的矛盾却加剧了原有的民族隔阂与仇怨。"[2]在威权政治实施的20年内，菲律宾南部贫困的少数族群的生存状况没有得到显著的改善，大部分穆斯林族群仍旧生活在贫苦落后的农村中，经济领域的边缘化现象非常突出。可以说，菲律宾威权政治时期的现代化成果在一定程度上是在牺牲贫困少数族群利益的基础上获得的，这加重了在经济层面国家与族群、族群与族群之间的分化，为民主化转型期的族际整合埋下了严重的隐患。

印度尼西亚苏哈托政权在20世纪80年代以后选择的是一条有别于20世纪80年代以前的发展道路，即完全拒绝再分配原则的、自由市场导向的和吸纳外国投资的经济政策，并获得了美国、国际货币基金组织和世界银行的支持。[3]苏哈托政权的这种经济发展政策对印度尼西亚的贫困族群问题产生了正负两方面的影响，一方面，20世纪80年代以后的经济增长使得印度尼西亚本土贫困的穆斯林族群在人均收入上得到了很大改善；另一方面，更为关键

---

[1]　20世纪60年代的泰南经济开发使得泰南穆斯林族群的经济边缘化地位明显，大多数穆斯林在南部基础设施和制造业提供的岗位竞争中处于劣势，许多工作机会都被外来的佛教徒和华人所占据。外来移民不仅占据了大多数工作岗位，而且随着人数的增多，泰国政府随即在泰南诸府实施了"土地拓居计划"，把一些土地分配给从外省来的无地移民，这造成了泰南穆斯林的"相对剥夺感"。

[2]　陈衍德等：《全球化进程中的东南亚民族问题研究——以少数民族的边缘化和分离主义运动为中心》，厦门大学出版社2008年版，第218页。

[3]　在20世纪80年代后的苏哈托执政后期，经济上利益分配的不公正造成了印度尼西亚多元族群地区间发展的极端不平衡。作为印度尼西亚政治经济中心的爪哇岛分享了经济快速发展的绝大多数好处，而拥有丰富自然资源（以石油为主要产品）的外岛地区则较少从资源开发中获得应得的利益。印度尼西亚全国国民生产总值、制造业生产总值、铁路总长的大部分比重都集中在国土面积极少的爪哇岛和马都拉岛上，这使得印度尼西亚这一多元族群国家的族群问题变得更为复杂和敏感。

的是，20世纪80年代后期实行市场导向的经济政策，不可避免带来的是贫困的穆斯林族群对政府和富裕族群的敌意和仇视，具体而言，从经济社会层面刺激了印度尼西亚外岛穆斯林亚齐族[1]在威权政治后期民族分离主义倾向的发展，带来了独立后印度尼西亚政府处理多元族群关系的潜在的与现实的挑战。富裕的少数族群与贫困的多数族群之间的利益冲突虽然大部分为威权政权强大的统治力量所掩盖，然而，随着20世纪90年代以后东南亚地区威权政权的终结和民主化转型的开启，印度尼西亚存在的族群冲突隐患则暴露无遗，并升级为以民族分离主义为诉求的"自由亚齐运动"。尤为值得关注的是，贫困的穆斯林族群对大部分通过成功主导市场和辛勤工作积累财富的华裔族群充满敌意，其中的根源，不仅是贫困，还有被剥削感和不安全感。在贫困的穆斯林族群中有一种普遍的情绪存在着，即华裔少数族群之所以能够占有与其人口比例极不相称的经济主导权根源于苏哈托政权的优惠政策。这种贫困的穆斯林族群对华裔富裕少数族群的敌意与仇视，最终于1998年5月爆发为血腥的族群暴乱。尤为严重的是，这一以报复性恐怖行为为鲜明特征的族群暴力事件使得印度尼西亚陷入持久而严重的经济危机当中。

由以上分析可知，威权政治时期在泰国、菲律宾、印度尼西亚（威权后期）这几个国家，贫困族群的生存状况没有得到显著的改善，在政治、经济和文化等领域被边缘化现象十分突出。这表明，在这几个国家实施的"强制同化"的族际整合政策，加剧了富裕族群和贫困族群之间的不平等以及两者之间利益结构的不平衡，这无疑加剧了贫困族群对国家的不满情绪。可见，在后发展多民族国家，通过"适度"运用公共权力为贫困落后的族群地区提供物质、资金和技术等支持与帮助，从而促进处在贫困地区的族群的经济发展，或者是加强对贫困族群教育和个人能力培养的支持，简言之，对贫困族群予以经济社会层面的关注和政策上的支持，对后发展多民族国家推进族际整合具有积极的作用。

二、民主转型中政权有效性水平与族际整合

世界范围内的后发展国家在20世纪80年代左右普遍经历了发展战略的

---

[1] 在20世纪80、90年代亚齐已经成为印度尼西亚的一个欠发达地区，亚齐地区的贫困乡村占印度尼西亚乡村总数的几近一半，是苏门答腊岛八个省中最贫穷的省份。尤其在20世纪90年代中期，由于工厂排出大量的废弃物威胁鱼类的存活，致使亚齐地区的传统渔村的渔民生活在贫困线以下。

第四章　东南亚国家政治发展中政权有效性水平与族际整合

改变,采取了出口导向的发展战略,更多地依靠自由市场机制推动经济现代化的进程。同样,东南亚国家在20世纪80年代末、90年代初民主转型中提升政权有效性功能的途径是,弱化国家权力对经济发展的干预、进行积极的市场改革,包括自由贸易和外国投资优惠政策的实施。这些尤其体现在劳动密集型企业和出口制造业领域的经济政策,为东南亚大多数国家带来了快速的经济增长。在民主转型以来的第三次经济全球化浪潮[1]中,东南亚国家20世纪80年代开始实施的全球一体化和市场政策对族际整合有着积极的作用,主要体现在经济全球化减少了绝对贫困,人均国民收入有了全面增加,这一点是毋庸置疑的。

然而,同样重要的是,全球一体化和自由市场经济加剧了东南亚国家多元族群之间财富分配的差距。其结果是,即使绝对收入增加,东南亚国家贫困族群也会认为,自由市场只偏爱某些族群和出现了全球化在不同族群之间厚此薄彼的现象。贫困族群之所以会形成这种认知,是因为在经济全球化浪潮中虽然"没有族裔特性的、渐进的阶级差别仍然被容忍",但是"与文化相联系的阶级差异带来害处的时候,族裔会作为'民族主义'进入政治领域",由此这种阶级差别和文化的重合加剧了族群对立,"文化上的差异提供了导火索,提供了阵线的划分即识别敌我的方法"。[2]就是说,一直以来后发展多民族国家的各个族群都生活在各自的世界中,各个族群当中都存在着贫富差异,有些贫困族群的状况由来已久。然而开始于20世纪80、90年代的第三次经济全球化浪潮使得各个族群之间的贫富差距大大加剧,而经济地位差别与族群差别的高度重合更容易使贫困族群把自身的贫困归咎于富裕族群,认为是富裕族群剥夺了他们应得的财富。在民主转型期绝大多数东南亚多族群国家的情况也是如此,经济全球化中的市场化改革在很大程度上固化了社会经济上的分层,更为糟糕的是,贫困族群倾向于把族群因素越来越多地渗透到自身的贫困问题中,导致了阶层的裂痕与族群的裂痕合二为一,这对绝大多数东南亚多族群国家的族际整合来说是一个严峻的挑战。

---

[1]　第三次经济全球化浪潮形成于20世纪80、90年代,这次浪潮的宏观特征是西方国家经济政策的调整、新技术的创新和扩散、发展中国家的经济自由化改革和开放政策、企业经营活动的国际化等。

[2]　[英]厄内斯特·盖尔纳:《民族与民族主义》,韩红译,中央编译出版社2002年版,第123~125页。

具体地，新加坡、马来西亚两国的多元族群民众将20世纪80年代和90年代的较高政权有效性水平转化为大众对政治体制的支持性态度，这是这两个国家从经济社会层面推进国家能力建设的有利条件。相比之下，在其他三个国家（泰国、菲律宾、印度尼西亚）的政权有效性层面，一方面，威权主义政治体制为民主化转型中这三个国家提供的国家能力水平较低，在很大程度上影响了民主转型期政权有效性水平；另一方面，民主转型期这三个国家的政治体制未能提供可以充分增强多元族群民众对政治体制认同的必需经济绩效。在民主化转型中国家能力建设的经济社会层面，东南亚国家两种不同的政权有效性水平在政治发展实践中对族际整合产生了不同的效果。

（一）新、马政权有效性水平与族际整合

新加坡、马来西亚是民主化转型期政权有效性水平支撑的情境下族际整合相对成功的国家。在民主转型中的国家能力建设中，这两个国家是这段时期成功实施国家权力"适度"干预经济社会发展路径的东南亚国家的典型代表，"综观亚洲多国及地区工业化的历史，在较短时间内成功实现国家工业化的部分亚洲国家（主要是东亚国家），在开放权利通道的同时，关闭权力通道，其关键效应在于防止和阻断了工业化阶段和社会矛盾多发期社会集团通过政治活动和政治参与直接争夺国家政权，进而直接改变利益分配规则的活动，从而将社会参与的潮流导向了生产活动、经济领域，引导社会群体与集团通过经济行为、经营活动，而不是通过政治性活动争取社会流动、身份改变和占有财富的机会。这种特殊的发展策略激励和促进了社会各个阶级阶层和集团通过经济活动获取利益，从而推动了工业化和国民经济的快速发展"。[1]这里的"关闭权力通道"指向政治权力不完全向社会开放，代表国家整体利益的精英集团通过"适度"运用国家权力推动国家整体化的战略性发展。当然，在民主化转型期的国家能力建设中，为了容纳更多的现代性元素，与威权政治时期相比，新加坡、马来西亚国家权力的"适度"运用由"适度"强化向"适度"弱化转变。

先看政权有效性水平第一个层面的问题，即经济发展的问题。新加坡、马来西亚两国民主化转型无疑带来了经济的增长，通过经济的增长和经济总

---

[1] 周方治等：《东亚五国政治发展的权力集团研究》，中国社会科学出版社2016年版，第7页（房宁："代序言：中国的崛起需要深入了解他国"）。

第四章 东南亚国家政治发展中政权有效性水平与族际整合

量增加,使多元族群集团有更多的资源可以分配,为增强多元社会同质化程度准备了物质条件,从而在很大程度上促进了异质族群之间的相互妥协和和谐共存。正如亨廷顿指出,"经济发展使得在社会集团之间有更多的资源可供分配,因而也促进了融合和妥协"。[1]在马来西亚,"新发展政策"是马来西亚政府继威权政治时期"新经济政策"之后从经济社会层面国家权力对社会发展的"适度"干预的体现,它注重的是以市场竞争原则为基础的经济效率,因此对非马来裔族群参与经济发展不再怀有戒心。1991年,在以马来西亚国家发展政策为核心的"第二个长期发展计划"中公布了"新发展政策"。与此同时,在马来西亚工商委员会成立大会上,时任总理马哈蒂尔提出"2020宏愿",即要在一代人的时间里把马来西亚建成一个充分发达和工业化的社会,"新发展政策"是"2020宏愿"的第一阶段。马来裔族群和华裔族群之间进行经济合作,是马来西亚"新发展政策"注重经济发展效率的一项重要举措,马来西亚政府倡导在马华两大族群之间建立起平等、自愿的联营关系,这种联营方式与威权政治时期"新经济政策"中马华两大族群所建立的"阿里巴巴"合作模式有很大区别。威权政治时期的"阿里巴巴"模式优先考虑政治的需要,由在巫统中有影响力的政治家或原马来裔公务员担任大公司的董事,并由这些马来裔政治家或原马来裔公务员为华裔族群争取合同、经营许可证等,一方面,善于经营和管理的华裔族群凭借马来裔族群的政治势力积累财富,另一方面马来裔族群成为快速发展的马来西亚社会中的食利阶层,与辛苦创业的华裔族群共享社会财富。相比之下,民主化转型期马华两大族群的合作联营则具有实质性的意义,1992年,马来裔族群经济大会邀请华裔企业家参加,共同磋商合作大计。马来工商总会和马华工商会联合理事会专门设立相关机构,拟定两大族群合作联营的原则,并拟定合作的优先领域。马来西亚"新发展政策"注重经济发展效率另一项重要举措是,为非马来裔族群的经济发展提供更大的空间。为了实现"2020宏愿",马来西亚第六个五年计划(1991—1995年)的奋斗目标是鼓励以私人部门为主要内容的经济发展,而华裔族群的经济主体则是私人部门的主力。1990年的前10个月,马来西亚工业发展局批准的、以华裔资本为主体的国内资本对制造业的投资比

---

[1] 参见[美]亨廷顿:《第三波——20世纪后期民主化浪潮》,刘军宁译,上海三联书店1998年版,第75~77页。

1986 年增加了将近 4 倍，华裔资本所占国内投资总额的比例从 1989 年的 29.2% 提高到 49.5%。[1]马来西亚政府为了开拓海外市场，从很多方面对华裔资本投资中国市场给予支持。1991 年，马来西亚财政部预算案宣布为所批准的海外投资提供两种奖励方法：第一种奖励是，从所批准的任何海外投资计划中赚得并汇回马来西亚的收入，将减免 50% 的所得税，由税收收入中付出的股息也减免所得税，此项减免从投资公司营业并赢利为期 5 年；第二种奖励是，海外投资计划在营业前包括市场调研在内的多种开销，也可以从所得税中扣除。[2]为了鼓励华裔商人到中国开拓市场，1993 年马哈蒂尔访华时带领大批华裔商人到中国寻找投资机会。

　　再看政权有效性水平第二个层面的问题，即经济平衡的问题。新加坡、马来西亚民主化转型期的族际整合体现在以现代价值为引导的对社会分配制度的设计上，这种制度设计较为清晰地体现了多族群地区的权利诉求。民主化转型期两国的社会分配制度的设计是按照分配正义和民主、平等的价值取向进行的。两国在威权政治时期的国家能力建设中，威权政府主要以统一的行政命令方式协调族群间经济利益的不平衡，两国政府都是通过"适度"国家权力发挥作用，力求在富裕族群和贫困族群之间统一协调，这种统一协调的主要内容是国家在利益分配上向贫困族群倾斜。当然，威权政治时期两国政府对于政权有效性水平的两个层面即经济发展和经济平衡基本做到了兼顾，族际整合的进程也较为顺畅。在民主化转型中的国家能力建设中，两国在协调多元族群宗教社会的差异上，主要表现在对威权政治时期族群经济政策进行具有现代取向的调整，由于经济现代化进程带来了自由市场竞争的观念，两国在国家能力建设推进族际整合的进程中增加了现代性价值，如公平、民主、平等。新加坡、马来西亚因时而异地调整了国家能力建设的方式，最大限度地减少了族际分歧和冲突，这有利于建构一个多元族群和谐共存的政治共同体。

　　在马来西亚，进入 20 世纪 90 年代以后，随着现代化程度的加深，马来西亚族群政策中的民主性、平等性和分配正义等现代性价值有了一定的扩展。马来西亚政府认识到，在一定的历史条件下（威权政治时期），国家可以对经

---

[1] 参见黄滋生、温北炎主编：《战后东南亚华人经济》，广东人民出版社 1999 年版，第 94 页。
[2] 参见黄滋生、温北炎主编：《战后东南亚华人经济》，广东人民出版社 1999 年版，第 93 页。

济尚处于弱势的族群（马来裔族群）实施优待政策，以提高弱势族群参与公平竞争的能力，但是这种优待政策是过渡性的。随着族群经济地位差异的改善和现代元素的增加，马来西亚政府审时度势，及时地对此类政策加以调整，尽可能地消除过分关照弱势族群政策有可能带来的消极影响，最大限度地减少各个族群在经济发展和财富分配上的矛盾。因此，在民主化转型期，马来西亚在对马来裔贫困族群经济利益倾斜的同时，也注重各个族群的共同发展。马来西亚政府强调多元族群共存和多元族群平等，体现了民主政治的"平等"与"公平"的现代元素，无疑有助于各个族群形成对族群关系复杂的马来西亚国家的认同意识，最终有助于促进民主化转型期的族际整合。与威权政治时期不同，在民主化转型期的国家能力建设和族际整合中，马来西亚政府除了向马来裔贫困族群进行利益倾斜以外，又在最大限度上维护多民族国家各个族群的发展。显然，当马来裔贫困族群与其他族群之间经济地位的差异改善以后，对于多元族群共同发展和族际平等的强调是合理的，这符合市场经济中公平竞争的现代理念，体现了民主政治的现代元素，有助于提高族群关系复杂国家的社会和谐程度。

马来西亚在民主转型期虽然带有种族歧视的法律没有改变，"马来人特权"仍然是一个不准公开讨论的话题，然而在经济发展政策上，政府以"新发展政策"取代"新经济政策"。1991年马哈蒂尔提出"2020宏愿"，他明确指出，与改变之前的"新经济政策"相比，"新发展政策"突出强调了各个族群的共同发展，而不是公开宣扬马来裔族群的经济特权，政策取向上的"族群色彩"大为减少，不再无条件地支持马来裔族群在工商业方面的发展，"新发展政策充分考虑到所有马来西亚人的需要。任何一个民族的人心中都不应该担心或怀疑他们会吃亏。马来西亚资源丰富，它有足够的资源使所有的人从发展进程中受益"。[1]在马来西亚这一新的发展政策中，政府对马来裔族群利益上的倾斜主要通过政策指导、就业培训来完成，其中包括"保护性市场计划""特许营业系统""新企业基金"及"土著工业基金"等一系列的政策和项目，这与威权政治时期（"新经济政策"时期）的直接资助形成了鲜明对照。另外，"新发展政策"还突出强调了专家治国的理念，不再固守马来裔族群成员在政府机构中任职的比例。20世纪90年代，在马来西亚政府中担

---

[1] 赵和曼主编：《东南亚手册》，广西人民出版社2000年版，第178页。

任重要职务的，不仅包括马来裔族群成员，也包括华裔族群和印度裔族群成员，如在马来西亚联邦议会中有华裔担任副部长的职位，在马来西亚联邦政府中也有华裔和印度裔担任部长和副部长的职位，另外，在一些州行政首脑也有非马来裔担任的职位。因此，作为"2020宏愿"的第一阶段的"新发展政策"在马来西亚引起了很大反响，尤其受到华裔族群的欢迎。

（二）泰、菲、印尼政权有效性水平与族际整合

比较而言，泰国、菲律宾、印度尼西亚是民主化转型期政权有效性水平较低的背景下族际整合不太成功的国家。在民主化转型期弱化国家权力的国家能力建设过程中，这三个国家政治权力向社会开放空间过大带来了国家权力的过度弱化，这是由只代表特定群体利益的"弱国家"和"软政府"导致的。民主化转型期这三个国家的竞争性政党只代表族群利益和家族利益等私利，而不代表国家的整体化战略性利益，这在很大程度上削弱了政党体制的自主性能力。政党体制的私利性导向和自主性缺失异化了政治体制本应承载的公共职能，不利于从经济社会层面促进多元族群力量之间良性关系的形成。在现实政治发展层面，这几个国家造成族群冲突的经济根源均涉及政权有效性水平两个方面的问题：一个是经济不发展的问题导致多元族群为争夺有限的财富而发生矛盾与冲突，这主要是由于国家权力被过度弱化和政权不稳定，在很大程度上阻碍了国家的经济发展。另一个是经济不平衡的问题，即民主转型中这几个国家的政府不能有效协调多元族群间的利益分配，使得族群冲突与族群矛盾不可避免。

必须指出的是，在泰国、菲律宾、印度尼西亚民主转型期国家能力建设的经济层面存在的一个尖锐矛盾是，在这些国家的自由市场经济中都存在着富裕族群和与其具有极大经济差距的贫困族群之间的矛盾和冲突，即阶层分化与族群分化的重合更加固化了族群的裂痕。如果不能很好地缓解和解决这一冲突和矛盾，将会大大降低承担协调多元社会力量的政权有效性水平。这一矛盾和冲突是这几个东南亚国家民主转型中国家能力建设经济层面即政权有效性水平需要集中解决的难题，这一难题同时涉及民主化转型中经济发展问题和经济平衡问题。由此可见，富裕族群和贫困族群之间的矛盾和冲突、阶层裂痕和族群裂痕的重合是这几个东南亚国家民主转型期族际整合所面临的普遍问题，并且在族际整合实践中具有经济和政治叠加的特点。

第四章　东南亚国家政治发展中政权有效性水平与族际整合

　　先看政权有效性水平第一个层面的问题，即经济发展的问题。在印度尼西亚，苏哈托政权终结以后，民主化转型初期的政府是在大选中通过攻击华裔少数富裕族群而得到大多数贫困族群的支持的。以"普选制的直接选举"为核心内容的民主化进程并没有给印度尼西亚带来经济顺畅而有序发展的预期效果，相反，西方多党民主政体对其经济社会发展具有明显的消极影响。新兴政治势力只代表选民的利益，其政府政策几乎没有有关国家经济社会发展的整体发展规划和长远发展规划可言。苏哈托倒台后，1998年5月爆发了穆斯林多数族群对富裕少数族群的种族暴力。在这场种族暴力中，穆斯林族群对少数富裕族群进行了大规模生命和财产的袭击。巨额外资的流失严重影响了经济的发展，导致众多企业处于停滞状态和众多印度尼西亚民众处于失业、半失业的状态。苏哈托之后在大选中取胜的原副总统哈比比，实践了在大选中向穆斯林多数族群承诺的印度尼西亚新政主张，把富裕的少数族群的企业分解并将其重新分配给毫无公司经营经验的贫困的穆斯林族群。哈比比临时总统的政纲中把外国投资者和印度尼西亚的企业精英作为制裁的对象。以哈比比政权为代表实行的反商务、反市场的极端政策毫无理智可言，在实践中给印度尼西亚经济带来了灾难性的影响，印度尼西亚境内富裕的少数族群把其巨额资产转移到国外，数以百万亿美元的外国投资撤出印度尼西亚。这项新政主张使威权政治后期的完全放任的自由市场经济走向了反市场的另一个极端，执政党则出于再次赢得大多数穆斯林选民的初衷，冻结了有利于市场发展的生产性资本和国家资源，其结果是导致了饥荒的灾难性后果，经济发展停滞、失业率上升和贫困骤然增加，数千万印度尼西亚民众处于灾难当中。从民主转型初期政权的经济政策中可见，印度尼西亚从威权后期的完全自由放任的市场经济走向了反市场的极端。其结果是，无论是原来富裕的少数族群还是贫困的多数族群，绝大多数族群都没有从中受益。除了善于创业和经营的华裔少数族群的生命和财产受到重创，整个印度尼西亚的经济基本陷于停滞以致倒退的状态，而受到最严重影响的是日益贫困的居于外岛的穆斯林少数族群。

　　在泰国，泰国进入民主转型中宽松式制度化建设以后，首先在政治体制有效性水平的经济发展维度上，泰国从孤立主义政策调整为国际化和市场化的出口导向的、大规模新兴制造业的政策取向。泰国卜蜂集团的经济起飞作为典型案例可以充分诠释泰国这一时期全球导向的市场政策。20世纪50、60

年代卜蜂集团还只是曼谷一家小小的加工业工厂,进入20世纪80年代后卜蜂集团进入自由市场模式,与主要的泰国银行、泰国政府和外国公司进行多种商业合作,通过契约农业经营模式提高效率而成为市场中的主力。同时,卜蜂集团一方面将这种契约农业方式又向国际输出,另一方面又将契约农业方式应用到水产的养殖与出售上,进入21世纪的卜蜂集团已经跻身全球型农业联合企业。这个经典案例也是少数富裕族群在泰国市场上逐步占据主导地位的发展历程的缩影。少数富裕族群在泰国民主转型早期的经济成功也充分表明,在现代化的全球经济中早期致富对于各个族群在市场中获得主导地位扮演着重要的角色。

菲律宾民主转型中政局动荡和家族政治使得涉及经济社会的众多问题长期得不到根本解决,西方民主政体对菲律宾经济社会发展具有明显的消极影响,集中表现为国内政局的"换季现象",最突出的是六年一次的总统大选,而且大选结果总是难以预测,新兴政治势力上台的政策与前任政策之间连续性很差,更无有关国家经济社会发展的整体发展规划和长远发展规划可言,可见,政局的不稳定大大提升了经济社会运行的成本,"根据国际货币基金组织的统计,2013年,菲律宾人均国内生产总值2918美元,在全球排名仅列第126位;有26.5%的人口生活在贫困线以下;2011年,菲律宾失业率高达24%,国民经济严重依赖'劳务输出',有800多万即将近1/10的人口在海外就业,海外劳务汇款占国内生产总值的1/10"。[1]另外,菲律宾的家族政治深刻影响了民主转型期的经济发展,大家族控制的庇护关系网络掌握着菲律宾绝大多数的船运、纺织、建筑、医药、制造、商业、金融和媒体等重要领域。菲律宾工业发展进展缓慢、经济结构畸形等问题都与其家族政治有着密不可分的关系,"对于工人、农民等弱势群体来说,要争取自己的利益,不仅不能得到国家的有效保护与支持,而且还要面对地方精英的强烈抵制……在这种情况下一些民间组织就成了弱势群体主张自己的社会经济利益的代言人和组织者,由于国家通常没有满足这些群体要求的能力和意愿,所以各种暴力和社会运动就频繁发生"。[2]这些暴力中很大一部分是族群冲突和种族暴

---

〔1〕 房宁等:《民主与发展——亚洲工业化时代的民主政治研究》,社会科学文献出版社2015年版,第17页。

〔2〕 李文等:《东亚社会运动》,社会科学文献出版社2009年版,第310页。

第四章　东南亚国家政治发展中政权有效性水平与族际整合

力事件。

再看政权有效性水平第二个层面的问题，即经济平衡的问题。在印度尼西亚，面对威权政治时期遗留的族群矛盾和宗教矛盾，民主转型中的印度尼西亚政府对威权政治时期一致性权力因素过多的族群经济政策做出调整，采取了民主、自由和平等价值取向的一系列措施，希望消除中央和少数族群地区存在的财政和资源分配矛盾以协调经济利益的族际差异，从而抵消威权政治后期"强制同化"政策对族际整合带来的消极影响，缓和少数族群的"相对剥夺感"所带来的这些区域对中央政府的不满，如印度尼西亚政府决定实行"国家统一、民族和解"政策，积极与各个少数族群对话。但是，总体而言，这些调整措施并没有取得明显的收效。金融危机以来印度尼西亚的分配不公问题达到了一个高峰，这个国家被公认为穷和富都是世界级的国家。更加敏感的问题是，印度尼西亚的贫富差距是和族群差异重合在一起的，即印度尼西亚最贫穷的群体是边缘化的居于外岛的穆斯林少数族群。虽然，民主化以来印度尼西亚经济增长率始终维持在 3.5% 左右，低于人口的增长。但是，失业人口连年上升，2000 年为 3600 万人，2001 年上升为 4000 万人，2002 年和 2003 年失业和半失业人口并未减少。据 2001 年资料显示：60% 的人生活在贫困线以下，其中 10% 至 20% 的人口处于绝对贫困状态。[1]

泰国自民主化转型以来贫富差距悬殊现象较为严重，分配不公现象产生的最重要的两个根由是泰国政府腐败问题严重[2]和政府执政能力弱[3]。总体而言，自 21 世纪以来泰国最富裕者的收入不断在增加，而最贫穷者的收入

---

[1]　参见温北炎：《印尼：政局趋向稳定，经济复苏缓慢》，载《东南亚纵横》2003 年第 3 期。

[2]　泰国大选中贿选、舞弊现象严重。以 1995 年大选为例，选举观察组织在此次选举中揭露出 2268 起选举舞弊事件，有政党出价 2000 万泰铢购买人气候选人的，有直接发放现金、礼物收买选民的；也有贿赂当地官员、警察、大佬以进行选举舞弊的。根据透明国际数据，泰国的廉政指数在 90 年代一直徘徊在 3.0 左右（总分为 10 分），在国际排名中一直处于较为严重的腐败国家行列。（参见郭雷庆：《聚居型多民族国家民主转型进程中的民族分离问题研究——以我国周边五国为例》，山东大学 2017 年博士学位论文。）

[3]　在泰国大选中，各派政治力量相对均势，在大选中没有一个大党能够取得绝对多数的议席，只能组成多党联盟进行执政。泰国的中小政党都建立在地方派系的基础之上，具有明显的区域性和族群性特征，例如，民主党的议席主要在南部地区，泰国党的议席主要在中部地区，新希望党、国家发展党、自由正义党的议席主要在东北部地区。20 世纪 90 年代的泰国政坛，成为不断上演中小政党争权夺利闹剧的舞台，围绕着财政预算和内阁席位的分配，多党联合政府陷入了无休止的政争乱局，根本无心也无力管理泰国的经济社会事务。

却不断下降。1997年以后，随着亚洲金融危机的爆发，泰国的收入分配状况趋于恶化。据一项研究表明，泰国基尼系数反映的收入分配不公情况在1992年为0.5313，1996年为0.5114，1998年上半年为0.5136，[1]更糟糕的是，泰国经济最底层的群体大都来自泰国南部穆斯林族群和信仰原始宗教的泰北山地族群，而民主化转型中泰国的族群冲突与国家的分配差异有着直接的、密切的关联，社会贫富分化与族群利益冲突相互纠结，这是由于泰国政府没有成功协调多元族群的利益分配，即泰国在民主转型期的国家能力建设中没有充分增强以泰国南部穆斯林族群和泰北山地族群为主体的贫困族群对政治体制认同所必需的有效性水平，降低了政治体制协调统一多元社会力量的经济社会职能，不利于从经济社会层面促进多元族群力量之间和谐关系的形成。

菲律宾的民主化进程中存在着严重的两极分化和分配不公现象。菲律宾的分配不公和贫富悬殊现象非常突出。尤其值得注意的是，在菲律宾，最贫穷的群体大都来自菲律宾南部的穆斯林少数族群。进入21世纪以后，菲律宾的收入分配状况明显恶化，基尼系数从1994年的0.45上升到1997年的0.49。另外，1994年收入最底层的40%人口占国民总收入的比重从13.7%下降到1997年的12.3%，而收入最高的20%的人口占国民收入的比重从同期的51.9%上升到55.8%。在这中间，只有占全国人口10%的最高收入阶层，其所占有财富的比例一直呈上升势头。[2]需要指出的是，在菲律宾，上述最贫穷的群体大都来自菲律宾南部的穆斯林少数贫困族群，"在所有看得见的物资量度与经济福利方面，棉兰老穆斯林自治区都处于或接近这个国家的最低水平。在政府提供的服务中，从得到出生前的照顾到低收入学生得到学院助学金，棉兰老穆斯林自治区都排在（全国的）最后，然而，在居民的贫困率方面却高居榜首，达到57%"。[3]

三、政治发展中政权有效性水平与族际整合的比较分析

实践证明，民主化转型期，新加坡、马来西亚两国通过适度"弱化"国家权力的发展路径，在经济领域继续寻求经济发展与族际平衡的协调统一，

---

[1] 参见沈红芳：《东亚经济发展模式比较研究》，厦门大学出版社2002年版，第278页。
[2] 参见沈红芳：《东亚经济发展模式比较研究》，厦门大学出版社2002年版，第339页。
[3] Rizal G. Buendia, "The GRA-MILF Peace Talks: Quo Vadis", *Southeast Asian Affairs* 2004, Institute of Southeast Asian Studies Singapore, 2004, p. 33.

比较顺畅地从经济社会层面促进了多元族群力量之间良好互动关系的建构，这对民主化转型中的族际整合产生了较好的影响。从两国民主化转型期族际整合实践来看，后发展多民族国家通过运用国家政权的力量推动自主性经济发展对于族际整合非常关键，而同样重要的是，这类国家需要通过"适度"运用，力求实现政府在多元族群收入分配领域内的广泛干预，从经济发展和经济平衡两个层面提高政权有效性水平，从而获得多元族群民众对政治体制的合法性认同。

新加坡、马来西亚在民主转型中政权有效性水平的建设方面，其经济改革政策的取向是既关注了经济发展，又照顾分配中的族际平衡，具体体现为两国政府一方面实施一种竞争的和宽泛的市场经济体系，另一方面进行实质的和宽泛的规范和再分配。在新加坡、马来西亚民主转型中提升政权有效性水平的这两个层面，两国代表公共利益的政治精英发挥了关键性的作用。在后发展多民族国家，代表公共利益的政治精英的存在，有利于从经济社会层面保障政治体制的自主性利益和实现作为政府根本属性的公共性，有利于以政治共同体所有人福祉为目标和任务的公共权威的建立，从而有利于建构和谐的多元族群关系。

比较而言，在民主转型中东南亚其他国家（泰国、菲律宾、印度尼西亚）在政权有效性水平的建设方面，这三个国家虽然通过繁荣外国投资、向世界银行和货币基金组织贷款等市场化改革举措，使得善于经营市场的族群积累了大量财富，带动了国家的经济总体增长。但是更为值得关注的是，这三个国家市场化改革的共同点是对国家补贴和控制的去除、自由贸易和对国外资本的积极意向，最大缺陷是很少实施有实质性的再分配措施，较少关注在各个族群之间的经济平衡。应该指出的是，民主转型中这三个东南亚国家政权与富裕族群之间形成了一种共生的裙带性关联，形成了这三个国家政治分层、经济分层与族群分野重合的共同特征，这是一种非常危险的后发展国家多元族群社会结构模式，导致政权有效性水平较低，没有有效地从经济社会层面把多元族群力量动员进政治体制之内，从而不利于这三个国家经济社会层面上族际整合的推进。

在泰国、菲律宾、印度尼西亚这三个国家族际分配不公导致了多元族群之间的种族敌意和种族仇恨的普遍存在。效率与公平的选择往往是后发展国家现代化进程中普遍面临的难题。社会利益分配公平合理是维护社会秩序、保持政治秩序的前提条件，也必然是推进经济现代化的重要条件。从制度角度看，社会制度安排的本质是社会对不同利益要求的制度性设计，因而制度公正的核心问题是利益均衡。然而，由于基础薄弱和资源有限，这三个东南亚国家在民主转型中实施自由市场导向的经济发展政策，并依托美国、国际货币基金组织和世界银行的支持，在民主化转型的经济发展中呈现出族际不平衡的发展特征。有学者对作为全球化经济维度的完全市场化导向族群冲突的刺激进行了批评，"一些自由派认为很快就能建立起一个稳定、爱好和平的民主社会：刚把威权主义政权赶下台，他们就声称，人民就有机会建立起一个合作的社会秩序"，而事实却是，"那些对如此混杂结果感到困惑的自由主义者，必须直面三个谜题。第一，为什么自由主义者渴望达成的目标常常产生出不自由的、暴力的副产品？为什么专制国家和帝国的崩溃，它们身后……和指令经济的市场化等，通常并未带来和平而是民族主义冲突"？[1]

深层次讲，在实行多党选举的泰国、菲律宾、印度尼西亚，这三个东南亚国家中的每一个政党代表的是不同族群的利益和政党利益，而不是国家的整体经济利益，从经济发展和经济平衡两个维度降低了政权有效性水平，在很大程度上阻碍了现代公共权威建构和族际整合的实现，其中具有典型代表的是民主转型初期印度尼西亚执政党实施的新政主张。民主转型中这几个东南亚国家实行的竞争性民主所带来的恶性竞争，使这些国家的政党施政不是出于整个国家经济利益的考虑，而是出于选举竞争争取选票的需要，是囿于党派利益和集团利益进行决策和施政，置政党、民众和国家的整体经济利益和长远经济发展于不顾，其结果是，过快过激的民主并没有给这几个东南亚国家带来经济上的繁荣与发展，大多数族群都没有从民主化转型期的经济发展政策中受益，尤其是少数族群地区常常处于经济欠发达的边远地区，在经济全球化进程中存在着很高的被边缘化风险，引发了经济利益在族际间分配的严重不公平，从而导致了社会贫富分化与族群利益冲突相互纠缠、交叉重叠。简言之，在过快过猛的民主化转型的泰国、菲律宾、印度尼西亚，只代表族群利益和家族利益等私利的竞争性政党体制在经济上带来了政治体制的私利性，而政治体制的私利性导向和自主性缺失降低了政治体制本应承载的

---

[1] [美]杰克·斯奈德：《从投票到暴力：民主化和民族主义冲突》，吴强译，中央编译出版社2017年版，第323~324页。

公共职能，不利于从经济社会层面促进多元族群力量之间协调统一状态的形成。

我们可以看到，东南亚多族群国家的经济发展为政权有效性提供创新动力，而各个族群之间的经济平衡为政权有效性提供秩序来源，二者的有机结合才能提升政权有效性水平，也只有二者的均衡发展才能实现政治体制的经济社会职能，从而为东南亚国家能力建设和族际整合提供一个可持续的经济和社会基础。东南亚国家政治发展中的族际整合实践证明，在如何实现经济现代化目标和提升政权有效性水平这一问题上，后发展多民族国家必须"适度"运用国家权力干预经济发展，国家权力的"适度"干预既体现为为市场经济提供公平竞争的秩序保证，又体现为为贫困族群提供生存的保障。由此可见，对于现代化进程中的后发展国家而言，对"适度"国家权力的依赖是一种经济发展要素之外的现代化动力，依靠政权力量才能推动现代化的可持续发展，"适度"集中国家权力于政治精英，使国家权力由以实现国家发展为价值目标和能够代表国家公共利益的精英集团掌握。

在政治发展实践中，国家权力与经济发展之间的互动关系即适度运用国家权力在经济发展中具有重要的促进作用，这一现象也同样存在于除东南亚地区以外世界范围内的许多后发展国家和地区。韩国是通过适度运用国家权力促进经济发展和从经济社会层面提升国家能力水平的典型代表，有学者提出"东亚与拉丁美洲相比在过去 40 年中经济发展更快，似乎更应归功于东亚地区国家制度的质量较高而不是国家职能范围方面的差异。高速经济增长的东亚经济体之间，从国家职能范围来看差异极大"，国家干预程度较高的韩国"在其经济高速增长期间的国内产业保护平均水平之高与阿根廷齐名（阿姆斯特丹，1989 年）。尽管如此，所有这些国家人均 GDP 增长都达到了一个惊人的高水平"。[1] 韩国国家权力干预经济发展总体上体现为制定和实施符合国家长远利益和整体利益的战略性产业政策，呈现出国家经济干预与市场体系并驾齐驱、软威权政府的有效调控与公司决策的举措相结合、宏观干预与微观干预同时并行的特点，国家权力干预经济发展包括以下几个维度：指导经济向目标产业发展、协助既定产业的公司增强国际竞争力、防止市场经济的资

---

[1] [美] 弗朗西斯·福山：《国家构建：21 世纪的国家治理与世界秩序》，黄胜强、许铭原译，中国社会科学出版社 2007 年版，第 19 页。

源私利化、以差别对待的方式将收益转移给目标群体以维持政治的稳定等。

相比之下，冷战结束以后的中东欧国家则是不能有效通过适度运用国家权力促进经济发展和从经济层面提升国家能力水平的典型国家。冷战结束以后，在俄罗斯和其他中东欧国家实行国有企业私有化的自由市场导向的经济发展政策，成为这些国家经济改革的目标，这需要国家权力的适度干预能力来有效地予以实施。由于自由市场导向的改革必然导致大量的信息不对称，而国家权力在其中的适度干预正好可以弥补这一缺陷，在这一过程中政府的调控能力主要表现为对财产权进行明确的界定、公正条件下的评估和透明条件下的转让，还表现为让新增加的股东受到保护一方资产被剥夺。然而，事实上大多数中东欧国家在经济转轨和大幅度缩减国家职能范围过程中，所产生出来的对自由市场经济有序运行所需要的政治调控能力不是很弱就是不存在，其结果是在这些国家许多进入自由市场的资产没有落到有资质的企业手中，这些市场经济中的公共资源被所谓的寡头集团所垄断，从而国家干预能力和政府调控能力的过度弱化导致了政权有效性水平的降低，从经济层面削弱了这些国家的国家能力水平。从以上分析可见，虽然"冷战后时代是在经济学家的理论统治下开始的，经济学家极力推行经济自由化和小政府大社会"，然而冷战结束十年之后"许多经济学家得出结论，某些影响经济发展的最重要的变量根本不是经济方面的而是涉及制度和政治的。国家概念中还有一个需要发展的维度——国家建构——在人们全神贯注地关心国家职能范围时被完全忽略了"。[1]在现代化进程中的后发展国家忽视适度国家权力对经济发展的促进作用所导致的结果是，"造成自由主义的经济改革在许多国家未能达到预定的目标。确实，某些国家由于缺乏合适的制度框架，实行经济自由化后的状况比假如不实行更为糟糕"。[2]

应当说明的是，在实现经济现代化目标和提升政权有效性水平这一问题上，后发展多民族国家必须"适度"运用国家权力干预经济发展，这一判断有着深厚的学理依据。在后发展国家的经济现代化进程中，上层建筑包括国家、法律、意识形态，其具有相对独立性，都能在经济发展中起到一定的作

---

[1] [美]弗朗西斯·福山：《国家构建：21世纪的国家治理与世界秩序》，黄胜强、许铭原译，中国社会科学出版社2007年版，第22页。

[2] [美]弗朗西斯·福山：《国家构建：21世纪的国家治理与世界秩序》，黄胜强、许铭原译，中国社会科学出版社2007年版，第5页。

用，社会结构中每一种因素的相互作用是交替的、循环的，即是相互作用的，社会发展的任何矛盾和构成成分都是由多种因素共同作用的，而作为上层建筑最主要的因素——国家权力对经济发展来说也能起到重要作用。马克思、恩格斯指出："国家权力对于经济发展的反作用可以有三种：它可以沿着同一方向起作用，在这种情况下就会发展得比较快；它可以沿着相反方向起作用，在这种情况下，像现在每个大民族的情况那样，它经过一定的时期都要崩溃；或者是它可以阻止经济发展沿着既定的方向走，而给它规定另外的方向——这种情况归根到底还是归结为前两种情况中的一种。但是很明显，在第二和第三种情况下，政治权力会给经济发展带来巨大的损害，并造成人力和物力的大量浪费。"[1]结构主义马克思主义代表人物阿尔都塞通过运用结构主义的观点和方法也认为："第一，多元决定是反思性的矛盾，在矛盾自身中包含了对它的存在条件、存在情境的反思，而不仅仅是那种单一的矛盾，不是那种是与非、对与错的二元对立矛盾，而是反思的、复杂结构的矛盾。第二，多元决定是对一种复杂情境的把握，所谓情境实际上是一种复杂的结构，是多种条件的综合体……这不是单一性的情境，而是一种复杂情境，我们甚至可以把多元决定论理解为一种情境决定论。"[2]阿尔都塞的"反思性矛盾"指向的是社会结构中相互作用的诸种矛盾，认为经济发展在经济现代化进程中虽然具有归根到底的决定性作用，是占据主要地位的矛盾和必要的因素，但是以国家权力为核心要素的上层建筑具有相对独立性，也具有重要意义，从而强调了国家权力在经济发展中的重要作用。这里的"复杂情境"在社会历史发展中表现为一种历史情境，即历史情境中的多种原因决定了具体社会结构变化的整体趋势，这些相互作用的多元因素包括政治因素、经济因素和意识形态因素等。社会结构变化表面上看是由单一原因产生的效果，但是实际上导致变化的原因是极其复杂的，不能单靠其中某个因素来认识变化的效果。可见，社会结构变化中各种因素之间的互动不仅适用于政治权力与经济发展，也适用于政治、经济和意识形态等构成一切社会形态结构的各种决定性领域的相互关系。

---

[1]《马克思恩格斯选集》（第4卷），人民出版社1995年版，第701页。
[2] 李西祥：《多元决定辩证法思想的理论变迁》，载《南京大学学报（哲学·人文科学·社会科学）》2016年第5期。

第五章
东南亚国家政治发展中政治意识形态功能与族际整合

现代化进程中多民族国家通过政治吸纳能力、同质化的社会经济结构和富有感召力的核心价值观推进国家能力建设、建构公共权威和树立对多民族共同体的认同意识。在此，虽然基于利益诉求的考虑是多元族群的行动逻辑，但是以核心价值观为内容的国家政治意识形态本身却是认同的核心要件，塑造核心政治价值体系、从文化上加强国家能力建设成为后发展多民族国家促进族群和谐的重要手段。如果以族群和宗教为载体的多元文化社会成员对国家政治意识形态认同的强度较低，而对多元文化认同的强度较高，那么国家政权体系的合法性和政治稳定都会受到很大削弱，进而在很大程度上也会阻碍文化层面上国家能力水平的提升和族际整合的实现，这一点是毋庸置疑的。可见，对后发展多民族国家来说，文化层面上国家能力建设的"理想状态是既能保持多民族共同体成员之间的平等关系和对普遍价值观的共享，同时又能保护不同族群在文化上的多样性，在'多元一体'式的格局当中促进少数民族对公民身份的认同"。[1]

习近平总书记指出："核心价值观是文化软实力的灵魂、文化软实力建设的重点。这是决定文化性质和方向的最深层次要素。一个国家的文化软实力，从根本上说，决定于其核心价值观的生命力、凝聚力、感召力。培养和弘扬核心价值观，有效整合社会意识，是社会系统得以正常运转、社会秩序得以有效维护的重要途径，也是国家治理体系和治理能力的重要方面。"[2]对于国家政治价值观与族群文化多样性之间的关系，费孝通先生指出，"高层次的认

---

[1] 关凯：《族群政治》，中央民族大学出版社2007年版，第85页。
[2] 习近平：《习近平谈治国理政》，外文出版社2014年版，第163页。

第五章 东南亚国家政治发展中政治意识形态功能与族际整合

同并不一定取代或排斥低层次的认同,不同层次可以并存不悖,甚至在不同层次的认同基础上可以各自发展原有的特点,形成多语言、多文化的整体"。[1]格罗斯提出:"地域的(在民主国家里,从某种意义上说,也包括意识形态的)纽带构成了这个前提,并且产生了必要的双重认同,其中的第二种认同是政治认同,相当于对国家的认同,这种认同非常明确地体现在公民身份上。"[2]他认为,多民族国家的公民应该拥有一种高于族群认同之上的国家认同,公民要超越公民个体可能彼此不同的族群身份背景,依据公民个体是否对国家的忠诚和权利义务关系界定公民资格与身份。

在世界范围内后发展多民族国家中国民对本族群文化认同高于对核心价值体系的认同的现象普遍存在,在大多数后发展多民族国家,"协调地方主义和国家主义的固有困难,在政治阶层内部引起了一种对肯定传统生活的一切证明持续扩大的不信任感。在这里,我们找到了不发达社会的精英们普遍对他们国家会因传统社会差异而产生分裂这一忧心忡忡的基本心理根源。客观地说,许多这种国家有族群和语言上的壁垒把他们的人民划分成不同的社会团体,使大众对国家政治体制的结构和形式一般几乎不存在共识"。[3]显然,在应然的意义上,当对核心价值体系的认同和对本族群文化认同的两种认同以等级制的方式表现在不同的认同层次上就会降低文化层面产生族群冲突的风险。必须看到,就多族群的后发展国家的核心价值体系与非主流的族群文化之间的关系而言,多元族群要把对族群、宗教的文化认同置于对核心价值体系和国家政治意识形态的认同之下,具体地,支持多元族群文化认同要以保证其对核心价值观的认同为原则,而扩大多元族群社会对核心价值体系的认同也要以保障各族群多元文化发展的最低生存空间为底线。由此可见,后发展多民族国家国家能力建设和族际整合的一个重要向度就是在确保以核心价值观和国家政治意识形态建构政治认同的基础上,防止文化同质性强制压制多元族群文化的生存发展。

当然,应该认识到,任何一个多民族国家族群文化政策的实施环境和实

---

[1] 费孝通:《论人类学与文化自觉》,华夏出版社2004年版,第163页。

[2] [美]菲利克斯·格罗斯:《公民与国家——民族、部族和族属身份》,王建娥、魏强译,新华出版社2003年版,第183页。

[3] [美]鲁恂·W.派伊:《政治发展面面观》,任晓、王元译,天津人民出版社2009年版,第41页。

施效果可能都会非常复杂，甚至在同一个多民族国家或不同的发展阶段同一种族群文化政策将会产生不同的实施后果，因此多民族国家的族群文化政策应当经常处于变化和调整的过程之中。但无论如何，在文化层面上国家能力建设促进族际整合的着力点应是，以核心价值观和国家政治意识形态"引领"多元族群文化，同时，在增进以核心价值体系为内容的国家政治意识形态的前提下尊重少数族群宗教不同的文化取向。显而易见，这种核心价值观和国家政治意识形态对多元族群文化的"引领"作用不同于西方学者带有极端取向的两种族群文化理论"同化主义"（Assimilationism）和"多元文化主义"（Multiculturalism）。正如有学者指出："现代国家的国家建构（nation building），是要强化公民的公民意识，对国家的忠诚和社会凝聚力，在对待族群关系的问题上，同化主义（Assimilationism）强调将少数人的族群文化整合进多数人的主流文化，这是文化上的一元论；而多元文化主义（Multiculturalism）则强调鼓励少数人保持自己的族群文化，并与主流文化共存从而形成文化上的多元。"[1]这里应该重点强调的是，西方学者的"同化主义"和"多元文化主义"都是带有某种绝对主义取向的族群文化理论，都不利于多族群的后发展国家的族际整合。

后发展多民族国家在族际整合上既要反对"同化主义"的一元主义取向的族群文化政策，又要反对"多元文化主义"取向的多元主义族群文化政策。究其原因，"同化主义"不同于多族群间的自然同化，自然同化是一个多元族群间关系的自然演进的、时刻都在发生的过程，导致多元族群社会结构关系的趋向融合的良性互动，而"同化主义"强调文化同化，国民不论何种族群属性，要信仰主体族群的宗教，遵从主体族群的生活习惯，在各种层面的文化上要与主体族群保持同一性。基于"同化主义"理论假设的族群文化政策的代价是，由于多民族国家过于强调统一的文化教育以及历史解释，这有可能进一步加深少数族群的文化边缘化的风险和引起少数族群的抗拒，从而为多民族国家的族群整合带来负面影响。尤为值得关注的是，当同化政策借助国家强制力出现的时候，可能会走上"强制同化"的极端路径，即国家以行政手段人为消除少数族群与主体族群的文化和身份差异，强制少数族群放弃自己的族群特性以加速族群同化的进程，因而会引发少数族群的抗拒。正如

---

[1] 关凯：《族群政治》，中央民族大学出版社2007年版，第127页。

第五章 东南亚国家政治发展中政治意识形态功能与族际整合

在有的研究者看来,"人们之所以重视相似性,是因为它看起来是团结的首要要素。而团结则被认为是集体权力的首要要素。然而,在19世纪,边界被历史的文化意义上的集体认同联系在一起,并以民族的形式出现。民族主义过去和今天都是边界的主要扩散因素。民族主义把政治引向追求同质认同的方向,有时候这种追求可以通过类似种族清洗或者强加正统宗教的方式加速进行"。[1]

"多元文化主义"则是与"同化主义"相对立的后发展多族群国家文化层面的政治整合路径,尽管这种族群文化政策取向在一定程度上体现了少数族群文化的地位和权利要求,但由其所强调的"差异政治"意识培养起来的部落意识会得到发展,"多元文化主义"并不能妥善处理文化和思想层面上一元与多元的关系问题。在国家仍然是国家法的基本单位的当今世界,"国家依然具有重要作用的今天,只要这一公共权力组织存在,国家主权、统一的法律和秩序依然是构成国家的基本要素。不仅如此,国家通过一定的公共秩序维系其权威的同时,也通过文化上的领导权,对境内的公民进行有效的影响"。[2]这种具有"领导权"的文化是一种"相对同质的政治文化,在其中,对于政治中的合理的制约与功能均有普遍一致的认识。在这些体系里,每一代人都是按照同样的经验和对过去传统的共同记忆加以社会化的"。[3]然而,"多元文化主义"把多元文化作为自己的旗帜,"把多样性放到至尊地位将会葬送共同的价值观","多样性越是突显,长远的危险就越大",[4]对于多民族的后发展国家而言,这势必导致把多元族群对族群文化转移到国家认同之上,从而削弱国家的凝聚力和整体性。基于"多元文化主义"理论假设的族群文化政策的代价是,由于多民族国家过于强调少数族群文化的特殊性和在本地区的主导性地位,为少数族群成员的族群身份固化提供政策条件,这为族群成为多元社会中的利益共同体创造了条件,容易使族群边界成为隔

---

[1] [美]塞拉·本哈比主编:《民主与差异:挑战政治的边界》,黄相怀等译,中央编译出版社2009年版,第32~33页。

[2] 常士訚主编:《异中求和:当代西方多元文化主义政治思想研究》,人民出版社2009年版,第476页。

[3] [美]鲁恂·W.派伊:《政治发展面面观》,任晓、王元译,天津人民出版社2009年版,第124页。

[4] 陈云生:《宪法人类学——基于民族、种族、文化集团的理论建构及实证分析》,北京大学出版社2005年版,第516页。

离社会成员的身份标识，无疑将会为以族群民族主义载体的分裂势力的发展留下空间。在族群政治实践中，"多元文化主义"政策给多民族国家和谐族群关系的建立带来了负面影响。目前，在实行"多元文化主义"民族政策的多民族国家，无论是先发展多民族国家还是后发展多民族国家，都不同程度地存在着"去中心化"的影响。所谓"去中心化"就是多民族国家内的族群对国家产生了认同危机，极端推崇本族群宗教文化的独特性，甚至产生了脱离主权国家的主张和力量，如加拿大的魁北克独立运动和英国北爱尔兰的独立运动等。亨廷顿在《我们是谁？——美国国家特性面临的挑战》中也指出，21世纪以来美国开始面临亚族群"多元文化主义"的挑战和威胁，美国国家认同长久以来凭借的对政治理念和政治体制的共享信念体系已经无法维持。由此可见，"多元文化主义"族群文化发展路径彰显的价值意蕴是"先分后合"和"异中求同"，而多民族的后发展国家由于历史发展进程的原因，其以多元族群和宗教为载体的社会文化异质性程度远高于发达国家，这使得后发展多民族国家的思想文化整合和政治认同建构的重要性尤为凸显。因此，这类国家欲求的则是"先合后分"和"和而不同"的发展取向，这种取向集中体现在核心政治价值观对多元族群文化的"引领"作用之中，即在增进对以核心价值观为内容的国家统一意识形态认同的前提下尊重多元族群宗教不同的文化取向。

一、威权政治时期的政治意识形态功能与族际整合

在威权政治时期东南亚国家实施了强化国家权力的国家能力建设路径，比较起来，可以分为"适度"强化国家权力的国家能力建设路径和过度强化国家权力的国家能力建设路径。在这里，国家权力在思想文化领域的"适度"强化表现为以核心价值观引领多元宗教和族群文化意识，其结果是政治意识形态功能的加强有利于促进族际整合的实现，而国家权力在文化领域的过度强化则体现为推行带有"强制同化"特征的族群文化整合政策，即国家以行政手段人为消除少数族群与主体族群的文化差异，其结果是引发少数族群的抗拒，障碍从文化层面推进国家能力建设，从而不利于族际整合的实现。前一种模式以新加坡、马来西亚、印度尼西亚（威权前期）为代表，后一种模式以泰国、菲律宾、印度尼西亚（威权后期）为代表。在威权政治时期国家能力建设的文化层面，东南亚国家两种不同的国家能力建设路径在政治发展

第五章　东南亚国家政治发展中政治意识形态功能与族际整合

实践中同样对族际整合产生了不同的效果。

（一）新、马、印尼（威权前期）政治意识形态功能与族际整合

东南亚国家在威权政治时期的国家能力建设阶段，通过强调一致性优于多样性取向的族群文化政策，不同程度地提升了政治意识形态功能，从而从文化层面推进了威权政治时期的族际整合。但是，由于东南亚各国在以核心价值观引领多元族群文化水平方面存在差异，政治意识形态功能和文化层面上族际整合效果存在不同。总体来看，新加坡、马来西亚、印度尼西亚（威权前期）是威权政治时期政治意识形态功能支持的情境下族际整合相对成功的国家和发展阶段。

马来西亚在威权政治时期为了强化政治意识形态功能，实施了在建构核心价值观的基础上尊重多元族群和多元宗教的族群文化政策，当二者发生冲突时，威权政府强调国家核心价值观高于少数族群宗教的文化。马来西亚威权主义领导人马哈蒂尔面对独立后西方式民主给马来西亚带来了政治失序和不稳定，坚决主张"亚洲不能全盘照搬西方的道德观念。相反，亚洲应当对它需要哪些方面的民主做出选择。一致性不应当成为亚洲民主的特色。应当容许每个国家实行符合本国人民特点和需要的民主。人民应当通过基本的民主进程决定他们需要什么样的和何种程度的民主"。[1]马来西亚在1969年"5·13"种族暴力事件后其威权政府认为，西方多元民主政体不适合马来西亚，必须以现实主义的态度对国家原有意识形态和政治价值体系进行调整。在这样的政治发展背景下，拉扎克政府公布了作为威权政治时期马来西亚国家政治意识形态的"国家原则"。"国家原则"既强调马来西亚传统价值观如权威、服从和秩序的重要性，同时也强调政治发展的现代性元素如"有限度的民主政治"，"马来西亚，致力于促进它全体种族间的更大团结，维护民主生活方式；创建一个公平社会，在此社会内，国家财富公正地分享；确保国内丰富和不同的文化传统，获得宽大的对待；建立一个取向于现代科学和工艺的进步社会"。[2]

马来西亚威权政治时期的"国家原则"从三个方面体现了马来西亚在

---

[1] 北京外国语大学中国马来语教学中心编译：《马来西亚总理马哈蒂尔演讲集》，世界知识出版社1999年版，第41页。

[2] 韦红：《东南亚五国民族问题研究》，民族出版社2003年版，第110页。

1969年"5·13"种族暴力事件后建构国家政治意识形态所做的努力。我们先看第一个方面。马来西亚政府对西方多元民主的认识发生了改变。威权主义领导人认为，西方多元民主政体不适合现代化水平低和族群问题突出的马来西亚，西式民主只有在与现代化水平、社会结构变化一致时，才能带来政治稳定和经济发展，这类民主不能带来马来西亚族群问题的解决，因为在一个过分民主自由的政体环境下，族群间的矛盾很容易借助民主程序或各种民主手段（媒体、舆论等）变得激化。马来西亚政治发展的目标是，达成政治秩序、族群和谐与社会稳定，民主政治应该奠基于此，实行一种具有马来西亚特色的民主制度即"有限度的民主政治"或"半民主制度"。我们再来看第二个方面。为实现"国家原则"中所体现的上述政治发展目标，马来西亚威权政府出台了诸多维护国家安全和社会稳定的具体措施。如禁止马来西亚任何政党和个人在公众场合提及容易激起种族感情的任何敏感问题，若涉及，即使是国会议员也会被认为违反《煽动法》和危害社会治安；补偿一些族群在社会生活中的某些特定领域的不平衡以促进多元族群的团结和整合；通过立法对新闻言论自由进行约束和控制及新闻出版部有对广播电视的控制权、监听权和撤销违法私营广播公司执照的权力等措施。[1]在威权主义领导人马哈蒂尔看来，"1969年'5·13'事件使我们对民主的看法彻底改变了，使我们了解到在多元种族、宗教、文化与信仰的国度里，民主制度应该建立在人民对团结的责任感、和谐及社会稳定及繁荣的基石上……我们的新闻媒体也自愿地接纳国家原则，不认同西方新闻媒体绝对自由的作业方式"。[2]最后我们看第三个方面。为了达成上述政治发展目标拉扎克政府时期马来西亚还组建了非对称协商机制下的执政党联盟国民阵线（简称"国阵联盟"）。这种非对称协商机制是结合尊崇权威政治传统、又结合政治现代性元素的一种特殊的政党体制运行机制，体现出"国家原则"中传统与现代性的双重政治价值取向，其目标是建立一个多族群政党联合的稳定政府。首先要指出的是，国阵联盟非对称协商机制的传统性主要表现为政党联盟内部自上而下的政治权力运作方式。巫统在国阵联盟中处于支配地位，实际上是一个执政党，执

---

〔1〕参见何勤华、李秀清主编：《东南亚七国法律发达史》，法律出版社2002年版，第276页。
〔2〕[马来西亚] 沙末·伊斯迈：《马哈蒂尔对民主的诠释》，载《南洋商报》1996年5月19日，转引自庄礼伟：《亚洲的高度》，广东旅游出版社1999年版，第445页。

政联盟的其他成员党是参政党。与1969年"5·13"事件之前的马华印联盟相比，巫统的地位上升，国阵联盟内部其他成员党的地位则进一步下降。在1969年"5·13"事件前的马华印联盟时期，巫统虽然在执政联盟中也处于核心地位，但其他非马来裔政党与巫统进行政治协商时拥有更多的话语权。但是，在拉扎克政府时期的国阵联盟内部，每一个族群都由几个政党代表，如果某一政党退出联盟，巫统也不必担心联盟失去该族群的选票。由此，非马来裔政党在与巫统协商过程中的筹码减少，必须作出妥协和让步，已经没有可能争取到与马来裔族群同等的政治权力。其次要指出的是，国阵联盟非对称协商机制的现代性主要则表现为此运作机制下多元社会力量自下而上的政治参与的增加。国阵联盟与1969年"5·13"事件之前的马华印联盟相比成员的数量有所增加，是一个拥有更广泛社会基础的，得到更多来自不同族群、阶层选民支持的执政党联盟，到1974年国阵联盟已经包括了十几个政党。除了原来马华印联盟中的巫统、马华公会和印度人国大党外，国阵联盟还先后吸纳了代表华裔族群利益的马来西亚人民运动党、代表印度裔族群利益的马来西亚人民进步党、代表原马来裔族群反对派的泛马来亚伊斯兰党，此外还包括沙捞越人民联合党、沙捞越国民党、沙捞越联盟和沙巴联盟等政党。自1974年起国阵联盟长期处于执政党地位，尽管后来国阵联盟内部政党数量有所变化，然而这一政党联盟的运作模式使得马来西亚这个多元族群宗教国家一直维持着政治稳定的局面，更是集中践行了马来西亚威权政治时期"国家原则"这一现代意识形态的精神要义。

另外，需要指明的是，马来西亚执政党联盟政府在对待主体族群文化与少数族群文化之间的关系问题上，虽然奉行以伊斯兰文化传统为内容的马来文化优先的族群文化政策，例如，执政党联盟公开宣称自己是真正理解伊斯兰教义的宗教型政党，与原教旨主义的泛马伊斯兰教党竞争选票；威权政府规定在官方聚会前后都要进行伊斯兰祷告；增播伊斯兰教内容的电视节目；开办伊斯兰大学；为了获取穆斯林的支持，政府在社会生活其他方面也保留了浓厚的伊斯兰教特征。但是，应该指出的是，马来西亚威权政府并没有绝对排斥华裔等少数族群的文化权利，没有强制执行针对少数族群宗教的文化禁令。比如，1984年15个华裔社团起草了有关国家文化的备忘录，在这一备忘录中，华裔族群提出马来西亚的国家文化应当是共同的价值观、本土色彩与多元的文化形式。从1984年开始华裔社团领导机构每年轮流举办"全国华人文化节",突出传统的华人特色,并强调与当地土著文化的交流与融合。再如,华语虽然不是马来西亚的官方语言,但是马来西亚《宪法》第152条规定在华人私立学校华语可以作为母语来教学,另外,华文报刊、华人名字和华人商店都可以使用华语。华人的其他日常生活习惯和许多风俗习惯也可以保持,这显示了威权政府对华人不同文化传统的尊重,这与其他东南亚国家对少数族群文化强制同化的做法要宽容很多,与印度尼西亚对华人文化传统的态度相比更是如此。[1]到20世纪80年代末,马哈蒂尔总理公开宣布政府不取消华人教育,政府将资助华文小学,高等教育也有所调整,接受高等教育的非马来裔与马来裔学生的比例接近于两种族群人口的比例。正是因为威权政府在建构统一国家价值观的前提下采取了对华裔等少数族群文化传统较为宽容和和解的政策,在一定程度上尊重了少数族群的文化传统,大大改善了主体族群与少数族群间的关系,因此客观上有利于多元族群对国家政治认同的形成,这使得多元族群从文化心理上融合到马来西亚国家的政治生活中成为可能。

新加坡在1965年独立后在强化政治意识形态功能方面,强调在增进对统一价值观体系认同的基础上尊重多元族群、多元宗教文化。为了协调以华裔族群、马来裔族群和印度裔族群为主要组成部分的异质文化社会,根据自身的族群和宗教情况制定符合自身发展实际的族群文化政策。首先,新加坡威权政府一方面以传统政治价值为依托,把传统政治文化中对秩序、等级和权威的推崇作为塑造政府和整合多元文化社会成员的价值基础,另一方面又对传统政治价值进行现代化转型。新加坡政府在政治现代化进程中提出诸多国家层面的政治价值,如国家利益至上、家庭本位和"好政府主义"等理念,对文化层面的国家能力建设及政治意识形态功能起了很大的促进作用。新加坡政治发展中国家能力建设显现出比较顺畅的特点,这与国家在政治现代化进程中挖掘传统资源的同时致力于达成传统与现代之间的平衡密不可分。

其次,新加坡威权领导人明确反对西方国家"泛化"西方模式的尝试,并拒斥西方基于个人权利之上对自由民主的解释,认为民主并非依赖于那些

---

[1] 参见陈晓律等:《马来西亚——多元文化中的民主与权威》,四川人民出版社2000年版,第298页。

第五章　东南亚国家政治发展中政治意识形态功能与族际整合

为西方民主奠定基础的独立社会和自治组织，民主的程度必须与国家的物质文化条件相适应，而且必须随着国家经济的发展、人民的教育和修养程度的提高而不断扩大，经济发展关系国家的生存，只有经济发展才能使威权政权获得比西方式议会民主更多的合法性。人民行动党反对在新加坡毫无节制地实施西方民主政治模式中的人民保护权、自由结社和表达的权利，威权主义领导人李光耀明确提出，"今天，不论在世界什么地方，都不能毫无节制地行使这些权利，因为盲目地运用这些概念，可能造成有组织社会的松懈"。[1]"民主洋溢会导致地区纪律和秩序混乱的局面，对发展产生不良的影响。"[2]西方议会民主制度损害新加坡的经济增长，与之相对，倡导一种强调亚洲价值观的方式，包括尊重权威、避免公共冲突以及对群体的强调。新加坡威权政府倡导某种亚洲价值观作为核心价值观的重要意义在于，有利于族群文化同质性的提升和在国家层面价值共识的形成。

最后，新加坡威权政权谨慎地根据自身的种族和宗教情况制定符合自身实际的发展政策和多元族群整合政策，在建构国家认同和推动现代国族意识方面，强调"国族"认同观念，避免"身份政治"，威权领导人认识到基于国族认同观念的共识形成"可以为公民式的社会关系提供一种责任义务意识、宽容的气氛以及尊重个体人权的规范。但当某种族群意识开始超越这种共识并被提升到个体和群体首要意识的高度时，社会的文化差异性就会被放大。显然，社会中存在的族群意识不仅包括族群认同这样的心理活动机制，也包括具体情境下对族群身份所具有的特定功能的利用，尤其是这种身份与某种基于个体或群体的利益挂钩起来的时候，从而出现所谓的'身份政治'（identity politics）行为"。[3]新加坡政府为了协调现实中存在的以华裔多数族群、马来裔少数族群和印度裔少数族群为主要组成部分的多元文化社会，威权政府采取了抑制多数族群以协调统一少数族群的多元族群文化政策。

印度尼西亚（威权前期）威权领导人苏哈托认为，民主更重要的层面是经济民主，人民在其国内经济生活中应拥有更多的权利，以改善人民的实际生活水平，言论、选举等政治层面的自由只是民主的一个方面。"以'建国五

---

[1] [新加坡]李光耀：《李光耀40年政论选》，现代出版社1994年版，第320页。
[2] [新加坡]李光耀：《李光耀40年政论选》，现代出版社1994年版，第350页。
[3] 关凯：《族群政治》，中央民族大学出版社2007年版，第95页。

基'为根本原则的繁荣公正的社会是我们奋斗的理想,不可能一蹴而就,更不可能从天上掉下来,而必须根据我们自己的能力,通过一步一步地建设才能实现。要实现公正和繁荣的社会,首先要有坚实的基础。"[1]在加强政治意识形态功能方面,强调以重新解释的"潘查希拉"为国家统一政治价值体系的唯一原则,以其核心精神协调、平衡和团结作为印度尼西亚多元文化社会价值共识的基础。苏哈托把经过重新解释的"潘查希拉"确定为国家的唯一原则,其核心精神概括为协调、平衡、团结三原则,这为印度尼西亚实现个人与社会之间的协调提供了哲学基础。[2]总体来看,印度尼西亚在苏哈托政权前期所采取的强化国家政治意识形态功能的各项措施,为各种政治力量的妥协奠定了基础,这有利于多元族群统一国家认同意识的形成。

毋庸置疑,在这三个国家,与族群"身份政治"相对立的价值共识的形成是多元族群宗教社会就多民族国家政治生活的安排和原则所达成的广泛共识,因而成为多民族国家统一而稳定的共享理念基础,因为以"态度、信仰和情感"为构成内容的"政治文化"即核心价值体系"赋予政治过程以秩序和含义,并提供一种基本的假设和规则用以规范政治体制中的行为。它包裹着政治观念和政制运行的规则。因此,政治文化是对政治中心理和主观层面的一种集合形式和表述。一种政治文化是一种政治体制的集体历史,及该体系成员的生活历史这两个方面的产物,因此它同样是植根于公共事务和个人经验之中的。简而言之,政治文化之于政治体制犹如文化之于社会"。[3]在后发展多民族国家,如果没有这种以"集合形式"存在的共识性价值理念和行为规范,多元族群宗教力量就不可能在一个政治共同体中共生共在。显然,作为这种共识的核心价值观,它必须超脱、独立于各种完备性的哲学、宗教和道德理念之外。总体来看,这三个国家在威权政治时期所采取的强调国家层面价值共识、协调多元族群宗教文化的族群文化政策,为政治意识形态功能的发挥和从文化层面推进国家能力建设奠定了基础,这有利于从文化层面

---

[1] [印尼]苏哈托自述,德威帕雅纳、拉马丹执笔:《苏哈托自传——我的思想、言论和行动》,居三元译,世界知识出版社1991年版,第271页。

[2] 参见赵匡为主编:《世界主要国家的政教关系》(第1集),宗教文化出版社1998年版,第186页,转引自李文:《东南亚国家的政治变革与社会转型》,载《当代亚太》2005年第9期。

[3] [美]鲁恂·W. 派伊:《政治发展面面观》,任晓、王元译,天津人民出版社2009年版,第124页。

第五章 东南亚国家政治发展中政治意识形态功能与族际整合

建构多元族群社会对国家政治共同体的认同,因此推进了威权政治时期的族际整合。

(二) 泰、菲、印尼(威权后期)政治意识形态功能与族际整合

比较起来,泰国、菲律宾、印度尼西亚(威权后期)是威权政治时期政治意识形态功能较弱的背景下族际整合不太成功的国家,这三个国家政治意识形态功能和族际整合效果则逊色于新加坡、马来西亚、印度尼西亚(威权前期)。在菲律宾,在殖民统治时期,美国殖民者就一向以"教化使命",在菲律宾实行"菲化"政策,即按照美国的标准使菲律宾人"文明",尤其使信仰伊斯兰教的摩洛人"菲化"和"文明",并公开宣称其意图是,"要把信仰伊斯兰教与信仰基督教的本土居民融合为同一的菲律宾民族"。[1] 美国殖民政府无视天主教徒与穆斯林的区别,在菲律宾进行的税收、教育和家庭婚姻等不同方面的改革都以不同方式侵犯了穆斯林的生活方式,导致摩洛人被严重边缘化。菲律宾政府在威权政治时期则延续了这一引发穆斯林极大忧虑的强制性文化同化的做法。为了把信仰伊斯兰教的南部穆斯林少数族群整合到以天主教文化为中心的主流文化当中,菲律宾威权政府在南部穆斯林地区采取了增加移民、将他加禄语定为官方语言、大力兴办公立学校、宣扬天主教文化等一系列措施,推行带有强制同化倾向的族群文化政策,引起了南部穆斯林族群的不满和抵制,南部穆斯林族群对以天主教为主流的国家意识形态的认同意识没有加强。

在泰国,威权政治领导人沙立认为国王在精神上可以有效地制约政府,国王具备这些品德,所有好的政治家都会对他表示尊敬和忠诚,而且必定成为他的护卫者。他支持国王出席各种仪式,增加王室开支,使国王普密蓬逐渐恢复"神圣"地位,从而大大提高了国王在国家意识形态体系中的地位和作用。但是,值得关注的是,就国家主流意识形态与多元宗教族群文化之间的关系而言,沙立极力倡导"民族—宗教—国王"三位一体的原则,以其作为国家意识形态的支柱和信条,三位一体中的"民族"指的是占人口大多数的主体族群泰族,而"宗教"指的是主体族群泰族信仰的宗教——佛教。"民

---

[1] [新西兰]尼古拉斯·塔林主编:《剑桥东南亚史》(Ⅱ),贺圣达等译,云南人民出版社2003年版,第245页。

族—宗教—国王"三位一体原则某种程度上宣扬了"大泰族主义",[1]突出了泰国是"泰人"的国家,并将佛教作为统一多元文化社会思想的手段。泰国20世纪60、70年代威权政府为了改善信仰伊斯兰教的泰国南部穆斯林少数族群和信仰原始宗教的泰国北部山民对国家层面意识形态的认同状况,采取了向这些地区进行移民,以及推行穆斯林旁多克宗教学校(Pondok)世俗化[2]等文化、宗教、语言等方面的统一政策,对这些非主体族群地区进行文化上的强制性同化和"泰族—佛教—泰国国王"三位一体的强制整合,从民族心理上大大加深了以佛教为宗教信仰的主体族群与泰南穆斯林族群和信仰原始宗教的泰北山地族群的隔阂。

印度尼西亚政府在威权政治后期国家能力建设中强调国家主流价值体系和统一意识形态建构,但是印度尼西亚国家在文化层面推行带有"强制同化"特征的族群文化政策,强迫改变少数族群在漫长岁月中形成的传统生活方式和文化习俗,以主体族群文化去同化少数族群文化,造成了主体族群和少数族群之间文化心理的分歧加剧,并带来了少数族群对国家和主体族群的抗拒情绪,从而使少数族群尤其是亚齐族群难于形成对国家主流价值体系的认同。威权政治后期苏哈托新秩序下的政府把亚齐族群从文化层面上转化为陌生者,这一少数族群的文化、风俗遭到侵蚀,亚齐族群大部分成员认为自己成为受排斥的对象,结果从文化层面引发了亚齐族群和印度尼西亚主体族群之间的矛盾和冲突。这决定了印度尼西亚(威权后期)国家以核心政治价值引领多元族群文化的政治意识形态功能的有限性,从而使得这个国家文化层面族际整合的效果并不理想。

从对泰国、菲律宾、印度尼西亚(威权后期)政治意识形态功能与族际

---

〔1〕 "大泰族主义"下的泰化运动从20世纪30年代泰国立宪革命时期就已开始。1938年前后,披汶政府推行的"国家主义"政策的实质是建构以"泰族主义"为核心的单一民族国家。1939年6月披汶政府将国名从"暹罗"改为"泰国",突出泰国是泰族人的国家,以前所谓南方泰人、东北泰人、北部泰人、泰人穆斯林一律统称"泰人"。"大泰族主义"下的泰化运动具有双重内涵,它一方面是巩固泰国立宪民主政体合法性的运动,另一方面是强化泰族主义的单一民族执政的同化运动。这对泰南穆斯林的语言、文化、宗教、教育等各个方面都形成了全方位的冲击,成为泰南穆斯林分离运动的文化心理根源。

〔2〕 旁多克既是伊斯兰的宗教学校,也是穆斯林社会的文化中心。泰国政府从20世纪60年代开始对旁多克进行改造,致力于将其由宗教学校改造成政府控制下的世俗教育机构,从经费来源、教材、管理、教学语言等方面全方位对旁多克进行改造。(参见陈衍德等:《全球化进程中的东南亚民族问题研究——以少数民族的边缘化和分离主义运动为中心》,厦门大学出版社2008年版,第53页。)

整合的实践的分析可见,多族群的发展中国家越是通过国家行政的"强制同化"手段以主体族群的文化同化少数族群的文化,多元族群间文化的落差和分歧就越大,国家以核心政治价值引领多元族群文化的政治意识形态功能就不能得到有效发挥,多元族群对统一的国家文化和国家认同意识就越难以形成。

二、民主转型中的政治意识形态功能与族际整合

东南亚国家在伴随第三次经济全球化浪潮和民主化转型期的经济发展带来了开放、流动的社会,在客观上为各个国家各个族群的交流与沟通提供了一个平台,从而促进了多元族群社会的整体和谐。"在这种普遍的交往活动中,不同族群的活动与交往构成了其中的重要角色,并随着这种交往关系的扩大而渗透到不同族群的诸多方面……各个不同空间的族群的你来我往,以及其中不同成员在现代化条件下的信息与文化交流,促进了不同民族之间的彼此适应,族群之间的涵化也就产生出来,这是一种自然的、来自社会自身的同化。"[1]东南亚国家各个族群为了自身的生存与发展,与其他族群和谐共处于市场经济中,而当经济关系成为联系各族群的纽带,在一定程度上就抵消了导致族际文化紧张的因素,从而使族群关系呈现出良性互动,并形成了不同族群之间交流与融合的社会文化基础。东南亚国家的市场运行使得各个族群编织成一张大网,它们在互通、互补的基础上彼此获益,彼此融合,进而在相互依存中达到共存。我们可以看到,民主化转型期的经济发展所带来的上述开放社会,在促进多元族群的文化交流与融合中起到了重要作用,从而为东南亚国家的文化层面的族际整合创造了有利的条件,从这个意义上来讲,最能说明问题的是东南亚各国的华裔族群与主体族群之间的经济互动促进了东南亚国家族际关系的和谐。华裔族群以擅长经商著称,尤其擅长经营零售业。民主化转型以来,华裔族群的零售业极大地便利了当地人民,华裔族群经济在这一领域成为不可替代的主体。值得指出的是,华裔族群的经济已经构成了东南亚各国人民日常生活的基础。由此可见,华裔族群与所在地的经济生活已经密不可分,经济生活已经将不同族群的利益交织在一起,使

---

[1] 常士訚:《多民族后发国家现代化进程中的族际政治整合与政治文明建设》,载《云南行政学院学报》2010年第3期。

其共存于统一的市场中,而经济全球化浪潮和自由市场的存在使得族群关系趋于和谐,有助于多元族群文化层面的自然融合。[1]

  应当指出的是,后发展多民族国家多元族群的和谐共存,一个重要方面就是不同族群文化的平等相待和相互尊重。民主化转型时期东南亚国家族群相互之间的学习与了解,从而加强了各国不同族群的文化交流。正如隔绝造成了文化差异、而文化差异又加深了隔绝一样,交流可以促进文化共性的产生,而文化共性又反过来会加强交流。东南亚各国的不同族群成员之间通过交流,加强了人们之间的和平共存、参与同一个政治共同体的意愿。由此可以看到,在缺少共同的文化背景、共同的经济纽带条件下,后发展多民族国家应当认识到,通过强力消除社会中的文化异质性和实现族群的强制融合(威权政治时期的菲律宾和印度尼西亚的强制同化政策),只会激化多元族群与国家之间的矛盾,处于多元族群中的任何个人和群体必须通过交流,才能通过求得文化同质性而得以共存,因此,多元族群间的文化共性必须在逐渐的文化自然同化和族群的自然融合过程中才能实现。

  随着现代化进程的深入,威权政治时期的国家能力建设方式由于其过于注重国家权力的统一性作用,即以强制否定多元文化的方式建构国家和整合族群,某些族群文化政策逐渐不利于族际整合的推进。民主化转型中,随着不同族群之间的往来以及各个国家各个族群在市场经济中的开放和自然融合,东南亚国家适时地调整政治发展和政治现代化的步伐,实施弱化国家权力的国家能力建设路径,各个国家在不同程度上容纳了文化层面多元宗教族群的诉求。总体而言,东南亚国家在民主化转型中的经济发展产生的开放、流动的社会,有利于各个族群的文化交流与沟通。但是,不同东南亚国家的族际整合又显现出较为明显的个体差异,在很大程度上,文化层面族际整合效果上的差异取决于民主转型中政治意识形态功能是否具备以及由此带来的国家能力水平的高低。比较而言,文化层面上国家能力建设促进族际整合比较成功的国家是新加坡、马来西亚,而族际整合不太成功的国家是泰国、菲律宾、印度尼西亚。

---

  [1] 参见陈衍德主编:《多民族共存与民族分离运动——东南亚民族关系的两个侧面》,厦门大学出版社2009年版,第232页。

第五章　东南亚国家政治发展中政治意识形态功能与族际整合

（一）新、马政治意识形态功能与族际整合

新加坡、马来西亚是民主化转型期政治意识形态功能较强的情境下族际整合相对成功的国家。第三次经济全球化背景下东南亚国家市场经济的发育所带来的开放、流动的社会，使得民主化转型期的各个族群越来越深入到社会与经济的一体化进程中，民众的参与意识、权利意识、平等意识、民主意识等各种现代性理念也随之增多。这两个国家在民主化转型期的国家能力建设中，通过"适度"弱化国家权力的因素，同时增加向多元社会开放的现代元素，绝大多数族群对国家政治共同体的意识形态和核心价值体系持认同态度。这具体表现为，民主化转型中的新加坡、马来西亚在具体的族群政策领域赋予传统政治意识形态以新的现代指向的内涵，增加民主、自由和平等价值，引领多元族群宗教不同的文化取向，这有利于促进两国国家认同与族群亚文化认同的统一。这两个国家自20世纪90年代以来，各个种族和谐共处，这和两国多元族群民众对国家认同感保持了较高水平是密不可分的。

民主化转型期的马来西亚，以"亚洲价值观"为核心内容的国家意识形态建构是基于对传统文化的现代化改造，这一做法的关键旨在在传统文化价值中注入现代元素，从而在文化和心理层面促进多元族群对国家政治意识形态的认同形成，这集中体现在马来西亚政府在1995年"2020宏愿"的九大要求之一，即建立一个"同舟共济的团结的马来西亚国家"，"实行一个相互赞同的、有社团倾向的马来西亚式的民主形式，这种民主形式能成为发展中国家的模式"，建立一个"成熟的、自由的和容忍的社会，在这个社会中，各种肤色和信仰的马来西亚人能够自由保持和维护他们的习俗、文化和宗教信仰，并认为他们是属于一个国家"。[1]马来西亚政府从两个方面建构体现在"2020宏愿"中的以"亚洲价值观"为核心内容的国家意识形态。一方面，马来西亚政府不是抛弃全部传统文化、完全吸纳现代西方文化，正如马哈蒂尔1995年在日本东京举行的"在'亚洲的未来'国际会议上的演讲"中提出，"那些已经采纳西方民主思想的亚洲国家已经逐渐发现治理它们的国家是相当困难的。毁灭性的罢工和骚乱会给其经济造成损害并使公民的生活陷入困境……如果亚洲的国家仍然认为存在着不纯的动机，那它们也是应当得到

---

[1] Amy Gurowitz, "Migrant Rights and Activism in Malaysia: Opportunities and Constraints", in: *the Journal of Asian Studies*, Vol. 59 No. 4. 2000, p. 876.

原谅的。它们不相信西方的民主形式是终极的和最好的民主形式。所以它们已经开始为它们自己对民主的解释进行定义……迄今为止，有些亚洲国家已经拒绝屈从于西方在民主和人权问题上所施加的压力。当然，某些国家仍在把现代化与全盘西化和全盘接受西方的所有模式乃至习俗等同起来。但是，未来的亚洲国家虽实行民主但又具有差异的可能性却是存在的，这种差异既表现在与西方的关系上，也表现在相互之间的关系上。"[1]

另一方面，马来西亚政府也不是一味地以传统文化对抗现代西方文化的入侵，而是经验主义地、随着现代化进程的逐步扩展在现存主流意识形态中增加现代元素，推进传统政治文化的现代化转型。马来西亚政府在建构国家政治意识形态中，在以下两个层面上体现了对传统文化进行现代化改造的鲜明特征。我们先看第一个层面，即通过修改宪法废除苏丹享有的法律豁免权。马来西亚的苏丹无论在英国殖民统治时期还是在独立之后，都享有法律规定的许多特权，这是因为苏丹在本土马来裔族群的心目中有着极高的威望，为了稳定统治，历届统治者都拉拢苏丹并与其结盟，以争取本土马来裔族群的支持。进入民主化转型期以后，随着马来西亚经济的发展和政府领导层面现代民主意识的增强，加上苏丹王室超出宪法的现象时有发生，政府与王室的矛盾逐渐扩大。1990年，苏丹协助"泛马来西亚伊斯兰党"和"四六精神党"从"巫统"手中夺得吉兰丹州的控制权，双方矛盾变得更为激化。1992年，执政的"国民阵线"联盟党抓住柔佛苏丹殴打教练和运动员事件，提出修改宪法，废除苏丹享有的法律豁免权。宪法修正案的最后通过是经过一系列斗争而取得的。[2] 再看第二个层面，即对政党的支持不完全取决于政党的种族特征，而更多地取决于政党的意识形态和政策。1990年和1995年的大选是很好的例子。20世纪80年代末由于党内的权力竞争，"巫统"出现了分裂。以马哈蒂尔为首的一派于1988年重新登记为新"巫统"，以拉扎利为首的一派则于1989年宣布成立"四六精神党"。在1990年马来西亚第八届大选即将来临的时候，"四六精神党"同"泛马伊斯兰党"及两个伊斯兰小党结成联盟，后又同华人支持的主要反对党民主行动党等四个政党结成反对党联

---

[1] 北京外国语大学中国马来语教学中心编译：《马来西亚总理马哈蒂尔演讲集》，世界知识出版社1999年版，第39~41页。
[2] 参见韦红：《东南亚五国民族问题研究》，民族出版社2003年版，第139页。

第五章 东南亚国家政治发展中政治意识形态功能与族际整合

盟,与"国民阵线"竞争选民。为了在大选中能够得到本土马来裔族群的支持,"四六精神党"一再强调马来人特权,在1990年大选中他们本来预期在本土马来裔选民聚居的地区能够取得良好的成绩,但是结果却不尽如人意。不仅本土马来裔选民如此,华裔选民同样如此。"巫统"长期以来被认为是最正统的马来裔族群政党。1995年以前的历届大选中,"巫统"之所以能连连取胜并且在执政党联盟中保持核心地位,主要依靠的是本土马来裔选民对它的支持。但是,在1995年大选中,很多华裔选民选择支持"国民阵线"联盟党。结果"国民阵线"在大选中取得了压倒性胜利,大选前主要依靠华裔选民支持的民主行动党成了最大的输家,民主行动党失去了大部分华裔选民的选票。华裔选民之所以选择了以"巫统"为首的"国民阵线",而没有支持华裔族群色彩鲜明的民主行动党,其原因是他们认为"巫统"的意识形态特征及其社会政策与以前大不相同。民主化转型以来以"巫统"为核心的执政党联盟"国民阵线"对待华裔族群的宽松政策,使得华裔族群由于一系列限制政策所造成的压抑感逐渐消失。在1999年大选中,"巫统"的最终获胜与华裔选民的支持也是分不开的,"巫统"在这届大选中仅获将近一半的本土马来裔选票,而历来依靠华裔族群选票的民主行动党却再次惨败,这是因为华裔族群的利益在以"巫统"为核心的执政党联盟"国民阵线"执政下基本上得到了保障。上述情况说明民主化转型期马来西亚多元族群社会逐步增加了对现代政治价值的认同,其选票的去向不完全取决于族群特征,而主要看政党的意识形态和政策。[1]

另外,还应当说明的是,在处理主体族群文化与少数族群文化之间的关系问题上,马来西亚政府民主化转型期在"新发展政策"中突出强调了各个族群文化平等和共同发展,与威权政治时期相比,政府采取开放的族群文化政策,允许保持族群、宗教、文化的多元性,认为这是马来西亚政治发展和社会和谐的关键因素。在具体的族群文化政策上,"新发展政策"体现了马来西亚政府对民主、平等等现代政治价值的积极性调整,注重打造现代"国族"理念,这是马来西亚继威权政治时期"新经济政策"之后文化层面上国家权力干预社会发展的体现。鉴于不同族群体内部的凝聚力越强,越有可能对族群关系和谐和政治社会稳定造成严重破坏,为了强调各个族群的共同发展和

---

[1] 参见韦红:《东南亚五国民族问题研究》,民族出版社2003年版,第141~142页。

促进多元族群社会和谐稳定的实现,马来西亚政府在1995年"2020宏愿"中提出了"马来西亚民族"这一概念。20世纪70年代的马哈蒂尔认为,虽然本土马来裔族群的文化传统中缺乏奋发上进的精神,但是只有本土马来裔族群的文化传统才能成为马来西亚国家文化的主体、伊斯兰教才能成为马来西亚政治文化的重要组成部分,其他非马来裔的移民(以华裔族群和印度裔族群为主)必须放弃自己的语言文化。然而,在担任马来西亚总理十多年以后,马哈蒂尔在族群文化政策的取向上发生了很大的变化,按照马哈蒂尔的解释,"马来西亚民族"是指华人可以在家里讲华语,马来人可以在家里讲马来语,各自的语言文化、宗教信仰不会改变。不同的只是大家要想到这是同一个国家,不要再分彼此,而要互相容忍和接纳。[1]可见,这与马哈蒂尔在20世纪70年代所坚持本土马来裔族群文化特权的态度形成了鲜明比照,民主化转型期,马哈蒂尔在阐释现代"马来西亚民族"这一理念时,更多强调马来西亚多元族群宗教文化共生的重要性,强调多元族群之间的和谐生活才是马来西亚取得发展成就的关键。在建构现代"马来西亚民族"这一问题上,马来西亚国际贸易及工业部财务次长、巫统青年团经济局主任希桑慕丁表示,马来裔族群已经进入到一个需要同其他族群和文化传统合作的时代,"我们必须从国内不同种族和信仰间,去发掘与融聚所有资源,以整体马来西亚人的力量来与其余的世界进行竞争"。[2]政府明确提出,多元文化对马来西亚而言是一种社会文化资本,多元文化的有效结合有利于马来西亚的发展,尤其肯定了华语教育在培养国家建设所需人才方面做出的贡献。1994年马来西亚学者在政府的支持下将《中庸》和《道德经》等中国传统文化经典著作翻译成马来语出版,同年,为了提升国内的华语教育水平,马来西亚教育部允许在华小任职的老师到马来西亚大学中文系进修华语课程,并允许具有一定华语水平的教师接受一段时间的培训后担任华语中学教师。20世纪90年代政府批准建立以华语为教学语言的南方学院、新纪元学院、韩江学院。[3]另外,以华语为教学语言的拉曼大学在2001年获准创办。在倡导现代"马来西亚民族"观

---

[1] 参见《南洋商报》1995年8月31日。转引自吴辉:《政党制度与政治稳定——东南亚经验的研究》,世界知识出版社2005年版,第271页。

[2] 黄滋生、温北炎主编:《战后东南亚华人经济》,广东人民出版社1999年版,第99页。

[3] 参见丘立本:《马来西亚现代化与民族问题》,载罗荣渠、董正华编:《东亚现代化:新模式与新经验》,北京大学出版社1997年版,第206页。

第五章　东南亚国家政治发展中政治意识形态功能与族际整合

念的马来西亚，自20世纪90年代民主化转型以来，各个族群和谐共处。可见，现代"马来西亚民族"观念的倡导在很大程度上推进了文化层面上多元族群和谐关系的建构。

新加坡在民主化转型期文化层面国家能力建设促进族际整合的重要途径同马来西亚相似，即推进民族传统文化的现代化转型。新加坡作为由华裔主体族群、马来裔少数族群和印度裔少数族群为主要组成部分的"移民国家"，民主化转型期，面对多元族群、多元宗教文化的异质文化社会现实，根据自身的族群和宗教情况制定符合自身发展实际的族群文化政策，即强调在增进对统一价值观体系"共同价值观"认同的基础上尊重多元族群、多元宗教。新加坡1991年的《共同价值白皮书》为新加坡人确立了五大价值观："国家至上，社会为先；家庭为根，社会为本；关怀扶助，尊重个人；求同存异，协商共识；种族和谐，宗教宽容。"可见，"共同价值观"的主要内容是，一方面强调以国家为主导的国家和社会的一致性，另一方面强调在此基础上给予社会和个人相对的独立性和竞争自由，并增加协商一致的民主和社会正义等现代性元素，以维护多元文化共存。[1]

新加坡政府鉴于不同族群内部的凝聚力越强，越有可能对族群关系和谐和政治社会稳定造成严重破坏的现实，为了强调多元族群的共同发展和促进多元族群宗教社会和谐稳定的实现，打造现代"国族"观念。培养"新加坡人"观念是民主化转型中人民行动党政府从文化层面促进多元族群和谐关系建构的重要手段。人民行动党号召每一个新加坡人都要超越个人的种族和宗教归属意识，培养"新加坡人"的观念，[2]这一观念得到新加坡人的普遍认同，"新加坡人"观念的倡导在很大程度上推进了新加坡多元族群的共同发展与包容。新加坡政府在国家、族群与社区多个层面推行多元族群综合治理的政策，这一多元族群治理政策致力于实现对不同族群的族际整合，并将其纳入统一国家规范和国家认同体系之下，力求逐渐建立起有着明确一体化目标的"沙拉碗"族群治理格局。在新加坡政府的"沙拉碗"式多元族群治理模式中，一方面强调的是统一的国家认同，强调一体化，另一方面又尊重多元

---

[1] 参见李路曲:《新加坡熔铸共同价值观："移民国家"的立国之本》，湖南人民出版社2016年版。

[2] 参见张青:《出使新加坡：情系东南亚之一》，中央文献出版社2002年版，第177~178页。

族群的文化传统,这种族群治理模式的特征在于通过跨族群的互动来弱化族际张力,推动族群和谐的实现。[1]

(二) 泰、菲、印尼政治意识形态功能与族际整合

相比之下,泰国、菲律宾、印度尼西亚是在民主化过程中政治意识形态功能较弱的背景下族际整合不太成功的国家。总体而言,民主转型中这几个国家的政治主体如政府、政党等在政治统治、政治竞争和政治参与中被庇护主义的传统社会文化结构所绑架,这使得多元社会成员对庇护关系网络中传统权威如家族首领、族群领导等的认同超越了对政治共同体的广泛认同,从而没有为国家以核心政治价值引领多元族群文化的政治意识形态功能的发挥奠定良好基础,因此不利于民主化转型期文化层面的国家能力建设和族际整合的推进。

民主化转型期泰国、菲律宾、印度尼西亚三个国家的政治发展仍然带有浓厚的传统庇护网络特征。威权政治时期庇护主义的传统政治生态仍然存在于民主化转型期,只不过更加具有了政治现代性的形式。传统庇护关系网络仍然是民主化转型中多元社会成员与政治领域发生联络的重要途径,表现为一种一般民众与政治恩主之间的互动方式,在这种互动方式中,支撑民主转型的政治动员方式不是具有鲜明特征的、体现现代政党意识形态的政治纲领,而是庇护主义政治动员样式下政治恩主与一般民众的利益交换和利益流动。在庇护主义关系网络中一般民众被政治恩主聚集在其周围寻求保护,政治恩主在很大程度上决定着一般民众的投票行为,具体表现为,政治恩主以支付现金方式直接酬劳支持者、向其支持者提供工作职位和商务合同等,而其支持者则向政治恩主提供选票。由于在庇护关系网络中占有资源的政治恩主是族群和家族统治者等传统权威,因此这几个国家的多元社会成员对庇护关系网络中家族首领、族群领导等传统权威的认同超越了对国家这一政治共同体的广泛认同,政治体制所应承载的共识性价值理念和国家统一意识形态就不能有效建构,这不利于多元族群宗教社会就多民族国家政治生活的安排和原则达成一致认同,因此不利于民主转型中文化层面的国家能力建设和族际整合的推进。

---

[1] 参见范磊:《新加坡族群和谐机制:实现多元族群社会的"善治"》,湖南人民出版社2016年版。

第五章　东南亚国家政治发展中政治意识形态功能与族际整合

菲律宾民主化转型期多元社会中共识性价值理念的缺失，导致政治意识形态功能不完善，从而使得菲律宾文化层面的国家能力建设和族际整合陷入困境中，具体表现为以"棉兰老岛独立运动"和"摩洛民族解放阵线"为主要内容的南部穆斯林少数族群分离主义运动在民主化转型期有所加剧。应该强调的是，菲律宾从西班牙殖民时期到美国殖民时期就存在着两大宗教文化差异，即信仰天主教的主体族群和信仰伊斯兰教的少数族群之间的差异，这种宗教文化差异延续了几百年的时间。从地域分布上看，具有西方政治价值取向的天主教族群主要集中在菲律宾的中部和北部地区，而具有伊斯兰原教旨主义的穆斯林族群主要集中在菲律宾南部。民族独立运动前菲律宾天主教主体群族和南部穆斯林少数族群的矛盾和冲突已经成为菲律宾异质文化社会最主要的体现，而民主化转型期由于菲律宾政治意识形态功能的不完善，这两大族群中宗教族群文化集团之间的分歧和对立不断加剧。

民主转型中印度尼西亚以族群和宗教为载体的多元文化社会成员对国家政治意识形态认同的强度较低，导致政治意识形态功能发挥不足，也使得印度尼西亚文化层面上国家能力建设和族际整合遇到很大挑战，表现为亚齐、伊里安查亚、马鲁古和加里曼丹的少数族群分离主义运动有不断加剧的倾向。民主转型期印度尼西亚政府面对威权政治后期"强制同化"文化政策遗留的族群矛盾和宗教矛盾，对威权政治后期一致性权力因素过多的族群文化政策做出调整，采取了一系列措施以缓和族群矛盾，希望通过消除爪哇中心地带和外岛少数族群地区存在的资源分配矛盾，以减弱爪哇中心地带的名义穆斯林主体族群和外岛的正统穆斯林少数族群两个派别之间文化传统的差异，其中也包括印度尼西亚政府决定实行"国家统一、民族和解"等政策。然而，在很多方面，政府所实施的一系列政策收效甚微。名义穆斯林主体族群和正统穆斯林少数族群这两个派别之间由于对伊斯兰教信仰的虔诚程度不同所导致的文化对立和冲突，成为民主转型中印度尼西亚文化层面国家能力建设和推进和谐族群关系建构所面临的最大难题，而民主转型中印度尼西亚文化层面族际整合的困境集中体现为"自由亚齐运动"的民族分离主义运动。处于苏门答腊岛最北端、与马来半岛隔马六甲海峡相望的亚齐地区的文化分离倾向从独立之后初到威权政治时期一直存在，在这一地区突出体现了印度尼西亚这个多元族群宗教国家"伊斯兰国家内对穆斯林的反叛"的异质文化特征。

泰国民主转型中政治层面上由于多党制具有鲜明的传统庇护主义特征，

多党选举在很大意义上成为了传统庇护主义社会结构中庇护主之间的私利性选举,相应地,多元族群社会对国家统一意识形态较低的认同水平也局限了泰国政治意识形态功能的发挥,阻碍了文化层面上国家能力建设和族际整合的推进,表现为泰国的佛教主体族群与泰南穆斯林少数族群、泰北山地少数族群之间的文化对立和冲突在短期期内不可能得到根本解决。

从民主化转型中东南亚国家文化层面上国家能力建设促进族际整合可以看到,后发展多民族国家成员形成对国家政治意识形态的认同,对于充分发挥国家以核心政治价值引领多元族群文化的政治意识形态功能,是至关重要的,对于文化层面上多元族群和谐关系的建构,也是关键的实现条件。

三、政治发展中政治意识形态功能与族际整合的比较分析

实践表明,影响东南亚国家民主化转型期文化层面国家能力建设和族际整合效果的直接原因是,多元族群成员对国家政治意识形态的认同与对现存主流价值体系的支持。比较而言,在文化层面国家能力建设促进族际整合比较成功的新加坡、马来西亚,两国在具体的族群政策领域赋予传统政治意识形态以新的现代指向的内涵,增加民主、自由和平等价值,从而为国家以核心政治价值引领多元族群文化的政治意识形态功能的发挥奠定了良好基础,绝大多数族群对国家政治意识形态和核心价值体系持认同态度。在文化层面上,国家能力建设促进族际整合不太成功的泰国、菲律宾、印度尼西亚,由于政府、政党等政治主体在政治发展中被庇护主义的传统社会文化结构所绑架,传统庇护关系网络仍然是民主化转型中多元社会成员与政治领域发生联络的重要途径,这使得多元社会成员对庇护关系网络中传统权威如家族首领、族群领导等的认同超越了对政治共同体的广泛认同,这使得三个国家以核心政治价值引领多元族群不同的文化取向受到制约,没能为政治意识形态功能的发挥奠定良好基础,因而不利于民主化转型期文化层面的国家能力建设和族际整合的推进。

从根本上讲,是否存在代表公共利益的政治精英,是决定东南亚国家民主化转型期文化层面国家能力建设和族际整合效果的关键因素,因为代表公共利益的政治精英的存在有利于以政治共同体所有人福祉为目标和任务的公共权威的建立,从而有利于建构和谐的多元族群关系。但是,在东南亚某些国家基于私利的庇护主义社会关系网络的大众政治参与中,政党体制和政治

第五章　东南亚国家政治发展中政治意识形态功能与族际整合

体制的公共利益取向不鲜明，这使得公共权力的公共性大为降低，公共权力在很大程度上被异化。在规范意义上，现代国家的政治体制是关于"公共"的制度，它不是为保障和实现某个人或某些人利益的制度，而是具有与每个人有关系的公共性特质，也就是说，现代政治体制拥有具有特殊、独立的价值和利益，这种特殊利益就是政治主体通过独立于其他社会集团如族群、家族、地区等及其利益和准则而去追求超脱于所有社会集团利益的公共利益，由此，以实现公共利益、维护公共秩序为目标和任务的公共权威成为人们对政治体制产生同意和认同的对象。尤其对于后发展多民族国家的政治体制而言，共同利益是多元文化社会中的人们能够借此共生共在、被吸收进政治体制之内的资源条件，因此，以公共利益为价值诉求的公共权威成为多元文化社会对政治共同体认同的现实载体，对公共权威认同的结果是族群与族群之间相互协调和平衡的共存状态，是把处于分散状态中的多元族群力量动员与协调进政治体制之内的目标。在东南亚国家政治发展中的族际整合实践中，公共利益的有效保障在很大程度上决定了多元社会力量对于政治共同体的认同程度，而这种认同是代表公共利益的政治精英通过对多元社会力量进行调节和引导、最终导致一种社会力量与其他多元社会力量协调一致、彼此共存而达成。可见，在后发展多民族国家，代表公共利益的政治精英的存在，对于多元族群成员形成对国家政治意识形态的认同与对现存主流价值体系的支持而言，发挥着至关重要的影响，从而成为文化层面族际整合实现不可或缺的条件。

新加坡、马来西亚两国的渐进民主化与族际整合相对成功的经验表明，当政治参与扩大时，政治调控能力必须同时上升，而这两个国家是由具有调适能力的精英来履行政治调控功能的。只有政治参与和政治调控协调同步发展时，才能有效吸纳扩大政治参与，这有利于从文化层面保障政治体制的自主性利益和实现作为政府根本属性的公共性，从而促进两国多元族群成员对国家政治意识形态的认同，在新加坡、马来西亚这两个渐进民主化国家，民主转型没有引发族群冲突和族群对立的后果。在新加坡、马来西亚两国渐进民主转型的族际整合中，政治体制的调适性是由具有调节能力同时又代表公共利益的政治精英履行政治调控功能实现的，这使得渐进民主能够成为一种可控和有序的民主化转型。在这两个国家，政治体制的调控功能具体体现为在强有力的政党体制框架中发挥其调适作用，强有力的政党的发展，能以公共利益取代分散的私人的利益。新加坡、马来西亚两国具有调节能力的同时又代表公共利益的政治精英的存在，正是亨廷顿意义上的政治体制具有自主性的重要表征。这两个国家具有调节能力同时又代表公共利益的政治精英都是以强有力的政党体制中执政党领袖为存在形式，而代表公共利益的政治精英的存在，有利于从文化层面保障政治体制的自主性利益和实现作为政府根本属性的公共性，有利于以政治共同体所有人福祉为目标和任务的公共权威的建立，形成多元族群成员对国家政治意识形态的认同，从而有利于和谐多元族群关系的建立。

相比之下，在泰国、菲律宾、印度尼西亚这三个国家，由于政党的构成明显受到族群和宗教的影响，由此形成了一种在不同族群内部的以政党领导人为核心建立起来的社会关系网络的运行形式，在这种社会关系网络中政党是代表特定族群和宗族利益并保障其利益的政治组织，因此在国家层面就缺少了代表公共利益的精英集团，在很大程度上影响了国家公共权威的认同和文化层面族际整合的推进。深层次讲，由于缺乏代表公共利益的政治精英，参与上升的同时政治调控能力却没有得到相应提升，当政治参与增加时，政治调控能力没有达到可以吸纳参与并将其导入有序参与的水平，导致了过快过猛的民主化转型。在政治吸纳能力不足和多元族群有序参与水平较低的国家能力建设背景下，竞争性民主的大众参与方式给这三个国家的文化层面的族群和谐带来了较大威胁。其结果是，在泰国、菲律宾、印度尼西亚这三个急进民主化国家，民主转型在一定程度上强化了对亚族群文化的认同、削弱了对国家政治意识形态的认同。实践表明，只有存在代表公共利益的政治精英，才能在政治参与不断上升的大众民主政治中建立起以公共性为价值目标的政治文化吸纳网络，而三个国家急进民主转型中文化层面族际整合不太成功的直接原因是，急进民主转型政体不具有与渐进民主转型政体相似的调适功能，由于政党的分野往往与族群的裂痕重合，所以在过快过猛的急进民主化转型中大选中胜出的政党领袖仅仅代表自己族群的利益，在有的国家则出现了"少数派"领袖联合执政的"弱政府"现象，显然，这样的"弱政府"履行政治体制应当承载的、对多元族群社会的文化整合功能能力不足。

结 语
在国家能力建设的视野里探求族际整合的合理路径

由于东南亚国家政治发展中国家能力水平体现的是政治体制对社会的自主协调功能，政治体制通过发挥自主协调社会的功能而提升国家能力水平。因此，只有充分发挥政治体制对社会的自主协调功能，最终促进公共权威的有效形成，才能把多元族群力量动员进政治体制之内、同化于政治发展进程之中，也才能顺利推进族际整合的实现。在东南亚国家能力建设促进族际整合的三个实现条件即政治吸纳能力、政权有效性水平、政治意识形态功能中，政治吸纳能力是政治体制自主协调能力的政治基础，政权有效性水平是政治体制自主协调能力的社会基础，政治意识形态功能是政治体制自主协调能力的文化心理基础。实践证明，集中体现为政治体制自主协调功能的国家能力水平是能够对东南亚多民族国家族际整合发挥实质作用的关键性正向元素，有利于这些国家在国家能力建设促进族际整合中处理好三个层面的紧张关系，即在政治层面上处理好政治调控和政治参与之间的关系，在经济社会层面上处理好经济发展与族际平衡之间的关系，在文化层面上处理好核心政治价值体系与族群文化多样性之间的关系。

从东南亚国家能力建设促进族际整合的效果来看，国家能力建设促进族际整合的三个实现条件是一个有机结合的整体，它们相互依赖、相互渗透，三个实现条件之间既有联系，又有区别。政治吸纳能力是国家能力建设促进族际整合实现的政治条件，政权有效性水平是国家能力建设促进族际整合实现的经济社会条件，而政治意识形态功能是国家能力建设促进族际整合实现的文化条件，三者相互渗透，共同融入东南亚国家政治发展中的族际整合之中。国家能力建设促进族际整合实现的这三个条件具有紧密的逻辑关系，通过增强政治吸纳功能可以提升社会同质化水平和整合多元文化社会意识；同时，通过社会同质化水平的提升，又可以增强政治吸纳能力和整合多元文化社会意识；再者，通过多元文化社会意识的整合，无疑又可以促进政治吸纳能力的增强和社会同质化水平的提升。在各种有益元素需要相互支持的条件背景下，缺乏任何一个元素都会产生难以成功导向族群和谐的危险。实践证明，在东南亚地区威权时期和民主转型期族际整合不太成功的国家如泰国、印度尼西亚、菲律宾都缺乏一个或多个支持性因素，所以存在着较高的族群冲突的概率。

实践证明，政治吸纳能力、政权有效性水平、政治意识形态功能三个实现条件之间的"交互增强性"特征显得尤为突出。在东南亚国家急进民主化的情境下，民主化之所以常常为族群冲突创造有利条件，就是因为这种民主化转型模式往往同时伴随着国家能力弱化而导致的族际整合实现条件的缺失，在族际政治实践中，急进民主化转型导致了这些国家存在着一个或全部有益实现条件缺失的后果。相比之下，一个平稳、渐进的民主化转型在通常情境下都导向了一个进展顺利的民主化进程，而这样的民主化进程往往伴随的是以上三个有益实现条件的相互加强，任何一个单独的因素都不能够足以避免民主化转型中的族群冲突风险。东南亚国家族际政治发展实践表明，高的政治吸纳能力，如果不配之以较高的人均收入和对主流意识形态的政治认同，也会存在族群冲突极端形式的生存空间，反之对其他两个条件亦然。简言之，政治吸纳能力、政权有效性水平、政治意识形态功能三个有益条件的相互支持对于东南亚国家能力建设促进族际整合实现是必需的。在三个条件相互支持的综合情况下，缺少任何一个条件都难以成功实现族际整合的效果。必须看到，正是因为在以政治参与上升为核心内容的急进民主化转型中通常缺乏至少一个条件即政治吸纳能力的支撑，在相关东南亚国家就存在着较高族群冲突的风险。需要说明的是，不仅在东南亚地区，在世界范围内其他许多后发展多民族国家这种急进民主化转型同样诱发了民族分离主义和族群冲突事件，典型案例如巴尔干地区和高加索地区的政治参与上升也带来了族群冲突的后果。

从长期来看，政治吸纳能力、政权有效性水平、政治意识形态功能三个实现条件的序列是至关重要的，正确的序列不仅影响能否短期避免族群冲突，而且关系到是否最终能够以积极的方式塑造多元族群持久性的政治认同。对

结　语　在国家能力建设的视野里探求族际整合的合理路径

于族际整合不太成功的东南亚国家来说，无一例外地首先需要提升政治吸纳水平，强的政治吸纳能力是东南亚多民族国家民主化过程中族群冲突的第一层绝缘体。政治吸纳功能为族际整合带来政治基础，涉及族际整合的最重要层面，通过发挥政治吸纳功能可以推进族际整合的其他两个条件的实现。从东南亚国家族际政治发展实践来看，国家能力建设集中体现在政治体制的吸纳行为之中，政治吸纳行为可以达成对多元族群社会力量的制度性容纳，因此，一切置身于政治吸纳行为之中的多元族群社会成员，都获得了在国家能力建设中不会缺席的资格。如果政治吸纳能力能够得以获取，除了可以吸纳大众政治参与、推进有序参与，也可以带来多元族群间的社会同质化水平，还可以从思想层面整合多元族群社会。在这个意义上，东南亚国家能力建设促进族际整合最有利的序列应该从提升政治吸纳水平开始。在政治吸纳能力缺失的情境下推进大众政治参与将会给族际整合带来高于其他两个条件欠缺背景下面对的困境。强的政治吸纳能力会使东南亚国家在政治参与上升时，通过发挥政治调控功能和国家自主性的积极作用，逐渐地将各个多元族群吸纳到庞大而精细的政治体制系统之中，在一个现代规范的体系结构中促进族际整合的实现。由于通常情况下伴随着一个平稳、渐进民主化转型的是族际整合三个实现条件的全部出场，当然其中也包括最为关键的政治序列，因此，平稳、渐进民主化转型对于东南亚国家如新加坡、马来西亚的国家能力建设和族际整合彰显价值，这也成为避免民主化转型中族际整合不太成功的国家如泰国、印度尼西亚、菲律宾族群冲突的关键切入点，除此之外的其他任何遏制族群冲突的方式都是短期的权宜之计。

进一步地，政治吸纳能力在东南亚国家政治发展中具体体现为寻求政治参与与政治调控的平衡。只有政治参与和政治调控协调并同步发展，政治体制才能有效容纳扩大的政治参与，而政治调控是由代表公共利益、具有调适能力的政治精英来履行的。在急进民主化转型的东南亚国家，存在着自下而上的大众政治参与过度和自上而下的政治调控能力不足的现象，政治参与和政治调控没有同步发展，当政治参与上升的同时政治调控能力却没有得到相应提升，即没有达到可以吸纳大众参与并将其导入有序参与的水平。在缺乏政治吸纳能力和多元族群有序参与支撑的背景下，急进民主化转型中的大众参与方式为相关东南亚国家的族群和谐带来了较大威胁。可见，多族群的民主转型国家优先提升政治吸纳能力、抵御族群冲突风险的策略在可能范围内应当包括但不限于：延迟高水平的大众政治参与；在某些领域选择性地实施即时的直接民主；对多元族群集团间的权力分享采取审慎的态度；警惕族群宗教多元主义思潮、大范围的族群分区等等。由于只有在一个拥有吸纳能力的深度制度体系的支持性结构建立起来以后，民主政治制度中的各种有益要素才会得以发生作用，任何有效的民主政治必须建立在有效的现代国家政治体制之上，因此，民主转型必须同时伴随着一个支持性的、能够有效吸纳政治参与的政治体制框架的建立，才能促进东南亚等后发展多民族国家族群和谐局面的形成。

从东南亚国家政治发展中国家能力建设与族际整合实践中我们应该认识到，政治、社会和文化等方面的多重国家能力建设任务往往给东南亚等后发展多民族国家族际整合带来很大的压力。在一些国家，政府面对多重国家能力建设压力无能为力，而在一些族际整合相对成功的国家，多重国家能力建设任务通过分阶段的方式来分别应对，比如，可以先应对社会层面的国家能力建设压力，但并不是说就不进行政治层面的和文化层面的国家能力建设了，而是说在社会层面的国家能力建设处于主导地位的这个阶段，政治层面和文化层面的国家能力建设是辅助性的。没有各种辅助性的政治层面和文化层面的国家能力建设，社会层面的国家能力建设就难以扩展。这与上述所谈国家能力建设促进族际整合三个有益实现条件中政治序列的优先性并不矛盾，国家能力建设中政治序列的优先性是一种体现在影响族际整合效果诸正向元素的重要性程度上的优先性，而不是简单地体现在各个元素先后出场时间顺序上的优先性。

从东南亚国家政治发展特征上看，族际整合相对成功的国家如新加坡、马来西亚往往采纳的是渐进转型方式，而不是采取苏联和东欧国家的急进转型方式，政治发展的渐进性可以使现代化进程中东南亚国家有时间和空间来不断调整政治体制以适应不断变化的复杂社会生态环境。渐进性民主转型有助于促进族际整合实现的直接原因是，一个平稳、渐进民主化转型往往伴随的是族际整合三个实现条件的全部在场和相互加强，这有利于达成国家利益与族群利益、国家认同与族群认同的协调统一。渐进性民主转型促进族际整合的实现路径则是，通过"适度"运用国家权力把握好对多族群国家进行现代化整合的"度"，既不过多地强调国家权力一体化和同质性的方面，也避免过多关注多元族群权利和多元文化价值，从而有助于从政治、社会、文化等

结　语　在国家能力建设的视野里探求族际整合的合理路径

诸多层面消解或减轻族群冲突，维护多民族国家社会的和谐与稳定。由此可见，东南亚国家在政治发展中推进族际整合，需要采取一种"适度"集中国家权力的国家能力建设路径，即通过"适度"运用国家公共权力，依靠政权力量推动政治发展的可持续发展，"适度"集中国家权力于政治精英，使得国家权力由以实现国家发展为价值目标和能够代表国家公共利益的精英集团所掌握。渐进性民主转型有助于东南亚国家族际整合成功的深层次原因是，政治转型的渐进性有利于现代性原则与这类国家传统社会资源逐步融合，使政治发展中的国家能力建设方式兼具传统性和现代性的双重特征，使其某种程度上成为传统的继续与现代的展开，这有利于随着现代化进程的深入对传统性与现代性矛盾关系进行不断地调整，有利于寻求传统性与现代性的平衡，以适应现代化进程中东南亚国家的社会生态环境。因此，在东南亚等后发展多民族国家推动政治转型必须要慎重，政治转型必须要适合本国国情循序渐进地展开，针对各个后发展多民族国家族际整合中存在的各种问题，任何一种解决方案都必须与本国的国情相适应。

参考文献

一、中文专著

1. 《马克思恩格斯文集》（第3卷），人民出版社2009年版。
2. 《马克思恩格斯文集》（第9卷），人民出版社2009年版。
3. 《马克思恩格斯文集》（第10卷），人民出版社2009年版。
4. 《马克思恩格斯全集》（第12卷），人民出版社1998年版。
5. 《马克思恩格斯选集》（第4卷），人民出版社1995年版。
6. 《马克思恩格斯选集》（第3卷），人民出版社1995年版。
7. 《马克思恩格斯选集》（第1卷），人民出版社1972年版。
8. 《马克思恩格斯全集》（第35卷），人民出版社1971年版。
9. 《列宁选集》（第3卷），人民出版社1972年版。
10. 《邓小平文选》（第2卷），人民出版社1994年版。
11. 《邓小平文选》（第3卷），人民出版社1993年版。
12. 习近平：《习近平谈治国理政》，外文出版社2014年版。
13. 习近平：《习近平谈治国理政》（第2卷），外文出版社2017年版。
14. 习近平：《习近平谈治国理政》（第3卷），外文出版社2020年版。
15. 杨光斌：《政治学的基础理论与重大问题》，中国人民大学出版社2011年版。
16. 张锡镇：《当代东南亚政治》，广西人民出版1995年版。
17. 张锡镇主编：《东亚：变幻中的政治风云》，中国国际广播出版社2002年版。
18. 房宁等：《自由 威权 多元——东亚政治发展研究报告》，社会科学文献出版社2011年版。
19. 房宁等：《民主与发展——亚洲工业化时代的民主政治研究》，社会科学文献出版社2015年版。
20. 陈峰君：《东亚与印度：亚洲两种现代化模式》，经济科学出版社2000年版。
21. 李路曲：《当代东亚政党政治的发展》，学林出版社2005年版。
22. 李路曲：《政党政治与政治发展》，中央编译出版社2016年版。

23. 李路曲：《东亚模式与价值重构——比较政治分析》，人民出版社 2002 年版。
24. 李路曲：《新加坡熔铸共同价值观："移民国家"的立国之本》，湖南人民出版社，2016 年版。
25. 李路曲：《新加坡道路》，中国社会科学出版社 2018 年版。
26. 陈尧：《难以抉择——后发展国家的政治发展战略研究》，上海人民出版社 2008 年版。
27. 陈尧：《新权威主义政权的民主转型》，上海人民出版社 2007 年版。
28. 张康之：《为了人的共生共在》，人民出版社 2016 年版。
29. 李文主编：《东南亚：政治变革与社会转型》，中国社会科学出版社 2006 年版。
30. 李文主编：《东亚：政党政治与政治参与》，世界知识出版社 2007 年版。
31. 李文等：《东亚社会运动》，社会科学文献出版社 2009 年版。
32. 周方治等：《东亚五国政治发展的权力集团研究》，中国社会科学出版社 2016 年版。
33. 周方治：《王权·威权·金权：泰国政治现代化进程》，社会科学文献出版社 2011 年版。
34. 陈炳辉：《西方马克思主义的国家理论》，中央编译出版社 2004 年版。
35. 陈衍德等：《全球化进程中的东南亚民族问题研究——以少数民族的边缘化和分离主义运动为中心》，厦门大学出版社 2008 年版。
36. 陈衍德主编：《多民族共存与民族分离运动——东南亚民族关系的两个侧面》，厦门大学出版社 2009 年版。
37. 陈衍德：《对抗、适应与融合——东南亚的民族主义与族际关系》，岳麓书社 2004 年版。
38. 韦红：《东南亚五国民族问题研究》，民族出版社 2003 年版。
39. 韦红主编：《印度尼西亚国情报告（2016）》，社会科学文献出版社 2016 年版。
40. 韦红主编：《印度尼西亚国情报告（2017）》，社会科学文献出版社 2017 年版。
41. 许利平等：《当代东南亚伊斯兰发展与挑战》，时事出版社 2008 年版。
42. 许利平主编：《民族主义：我们周围的认同与分歧》，社会科学文献出版社 2017 年版。
43. 孔建勋等：《多民族国家的民族政策与族群态度——新加坡、马来西亚和泰国实证研究》，中国社会科学出版社 2010 年版。
44. 范磊：《新加坡族群和谐机制：实现多元族群社会的"善治"》，湖南人民出版社 2016 年版。
45. 廖小健：《战后马来西亚族群关系：华人与马来人关系研究》，暨南大学出版社 2012 年版。
45. 孙振玉：《马来西亚的马来人与华人及其关系研究》，甘肃民族出版社 2008 年版。
46. 庞海红：《泰国民族国家的形成及其民族整合进程》，民族出版社 2012 年版。
47. 彭慧：《菲律宾穆斯林的"摩洛形象"研究》，华中师范大学出版社 2015 年版。

48. 范若兰等：《伊斯兰教与东南亚现代化进程》，中国社会科学出版社 2009 年版。
49. 范若兰：《东南亚女性的政治参与》，社会科学文献出版社 2015 年版。
50. 肖建明：《当代东南亚的伊斯兰教与政治》，云南大学出版社 2012 年版。
51. 郑筱筠主编：《东南亚宗教与社会发展研究》，中国社会科学出版社 2013 年版。
52. 郑筱筠主编：《东南亚宗教研究报告：东南亚宗教的复兴与变革》，中国社会科学出版社 2014 年版。
53. 周娅：《地缘文化及其社会建构：东南亚宗教、民族的政治社会学视野》，中国社会科学出版社 2016 年版。
54. 古小松主编：《东南亚文化》，中国社会科学出版社 2015 年版。
55. 古小松主编：《东南亚——历史 现状 前瞻》（修订版），世界图书出版广东有限公司 2013 年版。
56. 古小松主编：《东南亚民族：马来西亚 新加坡 印度尼西亚 文莱 菲律宾卷》，广西民族出版社 2006 年版。
57. 王剑锋：《多维视野中的族群冲突》，民族出版社 2005 年版。
58. 吴国富主编：《文化认同与发展》，民族出版社 2011 年版。
59. 赵姝岚主编：《东南亚报告（2015~2016）》，云南大学出版社 2016 年版。
60. 王勤主编：《东南亚地区发展报告（2013~2014）》，社会科学文献出版社 2013 年版。
61. 贺圣达：《东南亚文化发展史》，云南人民出版社 1996 年版。
62. 王勤主编：《东南亚地区发展报告（2016~2017）》，社会科学文献出版社 2018 年版。
63. 罗圣荣：《马来西亚的印度人及其历史变迁》，中国社会科学出版社 2015 年版。
64. 李涛、陈丙先编著：《菲律宾概论》，世界图书出版广东有限公司 2012 年版。
65. 施雪琴：《菲律宾天主教研究：天主教在菲律宾的殖民扩张与文化调试（1565——1898）》，厦门大学出版社 2007 年版。
66. 陈晖等：《泰国文化概论》，世界图书出版广东有限公司 2017 年版。
67. 曹云华、李皖南等：《民主改革时期的印度尼西亚华人》，暨南大学出版社 2014 年版。
68. 曹云华主编：《东南亚可持续发展研究》，中国经济出版社 2000 年版。
69. 林勇：《马来西亚华人与马来人经济地位变化比较研究（1957—2005）》，厦门大学出版社 2008 年版。
70. 黄云静、张胜华：《国家·发展·公平：东南亚国家的比较研究》，中国社会科学出版社 2016 年版。
71. 黄云静等：《发展与稳定——反思东南亚国家现代化》，时事出版社 2011 年版。
72. 岳蓉：《东南亚地区民族国家研究》，中国社会科学出版社 2016 年版。
73. 蒋满元主编：《东南亚政治与文化》，中南大学出版社 2012 年版。
74. 吴辉：《政党制度与政治稳定——东南亚经验的研究》，世界知识出版社 2005 年版。

75. 潘一宁等：《国际因素与当代东南亚国家政治发展》，中国社会科学出版社 2004 年版。
76. 卢正涛：《新加坡威权政治研究》，南京大学出版社 2007 年版。
77. 孙景峰：《新加坡人民行动党执政形态研究》，人民出版社 2005 年版。
78. 欧树军、王绍光：《小邦大治：新加坡的国家基本制度建设》，社会科学文献出版社 2017 年版。
79. 任一雄：《东亚模式中的威权政治：泰国个案研究》，北京大学出版社 2002 年版。
80. 张锡镇、宋清润：《泰国民主政治论》，中国书籍出版社 2013 年版。
81. 叶麒麟：《社会分裂、弱政党政治与民主巩固——以乌克兰和泰国为例》，中央编译出版社 2014 年版。
82. 杨晓强：《后苏哈托时期的印尼民主化改革研究》，厦门大学出版社 2015 年版。
83. 周东华：《战后菲律宾现代化进程中的威权主义起源研究》，人民出版社 2010 年版。
84. 吕元礼：《新加坡治贪为什么能？》，广东人民出版社 2011 年版。
85. 吕元礼等：《鱼尾狮的政治学：新加坡执政党的治国之道》，江西人民出版社 2007 年版。
86. 吕元礼等：《问政李光耀：新加坡如何有效治理？》，天津人民出版社 2015 年版。
87. ［新加坡］吴元华：《新加坡良治之道》，中国社会科学出版社 2014 年版。
88. ［新加坡］吴俊刚：《新加坡政党的基层工作：议员如何联系选民》，湖南人民出版社 2017 年版。
89. 陈玲玲：《新加坡的政党政治：在野党的参政议政空间》，湖南人民做出版社 2016 年版。
90. 齐港：《新加坡公共政策的运作过程：行之有效的政府行为》，湖南人民出版社 2016 年版。
91. 史国栋等编著：《泰国政治体制与政治现状》，苏州大学出版社 2016 年版。
92. 万悦容：《泰国非政府组织》，知识产权出版社 2013 年版。
93. 庄国土、张禹东主编：《泰国研究报告（2016）》，社会科学文献出版社 2016 年版。
94. 庄国土、张禹东、刘文正主编：《泰国研究报告（2017）》，社会科学文献出版社 2017 年版。
95. 陈晓律等：《马来西亚——多元文化中的民主与权威》，四川人民出版社 2000 年版。
96. 温北炎、郑一省：《后苏哈托时代的印度尼西亚》，世界知识出版社 2006 年版。
97. 果海英：《西法东来的样式：西班牙殖民时期的菲律宾法研究》，法律出版社 2015 年版。
98. 常士訚等：《现代国家及其政治制度：东亚与西方》，中国社会科学出版社 2008 年版。
99. 常士訚：《政治现代性解构——后现代多元主义政治思想分析》，天津人民出版社 2002 年版。

100. 常士閞主编：《异中求和：当代西方多元文化主义政治思想研究》，人民出版社 2009 年版。
101. 关凯：《族群政治》，中央民族大学出版社 2007 年版。
102. 吴玉军：《现代性语境下的认同问题——对社群主义与自由主义论争的一种考察》，中国社会科学出版社 2012 年版。
103. 欧阳英：《马克思之后的政治哲学思想——从恩格斯到"后马克思主义"》，中国社会科学出版社 2019 年版。
104. 周淑真：《政党和政党制度比较研究》（第 2 版），人民出版社 2007 年版。
105. 何新：《新国家主义的经济观》，时事出版社 2001 年版。
106. 韩震：《全球化时代的文化认同与国家认同》，北京师范大学出版社 2013 年版。
107. 王希恩：《全球化中的民族过程》，社会科学文献出版社 2009 年版。
108. 梁志明主编：《殖民主义史》（东南亚卷），北京大学出版社 1999 年版。
109. 金应熙主编：《菲律宾史》，河南大学出版社 1990 年版。
110. 吕元礼：《政治文化：传统与现代的会通》，人民出版社 2004 年版。
111. 陈金英：《社会结构与政党制度——印度独大型政党制度的演变》，上海人民出版社 2010 年版。
112. 陈鸿瑜：《东南亚各国政府与政治》，翰芦图书出版有限公司 2006 年版。
113. 世界银行工作人员编：《东亚奇迹——经济增长与公共政策》，财政部世界银行业务司译，中国财政经济出版社 1995 年版。
114. 赵和曼主编：《东南亚手册》，广西人民出版社 2000 年版。
115. 黄滋生、温北炎主编：《战后东南亚华人经济》，广东人民出版社 1999 年版。
116. 沈红芳：《东亚经济发展模式比较研究》，厦门大学出版社 2002 年版。
117. 费孝通：《论人类学与文化自觉》，华夏出版社 2004 年版。
118. 陈云生：《宪法人类学——基于民族、种族、文化集团的理论建构及实证分析》，北京大学出版社 2005 年版。
119. 何勤华、李秀清主编：《东南亚七国法律发达史》，法律出版社 2002 年版。
120. 庄礼伟：《亚洲的高度》，广东旅游出版社 1999 年版。
121. 赵匡为主编：《世界主要国家的政教关系》（第 1 集），宗教文化出版社 1998 年版。
122. 罗荣渠、董正华编：《东亚现代化：新模式与新经验》，北京大学出版社 1997 年版。
123. 张青：《出使新加坡：情系东南亚之一》，中央文献出版社 2002 年版。
124. 陈德顺等：《民族地区家族政治研究》，云南人民出版社 2008 年版。
125. 徐勇：《现代国家、乡土社会与制度建构》，中国物资出版社 2009 年版。
126. 袁峰：《比较政府与政治：现代社会中的政治秩序》，上海人民出版社 2008 年版。
127. 徐祗朋：《当代民族主义与边疆安全》，民族出版社 2009 年版。

128. 程爱琴：《古代中印交往与东南亚文化》，大象出版社 2009 年版。
129. 董小川主编：《现代欧美国家民族的同化与排斥》，上海三联书店 2008 版。
130. 龚浩群：《信徒与公民：泰国曲乡的政治民族志》，北京大学出版社 2009 年版。
131. 龚铁鹰：《软权力的系统分析》，天津人民出版社 2008 年版。
132. 黄欣荣：《复杂性科学的方法论研究》，重庆大学出版社 2009 年版。
133. 梁茂春：《跨越族群边界——社会学视野下的大瑶山族群关系》，社会科学文献出版社 2008 年版。
134. 俞新天等：《强大的无形力量——文化对当代国际关系的作用》，上海人民出版社 2007 年版。
135. 方铁、肖宪主编：《亚洲民族论坛》，云南大学出版社 2003 年版。
136. 梁志明等：《古代东南亚历史与文化研究》，昆仑出版社 2006 年版。
137. 刘稚主编：《东南亚概论》，云南大学出版社 2007 年版。
138. 张诚一主编：《包容与和谐：增进少数民族地区发展的相互了解》，民族出版社 2008 年版。
139. 李俊清：《中国民族自治地方公共管理导论》，北京大学出版社 2008 年版。
140. 孟彗英：《宗教信仰与民族文化》（第 2 辑），社会科学文献出版社 2009 年版。
141. 潘一宁等：《国际因素与当代东南亚国家政治发展》，中国社会科学出版社 2004 年版。
142. 彭时代：《宗教信仰与民族信仰的政治价值研究》，民族出版社 2007 年版。
143. 祁进玉：《群体身份与多元认同——基于三个土族社区的人类学对比研究》，社会科学文献出版社 2008 年版。
144. 万明钢主编：《多元文化视野价值观与民族认同研究》，民族出版社 2006 年版。
145. 韦民：《民族主义与地区主义的互动：东盟研究新视角》，北京大学出版社 2005 年版。
146. 吴仕民主编：《民族问题概论》，四川人民出版社 2007 年版。
147. 徐晓平、金鑫：《中国民族问题报告——当代中国民族问题和民族政策的历史反观与现实思考》，中国社会科学出版社 2008 年版。
148. 林尚立等：《政治建设与国家成长》，中国大百科全书出版社 2008 年版。
149. 张蕴岭主编：《亚洲现代化透视》，社会科学文献出版社 2007 年版。
150. 李艳丽：《政治亚文化——影响当代中国政治发展的特殊因素分析》，武汉大学出版社 2008 年版。
151. 贺圣达等：《战后东南亚历史发展 1945—1994》，云南大学出版社 1995 年版。

二、中文译著

1. ［美］塞缪尔·P. 亨廷顿：《变动社会的政治秩序》，张岱云等译，上海译文出版社 1989 年版。

2. [美] 塞缪尔·亨廷顿:《我们是谁?——美国国家特性面临的挑战》,程克雄译,新华出版社 2005 年版.

3. [美] 亨廷顿:《第三波——20 世纪后期民主化浪潮》,刘军宁译,上海三联书店 1998 年版.

4. [美] 塞缪尔·亨廷顿、琼·纳尔逊:《难以抉择:发展中国家的政治参与》,汪晓寿等译,华夏出版社 1988 年版.

5. [美] 塞缪尔·亨廷顿:《文明的冲突与世界秩序的重建》,周琪等译,新华出版社 1998 年版.

6. [美] 塞缪尔·亨廷顿等:《现代化——理论与历史经验的再探讨》,罗荣渠主编,上海译文出版社 1993 年版.

7. [美] 弗朗西斯·福山:《政治秩序与政治衰败:从工业革命到民主全球化》,毛俊杰译,广西师范大学出版社 2015 年版.

8. [美] 弗朗西斯·福山:《国家构建:21 世纪的国家治理与世界秩序》,黄胜强、许铭原译,中国社会科学出版社 2007 年版.

9. [美] 罗伯特·W. 杰克曼:《不需暴力的权力——民族国家的政治能力》,欧阳景根译,天津人民出版社 2005 年版.

10. [美] 鲁恂·W. 派伊:《政治发展面面观》,任晓、王元译,天津人民出版社 2009 年版.

11. [美] 卢西恩·W. 派伊:《东南亚政治制度》,刘笑盈等译,广西人民出版社 1993 年版.

12. [美] 西里尔·E. 布莱克:《比较现代化》,杨豫、陈祖洲译,上海译文出版社 1996 年版.

13. [美] C. E. 布莱克:《现代化的动力》,段小光译,四川人民出版社 1988 年版.

14. [以] S. N. 艾森斯塔特:《反思现代性》,旷新年、王爱松译,生活·读书·新知三联书店 2006 年版.

15. [以] S. N. 艾森斯塔德:《现代化:抗拒与变迁》,张旅平等译,中国人民大学出版社 1988 年版.

16. [以] S. N. 艾森斯塔特:《帝国的政治体系》,阎步克译,贵州人民出版社 1992 年版.

17. [美] 霍华德·威亚尔达主编:《民主与民主化比较研究》,榕远译,北京大学出版社 2004 年版.

18. [美] 霍华德·威亚尔达:《比较政治学导论:概念与过程》,娄亚译,北京大学出版社 2005 年版.

19. [美] 霍华德·威亚尔达:《新兴国家的政治发展——第三世界还存在吗?》,刘青、牛可译,北京大学出版社 2005 年版.

20. ［美］莱斯利·里普森：《政治学的重大问题——政治学导论》（第 10 版），刘晓等译，华夏出版社 2001 年版。
21. ［英］罗德·黑格、马丁·哈罗普：《比较政府与政治导论》（第 5 版），张小劲、丁韶彬、李姿姿译，中国人民大学出版社 2011 年版。
22. ［美］本尼迪克特·安德森：《想象的共同体：民族主义的起源与散布》，吴叡人译，上海人民出版社 2005 年版。
23. ［美］本尼迪克特·安德森：《比较的幽灵——民族主义、东南亚与世界》，甘会斌译，译林出版社 2012 年版。
24. ［美］克利福德·格尔茨：《文化的解释》，韩莉译，译林出版社 2008 年版。
25. ［英］厄内斯特·盖尔纳：《民族与民族主义》，韩红译，中央编译出版社 2002 年版。
26. ［英］欧内斯特·盖尔纳：《理性与文化》，周邦宪译，贵州人民出版社 2009 年版。
27. ［英］安东尼·吉登斯：《民族-国家与暴力》，胡宗泽、赵力涛译，生活·读书·新知三联书店 1998 年版。
28. ［英］安东尼·吉登斯：《现代性的后果》，田禾译，译林出版社 2000 年版。
29. ［英］安东尼·史密斯：《民族主义——理论，意识形态，历史》，叶江译，上海人民出版社 2006 年版。
30. ［英］安东尼·D. 史密斯：《全球化时代的民族与民族主义》，龚维斌、良警宇译，中央编译出版社 2002 年版。
31. ［英］安东尼·D. 史密斯：《民族认同》，王娟译，译林出版社 2018 年版。
32. ［英］休·希顿-沃森：《民族与国家——对民族起源与民族主义政治的探讨》，吴洪英、黄群译，中国人民大学出版社 2009 年版。
33. ［英］埃克里·霍布斯鲍姆：《民族与民族主义》，李金梅译，上海人民出版社 2006 年版。
34. ［澳］罗伯特·霍尔顿：《全球化与民族国家》，倪峰译，世界知识出版社 2006 年版。
35. ［加］威尔·金利卡：《多元文化的公民身份——一种自由主义的少数群体权利理论》，马莉、张昌耀译，中央民族大学出版社 2009 年版。
36. ［加］威尔·金里卡：《少数的权利：民族主义、多元文化主义和公民》，邓红风译，上海译文出版社 2005 年版。
37. ［英］斯蒂夫·芬顿：《族性》，劳焕强等译，中央民族大学出版社 2009 年版。
38. ［美］杰克·斯奈德：《从投票到暴力：民主化和民族主义冲突》，吴强译，中央编译出版社 2017 年版。
39. ［德］尤尔根·哈贝马斯：《包容他者》，曹卫东译，上海人民出版社 2002 年版。
40. ［美］西摩·马丁·李普塞特：《一致与冲突》，张华青等译，上海人民出版社 1995 年版。

41. [美] 西摩·马丁·李普塞特:《政治人——政治的社会基础》,张绍宗译,上海人民出版社1997年版。
42. [法] 耶夫·西蒙:《权威的性质与功能》,吴彦译,商务印书馆2020年版。
43. [意] 安东尼奥·葛兰西:《狱中札记》,曹雷雨等译,中国社会科学出版社2000年版。
44. [美] 蔡爱眉:《起火的世界——输出自由市场民主酿成种族仇恨和全球动荡》,刘怀昭译,中国大百科全书出版社2005年版。
45. [英] 爱德华·莫迪默、罗伯特·法恩主编:《人民·民族·国家——族性与民族主义的含义》,刘泓、黄海慧译,中央民族大学出版社2009年版。
46. [英] 安东尼·R.沃克:《泰国拉祜人研究文集》,许洁明译,云南人民出版社1998年版。
47. [加] 贝淡宁:《超越自由民主》,李万全译,上海三联书店2009年版。
48. [美] 查尔斯·蒂利:《身份、边界与社会联系》,谢岳译,上海人民出版社2008年版。
49. [美] 戴维·莱文森:《世界各国的族群》,葛公尚、于红译,中央民族大学出版社2009年版。
50. [美] 道格拉斯·C.诺思:《经济史上的结构和变革》,厉以平译,商务印书馆1992年版。
51. [德] 迪特·森格哈斯:《文明内部的冲突与世界秩序》,张文武等译,新华出版社2004年版。
52. [美] 费正清、赖肖尔主编:《中国:传统与变革》,陈仲丹等译,江苏人民出版社1992年版。
53. [美] 弗雷德里克·沃特金斯:《西方政治传统:近代自由主义之发展》,李丰斌译,新星出版社2006年版。
54. [瑞典] 冈纳·缪尔达尔:《亚洲的戏剧——对一些国家贫困问题的研究》,方福前译,北京经济学院出版社1992年版。
55. [菲] 格雷戈里奥·F.赛义德:《菲律宾共和国:历史、政府与文明》,吴世昌等译,商务印书馆1979年版。
56. [美] 格林斯坦、波尔斯比编:《政治学手册精选》,竺乾威等译,商务印书馆1996年版。
57. [美] 哈罗德·伊罗生:《群氓之族——群体认同与政治变迁》,邓伯宸译,广西师范大学出版社2008年版。
58. [西] 胡安·诺格:《民族主义与领土》,徐鹤林、朱伦译,中央民族大学出版社2009年版。

59. [美] 吉姆·罗沃:《东亚的崛起》,张绍宗译,上海人民出版社1997年版。
60. [英] J. S. 密尔:《代议制政府》,汪瑄译,商务印书馆1982年版。
61. [美] 贾恩佛兰科·波齐:《近代国家的发展——社会学导论》,沈汉译,商务印书馆1997年版。
62. [美] 加布里埃尔·A. 阿尔蒙德、小 G. 宾厄姆·鲍威尔:《比较政治学:体系、过程和政策》,曹沛霖等译,上海译文出版社1987年版。
63. [美] 加布里埃尔·A. 阿尔蒙德、西德尼·维巴:《公民文化——五个国家的政治态度和民主制》,徐湘林等译,东方出版社2008年版。
64. [美] 科恩:《论民主》,聂宗信等译,商务印书馆1988年版。
65. [美] 克莱斯·瑞恩:《异中求同:人的自我完善》,张沛、张源译,北京大学出版社2001年版。
66. [法] 克洛德·列维−斯特劳斯:《种族与历史/种族与文化》,于秀英译,中国人民大学出版社2006年版。
67. [美] 劳伦斯·迈耶等:《比较政治学——变化世界中的国家与理论》,罗飞等译,华夏出版社2001年版。
68. [美] 理查德·罗斯科兰斯、阿瑟·斯坦主编:《大战略的国内基础》,刘东国译,北京大学出版社2005年版。
69. [美] 查尔斯·林德布洛姆:《决策过程》,竺乾威等译,上海译文出版社1988年版。
70. [美] 露丝·本尼迪克特:《文化模式》,王炜等译,社会科学文献出版社2009年版。
71. [美] 罗伯特·达尔:《论民主》,李柏光、林猛译,商务出版社1999年版。
72. [美] 罗伯特·达尔:《民主理论的前言》,顾昕等译,东方出版社2009年版。
73. [美] 罗伯特·达尔:《谁统治?——一个美国城市的民主和权力》,范春辉、张宇译,江苏人民出版社2011年版。
74. [美] 罗曼·赫尔佐克:《古代的国家——起源和统治形式》,赵蓉恒译,北京大学出版社1998年版。
75. [美] 马丁·麦格:《族群社会学》,祖力亚提·司马义译,华夏出版社2007年版。
76. [美] 菲利克斯·格罗斯:《公民与国家——民族、部族和族属身份》,王建娥、魏强译,新华出版社2003年版。
77. [美] 塞拉·本哈比主编:《民主与差异:挑战政治的边界》,黄相怀等译,中央编译出版社2009年版。
78. [马来西亚] 马哈蒂尔:《马来人的困境》,叶钟铃译,皇冠出版公司1998年版。
79. [德] 马克思·韦伯:《经济与社会》,林荣远译,商务印书馆1998年版。
80. [德] 马克思·韦伯:《学术与政治》,冯克利译,生活·读书·新知三联书店1998年版。

81. [美]曼纽尔·卡斯特:《认同的力量》,曹荣湘译,社会科学文献出版社2003年版。
82. [澳]梅·加·克莱弗斯:《印度尼西亚史》,周南京译,商务印书馆1993年版。
83. [法]米歇尔·苏盖、马丁·维拉汝斯:《他者的智慧》,刘娟娟等译,北京大学出版社2008年版。
84. [法]莫里斯·哈布瓦赫:《论集体记忆》,毕然、郭金华译,上海人民出版社2002年版。
85. [新西兰]尼古拉斯·塔林主编:《剑桥东南亚史》(Ⅱ),贺圣达等译,云南人民出版社2003年版。
86. [美]萨托利:《民主新论》,冯克利等译,东方出版社1998年版。
87. [日]三好将夫:《没有边界的世界:从殖民主义到跨国主义及民族国家的衰落》,陈燕谷译,生活·读书·新知三联书店1998年版。
88. [印尼]苏哈托自述,德威帕雅纳、拉玛丹执笔:《苏哈托自传——我的思想、言论和行动》,居三元译,世界知识出版社1991年版。
89. [英]特德·C.卢埃林:《政治人类学导论》,朱伦译,中央民族大学出版社2009年版。
90. [美]吴元黎等:《华人在东南亚经济发展中的作用》,汪慕恒、薛学了译,厦门大学出版社1989年版。
91. [俄]瓦列里·季什科夫:《苏联及其解体后的族性、民族主义及冲突——炽热的头脑》,姜德顺译,中央民族大学出版社2009年版。
92. [古希腊]亚里士多德:《政治学》,吴寿彭译,商务印书馆1997年版。
93. [英]约翰·邓恩编:《民主的历程》,林猛等译,吉林大学出版社1999年版。
94. [美]约翰·F.卡迪:《战后东南亚史》,姚楠等译,上海译文出版社1984年版。
95. [澳]约翰·芬斯顿主编:《东南亚政府与政治》,张锡镇等译,北京大学出版社2007年版。
96. [美]约瑟夫·拉彼德、弗里德里希·克拉托赫维尔主编:《文化和认同:国际关系回归理论》,金烨译,浙江人民出版社2003年版。
97. [美]詹姆斯·H.米特尔曼:《全球化综合征》,刘得手译,新华出版社2002年版。
98. [美]詹姆斯·C.斯科特:《农民的道义经济学:东南亚的反叛与生存》,程立显等译,译林出版社2001年版。
99. [美]詹姆斯·C.斯科特:《国家的视角:那些试图改善人类状况的项目是如何失败的》,王晓毅译,社会科学文献出版社2004年版。
100. [美]珍尼·理查森·汉克斯:《文化的解读——美国及泰国部族文化研究》,刘晓红主译,云南大学出版社2002年版。
101. [英]黛安·K.莫齐主编:《东盟国家政治》,季国兴等译,中国社会科学出版社

1990 年版。

102. ［印尼］萨努西·巴尼：《印度尼西亚史》（上册），吴世绩译，商务印书馆 1972 年版。
103. ［澳］梅·加·李克莱弗斯：《印度尼西亚历史》，周南京译，商务印书馆 1993 年版。
104. ［日］猪口孝、［英］爱德华·纽曼、［美］约翰·基恩：《变动中的民主》，林猛等译，吉林人民出版社 1999 年版。
105. ［美］南茜·弗雷泽：《正义的中断——对"后社会主义"状况的批判性反思》，于海青译，上海人民出版社 2009 年版。
106. ［新加坡］李光耀：《李光耀回忆录：经济腾飞路 1965—2000》，外文出版社 2001 年版。
107. 北京外国语大学中国马来语教学中心编译：《马来西亚总理马哈蒂尔演讲集》，世界知识出版社 1999 年版。
108. ［泰］素吉·彬明甘：《泰国政治的发展与演变：军人、政治组织与民众的政治参与》，朱拉隆功大学出版社 1999 年版。

三、中文期刊

1. 梁英明：《印度尼西亚 2019 年大选评析》，载《东南亚研究》2019 年第 4 期。
2. 陈家喜、滕俊飞：《比较视域中的马来西亚政党体制转型：执政惰性的理论视角》，载《河南社会科学》2020 年第 1 期。
3. 储建国、李江：《新加坡人民行动党与马来西亚国阵联盟长期执政的原因及启示》，载《深圳大学学报（人文社会科学版）》2017 年 第 3 期。
4. 陈文、黄卫平：《长期执政与政党适应能力建设———新加坡与马来西亚政局发展的比较分析》，载《经济社会体制比较》2015 年第 3 期。
5. 常士訚：《和谐理念与族际政治整合》，载《政治学研究》2009 年第 4 期。
6. 常士訚：《民族和谐与融合：实现民族团结与政治一体的关键——兼析多元文化主义理论》，载《天津社会科学》2007 年第 2 期。
7. 常士訚：《多民族后发国家现代化进程中的族际政治整合与政治文明建设》，载《云南行政学院学报》2010 年第 3 期。
8. 常士訚：《族际政治整合的多维构成分析》，载《马克思主义与现实》2010 年第 2 期。
9. 常士訚：《当代中国多元一体格局的转变与族际政治整合建设》，载《当代世界与社会主义》2010 年第 2 期。
10. 史少秦、常士訚：《东亚国家的"竖向民主"辨析》，载《云南行政学院学报》2010 年第 5 期。
11. 王华华：《政治参与、政治吸纳与政权合法性的相生机理》，载《理论导刊》2017 年第

7期。

12. 肖存良：《政治吸纳·政治参与·政治稳定——对中国政治稳定的一种解释》，载《江苏社会科学》2014年第4期。
13. 郭雷庆：《聚居型多民族国家民主转型进程中的民族分离问题研究——以我国周边五国为例》，山东大学2017年博士学位论文。
14. 韩田田：《印度尼西亚庇护主义与华侨华人群体》，华中师范大学2015年硕士学位论文。
15. 李西祥：《多元决定辩证法思想的理论变迁》，载《南京大学学报（哲学·人文科学·社会学）》2016年第5期。
16. 徐罗卿：《马来西亚民族政治发展的经验与启示》，载《广西师范大学学报（哲学社会科学版）》2008年第2期。
17. 朱伦：《西方的"族体"概念系统——从"族群"概念在中国的应用错位说起》，载《中国社会科学》2005年第4期。
18. 童宁：《族际族关系与政治发展：以马来西亚为个案的民族政治学考察》，载《经济与社会发展》2007年第3期。
19. 王京烈：《伊斯兰世界的命运与前途》，载《国际问题研究》2004年第1期。
20. 彭慧：《菲律宾南部穆斯林分离运动的缘由——反抗组织领导层与普通穆斯林的意识形态错位》，载《南洋问题研究》2004年第2期。
21. 叶笑云：《"碎片化"社会的政治整合——马来西亚的政治文化探析》，载《东南亚研究》2006年第6期。
22. 石培玲：《民族意识与多民族国家的社会和谐》，载《贵州民族研究》2008年第3期。
23. 王建娥：《民族分离主义的解读与治理——多民族国家化解民族矛盾、解决分离困窘的一个思路》，载《民族研究》2010年第2期。
24. 李文：《东南亚国家的政治变革与社会转型》，载《当代亚太》2005年第9期。
25. 余建华：《在多元包容中繁荣发展——新加坡民族和睦的成功之举》，载《世界经济研究》2003年第10期。
26. 姜杰、丁金光：《东南亚国家转型期的民族和宗教冲突研究》，载《山东大学学报（哲学社会科学版）》2001年第1期。
27. 俞新天：《东亚认同感的胎动——从文化的视角》，载《世界经济与政治》2004年第6期。
28. 梁敏和：《印度尼西亚现代民族分离主义运动的特点》，载《世界民族》2002年第4期。
29. 吴杰伟：《菲律宾穆斯林问题溯源》，载《当代亚太》2000年第12期。
30. 林其屏：《民族整合：应对全球化的必然选择》，载《社会科学研究》2000年第6期。

31. 赵伟：《多民族国家构建和谐社会的要素》，载《甘肃理论学刊》2005 年第 3 期。
32. 朱联璧：《"多元文化主义"与"民族-国家"的建构——兼评威尔·金里卡的〈少数的权利〉》，载《世界民族》2008 年第 1 期。
33. 陈衍德：《从民族解放运动到民族分离浪潮——20 世纪东南亚民族主义的角色转换》，载《东南学术》2003 年第 5 期。
34. 陈衍德：《多民族共存与民族歧视——当代东南亚族际关系的两个侧面》，载《南洋问题研究》2004 年第 1 期。
35. 陈衍德：《东南亚的民族文化与民族主义》，载《东南亚研究》2004 年第 4 期。
36. 陈衍德：《再论东南亚的民族文化与民族主义》，载《东南亚研究》2004 年第 5 期。
37. 马德普、柴宝勇：《多民族国家与民主之间的张力》，载《政治学研究》2005 年第 3 期。
38. 罗圣荣：《现代民族国家视野下的多民族国家整合》，载《青海民族研究》2008 年第 4 期。
39. 李谋：《析东南亚民族的形成与分布》，载《东南亚》2007 年第 2 期。

四、英文文献

1. Edited by Omid Payrow Shebani, *Multiculturalism and Law: A Critical Debate*, University of Wales Press, Cardiff, 2007.
2. Peter Searle, "Ethno—Religious Conflicts: Rise or Declines Recent Development in Southeast Asia, Contemporary Southeast Asia", *A Journal of International and Strategic Affairs*, V01. 24, N0. 1, April 2002.
3. Rizal G. Buendia, "The GRA-MILF Peace Talks: Quo Vadis", *Southeast Asian Affairs 2004*, Institute of Southeast Asian Studies Singapore, 2004.
4. Edited by Richard Boyd, *State Making in Asia*, Rouledge, 2006.
5. Edited by Suan J. Henders, *Democratization and Identity*, Lexigton Books, 2004.
6. Edited by Will Kymlicka and Baogang He, *Multiculturalism in Asia*, Oxford University Press, 2005.
7. Edited by Yusuf Bangura, *Ethnic Inequalities and Public Sector Governance*, Pargrave, Macmillan, 2006.
8. Andrew D. W. Forbes, "Thailand's Muslim Minorities: Assimilation, Secession, or Coexistence"? *Asian Survey*, V01. 22, N0. 11, November 1982.
9. Peter Searl, "Ethno-religious Conflicts: Rise and Declines Recent Development in Southeast Asia", *contemporarySoutheast Asia: A Journal of International and Strategic Affairs*, Vol. 24, No. , April 2002.

10. Edited by O'Neil and Dennis Austin, *Democracy and Cultural Diversity*, Oxford University Press, 2000.
11. Edited by Patricia M. Goff, *Identity and Global Politics*, Macmillan, 2004.
12. Anna Ohanyan, "Nationalism in A Globalizing Context: Governance FOcused Intervention in the Developing World", *International Journal on World Peace*, V01. 20. N0. 1. March 2003.
13. Ari A. Perdana, "Poverty Alleviation and Social Insurance Policy: Past Lessons and Future Challenges", *The Indonesian Quarterly*, V01. 32, N0. 3, Third Quarter, 2004.
14. Azyumardi Azra, "Recent Developments of Indonesian Islam", *The Indenesian Quarterly*, Vol. 32, No. First Quarter, 2004.
15. Steven C. Roach, *Culural Autonomy, Minority Rights and Globalization*, Ashgate, 2005.
16. Edited by Elizabeth Rata, *Public Policy and Ethnicity*, Palgrave, 2006.
17. Edited by Kivisto, *Incorporating Diversity: Rethinking Assimilation in a Multicultural Age*, Paradigm Publishers, 2005.
18. T. J. S. George, *Revolt in Mindanso: The Rise of Islam in Philippine Politics*, Oxford University Press, 1980.
19. Bruce Missingham, "Forging Solidarity and Identity in the Assembly of Poor: From Local Struggles to A National Social Movement in Thailand", *Asian Studies Review*, V01. 27, September 2003.
20. M. C. Abad, Jr., "Globalization and Human Security in Southeast Asia", *The Indonesian Quarterly*, V01. 32, N0. 1, First Quarter, 2004.
21. Marites Danguilan Vitug & Glenda M. Gloria, "Under the Crescent Moon: Rebellion in Mindanao, Quezon City", *Ateneo Center for Social Policy and Public Affairs*, 2000.
22. Edited by Peter Askonas, *Social Inclusion*, Macmillan, 2000.
23. Edited by Rajat Ganguly, Lan Macduff, *Ethnic Conflict and Secessionism in South and Southeast Asia*, Sage Publications, 2003.
24. Charles F. Keyed, "Cultural Diversity and National Identity inThailand", *Government Policies and Ethnic Relations in Asia and the Pacific*, edited by Michael E. Brown and Summit Ganguly, London. 1997.
25. David Wright—Neville, "Dangerous Dynamics: Activists, Militants and Terrorists in Southeast Asia", *The Pacific Review*, V01. 17, N0. 1, March 2004.
26. Donald K. Emmerson, "Understanding the New Order: Bureaucratic Pluralism in Indonesia", *Asian Survey*, V01. 23, N0. 1 1, November l983.
27. Fred W. Riggs, "The Modernity of Ethnic Identity and Conflict", *International Political Science* Review (1998), Vol. 9, No. 3.

28. Nathan Gilbert Quimp0, "Options in the Pursuit of A Just, Comprehensive, and Stable Peace in the Southern Philippines", *Asian Survey*, V01. 41, N0. 2, March/April 2001.
29. Benjamin Reilly, *Democracy and Diversity: Political Engineering in the Asia – Pacific*, Oxford, 2006.
30. Robert B. Albritton, "Thailand in 2004: The Crisis in the South", *Asian Survey*, V01. 45, N0. 1, January/February 2005.
31. Rod Nixon, "Indonesian West Timor: The Political—Economy of Emerging Ethno—Nationalism", *Journal of Contemporary Asia*, V01. 34, N0. 2, 200
32. Cesar Adib Majul, *The Contemporary Muslim Movement in the Philippines*, Mizan Press, 1985.
33. Iris Marion Young, *Inclusion and Democracy*, Oxford, 2000.
34. J. Kennedy, M. A., *Asian Nationalism in the Twentieth Century*, London & New York: MacMillan & St. Martin's Press, 1968.
35. Clive J. Christie, *Southeast Asia in the Twentieth Century*, I. B. Tauris Publishers, London & New York, 1998.
36. Ted Cantle, *Community Cohesion, A New Framework for Race and Diversity*, Palgrave 2005.
37. Thomas M. Mckenna, *Muslim Rulers and Rebels: Everyday Politics and Armed Separatism in the Southern Philippines*, Anivil Publishing, Inc., l998.
38. Clive J. Christie, *A Modern History of Southeast Asia: Decolonization, Nationalism and Separatism*, London New York: I. B. Tauris Publishers, 1996.
39. Diarmait Mac Giolla Chriost, *Language, Identity and Conflict*, Routledge, 2003.
40. Leo Suryadinata eds., *Ethic Relations and Nation—Building in Southeast Asia: The Case of the Ethnic Chinese*, Singapore: Institute of Southeast Asian Studies Singapore, 2004.
41. Leo Suryadinata eds., *Nationalism and Globalization: East and West*, Singapore: Institute of Southeast Asian Studies Singapore, 2000.
42. Don Maclver, *The Politics of Multinational States*, Macmillan, 1999.
43. R. S. Milne and Diane K. Mauzy, *Singapore: The Legacy of Lee Kuan Yew*, Westview Press, Boulder, San Francisco, Oxford, 1990.
44. Ramon Maiz and Ferran Requejo, *Democracy, Nationalism and Multiculturalism*, Frank Cass, 2005.
45. Harold Crouch, *Economic Change, Social Structure and the Political System in Southeast Asia*, Singapore: Institute of Southeast Asian Studies, 1985.
46. Henry E. Hale, *The Foundations of Ethnic Politics, Separatism of States and Nations in Eurasia and the World*, Cambridge University Press, 2008.
47. Jan Nederveen Pieterse, *Ethnicities and Global Multiculture*, Rowman & Littlefield Publishers,

2007.

48. Jan Stark, "Contesting Models of Islamic Governance in Malaysia and Indonesia", *Global Change Peace & Security*, V01. 16, N0. 2, June 2004.

49. Karim D Crow, "Aceh—The 'Special Territory' in Noah Sumatra: A Self-fulfilling Promise"? *Journal of Muslim Minority Affairs*, v01. 20, Issue 1, April 2000.

50. Clive J. Christie, *Southeast Asia in the Twentieth Century*, London & New York: I. B. Tauris Publishers, 1998.

51. David Brown, *The State and Ethnic Politics in Southeast Asia*, London & New Press, 1994.

52. Jason F. Isaacson & Colin Rubenstein eds., *Islam in Asia: Changing Political Realities*, New Brunswick & London: Transaction Publishers, 2002.

53. George Kaloudis, "Why Global Transformation and not Globalization", *International Journal on World Peace*, V01. 20, N0. 2, June 2003.

54. Herbert Dittgen, "World without Borders Reflections on the Future of the Nation-States, Government and Opposition", *An international journal of comparative politics*, V01. 34, N0. 2, 1999.

55. Jim Glassman, *Thailand at the Margins: Internationalization of State and the Transformation of Labour*, New York: Oxford University Press, 2004.

56. Joanna Pfaff-Czarnecka, *Ethnic Futures*, Sage Publications, World Scientific Publishing C0. Pte. Ltd., 1999.

57. Michael O'Neiled, *Democracy and Cultural Diversity*, Oxford University Press, 2000.

58. Michael R. J. Vatikiotis, *Political Change in Southeast Asia: Trimming the Banyan* Tree, London & New York: Routledge, 1996.

59. Moshe Yegar, *Between Integration and Secession: The Muslim Communities of the Southern Philippines, Southern Thailand and Western Burma/Myanmar*, Boston: Lexington Books, 2002.

60. Moshe Yegar, *Between Integration and Secession: The Muslim Communities of the Southern Philippines, Southern Thailand and Western BurmaMyanmar*, Boston: Lexington Books, 2002.

61. Astri Suhrke, "Loyalists & Separatists: The Muslims in Southern Thailand", *Asian Survey*, V01. 17, N0. 3, March 1977.

62. Aurel Croissant, "Unrest in South Thailand: Contours, Causes, and Consequences since2001", *Contemporary Southeast Asia*, V01. 27, N0. 1, April 2005.

63. Niels Muider, *Inside Indonesian Society: Cultural Change in Java*, The Pepin Press, Amsterdam & Kuala Lumpur, 1996.

64. Philip. G. Roeder, *Where Nation State Come From: Institutional Change in the Age of Nationalism*, Princeton University Press 2007.

65. Geoffrey C. Gunn, "Radical Islam in Southeast Asia: Rhetoric and Reality in the Middle Eastern Connection", *Journal of Contemporary Asia*, Vol. 6, No. , 1986.
66. Shinji Yamashita & J. S. Eades eds. , *Globalization in Southeast Asia: Local, National and Transnational Perspectives*, Berghahn Books, 2003.
67. Tariq Modood, *Multiculturalism, A Civic Idea*, Polity, 2007.
68. Will Kymlicka, *Multicultural Odysseys: Navigating the new International Politics of Diversity*, Oxford University Press, 2007.
69. Kymlicka and Baogang He, *Multiculturalism in Asia*, Oxford, 2005.
70. Edited by Anthony Aunon Laden, *Multiculturalism and Political Theory*, Cambridge, 2007.
71. Edited by Chua Beng Huat, *Communitarian Politics in Asia*, Routledge 2008.